JN042167

落合淳思

漢字の構造

古代中国の社会と文化

中公選書

はじめに

筆者は、二〇一九年に『漢字の字形――甲骨文字から篆書（てんしょ）、楷書（かいしょ）へ』（中公新書）を発表した。古代中国で作られた漢字の字形が、どのような過程を経て現在も使われている楷書になったのかを解説したものである。

前掲書は、タイトルの通り「漢字の字形」がテーマであり、漢字の形にどのような起源があり、そして楷書の字画にどのように反映されているのかを中心に述べた。例えば、「馬」の下部の四点は馬の足と尾の一部であるが、「魚」の下部の四点は魚の尾びれである、などである。そのため、現代人でも起源が分かりやすい文字を対象としており、動物・植物・人体などの象形（しょうけい）文字を中心とした。

一方、本書のテーマは「漢字の構造」であり、それに反映された古代中国の社会と文化を中心に解説する。漢字は古代中国において作られたものであり、当時の生活や風習、あるいは祭祀（さいし）儀礼（ぎれい）や社会制度などを表している文字も少なくない。漢字の構造には、そうした社会や文化の記憶という側面がある。

本書は古代中国の社会や文化を反映した文字について、その構造にどのような意味があるのかを解説していく。また前著『漢字の字形』とは違い、複数の象形文字を組み合わせて動作や様子などを表した会意文字を主な対象としている。

ただし、そうした文字を理解するためには、字形だけではなく、歴史資料の特徴や漢字の諸要素についても知ることが必要である。そこで、本書は第一章と第二章で古代中国の歴史資料や漢字の成り立ちなどについて述べる。

第一章では、新石器時代から始まり、殷王朝・西周王朝や秦の始皇帝などの古代中国の歴史を述べ、あわせて各時代に作られた文字資料について解説する。

第二章では、漢字の成り立ちについて述べ、また字形・字音（文字の発音）・字義（文字の意味）の歴史的な変化についても解説する。さらに、漢字の成り立ちに関するこれまでの研究を紹介し、その問題点も指摘する。

そのうえで、第三章から第七章で古代中国の社会や文化を反映した文字について解説していく。その際には、関連する二文字を一組とすることで、漢字が持っている歴史的な特徴を明確にする。

第三章では、原始的な生活様式を反映した文字を取り上げる。漢字には人々の生活を表した文字も多く、その一部は原始的な農耕文明と関係している。

第四章では、古代王朝の文明や科学技術に関係する文字を取り上げる。中国では紀元前二千年ごろに王朝が出現したが、それに伴って建築技術や金属加工技術などが高度に発達した。漢字にも、それらを反映した文字が多く見られる。

第五章では、古代中国における信仰や祭祀儀礼に関連した文字について述べる。当時の支配者にとって、宗教的権威を構築することは、支配体制を維持するために必要不可欠であった。そのため、古代の資料には儀礼の記述が多く、また漢字の構造にもそれが現れている。

第六章では、古代の制度や戦争などに関連した文字を取り上げる。特に、軍隊や軍事制度を整備することは物理的な支配のために必要であり、漢字にはそれらを反映した文字も多い。宗教的権威と軍事的権力は、古代王朝を経営するための両輪であった。

漢字の成り立ちや字形の歴史については、必ずしも単純ではなく、複雑な過程を経た文字もある。そこで第七章では、複雑な変化をした結果、成り立ちや字形構造の意味が分かりにくくなった文字を取り上げる。また、こうした文字は、現代の研究者も誤解や曲解をしていることがあり、この点についても解説する。

本書は、直接的には漢字の成り立ちや歴史を述べていくのだが、古代中国は東アジア文明の原点となった時代であり、人間社会そのものの成り立ちにもつながる内容である。漢字の構造から東アジアの悠久の歴史も感じていただけるように努めたい。

追記　本書はＪＳＰＳ科研費１９Ｋ００６１６の助成を受けており、また字形表や文字資料の原典について分担者の佐藤信弥氏にご助言をいただきました。この場を借りてお礼申し上げます。

目次

漢字の構造

古代中国の社会と文化

第一章　古代中国と漢字の歴史

新石器時代

本書は、第三章から個別の漢字について字形や歴史などを述べていくが、その前に、まずは基礎知識として、第一章と第二章では古代中国の歴史や漢字の成り立ちなどについて解説したい。

中国には黄河と長江という二つの大河があり、紀元前七千～前六千年ごろにそれぞれの流域で農耕文化（新石器文化）が起こった。黄河中流域の磁山・裴李崗文化、黄河下流域の後李文化、長江中流域の彭頭山文化、長江下流域の河姆渡文化などである。現在でもそうであるが、当時から中国の気候は北部が乾燥し、南部は湿潤傾向にあった。そのため新石器時代でも、黄河流域では主にキビ・アワ・ムギなどの畑作、長江流域は主に稲作であった。

農耕は狩猟に比べて生産性が高いことが特徴であり、また安定して食料を獲得しやすい。狩猟や採集が中心であった旧石器時代には、人々が分散して生活していたが、農耕が始まると集住するようになり、「集落」という形で最古の人間社会が誕生した。新石器時代には、農耕とあわせて牧畜も始められており、各地の遺跡からは牛や豚などの骨が発見されている。農耕・牧畜など、原始社会を反映した文字については第三章で取り上げる。

ところで、かつては原始的な集落が実際の血縁関係がある「氏族」で構成され、それが後の時代に都市国家に成長したと信じられていた。しかし、近年の研究では「構成員が同じ祖先を持っている」という神話を共有する集団であったと考えられている。要するに、実際の血縁の有無よりも、信仰の共有が原始社会を成立させたのである。中国では、後の春秋時代（紀元前八～前五世紀）ごろまでは信仰や祭祀が政治的に重要であり、それを反映した文字も少なくない。そうした文字は第五章で主に取り上げる。

新石器時代も中後期になると、集落間の戦争が発生したようで、集落を守るための空堀や土塀なども築かれるようになった。この時代の新石器文化としては、黄河中流域の仰韶文化（紀元前五千～前二千五百年ごろ）や、中原竜山文化（紀元前二千五百～前二千年ごろ）などが知られている。

図１－１　仰韶文化の彩陶と記号

また、この時代には貧富の格差も出現しており、同じ集落の中でも住居や墓の規模に経済的な違いが見られる。集落のリーダーが権力を持ち、メンバーよりも豊かになったのである。

現代でこそ格差は悪と見なされるが、新石器時代においては指導者層の出現が集落の分業化・効率化をもたらし、また集落間の闘争を有利に導いたと推定されている。現代とは逆に、格差（階層化）が社会の強さにつながったのである。

当時のリーダーは、集落内で共有していた神や祖先を祭ることで宗教的権威を得ていたようであり、その際には特殊な「ハレの器」が用いられた。仰韶文化で作られた「彩陶」が有名であり、土器に黒や白で着色がされている。

前頁の図1-1は、仰韶文化で作られた彩陶のひとつであり、これには「」という記号が刻まれている。最も早い時期の漢字（後述する甲骨文字）と比較すると、木（）か草（）を表していると思われる。ただし、この段階では「記号」であり、言語を反映できるような「文字」までは発達していない。

最初の王朝

中国で最初の王朝が出現したのは紀元前二千年ごろである。黄河中流域で発見された二里頭遺跡（現在の河南省偃師市）が首都であったと推定され、考古学的には二里頭文化（紀元前二千～前千六百年ごろ）と呼ばれる。

なお、二里頭文化は文献資料に記された「夏王朝」の想定する時代と近いため、中国では同一視する研究者が多い。しかし、実際には歴史事実ではない一種の神話であって、日本では区別されている。例えば、「夏王朝」の始祖である禹が中国全土を治水したとする九州伝説が『尚書』などの文献に記載されているが、「九州」には二里頭文化から遠く離れた長江流域の揚州や荊州などが含まれており、黄河中流域に支配圏が限定されていた二里頭文化の王朝とは明らかに異なっている。九州伝説は、実は戦国時代（紀元前五～前三世紀）の地理認識に基づいて作られたものである。

一方で、実在の二里頭遺跡は新石器時代の集落よりも遥かに規模が大きいので、広域を支配した「王朝」と呼びうる政治組織があったこともまた確実である。文化圏から見て、二里頭文化の王朝は黄河中流域を広く支配していたと推定される。

二里頭遺跡には宮殿跡が発見されており、その復元図が図1－2である。約百メートル四方の宮殿全体が突き固めた土台の上にあり、周囲が廊下（回廊）で囲まれている。南側には大門があり、中央北寄りに王が儀式を行ったであろう殿堂がある。この画期的な建築方法は王の権威を示すために用いられ、後の時代にも継承された。さらに、日本にも伝わった伽藍の基礎にもなっている。こうした大規模な建築の出現は、当時において支配者が多数の人々を動員するための権力や統治技術を持っていたことを示している。

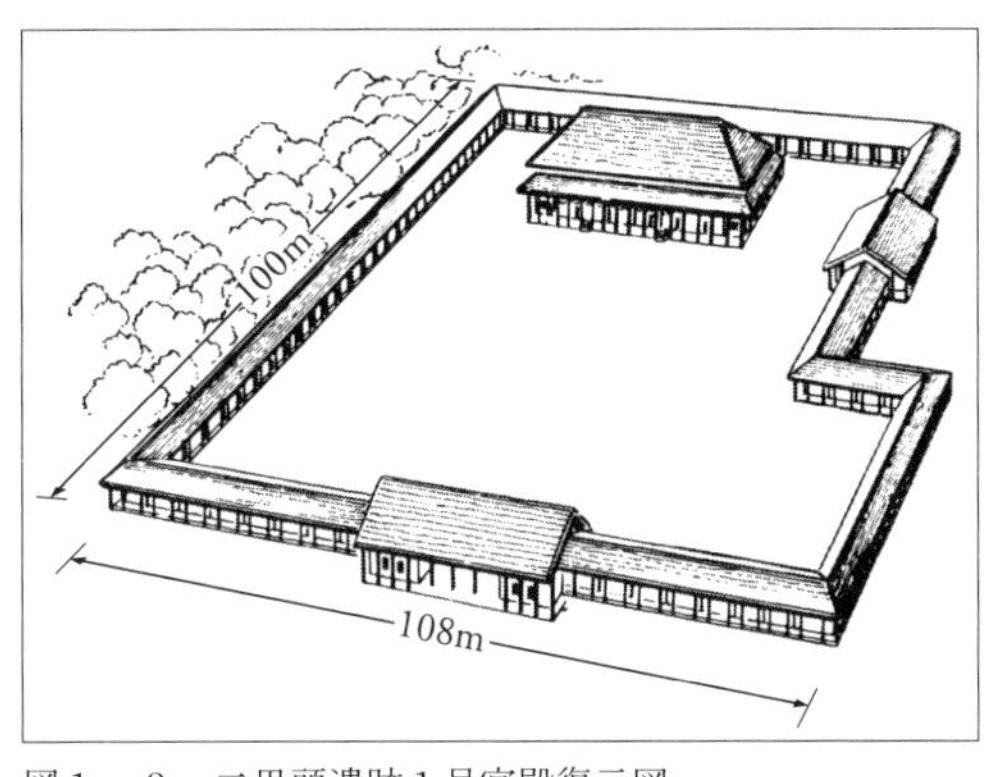

図1－2　二里頭遺跡1号宮殿復元図

　二里頭文化の時代は、青銅器の大量生産が始まったことも特徴である。青銅製の刃物は石器よりも鋭利にできるため、武器や工具として性能を発揮した。

　さらに、青銅（銅と錫の合金）は本来は淡い金色をしており、見た目も石器や土器に比べて美しいものであったため、神や祖先を祭る器としても使われた。しかも、青銅器は原料の埋蔵地が遠方にあったため、その獲得に軍事力や経済力を必要とし、また製造には高度な知識や専門職人の雇用が必要であった。そのため、所持していること自体が権力を示すことにもなった。

　かつては国家や王朝の出現を農業生産と関連付けて考えていたが、実際には、統治技術の発達や金属器の生産との関連が深いのである。こうした古代の都市や科学技術を反映した文字については、第四章や第六章で主に取り上げる。

文字について言えば、このような広範囲の支配や高度な技術の継承などには文字が必要であったと推定され、この時代には漢字が成立していたのではないかと思われる。しかし、現存の資料は断片的かつ少数であり、漢字の正確な出現年代は不明である。

殷王朝と甲骨文字

二里頭文化の王朝に続くのが、現存最古の漢字資料を作った殷（いん）王朝（紀元前十六〜前十一世紀）である。殷王朝は二里頭文化の東北に隣接する地域に起こり、前の王朝を倒してその支配圏（黄河中流域）を継承したと考えられている。

殷王朝は首都として鄭州商城（ていしゅうしょうじょう）遺跡（現在の河南省鄭州市）を建設した。これは二里頭遺跡よりもさらに大規模であり、幅二十メートル、高さ推定十メートルの城壁が八キロメートル近くにわたって宮殿などの周囲を取り囲んでいた。その外側にも小規模な城壁が建設されており、また青銅器や土器の工房も発見されている。これらのことから、殷王朝の支配者は、より多くの人々を動員することが可能であったと考えられる。

殷王朝は、建国後に支配地域をさらに拡大しており、その文化圏は黄河下流域や長江中流域などに達している（図1－3を参照）。

その後、しばらく王朝に混乱があったが、武丁（ぶてい）という王によって再統一された。これ以降が殷代後期（紀元前十三～前十一世紀）である。武丁は殷墟遺跡（現在の河南省安陽市）に都を置き、大きな武力をもって王朝を統治した。また、盛んに祭祀を行い、宗教的な権威も獲得していた。

殷代後期には王によって「甲骨占卜」の政治利用が行われた。これは亀の甲羅や牛の肩甲骨などを使った占いであり、熱を加えて発生したひび割れの形で将来の吉凶を占うものである。しかし、実態としては甲骨は事前に加工されており、意図的に「吉」が出せるようになっていた。つまり、甲骨占卜は、形式上では王が占いによって神意を確かめたうえで戦争や祭祀などを行うのであるが、実際には王の行動を精神的・宗教的に正当化する役割を持っていたのである（逆に言えば、甲骨占卜は王の政治的意図の表明なので、歴史研究においては有用な資料である）。

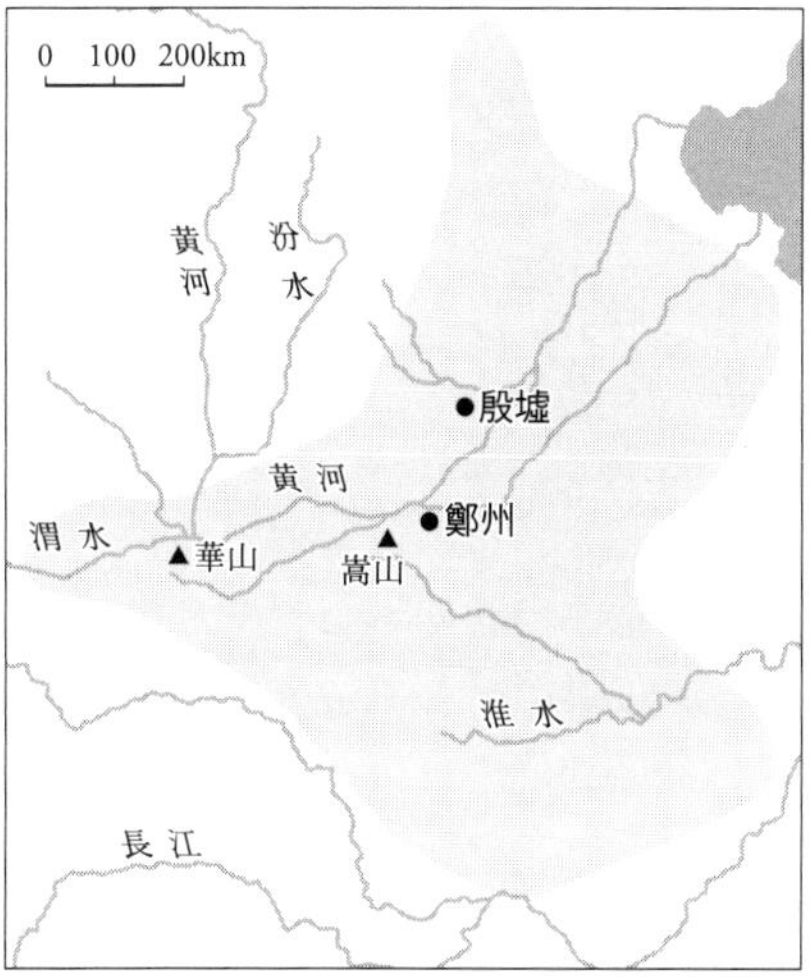

図１－３　殷王朝の文化圏

甲骨占卜について、その内容を使用した甲骨に直接刻んだのが「甲骨文字」である。彫刻されたものであるため、字形は直線的になることが多く、また彫刻の手間を省くために略体も多用される。

字形の構造から言えば、象形文字だけではなく会意文字や形声文字（第二章の三〇頁以下で述べる）など複雑化したものも含まれており、漢字が出現してから長い年月が経過していることを示している。この点から逆算しても、やはり二里頭

図1－4　甲骨文字の例

文化ごろには既に漢字があったと考えるのが妥当であろう。

甲骨文字は殷王朝の関心事を反映しており、当時の戦争や祭祀のほか、農業・工業・気象・暦・地理などを知ることができる。図1－4に甲骨文字の写真とその拓本の例を挙げた。拓本とは転写技法のひとつであり、対象に紙を押しつけ、上から墨を塗布することで、刻まれた文字を黒地に白字の形で浮き上がらせることができる。この甲骨文字は武丁時代のものであり、武丁が地方領主の望乗という人物を従えて下危という敵を討伐するが、神の祐助が得られるかどうかと占っている。

なお、殷代には甲骨文字以外にも漢字が使われており、少数であるが玉器などに筆で書かれた文字も発見されている。そのほか、青銅器に鋳込んだ文字である「金文」も殷代後期に始まっている。

西周王朝と金文

殷王朝に続くのが周王朝（西周王朝）である。周は渭水流域（前頁の図1－3を参照）を本拠とし、元は殷王朝の地方領主であったが、殷王に敵対する勢力や離反した地方領主を傘下に入れることで強大化し、やがて殷王朝を滅ぼして新たな王朝を樹立した。

西周王朝（紀元前十一～前八世紀）は、王の親族や功臣を諸侯（地方領主）として派遣する「封建制」を採用し、殷王朝よりも安定した支配体制を構築した。西周王朝の支配圏は殷王朝よりも若干拡大した程度と推定されているが、殷代と比べて地方領主の反乱は格段に少なくなっており、封建制に高い効果があったことが分かる。

また西周中期には、王が臣下に官職を与える「冊命」という儀礼が始められた。それまでは臣下の奉仕に対して上位者が銅の地金や宝貝（子安貝の貝殻）などを賜与する（下位者に与える）形で上下関係が規定されていたが、この方法は一時的な関係であり、継続性に欠ける。一方、冊命儀礼によって与えられた「官職」は現状の職務を王が公認するという程度であったが、終身で有効であり、さらには職務が子孫に継承されることも多かった。こうして西周王朝では世襲化した貴族制が成立した。

文字については、現存する西周王朝の資料は金文が中心である。西周代の金文は、殷代の甲骨文字と違って比較的身分が低い中小貴族層が作ったことが特徴である。

初期には、作器者（器を作った人物）がその上位者である王や大臣から賜与を受ける「賜与儀礼」を記したものが多い。中期になると作器者が王から官職に任命される「冊命儀礼」の記述が多くなる。いずれも作器者の地位を示すために作られたと考えられ、殷代とは別の形で文字が政治的に利用されたのである。

次頁の図1－5は、冊命儀礼を記した金文の例である。内容は、この器を作った師酉という人物

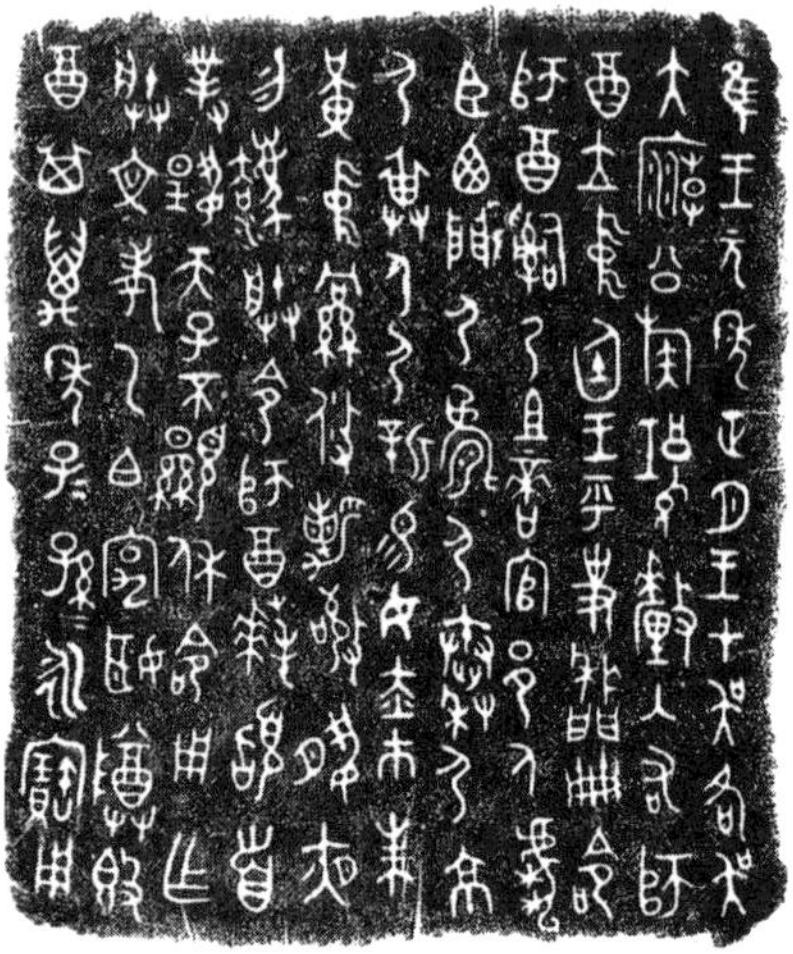

図1－5　金文の例

が王から官職に任命されたというものであり、邑人・虎臣・西門夷などの人々を治めるという、祖先から続く職務に就くことを記している。

青銅器は甲骨よりも高価な媒体であるため、金文は整った字形であることが多い。また甲骨文字より略体が少なく、意図的に繁雑化した字形も見られる。字形構造の面から言うと、西周代の金文は、発音符号（声符という）を用いた形声文字が増加しており、また発音を借りた当て字（仮借という用法）も頻繁に用いられた。殷代の甲骨文字に比べて文字の象形性（視覚的表現）が弱まり、音声言語を表示する性質がやや強くなっている。

ただし、漢字は、アルファベットのような完全な表音文字にはならなかった。アルファベットがエジプト文明のヒエログリフを元にしつつも、フェニキア文字やギリシャ文字など、異なる言語を渡りながら作られたのに対し、漢字は王朝は変わっても漢語（中国語）の枠組みの中で使い続けられたためである。こうして、漢字には文字の元の意味が残っており、発音よりも字形が意味表示において重要な役割を持つ状態が現在まで続いている。

東周王朝と簡牘文字

紀元前八世紀に、西周王朝は内乱によって本家が滅亡し、分家が東方で王朝を再興した。これ以降を東周王朝（紀元前八〜前三世紀）、または春秋戦国時代と呼ぶ。

前半の春秋時代（紀元前八〜前五世紀）には、周王朝の権力が低下し、各諸侯が独立して相互に外交を展開した。ただし周王朝の伝統的権威は残っており、特に同姓（周王朝の同族）の諸侯からは尊重された。また、長江流域の大勢力である楚が度々黄河流域に侵攻したため、黄河流域の大諸侯である斉や晋が覇者として対抗した。

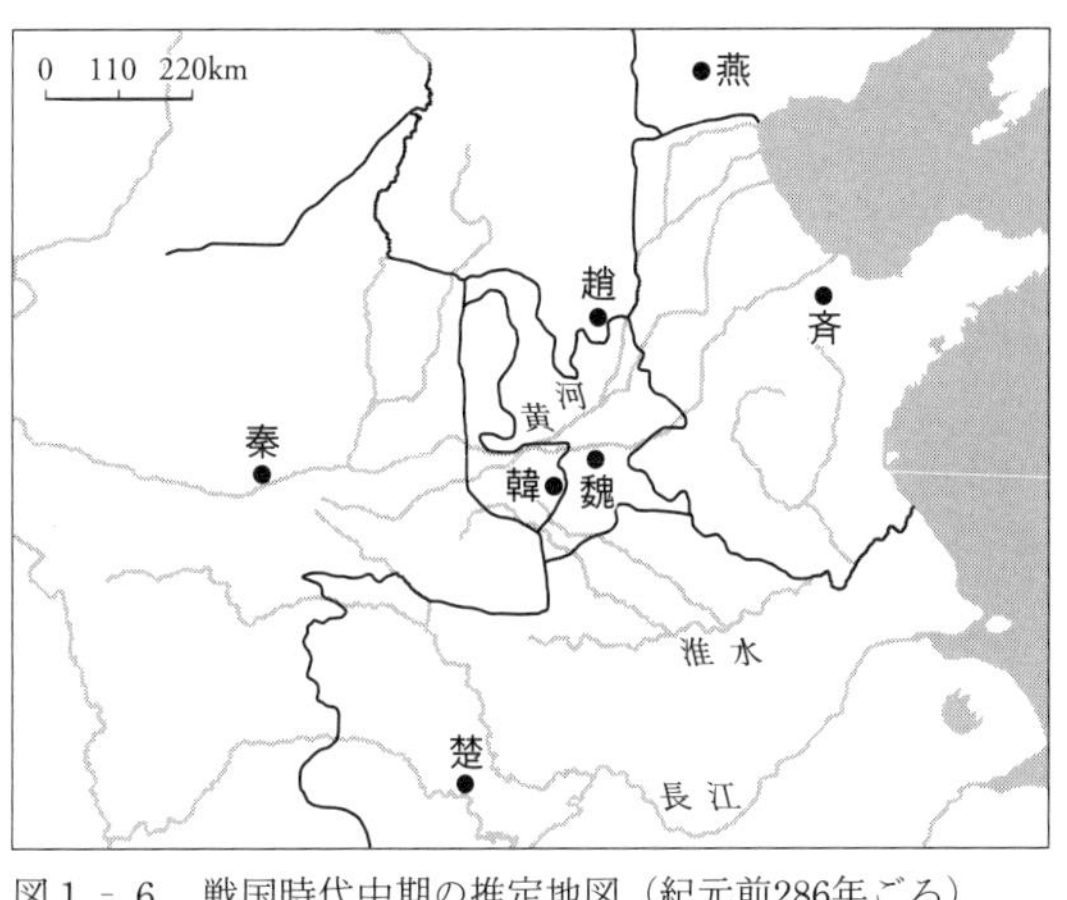

図１－６　戦国時代中期の推定地図（紀元前286年ごろ）

なお、「覇者」は「伯者」と同じく諸侯の長の意味である。軍事同盟会議である「会盟」を通して中小諸侯を緩やかに支配し、楚に対抗する体制であった。

春秋時代の文字資料は、西周代と同じく金文が中心である。また春秋時代には、西周代以来の世襲的な貴族制も残っており、時代としては「春秋戦国時代」と呼ばれるが、歴史研究では「西周・春秋」と「戦国・秦・漢」に分けるのが一般的である。

その後、春秋時代末期になると覇者の支配体制が崩壊し、さらに大諸侯は貴族制から専制君主制（君主独裁制）へと移行していった。これにより戦国時代（紀元前五～前三世紀）が始まった。

図1－7　簡牘文字の例

戦国時代には、君主権の増大により貴族層が衰退し、代わって非世襲の官僚が用いられるようになった。そして、郡や県などの行政区画が設置され、また諸種の法律も発布された。さらに、戦国時代には徴兵制が制定され、農民を動員した大軍同士の戦争が行われるようになった。こうして侵略戦争によって中小諸侯が併合され、戦国時代中期には「七雄」と呼ばれる七つの大諸侯が勝ち残ったのである（前頁の図1－6を参照）。

戦国時代の文字資料としては、金文も作られたが、近年には長江流域から「簡牘文字」が多く発見されている。これは竹の札（竹簡）や木の板（木牘）に細い筆で書かれた文字である。

それ以前からも簡牘文字はあったと推定されており、殷代の甲骨文字にも、竹簡の束を表す冊（[illegible]）や手に持った筆を表す聿（[illegible]）などの文字が見られる。しかし、黄河流域の気候では簡牘が腐りやすく、ほとんど発見されていない。一方、長江流域は湿潤であるため、酸素の少ない地下水が墓や廃棄坑などに入り込むことで簡牘が保存され、近年に発見されたのである。

簡牘文字は官僚が主に使用しており、内容は当時の行政や政治思想などである。図1－7は近年に発見された竹簡であり、歴史上の名君と賢臣が記されている。ただし、現存する文献資料とは食い違いもあり、伝説が一朝一夕で作られたのではないことを示している。なお戦国時代には多数の思想書が作られ、その一部は現代まで伝えられており（伝世文献という）、『論語』『孟子』『老子』『墨子』などが有名である。戦国時代には大きな社会体制の変化があったため、新しい政治思想も強く求められたのである。

文字として見た場合、簡牘は青銅器よりは安価な媒体であるため、略体が多用されている。また、当時の分裂状況を反映して、各地域で少しずつ字形が異なるようになっていた。

篆書と隷書

東周時代には長く分裂状況が続いたが、秦の始皇帝（皇帝在位紀元前二二一～前二一〇年）が他の諸侯をすべて征服し、中国が統一された。

さらに、始皇帝は制度的な統一（集権化）も進めた。官僚権力を行政・軍事・監察に分けて皇帝権力を相対的に強めたり、中国全土で官僚による統治を実践したりした。また「皇帝」号を使用したのも始皇帝が最初であり、そのほか、度量衡（単位）の統一や万里の長城の整備なども行った。

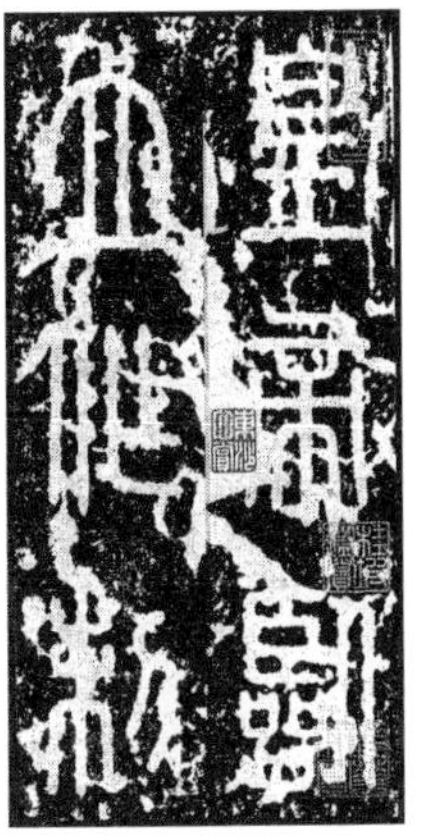

図1－8　篆書の例

こうした統一事業のひとつとして、それまで各地域で異なっていた文字の形も統一された。これが「篆書（小篆）」である。篆書は戦国時代に秦で使われていた字形を元にしたものが多いが、新たに作られたり、あるいは西周代の金文の字形を復活させたものも見られる。

図1－8は、始皇帝が作らせた碑文から採られた拓本

図1－9　隷書の例

であり、篆書で記されている（北宋代（九六〇～一一二七年）の拓本であり、現在では劣化や破壊により読めなくなっている）。冒頭にある二文字は「皇帝」である。

ただし、篆書は曲線が多く、簡牘に筆書するには不向きであるため、官僚の間では戦国時代に近い字形が使われていた。同じ時代でも異なる字形が併用されることは、古代ではむしろ普通のことであった。

その後、秦王朝は始皇帝の死後まもなく崩壊し、項羽の政権を経て、劉邦によって前漢王朝（紀元前二〇二～後八年）が創始された。前漢王朝は秦王朝の官僚制度や統一された度量衡などを継承し、文字についても篆書や簡牘文字が使われた。

その後、しばらくは篆書が正式な書体であったが、やがて、比較的簡素な「隷書」が普及した。さらに後漢代（二五～二二〇年）には、篆書に代わって隷書が正式な書体とされた。隷書の字形については、篆書を継承したものと戦国時代以来の簡牘文字を受けたものがあり、字形の変化は単線的には捉えられないことに注意が必要である。

前漢代までは、主に簡牘に細い筆で文字を書いていたが、後漢代には紙や太い筆が普及していった。そのため文字の筆勢や美しさが重視され、「八分隷書」が発達した。長い横画の末尾にある払い（波磔と呼ぶ）が特徴である。図1－9は後漢代の石碑の拓本であり、八分隷書で記されている。

軍功を記念して作られたもので、きわめて整った字形で刻まれている。この段階まで来ると、現在も使われている楷書に近い字形が多くなっているが、大きな違いのある文字もいくらか見られる。

その後の歴史と漢字

中世（後漢滅亡後〜唐代）になると、隷書を元にして、さらに楷書が出現した。楷書の基礎を築いたと言われるのが東晋代（三一七〜四二〇年）の王羲之である。ただし、王羲之の書いた文字は隷書や草書に近く、現在の字形よりは簡単なものが多かった。

そして、唐代（六一八〜九〇七年）になると、官僚登用のペーパーテストとして科挙が行われたため、その採点の必要上から「正しい字形」が求められた。その際には、比較的繁雑な字形が好まれる傾向があり、また篆書にさかのぼって構造を改めることもあった。こうして、唐代ごろに現在まで続く楷書のおおよその形が定まったのである。図1-10に、字形の正俗を記した「字様書」と呼ばれるものを挙げた。どの字形が正（正字）で、どの字形が俗（俗字）や通（通用可能字）かを解説している。

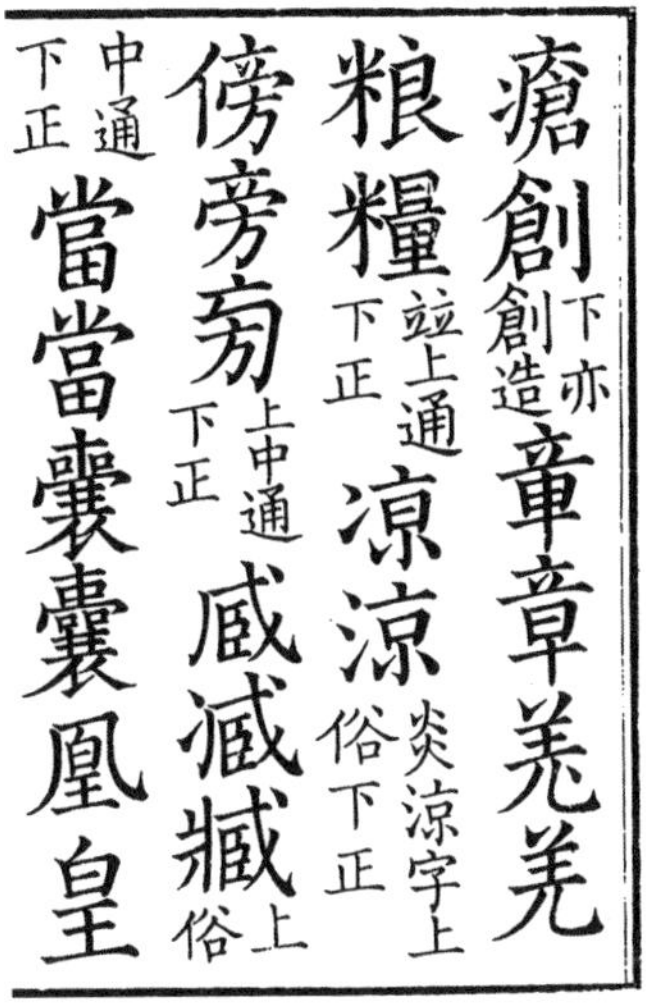

図1-10　字様書の例

その後、近世（唐滅亡後〜清代）には印刷技術が普及し、印刷に適した「宋朝体」や「明朝体」が作られた。また、近世にも略体や俗字が使われており、正式な字形と簡素な字形の併用は長く続いたのである。

現在でも、「正字」とされている字形は清代（一六三六〜一九一二年）に作られた『康熙字典』に基づいているが、日本では戦後に制定された当用漢字（のちに常用漢字）で、一部の文字について俗字などから画数が少ない字形（新字体）を採用している。現代の中国（中華人民共和国）でも、画数の少ない「簡体字」が用いられている。

以上の漢字の歴史を総じて言えば、媒体や用法が大きな影響を与えてきた。甲骨文字や金文は、王や貴族が主体となったため、字形の繁雑さはあまり問題にならなかった。特に金文では、むしろ意図的に繁雑な字形を使用することで見た目の壮麗さを際立たせることもあった。一方、戦国時代の簡牘文字は、官僚が行政文書や思想書として大量に使用し、また媒体としても安価だったため、書きやすさが重視され、簡素な字形が好まれた。

その後の歴史でも、比較的繁雑な正字と簡素な略体・俗字が併用されており、現在でも、手書き文字やコンピュータのフォントなどは、用途によって様々に使い分けられている。このように漢字の歴史は複雑であり、単線的な発展としては捉えられない。本書では、二次元の字形表を使うことで、複雑な漢字の歴史を文字ごとに分かりやすく提示する。

第二章　漢字の成り立ちと字源研究

象形文字

本章では、漢字の成り立ちについて実例を挙げながら解説し、さらに、これまでの字源研究とその問題点を述べる。ここで挙げる実例は、前著『漢字の字形』で取り上げたものから主に引用する。

それぞれの漢字には成り立ち（字形の起源）があり、象形・指事・会意・形声という四種類の分類で説明されることが一般的である。これらのうち、最も古くから見られるのが象形文字と指事文字である。

象形とは、「形に象る」という意味であり、物体の形を視覚的に表現する方法である。原始的な絵文字から発達したものであり、古い時代ほど見た目で分かりやすい形状になっている。その後、篆書や隷書などで字形が変わったため、現在の楷書からは分かりにくいが、点画ごとに見ていくと元の構造を残していることが多い。

例えば、「羊」は最も古い形が「」であり、「」の部分が羊の曲がった角を表している。それ以外の部分は羊の頭部であり、短い斜めの線は目か耳であろう。そこに角と頭部を分ける記号を加えた形の「」が作られ、これが楷書に継承された。楷書の「羊」のうち、一～三画目が羊の角であり、四画目の横画は角と頭部を分ける記号に由来する（次図は時代順に表示しており、最上部が殷代の初形、最下部が楷書である。以下も同じ）。

[古字]→[古字]→[古字]→羊→羊→羊

「犬」も象形文字であり、元は動物の犬の全身像であった。最古の「[古字]」の形は、上に頭部、下に巻いた尾があり、左に爪のある足が表現されている。後代には爪を省いた形が継承され、さらに秦代の「[古字]」から隷書の「犬」に移る際に犬の耳が省かれた。楷書の「犬」のうち、右上の点は犬の耳ではなく上顎（うわあご）の表現に由来する。

[古字]→[古字]→[古字]→[古字]→犬→犬

ただし、長い時代の間に元の成り立ちを失ってしまった文字もある。例えば「文」は、古くは「[古字]」や「[古字]」などの形であり、胸を強調した人体の胸部に文身（ぶんしん）（入れ墨）をした様子を表していた。しかし、入れ墨を省いた「[古字]」が後代に継承されて楷書の「文」になった。つまり、「入れ墨」が文字の起源でありながら、それを省いた形になってしまったのである。

指事文字

指事は、記号表現をした文字であり、記号によって部位や状態などを表している。本書では、指事文字で用いられる記号を「指事記号（しじきごう）」と呼称する。

例えば、「至」の古い形（[古字]）は矢（[古字]）を逆さにしたものの下部に横線を加えて作られている。横線が指事記号で、この場合には地面を表しており、「矢が地面に到達する」ことから「いたる」

の意味を示している。その後、矢の形が変化して楷書の「至」になっており、最下部の横線は指事記号が残ったものである。

↓　↓　↓　至

指事文字は記号だけで構成されることもある。「上（𠄞）」は、基準となる長い線より上に短線があることで、「うえ」の意味を表していた。後に長い線と短線をつなぐ縦画が加えられ、楷書の「上」になった。

𠄞 ↓ 上 ↓ 上 ↓ 上

なお、第一章で述べたように、単純な象形文字は新石器時代の土器（一五頁を参照）にすでに原形が見られるが、線の本数で数字を表したと思われる指事文字の原形も土器に記されている。象形文字や指事文字については、前著『漢字の字形』で主に取り上げたので、興味があれば参照していただきたい。

会意文字

会意は、複数の象形を組み合わせて動作や様子などを表示する方法である。

例えば、「休（　）」は、人（　）が木（　）に背を向けており、人が木にもたれて休んでいる様子を表している。人・木ともに長い時代によって字形は変わったが、構造は変わらずに楷書まで継承されている。ちなみに「亻（にんべん）」は「人」の古い形（亻）を継承したもので、むしろ「人」の方が周代～秦代に変化した形である。

休↓休↓休↓休↓休↓休

また、「宿（宿）」は建物（宀）の中に人（亻）と敷物の形（因）があることで、宿泊の様子を表した文字である。後に敷物の形は文字として使われなくなったため、秦代以降には「百」に変えた形となり、建物の形の「宀」と人の形の「亻」を合わせて「宿」になった。

宿↓宿↓宿↓宿↓宿↓宿

会意文字は、大半がこのように視覚的に表示したものであるが、まれに意味の組み合わせによって作られるものもある。例えば、「計」は「言」と数字の「十」から成り、「口頭で数字をかぞえる」を表した会意文字である。

会意文字は、象形や指事では表現しにくい動作や様子なども表すことが可能である。そのため、会意文字には古代文明の社会や文化を反映したものが多く、本書はこれを中心に解説を進めていく。

形声文字

形声とは、おおまかな意味を表す部分である「意符（いふ）」と、発音を表す部分である「声符（せいふ）」を組み合わせる方法である。

例えば「河」は、水に関係することを表す「水（氵）」を意符とし、「可」を声符とする形声文字であり、「カという名前の川」を表している（本来は古代中国の発音体系だが便宜上カタカナで表記している）。ちなみに、「河」は現在では一般に河川の意味で使われるが、古くは黄河を指す固有名詞であった。

また、「問」は「門（もんがまえ）」が部首に見えるが、実はそうではなく、「口」を意符とし、「門」を声符とする形声文字であり、「口頭で行うモンという行為」を表している。

漢字は古代中国で作られ、字形だけではなく発音も長い時代にわたって継承された。さらに、漢字の発音は日本に伝わって「音読み」になった。その間に発音が変化した文字も多く、現在では文字と声符の音読みがずれていることもある。例えば「室」は、建物を表す「宀」が意符、「至」が声符の形声文字であり、古くは「室」と「至」は近い発音であったが、現在の音読みでは「シツ」と「シ」であり異なっている。

形声文字は最も新しく出現したと推定され、殷代の甲骨文字では文字に占める比率が低い。しかし、最も機能的な造字方法であるため、西周代以降に多く作られ、結果として漢字の九割以上が形声文字となった。基本的な文字が多い教育漢字に限定しても、七割以上が形声文字である。また後述するように、当初は象形文字や会意文字などであっても、後に形声文字へと転換する例がある。

中間的な構造

象形・指事・会意・形声の四種の分類を具体的に示したのは、現状の資料では後漢代の『説文解（ぜつもんかい）

字』（西暦一〇〇年成書）が最古である。しかし、漢字はそれより千年以上も前から作られていたのであり、そのため四種分類の枠に収まらない文字も見られる。

異論が多いのが指事記号を使った文字である。例えば、先に挙げた「至」については、指事文字に分類されることが多いが、「地面に矢が刺さった形に象る」と考えて象形に分類する説もあり、また「矢の反対向きと一を合わせた会意文字」とする説もある。実のところ、『説文解字』は指事文字について「上」と「下」のみを実例として提示しただけであり、それ以外の指事文字を特定しなかった。そのため、現在でも定義が曖昧なのである。

会意と形声の中間的な文字もあり、これは「亦声」と呼ばれる。例えば「整」は、いましめる意味がある「敕」と、ただす意味の「正」から成る会意文字であり、軍隊を戒め正す意味で作られた。しかし、「正」は「整」の発音を表す機能もあり、意味と発音の両方に関係している。こうした部分が亦声と定義される。

なお、亦声の概念を提示したのも『説文解字』であり、二百余りの会意文字を亦声としている。さらに現在では、形声文字の声符が意味も表している場合も亦声と見なされることが多い。例えば「晴」は、太陽の形の「日」を意符、「青」を声符とする形声文字であるが、「青」は「青い空」の意味も表している。この場合、「青」が亦声と見なされる。

これらを区別するために、亦声を含む会意文字は「会意亦声」、亦声を含む形声文字は「形声亦声」と呼ぶ（両者を合わせて「会意兼形声」や「会意形声」とする分類もある）。

異体字など

漢字は、同じ時代でも異なる字形が使われることが多い。これを「異体字（いたいじ）」または「異体」と呼ぶ。例えば、先に挙げた「宿」について、殷代には「」だけではなく、敷物の模様を少し変えた「」や建物の形を省いた「」、あるいは人が敷物に座った様子を表した「」などが使われていた。いずれも意味に違いはなく、同一字に複数の表現がされていたのである。

宿

これは現在でも同じであり、「澤」と「沢」のように旧字体と新字体が併用されている文字も多く、また「高」と「髙」のように筆画が異なる字形が併用されることもある。

そのほか、殷代や西周代には左右を逆にした「左右反転形」が使われることもあった。ただし、特殊な例を除いて意味の変化はなく、例えば「」でも「」でも「人」の意味として使われた。

楷書では、同じ文字であっても部首として付く位置によって形が変わる場合があり、「人」と「亻（にんべん）」、「水」と「氵（さんずい）」、「犬」と「犭（けものへん）」などがある。これらも広い意味での異体字と言えるだろう。

東周代の簡牘文字のように比較的簡素な字形が好まれる状況では、省略形である「略体（略字・略体字とも）」が使われることも多く、これも異体字の一種である。さらに、極端な省略によって文字の成り立ちが崩れることもある。こうした場合には、略体ではなく「俗字」と見なされる。

そして、現在使われている楷書にも、俗字に由来するものが多く見られる。前述したように、

「文」は成り立ちが「胸部の入れ墨」であるのに入れ墨の部分を省いた形が後代に継承されており、本来の成り立ちを失っている。そのほか、戦後に制定された当用漢字（現在の常用漢字）にも「会（會）」や「当（當）」など俗字が多い（カッコ内は旧字。以下も必要に応じて旧字を併記する）。

歴史上の文字には、後代に継承されなかったものもあり、こうした文字は「亡失字」などと呼称される。楷書には残っていないが、文字の各部分を楷書の形にすることで擬似的に楷書のように表現することができる（本書では楷書表現した場合に文字の右横に「△」を付して表示する）。

字音の歴史

それぞれの漢字には、字形・字音・字義という三つの要素がある。字形は文字の形を指し、字音は文字の発音、字義は文字の意味である。

字形に歴史的な変化があったように、字音についても時代差があり、大きく分けて上古音（古代の発音）、中古音（中世の発音）、近古音（近世の発音）、近代音（近現代の発音）の四時代に分類される。また、各時代の内部にも相違がある。例えば上古音は周代と秦漢代で若干の変化があったと推定されており、また殷代と周代にも違いがあったとする説が有力である。ただし、殷代については文字資料に押韻（韻を踏むこと）がないため発音の復元はきわめて困難である。

漢字の成り立ちを考えるうえでは上古音が重要になる。そして、漢語は一字が一音節であることが特徴であり、これは上古音から近代音まで共通する。

漢字の発音は冒頭の子音（声母）とそれ以外（韻母）に分けられ、さらに韻母は介音・主母音・

韻尾に分けられる。例えば、現代中国語で「見（みる）」は[jian]（カタカナ表記では「チェン」または「ジェン」になる）と発音され、j（声母）-i（介音）-a（主母音）-n（韻尾）という分類になる。四種類の部分のうち、主母音だけは全ての文字にあり、そのほかは文字によって有ったり無かったりする。

歴史的には、「見」は上古音が[kian]、中古音が[kien]だったと推定されており、中古音を受けて日本の音読みは「ケン」になっている。「見」に限らず、日本の音読みは中古音に由来するものが多い。仏典の読み方として、あるいは遣唐使などの現地での学習によって、中国の発音が流入したのである。さらに、主な音読みには「呉音」と「漢音」があるが、呉音はやや古い南方の方言、漢音はやや新しい北方の方言を元にしており、若干の相違がある。そのほか、近古音を元にした「唐音」もあり、例えば「京」は呉音が「キョウ」、漢音が「ケイ」、唐音が「キン」である。

なお、日本語の発音は当時の漢語の発音よりも数が少なく、細かな違いなどは表現しきれなかった。例えば、中古音の[ka]のほか[kʻa]（カの息を強く出す）、[ha]（ハに近い）、[ɣa]（ガとハの間の発音）は全て音読みが「カ」で表現されており、日本語では区別ができなかった（ちなみに、古くは日本語に[ha]の発音がなく、「ハ」は[pa]の発音であった）。

漢語と音読みの関係について言えば、声母以外も日本語の方が種類が少なく、介音（日本の拗音に該当する）も中古音では六種類と多かったが、日本語では二種類しか表現できない（ヤ行とワ行）。また主母音も十種類以上あったと推定されているが、日本語には五種類しかない。

そして、現代の日本語（現代仮名遣い）は、歴史的な発音（歴史的仮名遣い）よりもさらに発音の種類が減少している。そのため、例えば弓（キュウ）のほか休（キウ）や急（キフ）などが現在では全て「キュウ」になっている（カッコ内は歴史的仮名遣い）。

そのほか、日本では、本来の音読みから外れた「慣用音（かんようおん）」になることもある。例えば「後」は呉音が「グ」、漢音が「コウ」であるが、現在では両者を足し合わせたような慣用音である「ゴ」が使われることが多い。

上古音の遠近について

本書の第三章以降では、文字の成り立ちに関連して上古音を挙げることもあるが、発音記号（国際音声記号）ではなく、分かりやすくアルファベット表記とし、また送気（息を強く出す）の表示は省略する。前掲のうち[ka][k'a]はともに[ka]となり、[ha]はそのまま[ha]、[ɣa]は[ga]となる。ただし主母音の[ə]（エとオの間ぐらいの発音）と[ɔ]（アとオの間ぐらいの発音）だけは分類上で重要になるため発音記号を使用する。典拠には李珍華（りちんか）・周長楫（しゅうちょうしゅう）『漢字古今音表（かんじここんおんぴょう）（修訂本）』を用いるが、分類が大きく異なる説がある場合、他説を併記することもある。

文字の成り立ちについて上古音の遠近から論じることもあるので、その点についても述べておきたい。ただし、本書はアルファベット表記を用いることで、感覚的に理解しやすいようにしているので、全部を暗記する必要はない。

声母については、喉に近い部分で発音する牙音（がおん）の枠組み（本書の表記は[k], [g], [ng], [h]）の内部は近いものとされる。同様に、歯の部分で発音する歯音（しおん）（[s], [z], [sh], [zh], および[ts]とその濁音の

[dz]）、舌を使って発音する舌音（ぜつおん）（[t], [d], [n]）、唇を使って発音する唇音（しんおん）（[p], [b], [m]）の内部は通用しやすい。そのほか、舌の上で発音する舌面音（ぜつめんおん）（日本語にはないが、便宜上[ch], [j]で表記する）があったと推定されており、やはり清音と濁音で通用する。また、辺音（へんおん）として舌音に近い[l]と舌面音に近い[r]がある。

韻母について、介音には[i]と[u]の二系統があり、[u]は区別上でやや重要だったと推定されており、逆に[i]は有無によらず通用することが多い。前述のように介音にも細かな区分があったと推定されているが、本書では表記を[i]と[u]にまとめる。上古音の主母音については諸説あるが、李珍華・周長楫『漢字古今音表（修訂本）』は[a], [e], [ə], [u], [o], [ɔ], [au]と分類する説を採っており、いずれも区分上で重要な役割を持つ。韻尾には[i], [k], [t], [p], [ng], [n], [m]および無韻尾（母音で終わる発音）の八種類があり、上古音では[i]と[t]および無韻尾と[k]が通用した。

字音による転用

漢字の成り立ちは、先に挙げた四種で分類可能であるが、一旦作られた文字が転用されることもあり、そうした用字法にもいくつかの分類がある。

そのひとつが「仮借（かしゃ）」と呼ばれるものであり、会意や形声でも表現が難しい場合、同じか近い発音の別の文字によって表示するという用字法である。一種の当て字であるが、当て字の用法のみが定着した場合、「仮借文字」として成り立ちを分類する方法もある。

例えば東（）は、本来は袋の象形であり、筒状の袋の上下を結んだ様子を表していた。一方、古代には「筒状のふくろ」を意味する言葉と「ひがし」を意味する言葉の発音が、同じか近かったため、「ひがし」の意味に「筒状のふくろの形」を当て字として用いたのである。その後、「〓」は会意文字の中では袋の意味で使われることもあったが、「〓」自体は「ひがし」の意味だけに使われたので、「東」は仮借文字に分類することができる。

また、北（〓）は二人の人（〓）が背を向けた様子を表しており、元は「そむく」や「にげる」の意味であったが、これも仮借して「きた」の意味に使われた。ただし、「北」の場合には「敗北（やぶれてにげる）」のように元の意味も残っているので、仮借文字には分類されない。

東　〓　　北　〓

原義・引伸義と字義による転用

次は、字義について述べる。漢字は、作られたときには特定の対象・語彙だけを表しているが、後に、類似する別の意味に用いられることも多い。そのため漢字は一字多義が一般的である。こうした場合、その文字が最初に表した意味（字形が直接的に表すもの）を「原義」と呼び、派生して出現した意味を「引伸義（いんしんぎ）」と呼ぶ。

例えば、先に挙げた「上」は、元は方向としての「うえ」を表しており、これが原義であるが、派生した引伸義で「のぼる」「たっとぶ」「上位者」「上流」などの意味にも使われた。同様に、「休」は「やすむ」が原義であるが、金文には引伸義として「賜物（たまもの）」の意味で多く使われている。

そのほかに、字義によって文字を借りる用字法もある。例えば、「寸（[illegible]）」は人体の肘を表した指事文字であり、原義は「ひじ」である。しかし、そこから転じて「手で測る長さの単位」としても使用された。関連する別の言葉の表示として転用されたのである。さきほどの引伸義と違い、この用字法は起源の異なる語彙に適用されることが特徴であり、字形の連続性はあるが字音には連続性がない。「寸」は「ひじ」の意味では音読みが「チュ」または「チュウ」であり、「長さの単位」としては「スン」である。

『説文解字』には、仮借とともに「転注（てんちゅう）」という用字法が記されており、こうした字義による転用が転注であるとする説が有力である。異説もあるが、本書でもこの用法を転注と呼称する。

以上に述べたように、字音による転用が仮借であり、字義による転用が転注である。そのほか、字形によって転用する用字法もあり、これは一種の俗字であるが、古くから行われてきた。例えば「本」について、字形が近い「夲（とう）」という文字を使うことがあり、これは漢代の簡牘文字から見られる用法である。こうした用字法は、これまでも知られていたが、俗字ということもあって用語が定まっていなかった。本書では、仮に「代替（だいたい）」と呼ぶことにする。

また、文字の一部が他の形で代替されることもある。例えば「則」は、本来は「鼎」を使った文字であったが、その略体として「貝」が用いられるようになった。

同源字（分化字）

前述した仮借や転注などの用法については、同一の字形が使われ続けることもあるが、意図的に書き分けていく場合も見られる。こうした文字（文字群）は「同源字（どうげんじ）」、あるいは「分化字（ぶんかじ）」と呼ばれる。

例えば、甲骨文字に見られる「□」や「□」は半月の象形であり、原義は「月」である。しかし、夜間を象徴するものとしても転用（転注の用法）され、その場合の意味は「夕」にあたる。殷代には「□」も「□」も両方の意味で使われており、字形による区別はなかった。その後、周代になると一画多い「□」の系統が「月」として、一画少ない「□」の系統が「夕」として使い分けられていったのである。「月」と「夕」は半月の象形からの分化字であり、起源を同じくする同源字である。

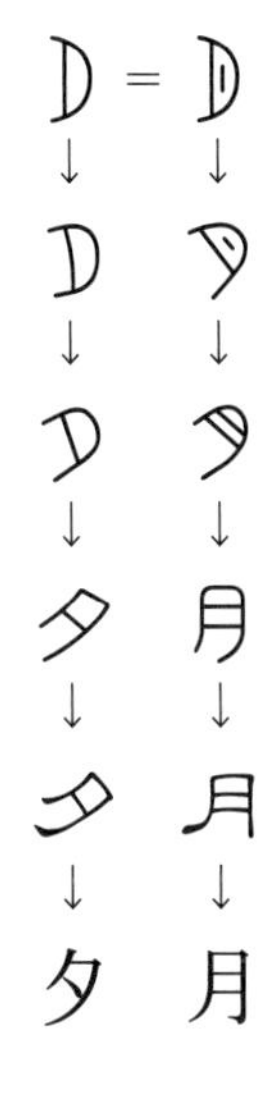

同源字として、象形文字や会意文字から形声文字に派生するという構造の変化も見られ、その主な原因は意符の追加である。例えば「受（□）」は、水上で舟（□）を受け渡す様子を表した会意文字であるが、当初は「うける」だけではなく「さずける」の意味でも使われていた（引伸義の用法）。その後、「さずける」の意味に限定して「扌（てへん）」をつけた「授」が作られ、「受（うける）」と区別して用いられるようになった。したがって、「授」と「受」は同源字である。

こうした歴史的に構造が変化した文字については、最初の構造を「初文（しょぶん）（原字（げんじ）や本字（ほんじ）とも）」、後起の構造を「繁文（後起の形とも）」と呼ぶ。「受」「授」について言えば、「受」が初文、「授」が繁文である。また、「授」は構造としては扌を意符、受を声符とする形声文字であるが、「受」は本来は「さずける」の意味も表していたので、亦声（形声亦声）にあたる。一般化して言えば、意符が追加された場合、初文を声符（亦声）とする形声文字の構造になる。

また例は少ないが、声符が追加される場合もある。例えば「草」は、本来は「艹（くさかんむり）」だけで「くさ」の意味を表しており、古くは「屮屮」の形で草の生えた様子であった。しかし、その後、「艹」が様々な文字の部首として使われるようになったため、あらためて声符として「早」が加えられ、初文の「艹」を意符とする形声文字の「草」になった。なお、この場合には、声符の「早」は意味を表していないので亦声ではないとする説が有力である。

さらに複雑な変化もあり、意符や声符が二重に追加されたり、あるいは意符が声符に置き換えられたりすることもある。こうした複雑な経緯をたどった文字については、本書の第七章で解説する。

古代から近世までの字源研究

漢字の成り立ち（字形の起源）のことを「字源」と呼ぶ。現存最古の字源字典は後漢代の『説文解字』である。著者である許慎は、儒学経典の研究者であったが、研究の過程で古い字形で書かれた経典を読む必要があり、そこで字形や字源の分析を手がけた。そして、約一万字もの漢字を対象として字源や用法を分析し、西暦一〇〇年に『説文解字』としてまとめたのである。

許慎が用いたのは主に篆書であり、そのほか少数の「古文」と「籀文」も用いた。許慎は古文や籀文を西周王朝あるいはそれ以前にさかのぼる字形と考えていたが、実際には、古文は主に戦国時代において東方諸侯で使われていた字形であり、籀文は西方諸侯で使われた字形である。ただし、まれに西周代の金文や殷代の甲骨文字に近い字形が残っていることもある。逆に、明らかに当該字と構造が矛盾する字形や、全く別の文字を編入している場合も見られる（一部は写本の際の誤写の可能性もある）。

　このように、古文や籀文は字形の由来が確かではないので、本書は字形表には含めていない。その点で言えば、『説文解字』が記載する篆書も省くべきかもしれないが、伝統的に古代文字の研究はそれを基礎として進められてきたので、本書では字形表に含めることにしている。

説文解字弟九下
漢 太 尉 祭 酒 許 愼 記
宋 右 散 騎 常 侍 徐 鉉 等 校定
宣也宣气散生萬物有石而高象形凡山之屬皆从山 所閒切
東岱南霍西華北恆中泰室王者之所以巡狩所至从山獄聲 五角切 古文象高形
太山也从山代聲 徒耐切
海中往往有山可依止曰島从山鳥聲讀若詩曰蔦與女蘿 都皓切
《説文九下 山部》 一

図2－1 『説文解字』

　『説文解字』は古代の文献としては極めて整った内容であり、しかも、その後の時代には古代の文字資料がごく僅かしか発見されなかった。そのため『説文解字』は文字学の権威として長く存在し続けることになった。

　現在、『説文解字』として全体が残っているのは近世初期に徐鉉（じょげん）・徐鍇（じょかい）の兄弟が作った注釈書が最古であり、前者を大徐本（だいじょほん）、後者を小徐本（しょうじょほん）と通称する。弟の徐鍇が先に注釈書（小徐本）を発表し、その死後、兄の徐鉉が

說文解字第九篇下

金壇段玉裁注

山 宣也。謂能宣散气、生萬物也。九字依莊子釋文訂。散當作㪔。有石而高。象形。所閒切。十四部。凡山之屬皆从山。

嶽 東岱、下見。南靃、南靃者衡山也。在今湖南衡州府衡山縣西北。風俗通曰。衡山一名霍山。爾雅釋山曰。霍山爲南嶽。尚書大傳白虎通皆舉霍山。毛傳則曰南嶽衡。許宗毛者也。曰南霍。正皆謂今湖南之衡山。卽漢地理志長沙國湘南縣東南之禹貢衡山也。封禪書。漢武帝元封四年。巡南郡。至江陵而東。登禮灊之天柱山。號曰南嶽。此郭景純所謂武帝以衡山遼曠。移其神於天柱者。葢自是天柱始有霍山之名。而衡山不曰霍山矣。許言霍者。從其朔偁也。天柱山者。今安徽六安州霍山縣南之霍山是也。西嵞、下見。北恒、爾雅曰恒山爲北嶽。毛傳曰北嶽恒。禹貢職方之恒山也。在今直隸

九篇下　一

図２－２　『説文解字注』

研究を引き継ぐ形で注釈書（大徐本）を発表した。注釈の量は小徐本の方が多いが、それを必要最小限にとどめた大徐本の方が使いやすかったようで、こちらが普及した（本書も大徐本を使用する）。

前頁の図２－１は大徐本の『説文解字』であり、最も広く使われている清代の同治十二年（一八七三）の刊本である。冒頭に篆書が置かれ、分かりやすく文字ごとに改行されている（図は「山」を部首とする文字）。大きな文字が本文、小さな文字が徐鉉の注釈である。

字源研究の最初の転機は比較的新しく、清代に考証学（こうしょうがく）が発達したことである。これは文字通り古典を考証する学術であり、『説文解字』にも考証が加えられた。段玉裁（だんぎょくさい）の『説文解字注』が有名である。

図２－２に、『説文解字注』を挙げた。詳細な解説や豊富な用例が記載されており、また独自の字源解釈を展開した文字もある。段玉裁は上古音の研究もしており、その分類（「〇部」と呼称）も記載されている。段玉裁の推論はその後の研究における基礎となったのだが、一方で、清代の段階

では古代の文字に関する資料が少なかったため、研究としては不十分であった。現在の字源研究の水準から見ると、『説文解字注』は直接的に使える部分は少ない。

清代には、出土資料を研究する「金石学（きんせきがく）」も発達し、発掘された金文などの読解も進められた。これも後に古代文字研究が発達する基礎になった。

近現代の字源研究

そして、近代科学としての字源研究が始められるきっかけを作ったのが、十九世紀末の甲骨文字の発見である。それまでの考証学などの蓄積に加え、より古い字形情報が得られたことで、研究が飛躍的に進んだ。

一方、許慎の『説文解字』は主に紀元前三世紀に定められた篆書から分析しており、一部に古文や籀文を用いただけであった。殷代後期（紀元前十三〜前十一世紀）に作られた甲骨文字と比較すると、結果として字源分析における資料価値は低い。そのため、甲骨文字の発見後、『説文解字』の字源解釈に誤りがある文字が次々に発見されていった。

初期の甲骨文字研究者としては王国維（おうこくい）・羅振玉（らしんぎょく）が有名であり、その後、董作賓（とうさくひん）・陳夢家（ちんぼうか）・郭沫若（かくまつじゃく）・胡厚宣（ここうせん）らが活躍した。彼らによって甲骨文字の解読や字源研究が進められ、また歴史研究や思想研究などにも応用された。

もっとも、中国では長く総合的な字源字典が作られなかった。総合的な字源研究が行われたのは戦後の日本であり、その最初が加藤常賢（かとうじょうけん）である。加藤は字源研究を一九四九年から順次「漢字ノ起原」として発表し、最終的に一九七〇年に字源字典として『漢字の起原』を公刊した。加藤の研究は、字音を重視したことが特徴であり、主に字音の共通点から字源を分析した。

　これに続いたのが藤堂明保であり、一九五〇年代から六〇年代に『漢字語源辞典』などを発表した。藤堂も研究上で字音を重視したのであるが、上古音を復元し、そのうえで字源研究を行ったことが特徴である。藤堂は一九七八年に大部の『学研　漢和大字典』を公刊しており、本書は比較対象としてこれを用いる。

　やや遅れて活躍したのが白川静である。白川は藤堂よりも年長であるが、当初は甲骨文字や金文の研究に携わっており、一九六〇年代後半から字源研究に取り組んだ。白川は字形を中心に研究しており、また字形の組み合わせから分析する方法を提示するなどした。一九八四年に出版された『字統』がその代表作である（本書は二〇〇四年の新訂版を比較対象とする）。

　中国（および台湾）では、個別の文字研究は盛んだったが、前述のように長く字源字典が作られなかった。そして、二十一世紀になってはじめて発表されるようになり、その後、短期間にかなりの冊数が出版されている。しかし、いまだに『説文解字』に依拠するものや、古代文字の用法を全く無視したものなども多く、参考にできる水準の研究は少ない。本書は、谷衍奎『漢字源流字典』、季旭昇『説文新証』、李学勤主編『字源』の三書を比較対象とする。

　ただし、字源字典の体裁をとらないものにも字源に対する研究はあり、許進雄『中国古代社会』、何琳儀『戦国古文字典』、戴家祥主編『金文大字典』などが挙げられる。そのほか、字形の歴史をまとめたものとして徐無聞主編『甲金篆隷大字典』や高明・涂白奎編『古文字類編』などがあり、本書も参考にしている。

先行研究の問題点

本書は以下に述べる十書を比較対象とするが、それぞれに長所や短所がある。これまでの研究のうち、許慎『説文解字』については、すでに述べたように甲骨文字の発見によって誤解が多いことが明らかになった。しかし、最初の字源研究であるとともに長年にわたって権威となってきた文献であるため、今でも研究の基礎とされることは多く、本書も先行研究として参照する。

加藤常賢『漢字の起原』については、近現代では世界初の総合的な字源字典であり、また多くの漢和辞典にも影響を与えたので、研究史上においては重要な存在と言える。しかし、字音と字源の関係づけがあまりにも強引だったり、無根拠だったりすることが多い。また、上古音ではなく日本の漢音を元に研究しており、字源や語源（言葉の起源）とは食い違う文字もある。

藤堂明保『学研 漢和大字典』は、上古音を復元したうえで字源研究を行ったという点では加藤よりも科学的だったと言える。また、藤堂の研究は類似の上古音を二百余りのグループに分類したことも特徴である。

しかし、藤堂は各グループに属する文字が全て同じ「イメージ」を共有しているという前提で分析を進めており、結果的に、これは非科学的な手法であった。漢字は長い時代にわたって作り続けられたのであり、殷代から秦漢代まで、千年以上にわたって人々が同一の「イメージ」を共有し続けたとは考えられない。また、人間の持ちうるイメージが二百余りしかないという想定も少なすぎた。実際に、藤堂の分析は古代の資料における用法と食い違うものや、論理的に破綻したものが多く見られる。また、西洋のアルファベットとは違って漢字は表音性が弱いため、字音に基づく字源研究は必然的に限界があった。

白川静『字統』は、加藤・藤堂とは違い、字形からの分析を中心としたことが特徴である。また、古代の用法もある程度は加味していた。加藤・藤堂は古代文字が専門ではなく、文献資料の専門家であったが、白川は甲骨文字や金文を専門としており、この点でも有利な立場にあった。そもそも、字源研究とは字形の起源の研究であるから、字形そのものを分析対象とした白川の手法が大きな成果を挙げたのは当然と言えるかもしれない。

ただし、白川の研究にも問題点は少なくない。特に大きな問題だったのが、呪術的な要素を重視しすぎたことである。殷代には呪術的な儀礼が盛んに行われたが、それは王や貴族が宗教的権威を構築するために利用した一種の政治的行為であり、非合理的なほど呪術儀礼が重視されていたはずがない。白川の分析には社会的合理性が欠けていたと言えるだろう（なお、加藤・藤堂・白川の問題点については、拙著『漢字の成り立ち』にも詳述している）。

そのほかの字源研究として、日本で最も普及した漢和辞典の『角川 新字源』（以下、『新字源』とする）があり、本書も比較対象とする。字源分析を担当したのは赤塚忠（あかつかきよし）であり、甲骨文字や金文も専門としていたため、独自の分析に見るべき点も少なくない。ただし、『新字源』は許慎や加藤の影響を比較的強く受けており、同じ誤解をした文字も多い。

また、日本で最も大部の漢和辞典は諸橋轍次（もろはしてつじ）による『大漢和辞典』であるが、その死後に修訂を手がけたのが鎌田正・米山寅太郎である。『大漢和辞典』は当初は字源の解説が無かったが、修訂版には掲載されており、鎌田・米山による。また、鎌田・米山は小型の漢和辞典としては最も親字数が多い『新漢語林』も著しており、本書は最新の『新漢語林 第二版』を比較対象とする。なお、鎌田・米山の字源解説は藤堂の影響が強い。そのため字音の「イメージ」を重視しており、純粋な形声文字であっても亦声として分析したものが多く、結果として強引な解釈になっている。鎌田・米山も古代文字が専門ではなく、出土資料の用法に基づいた分析は難しかったのであろう。

近年の字源字典について

近年になって、『新字源』は改訂新版が発行されており、字源は阿辻哲次が担当している。阿辻は古代文字の研究が専門ではないが、漢字全般の研究をしており、広く先行研究を参照して改訂を行っている。そのため、旧版の『新字源』にあった許慎・加藤に依拠した誤解について、ある程度は修正された。しかし、親字数が多いこともあり、同じ誤解が残ったものや、新たな誤りも少なからず見られる。

そのほかの漢和辞典は、加藤・藤堂・白川やその弟子が字源の記述を担当したものが多く、学説が重複するため比較対象としては用いない。また、加藤・藤堂・白川の研究に拠らない辞典も少数あるが、残念ながら現状では字源研究として見るべき水準のものはない。

一方、中国（および台湾）の研究のうち、谷衍奎『漢字源流字典』は、日本の研究者と比較すると白川の手法に近く、字形を重視している。白川とは違う方法で字源を分析したものや、個別の字源研究を参照したものもあり、中国において個人で製作した字源字典では最も優れていると言えるだろう。ただし、古代文字における字義や用法については、ほとんど考慮されておらず、それによる誤解も多く見られる。

季旭昇『説文新証』は、伝統的な「説文学（『説文解字』の研究）」に近年の文字研究の成果を加えたものである。台湾の研究では最もまとまったものであり、また各時代の字形や用例をある程度集めており、本書も比較対象とする。ただし、分析をしていない文字や、諸説を併記するだけで結論を出していない文字も多い。

李学勤主編『字源』は、何十人もの研究者が参加した共著であり、文字ごとに担当者が異なる。そのため玉石混淆の状態であり、また分析手法も研究者ごとに相違がある。文字によって字音を重視したり字形を重視したり、あるいは『説文解字』に依拠したりするなど、一貫した分析体系は存在しない。しかし、各文字に対してある程度の異体字を集めており、また現状では中国で最大の字源字典であるため、研究において参照されることが多く、本書も比較対象とする。

以上の十書について、略称は順に許慎・加藤・藤堂・白川・赤塚・鎌田・阿辻・谷衍奎・季旭昇・李学勤とする。これらのうち、二千年近く前の許慎はもちろんのこととして、加藤・藤堂・白川・赤塚・鎌田の五書は二十世紀の研究であり、分析手法として偏りが大きい。一方、阿辻・谷衍奎・季旭昇・李学勤は二十一世紀の研究であり、比較的バランスがよい。本書では、十書のうち三書以上に問題がある場合、その問題点を指摘する。

新しい研究方法と字形表について

字源研究において、どのような方法が最も有効であろうか。筆者（落合）は、まず基礎的な情報として、字形を網羅的に集めることが重要であると考えている。そして、それを単に羅列するだけではなく、推定される継承関係を矢印でつなぎ、二次元の表として構成するという方法を採用している。

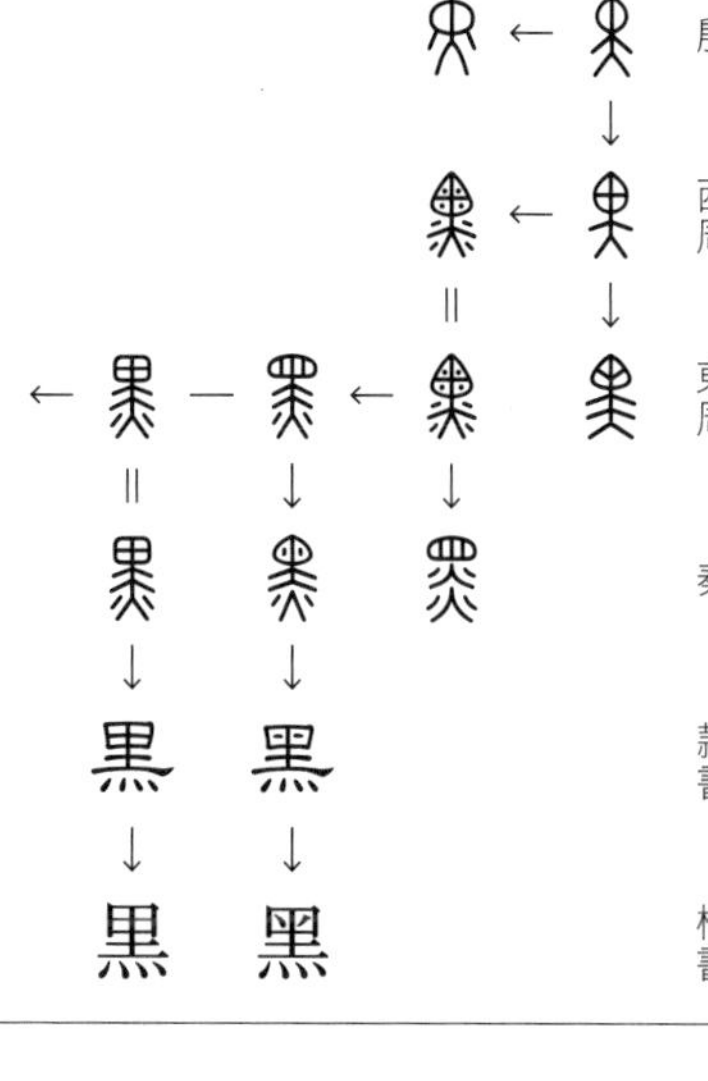

例として「黒」の字形表を挙げた。『説文解字』に記載された篆書（小篆）と楷書を除き、すべて出土文字資料の字形を掲載している。また、媒体ごとの相違を小さくして変化を分かりやすくするため、秦代まではすべて同じ書体でフォント化した（現在で言う「丸ゴシック体」に近い）。

右端は時代を表示しており、「殷」は殷代後期であり紀元前十三～前十一世紀、「西周」は紀元前十一～前八世紀、「東周」は紀元前八～前三世紀である。「秦」は統一帝国期（紀元前二二一～前二〇六年）だけではなく、戦国時代末期の諸侯時代も含んでおり、おおよそ紀元前三世紀全般の秦の文字資料である。
「隷書」は後漢代（二五～二二〇年）の八分隷書を挙げ、資料が少ない場合のみ三国時代～西晋代（二二〇～三一六年）で補った。「楷書」は『康熙字典』に記載された正字のほか、一般的な漢和辞典に掲載されている字形に限定しており、略字や行書・草書などは含めていない。新字体などは、歴史的に長く使われている場合のみ掲載した。

異体字は最大でも八種までとし、それ以上ある場合は字形の相違が大きいものを優先して掲載する（異体字の掲載を略した時代には「＊」を付した）。そして、各字形について、推定される継承関係を「→」や「←」でつないだ。ただし、あくまで筆者の推定であり、個別に出現する字形の継承関係を論証することは難しいので、今後の研究で矢印は変化する可能性もある。また、異なる時代でほぼ同じ字形が使われている場合、「＝」でつないで同じ形を表示する。

「黒」については、歴史上の字形がおおまかに十五種に分けられる（表では二字形が複数の時代にわたっている）。そして、このように網羅的に字形を集めるだけで、先行研究の誤解が分かることもある。

許慎は「黒」の字源について「火の燻（いぶ）す所の色」としており、それに影響されて谷衍奎・季旭昇以外の七書も字源を火に関係すると考えている。しかし、実のところ、火（[illegible]・[illegible]・[illegible]）に近い形が加えられたのは早くとも西周代の「[illegible]」であり、殷代の「[illegible]」などには付けられていない。つまり、「火に関係する文字」というのは後代の解釈なのであり、字源（字形の起源）とは言えないのである。一方、殷代の甲骨文字で黒（[illegible]）に最も近いのは𦰩（かん）（[illegible]）という文字であり、黒の字源はその略体と考えるのが妥当である。

そのほかにも、字形から字源分析を行う際には、単独の文字（文字種）だけではなく、関連する複数の文字種を比較することも有効であり、これは前述の白川静が提唱した方法である。

例えば「力」は、許慎が篆書の字形（　）を元に「人筋の形（力こぶのある腕の形）」としたため、多くの研究者がこれに従っていた。しかし、白川は他の文字と比較し、甲骨文字の力（　）が、男（　）や樹の初文（　）では、田（　）を耕したり木（　）を掘り起こしたりする道具として使われていることから、農具の耒の象形であることを明らかにした。

ただし、白川自身が字源研究において呪術儀礼を重視しすぎたため、この方法も有効に活用されていなかった。本書では、必要に応じて他の文字との比較についても述べる。

字形以外では、出土資料における用法や字義からの分析も重要である。例えば「衆」は、甲骨文字の字形（　）では日（　）と多くの人（　）から成っており、かつては屋外の奴隷労働を表すと言われていた。しかし、甲骨文字の記述では、王が主宰する祭祀に「衆」が参加したり、「衆」の無事を祈る儀礼が行われたりしており、より一般的な「人々」の意味と考えるのが妥当である。

一方、文献資料での用法や字義については、比較的新しく出現したものが多い。例えば『尚書』の商書諸篇や『史記』の殷本紀が殷王朝に言及しているが、系譜以外の記述は東周代以降に作られた説話であるため、その記述をもって殷代の情報とすることはできない。殷代・西周代やそれ以前に関する文献資料の記述は、基本的に二次的な情報と考えなければならないのである。

字音からの字源分析については、あまり確実な方法とは言えない。例えば、「上（　）」の字源について、加藤は「乗（じょう）」などに通じ、何かの上に何かを乗載した形とし、藤堂も具体的に乗せた状態を表した形と解釈するが、甲骨文字には「上」を「のせる」の意味で使う例はない。人間の言語には同音異義も少なくないので、字音が近いことと字源が近いことは必ずしも一致しないのである。

さらに、現状では上古音復元に複数の説がある文字も多く、この点も字音からの分析を不確実にしている。また、上古音でどの字音が「近い」のかの判断も多分に主観的であり、「上[ziang]」は「乗[dianɡ]」とは声母・主母音に相違があり、現在では近いとは見なさない説が有力である。

そのほかにも、字源（字形の起源）と語源（言葉の起源）は必ずしも一致しないという問題もある。類似する別のものによって対象の語彙を表示する場合（転注の用法）には、字音の分析が字形の起源に結びつかないのである。

本書では、以上のことを踏まえて字源の解説にあたる。なお、第一章と第二章で解説した用語については、本書末尾の用語解説にまとめた。あわせて、本書で字形表にした文字について索引を設けている。必要に応じて参照していただきたい。

第三章　原始社会の生活

利と年

中国の黄河流域では、紀元前六千年前後に農耕が始まった。穀物の栽培は、大規模かつ安定した食料供給を可能にし、その結果として人間は定住して集落を作るようになった。最も古い「人間社会」の形成である。

漢字においても、農耕を起源とするものは少なくない。「利」もその一つであり、穀物の収穫を表している。初出の殷代の字形のうち、最も基本的なものは「　」である。これは穀物の象形である禾（　）と収穫用の刀（　）から成っている。なお、禾（　）は木（　）に字形が近いが、上部を曲げることで実った穂を表している。

図3－1は、発掘された新石器時代の石製の刀であり、空けられた穴に紐を通して使っていたようである。古代には穀物の穂（実の部分）だけを切って収穫していたようで、利（　）の字形は刀のうち刃の部分が上を向いている（刀（　）の向きについては指事文字の刃（　）から上が刃先であることが分かる）。ちなみに日本でも、弥生時代には穂を切り取る方法で収穫が行われており、図とよく似た形の石刀（石包丁）が発見されている。

殷代の異体字のうち、「　」や「　」などは穀物の実を小点で表示している。また「　」や「　」は穀物の部分に麦の象形の来（旧字は來）（　）やその異体を使用している。

殷*
西周
東周*
秦
隷書　利
楷書　利

図３－１　収穫用の石刀

「利」は、穀物の収穫から転じて「よい」（「便利」など）や「もうけ」（「利益」など）の意味でも使われた。また、収穫する刃物の意味から「するどい」（「鋭利」など）としても使われる。

これらの引伸義のうち、最も早く出現したのが「よい」であり、甲骨文字に「二を伐するに、利きか。利からざるか」（『甲骨文合集』二六九九八。二は犠牲の数、伐は祭祀名）などの例が見られる。

後の時代には、基本的な形である「□」のほか、穀物を表す小点を加えた形も継承され、西周代や東周代には、小点を加えた系統の「□」なども多く使われた。また、東周代の「□」は小点の位置が移動した結果、「刀」が「刃」の形になっている。

ただし、これらは後代に残っておらず、秦代には小点を加えていない系統のみが用いられており、篆書も小点のない「[glyph]」の形である。そのほか、刀の形が誤って人（[glyph]）のような形になった異体（[glyph]）も見られる。隷書では、刀を刂（りっとう）に略した形（[glyph]）となり、そして楷書の「利」になった。

字源説について、許慎は「禾」を「和の略体」とするが、字形史上で「和」を用いた例はなく、そもそも「和」の出現は周代になってからである（「和」については一二八～一三〇頁も参照）。また、赤塚・阿辻は刀（刂）を農具の「すき」とするが、これも誤りである（耒については八五～六七頁の「協」を参照）。李学勤は旁を「勿」と見なして「刎」の意味とし、「穀物を刎る」ことで「するどい」を原義とするが、字形にも用例にも合わない（甲骨文字の勿は「[glyph]」の形である）。

藤堂・白川・谷衍奎・季旭昇の四書は刀による収穫であることを指摘している。そのほか鎌田は、甲骨文字の「利」として「[glyph]」という文字を挙げるが、これは牡馬を去勢する意味の別字である（後代には残っていない亡失字）。また加藤はこの文字に言及がない。

◇　◇

次に挙げる「年」も穀物の収穫に関連する文字である。殷代の「[glyph]」などは、人（[glyph]）が穀物の象形である禾（[glyph]）を掲げている、あるいは背負っている様子を表した文字であり、甲骨文字では「穀物の実り」の意味で使われている。「年を岳に求めんか」（『甲骨文合集』一〇〇七〇。祭祀の占トで岳は山岳の神格）などの例があり、税収に関わるため王朝の重要な関心事であった。

異体字には、人が土盛り（[glyph]）に乗って、より高く掲げている様子を表したもの（[glyph]）なども

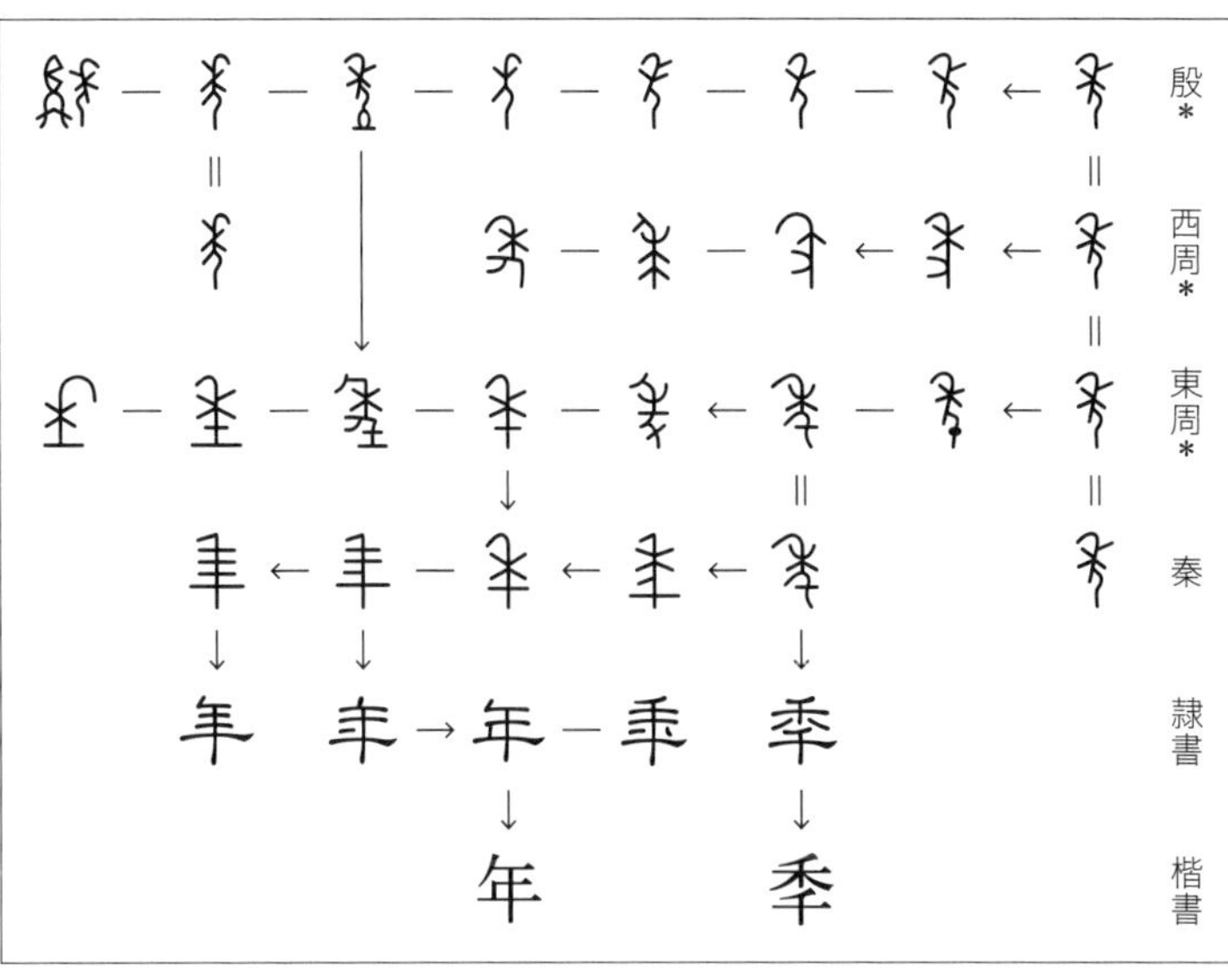

ある。また「〓」は「〓」を加えているが、「〓」は周代以降に使われなくなった亡失字であり、その意義は明らかにされていない（筆者は「〓」が荷物を束ねた形であると推定しており、「みのりが税収として運ばれてくる」の意味と思われる）。

上古音では「年」と「人」は発音が近かったと推定されており（いずれも[nien]）、「人」は発音も表す亦声にあたる。さらに、「人」を声符とする純粋な形声文字とする説（加藤・藤堂・赤塚・鎌田）もあるが、「人」は必ず「禾」の下に置かれ、また、より高く掲げた様子を表す異体の「〓」もあることから、近年の研究では視覚的に表示した会意文字とする説が優勢である。

なお、殷代には「とし」を表す文字としては歳（〓）や祀（し）（〓）が使われ、年は使われていなかった。その後、西周代になると、収穫が年に一回であることから年を「とし」の意味で使うようになった。例えば殷代の甲骨文字に「惟(こ)れ王の三祀(さんし)」とあれば王の即位三年目の意味であり、西周代の金文に「惟(こ)れ王の五年」とあれば王の即位五年目である。

ただし、西周初期には祀と年が併用されていた。また、現代でも「祈年祭」と言った場合には「みのりを祈る祭り」の意味であり、各時代で文字と意味は多様な関係性になっている。

歳　祀

東周代になると人に代えて千（）を用いた字形（など）が出現した。「千」は「人」の発音を用いた文字であるが、「年」の構造としては穀物を掲げる人の意味を失っているので、この場合には純粋な形声文字に該当する。

しかも、隷書以降には千を用いた系統のみが残った。楷書は「」をさらに略体化した「」などを継承したものであり、構造としては禾を意符、千を声符とする形声文字であるが、「年」の形からは禾も千も見ることができない。一応、楷書には異体として「秊」の形も残っているが、現在ではほとんど使われない。東周代には、人と土盛りの形が融合した「壬(てい)」を使用した「」などの異体も見られるが、これも後代には残っていない。

農耕は人間社会を成り立たせる基盤であり、特に古代王朝においては、食料生産としても税収としても重要であった。そのため、漢字にも多くの関連字が残っているのである。

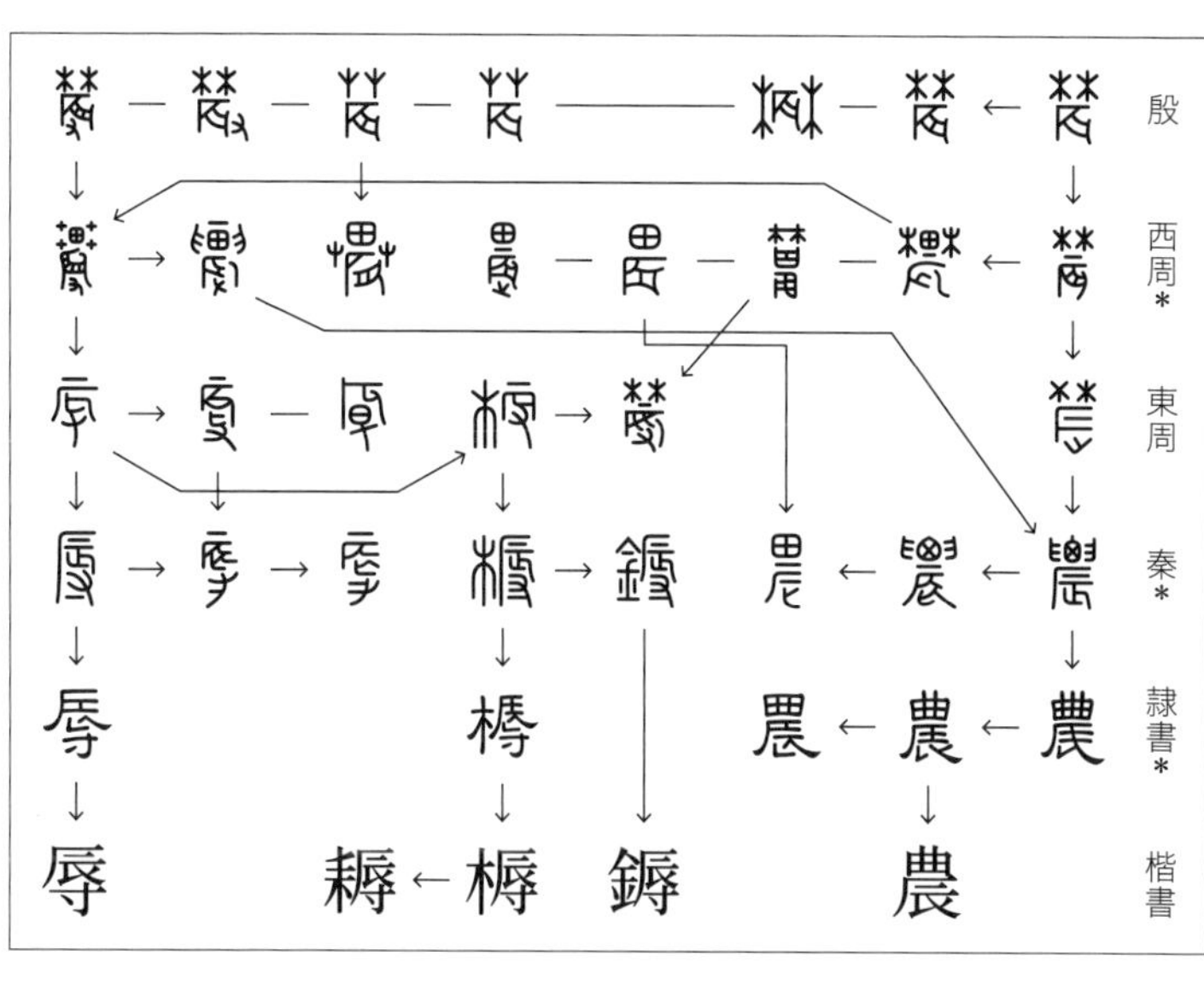

農と協

「農」も、農業と関係する文字である。殷代の「〓」は、ふたつの木（〓）と農具の象形の辰（〓）から成っており、当時の農業の様子を表している。ちなみに、当時は樹木の果実も収穫しており、甲骨文字にも木に果物が実った様子を表す果（〓）や栗の木を表す栗（〓）などの文字が見られる。また養蚕も始まっており、文字として桑（〓）も出現している。

果 〓　栗 〓　桑 〓

殷代の「農」の異体字には、木に代えて草の象形である屮（〓）を使ったもの（〓など）もある。また、「〓」などは農具を持つ手の形（〓）を加えている。

殷代の甲骨文字では、「農」が儀式の名として使われており、また西周代の金文には、王が行う「耤農」などの農耕儀礼が記されている。

これらは儀式的に農地を耕したものであり、一般に「藉田儀礼」と呼ばれる。藉田儀礼は後代にも長く続けられ、日本にも伝わった。

農の字形史について、西周代には上部に耕作地の形を表す田（田）を加えたもの（農など）が作られた。また、ふたつの木を両手の形の臼に変えたもの（農）もある。これらを折衷したと思われるのが秦代の篆書の「農」であるが、田を人の頭部の形である囟（囟）に誤っている。

さらに、隷書の「農」では囟と臼が融合して「曲」のような形になっており、これを継承したのが楷書の「農」である。下部の「辰」は原初の状態がそのまま維持されたが、上部については何段階もの変化を経た文字である。

なお、許慎は囟を使った形を起源とし、加藤・白川・赤塚・阿辻は田を用いた形を起源とするが、いずれも後起の字形である。

農と同源の文字に「辱」がある。殷代の「辱」などが元になっており、その下部だけが残り、しかも手の形の又（又）が篆書（辱）で類似形の寸（寸）に変えられた。辰と寸で楷書の「辱」になる。辱は、農耕から転じて草を刈る意味で使われた（発音も農から分かれており、転注の用法である）。さらに、仮借の用法によって「はずかしめる」などの意味にも転用された。

また、東周代には、意符として「木（木）」を追加した「槈」の形（槈）が作られている。この場合の「木」は、草を刈る道具の原材料として加えられたものであり、槈の原義は草を刈る道具であるが、辱と同じく草を刈る意味の動詞としても使われる。そのほか、意符に金を使った「鎒」や耒を使った「耨」も槈の異体である。後代には金属製の農具が普及しており、前者はそれを表して

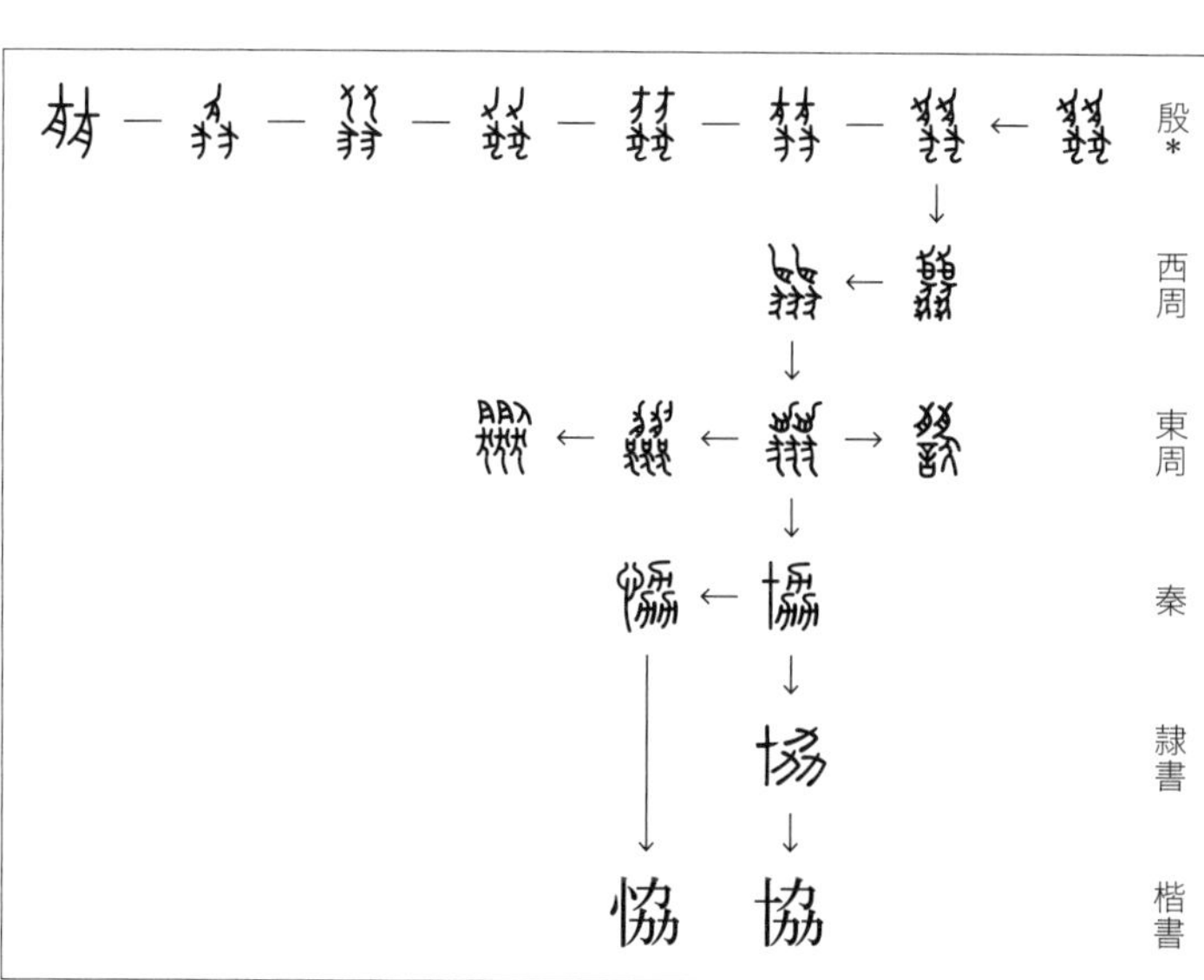

いる。また、後者は耒(すき)に似た農具の意味で作られた形である。

各時代の異体字は複雑な参照関係が見られ、前述した臼を用いた西周代の「〓」は、「辱」の系統の異体である。また、秦代の簡牘文字の農（〓）は田を使っており、西周代の「〓」などの古い情報が残ったものと思われる。

このように、漢字の字形史は複雑になることもあり、古い情報が再現されたり、複数の字形構造を折衷して新しい字形が作られたりする場合もある。

◇　◇

次の「協」も、農業に関連して作られた文字である。

殷代の「〓」や「〓」などは、二つの耒（〓）と二つの犬（〓）から成っている。耒は耕作用の農具であり、この文字では耒を並べることで協同耕作の様子を表している。また、犬は協調性の高い動物であり、古くから番犬や狩猟犬として使われていた。この文字では犬の協調行動を表している。

用法について、甲骨文字では固有名詞だけに使われているが、金文ではハーモニーを奏でる鐘を「協鐘（きょうしょう）」と呼称することがあり、自然な引伸義である。

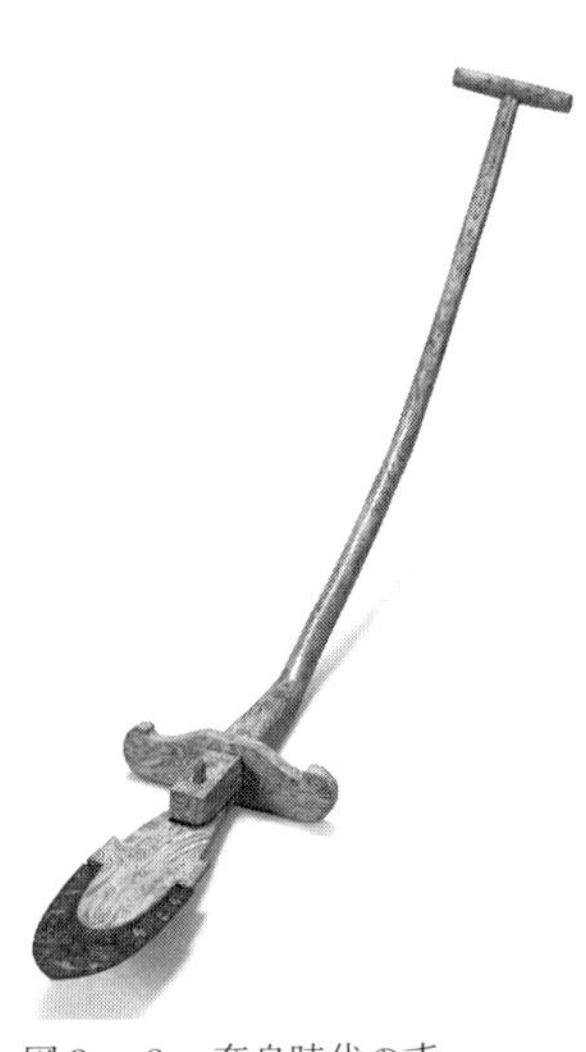

図３－２　奈良時代の耒

字形について、殷代の異体には耒（）を略体である力（）に変えた「」などがある。前述した樹木に用いられる辰は、石（）の略体（）を含むので石製農具と推定される（「石」の成り立ちについては三〇一〜三〇三頁を参照）が、一方、耒や力については、主に木や骨で作られた農具であり、農地を耕すために使われた。図３－２は、日本で正倉院に保管されている儀礼用の耒である。時代も地域も異なるが、甲骨文字の耒（）や力（）に形が近い。

西周代には、犬を三つにした異体（）が作られ、東周代の「」などにも継承されている。また東周代の「」は、犬を一つにし、さらに「言（）」を加えており、これは「号令による一斉行動」の表現であろう。

さらに秦代にも変化があり、篆書では力を三つにした「劦」に多数を意味する「十」を加えた会意文字（）になっており、多くの人々の協力を表している。これが楷書に継承されて「協」になった。秦代には、異体字として「十」を「心（忄）（〓）」に変えた「〓」も作られており、「心を合わせる」の意味を表している。これも楷書に継承され、異体の「恊」になっている。

先行研究について、許慎・加藤・藤堂・白川・赤塚・鎌田・阿辻は、篆書より古い字形を挙げていない。また谷衍奎は、甲骨文字の字形として「〓」を挙げるが、これは協同耕作ではなく農耕儀礼を表した別字である（後代には残っていない亡失字）。李学勤・季旭昇のみ殷代の「〓」の字形を挙げているが、いずれも「〓」と同源字と誤っている。

枚と散

「枚」は、木製品を作る様子を表した文字である。殷代や西周代には、金属器は民間にまで普及しておらず、人々は主に木製品を使用していた（そのほか骨角器や繊維製品など）。

殷代の「〓」のうち、「〓」は手に道具を持った様子を表しており、楷書では「攵（のぶん・ぼくにょう）」の形になる。つまり、枚は木（〓）を道具で切ったり加工したりする様子を表した文字なのである。

殷代の異体には「木」を草の象形である屮（てつ）（〓）に変えた「〓」などがあり、この場合は草を切る様子である。そのほか、切られた葉を小点で表した異体（〓）なども見られる。「〓」などについては、上部が穀物の象形の禾（〓）に近いので、農作物の管理や収穫を表しているかもしれない。

周代には木を切る様子を表した形が継承された。西周代の異体の「〓」は、手に持った鉞（まさかり）で木

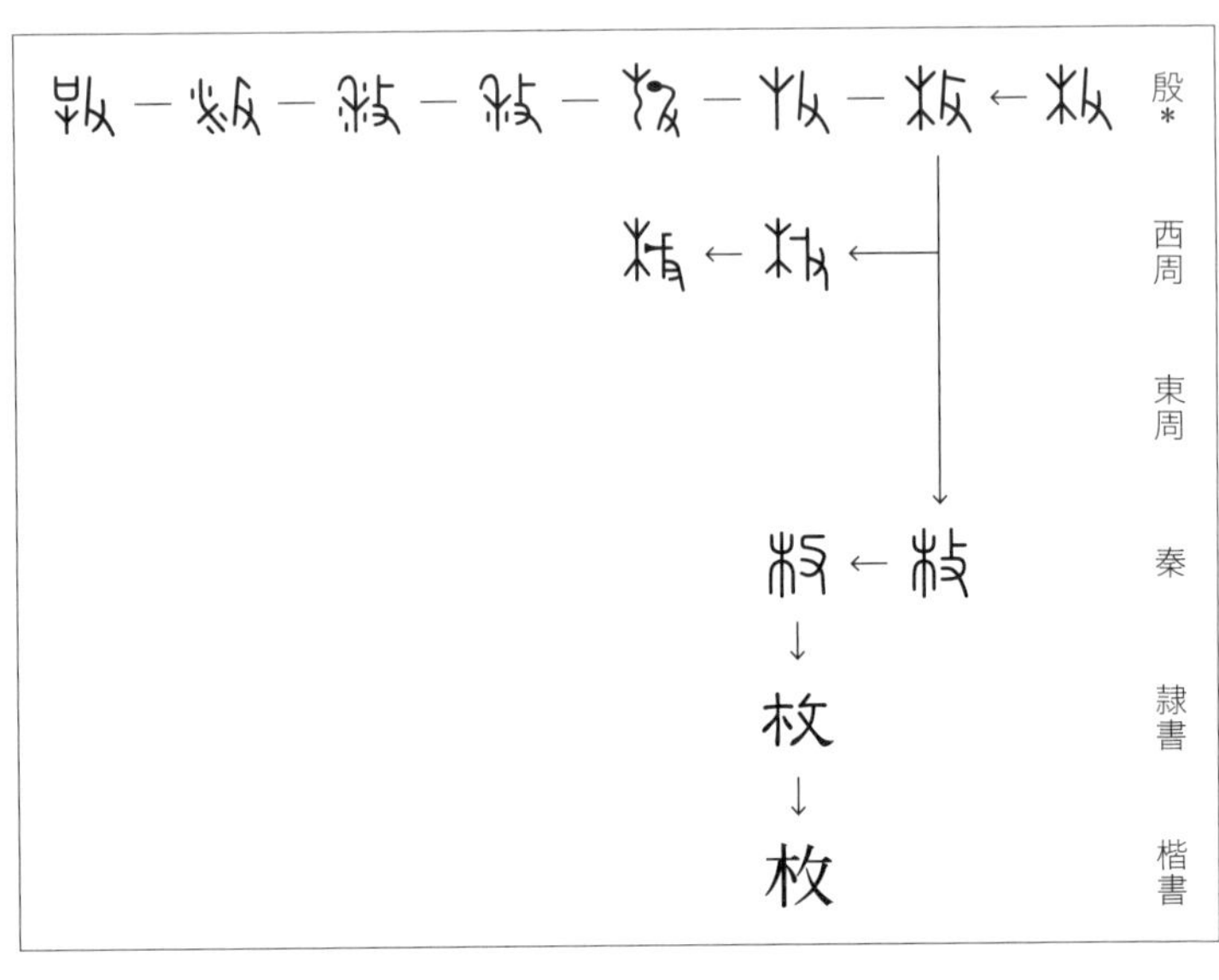

を切る様子を表現している。ただし、秦代には殷代の字形に近い「枝」が篆書とされ、それを継承したのが楷書の「枚」である。結果として字形構造の変化がなく楷書に至っている。

文字の意味としては、殷代には祭祀名として使われており、「叀れ芸・福・枚するに各り、王、祐を受くるか」（『甲骨文合集』三〇九二五。芸・福・枚は祭祀名、祐は神の祐助）などの例がある。儀礼的に行われた農作業であり、「芸」も字源は農業である（「芸」については二六八～二七〇頁を参照。福は酒を使った儀礼）。「枚」のほかにも、甲骨文字には王が儀式的な農作業や牧畜を行った例は多く見られ、前述した「農」や次項で取り上げる「牧」などにも祭祀儀礼としての用法がある。

その後、周代になると、「枚」は木から切った枝や木片の意味で使われた。枚は刑罰の道具として使われることもあり、「攴」は鞭や杖の

殷
西周
東周
秦
隷書
楷書

散

意味にもなった。さらに、木片などを数えることから、ものを数える助数詞としても使われた。

原義について、許慎は杖にする木の幹とし、谷衍奎・李学勤も同様の考えである。また、加藤・赤塚・鎌田・阿辻は鞭を原義とし、藤堂は折衷して「つえやむち」とする。しかし、いずれも字形構造や古い用法に合致しないので、原義ではなく引伸義と考えるべきである。そのほか、白川は攴を「斧を手に持つ形」とするが、斧の象形の斤（きん）（）は含まれない。また季旭昇はこの文字に言及していない。

◇　◇

枚によく似た成り立ちの文字が、次に挙げる「散」である。殷代の「」は資料上で地名として使われているが、ふたつの木（）と攴（）から成っており、字源が木の葉を切り散らす様子であることが明らかである。そのほか配列を変えた異体（など）もある。

殷代の異体のうち、「」は小点を加えており、切られた木の葉を表現している。さらに、草の象形の屮（てつ）（）を用いた「」では、「草の葉を切り散らす様子」になっており、これが後代に継承された。「枚」では「木」を用いた本来の構造が継承されたが、「散」の場合は異なっている。あるいは枚と散の成り立ちが近いため、意図的に区別して別の系統を用いたのかもしれない。西周代には「[illegible]」の形となり、これが秦代の篆書の「[illegible]」を経て、楷書では「㪚（さん）」として表現される。ただし、現在ではこの形はほとんど使われない。なお、「𣏟（はい）」は草から切り取る様子を表しており、繊維製品である「麻（旧字は麻）」にも使われている。

後代に大きな影響を与えたのが西周代の「[illegible]」である。加えられた部分を「肉」とする説もあるが、上部の「[illegible]」が竹の象形の「竹」であるから、肉（[illegible]）ではなく竹の葉の象形と考えるのが妥当である。つまり、「竹の葉を切り散らす様子」という字形構造である。

この系統と「㪚」の系統を折衷したのが篆書の異体である「[illegible]」であり、「𣏟」を使用し、また竹の葉の象形が「月」のような形になっている。さらに、𣏟を林（[illegible]）に変えたのが簡牘文字で使われた異体の「[illegible]」であり、殷代の形（[illegible]）に近くなっている。もっとも、時代が大きく離れているので、甲骨文字の情報が残っていたのではなく偶然の一致であろう。そして、隷書の異体（[illegible]）では林の部分が略体になっており、これを継承したのが楷書の「散」である。また楷書では、篆書を模倣した「[illegible]」も作られている。

文字の意味としては、殷代や西周代には固有名詞としてのみ使われている。殷王朝の甲骨文字や西周王朝の金文は、支配階層が主体となっているため、農民の生活が直接的に記されることはない。そのため、原始的な生活を反映した文字については、地名などにしか見られない場合もある。

字源説について、許慎・阿辻は肉（にくづき）を意符とする形声文字とし、加藤・赤塚は竹を意符とする形声文字とするが、いずれも後代の字形からの解釈であり、字形史から見て形声が起源とは考えられない。白川も後代の字形から「肉」を用いた字形とし、谷衍奎は「〓」の左側を「酒器」に誤っている。字源が植物を切り散らす様子であることを指摘したのは、藤堂・鎌田・季旭昇・李学勤の四書である（ただし季旭昇・李学勤は「月」が声符と誤解している）。

牧と半

初期の人間社会においては、農耕とともに牧畜も重要な生産活動であり、中国でも、新石器時代から様々な家畜が飼育されていた。

食用家畜のうち、豚や鶏は雑食性で人の食べ残しを与えられるため、栄養の貯金として利用できる。食料が余ったときには家畜に与え、足りないときには家畜を食べるのである。また、豚や鶏は多産であるため家畜として効率がよい。一方、牛や羊は草食性であり、しかも出産数が少ないため、家畜としては効率が悪い。しかし、そうであるがゆえに高級品とされた。漢字でも、牛や羊が家畜の代表として用いられているものが多い。

文字としての「牧」は、牧畜を表しており、殷代の段階から牛（〓）と攵（〓）から成る字形（〓）が使われていた。手に持った棒で牛を追う様子を表している。楷書には牛と攵を用いた基本的な形が継承されて「牧」の形になっており、結果として同一の字形構造が維持された。

ただし、各時代に多くの異体が見られる。殷代の異体として、放牧を表すために足の象形の止（〓）を加えたもの（〓）、あるいは行くことを象徴する道路の象形の彳（〓）を加えたもの

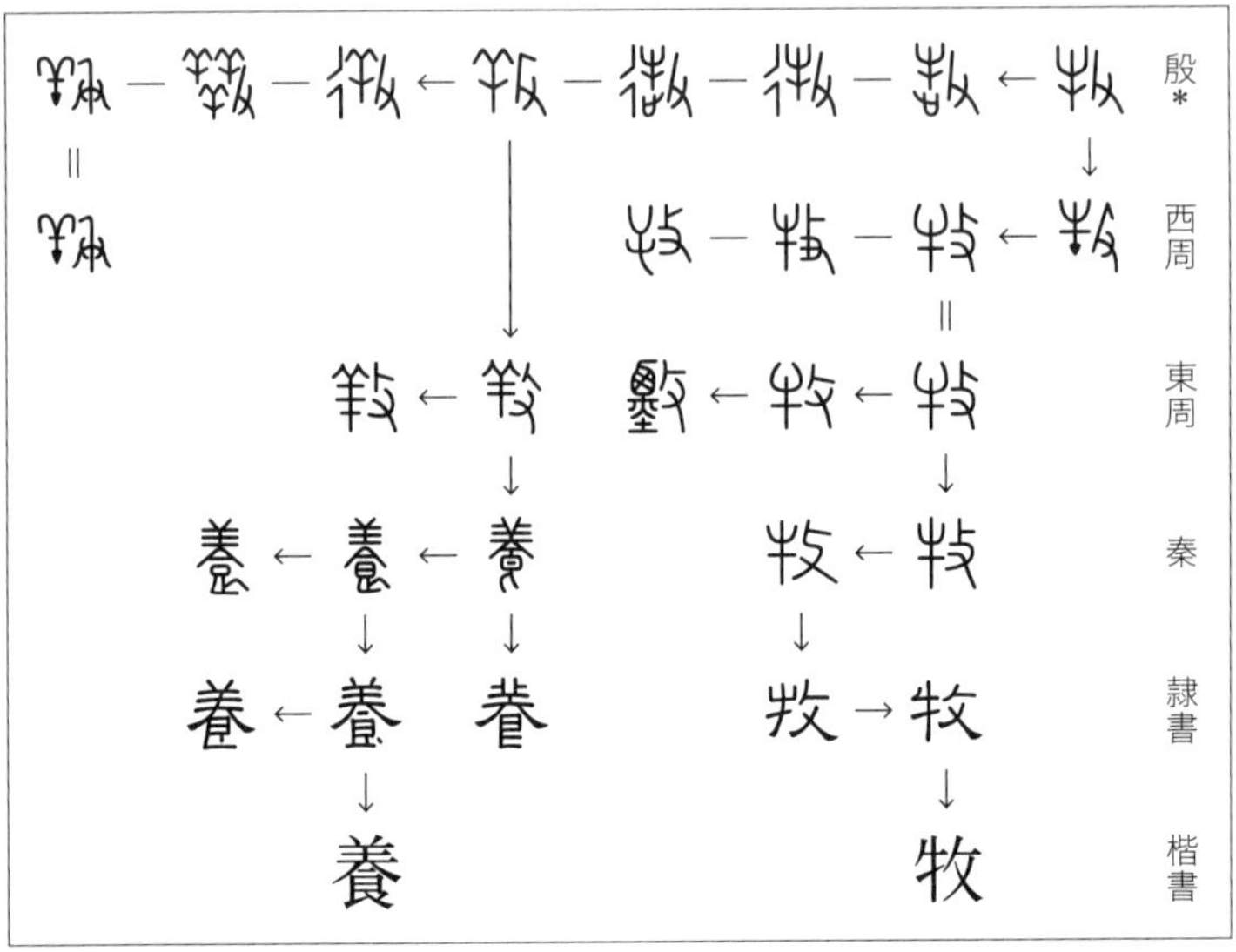

殷* 西周 東周 秦 隷書 楷書

牧 養

（[illegible]）などがある。西周代の「[illegible]」は、牛（[illegible]）に字形が近い屰（げき）（[illegible]）を使っているが、屰は人体の象形の上下逆転形であり意味として関連はなく、俗字にあたる。また、東周代の「[illegible]」は、「牛」の部分を声符としての「墨（ぼく）」に入れ換えた形声の構造である。

資料上の用法で面白いものとして、殷代の甲骨文字に「王、石麋（せきび）を牧するを夢みるに、惟（こ）れ禍（わざわい）あらず、惟（こ）れ祐（たすけ）あるか」（『甲骨文合集』三七六。祐は神の祐助）という例がある。甲骨文字には夢占いも記されているが、この例では殷王が石でできた麋（鹿の一種）を飼う夢を見たというのである。

殷代の異体には、牛に代えて羊（[illegible]）を用いた「[illegible]」や「[illegible]」なども見られる。家畜の表現として牛を使うか羊を使うかというだけの違いであり、当初は同じ意味の文字であった。しかし、「牧」は「家畜を飼う」の意味から転じて「やしなう」の意味でも使われるようになったため、東周代になると、羊を用いた「〓」などの字形を「やしなう」の意味に専用するようになった。また文字の発音も「羊（よう）」と同じになった（推定される上古音はいずれも[riang]）。中国における一種の慣用音と言えるだろう。

ちなみに、かつては羊を用いた東周代の字形が『説文解字』に記載された古文しか見られなかったため、存在を疑問視する説もあった。しかし近年に、戦国時代に南方で作られた簡牘から「やしなう」の用法で「〓」などが使用されているのが発見され、『説文解字』の情報が正しいことが明らかにされた。

図3－3　青銅尊

さらに、秦代になると攵の部分を「食（〓）」に代えた「〓」の字形が作られた。この場合には、「羊の肉を食べさせて養う」という意味の会意の構造になる（羊が亦声）。これが隷書の「〓」などを経て、楷書の「養」に継承された。結果として、楷書の「養」と「養」は、同源字でありながら字形・字音・字義の全てが異なる文字になったのである。

図3－3は、西周代に作られた青銅製の尊（そん）（酒樽（さかだる））であるが、羊の頭を模した飾りを四隅に付けている。きわめて精巧な造形であり、呪術的な文様を除けば実際の羊を忠実に表現している。

◇　　◇

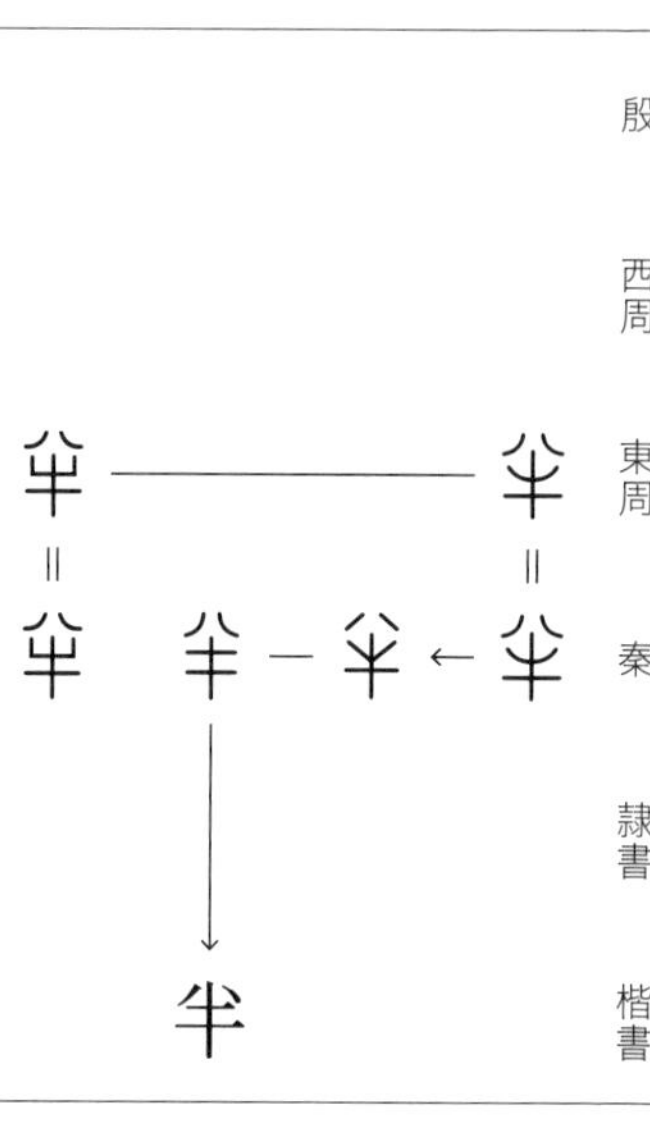

「半（半）」も、家畜に関連する文字である。初出の東周代の字形（半）は下部に牛（牛）を用いた形であった。

牛を解体する際には巨大な牛刀が用いられ、文献資料にも「鶏を割くにいずくんぞ牛刀を用いん」（『論語』陽貨篇）などの言葉が見られる。ただし、「半」については抽象的な表現であり、「半」のうち、上部の「八」は「八」であり、二つに分けることを表す指事記号である。

半は、もとは牛などを半分に切り分ける意味で作られた文字であり、その後、より一般的に「半分」の意味で使われるようになった。

なお、半の初出は現状の資料では東周代であるが、殷代には家畜を裂いて神に捧げる意味では「卯（卯）」が使われていた。これは犠牲を切り裂いた様子を抽象的に表している。

「半」の字形について、秦代には牛（牛）の部分に略体の「キ」を用いた形（半）が作られ、これが楷書（旧字）の「半」に継承された。さらに新字では「八」の向きも変えている。このように「半」は字形の変化が大きく、結果として、新字では字形の中に「牛」も「八」も見られなくなっている。

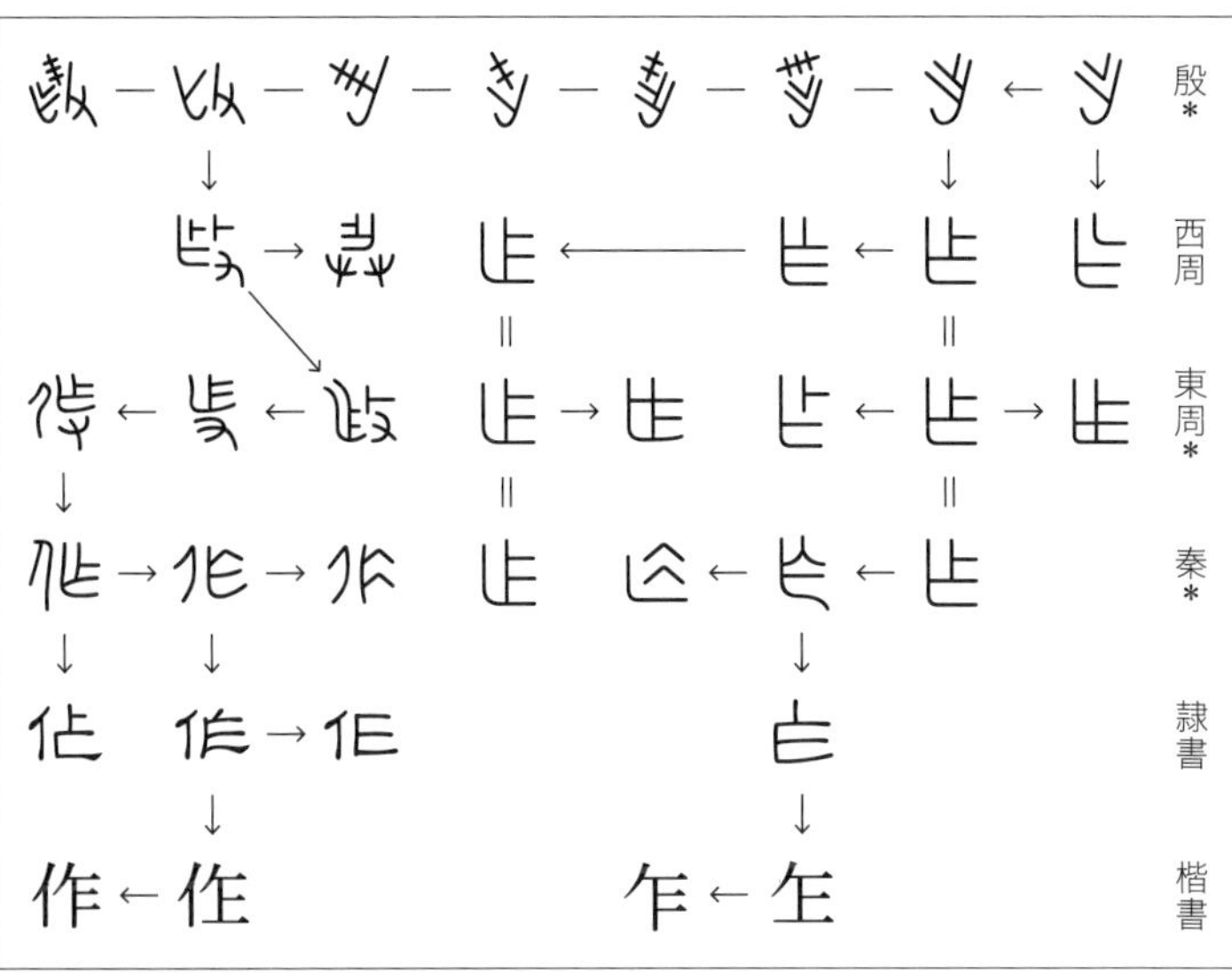

作と糸

次に取り上げるのは繊維製品に関係する文字である。植物性の繊維を衣服などに用いることは、農耕・牧畜よりも早く始められており、原始的な生活を支えるものであった。

「作」は初文が「乍」の部分であり、殷代には「〓」などの形が使われていた。「〓」のうち、下部は衣（〓）と共通しており、衣服を作る様子と考えられる。なお、衣（〓）は衣服の襟を表した象形文字であり、上部が奥襟、下部が襟元である。

衣 〓

この文字の成り立ちについて、許慎は篆書（〓）を元に亡（〓）を使った文字とするが、成り立ちは全く異なる（「亡」については一〇二～一〇五頁を参照）。また、加藤・藤堂・赤塚・鎌田・阿辻・谷衍奎・季旭昇は刀や斧など刃物

図3－4　「作」の記述

の形を使った文字とするが、字形は刀（　）とも斧の象形の斤（　）とも異なる。そのほか白川は木の枝を曲げた形とするが、この形が木の枝として使われることはなく、根拠のない憶測である。李学勤は耒の形を使った文字とするが、耒（　）でもない。

殷代の異体には、衣服の縫い目を表した「　」や「　」なども見られる。また、「　」や「　」は攴（　）を加えており、衣服を作る道具を手に持った様子を表している。

このように、作（乍）は衣服を作る様子が字源であるが、より一般的に「つくる」や「なす」の意味で使われるようになった。すでに殷代の甲骨文字に「王、邑を作るに、帝、諾するか」（『甲骨文合集』一四二〇一。邑は都市、帝は神名、諾は承諾）や、「舌方出づるに、惟れ禍を作す有るか」（『甲骨文合集』六〇九二。舌方は敵対勢力であり、舌は亡失字）などの例がある。

西周代の金文では、その青銅器を作った目的を「用乍（用て作る）」として記すことが多い。また、金文には「乍冊（作冊）」という称号が見られる。冊は記録用の竹簡の束を指しており、作冊はそれを作る人、つまり記録官の意味である。

図3－4は冊命金文のひとつであり、周王が免という人物を山林を管理する官職に任命したという内容である。そして、その文中には王が「作冊尹（　）」（右から三行目。尹は古くは臣下の

意味）に記録させたことが記されている。また最後の「用作（〓）」（最左行）は、王からの職務任命と賜物を受けて祖先を祀る器を作ったことを記している。

この金文もそうであるが、西周代には、「つくる」の意味として「〓」の左右反転形を継承した「乍（〓）」が主に使われた。その後、「乍」は「つくる」の意味で使われることが少なくなり、当て字で「たちまち」の意味で使われたり（この場合は音読みが「サ」）、「昨」や「詐」などの声符として使われたりした。

一方、殷代の異体のうち、「〓」を継承したのが西周代の「〓」や東周代の「〓」であり、この系統が主に「つくる」の意味で使われるようになった。東周代には「攴」の部分を手の形の又（〓）に代えた「〓」となり、さらに人（〓）を加えた「〓」の形になった。加えられた「人」の意味については、「人為」を表す意符と言われる。

そして、秦代に「〓」から又を省いた「〓」の形になっており、構造としては人を意符、初文の乍を声符（亦声）とする形声文字にあたる。これが継承されて楷書の「作」になった。

◇　◇

次に挙げる「系」も繊維に関係する文字であり、殷代には「〓」などの形が使われていた。上部の爪（〓）は手の形であり、下部は糸束の象形（〓）をつなげた形である。つまり、「つながった糸束を手でかけ持つ形」であり、ここから「かける・かかる」や「つながる・つながり」の意味で使われた。

殷代には、つながることからの引伸義で安寧の意味でも使われており、甲骨文字には「其（そ）れ禍（わざわい）

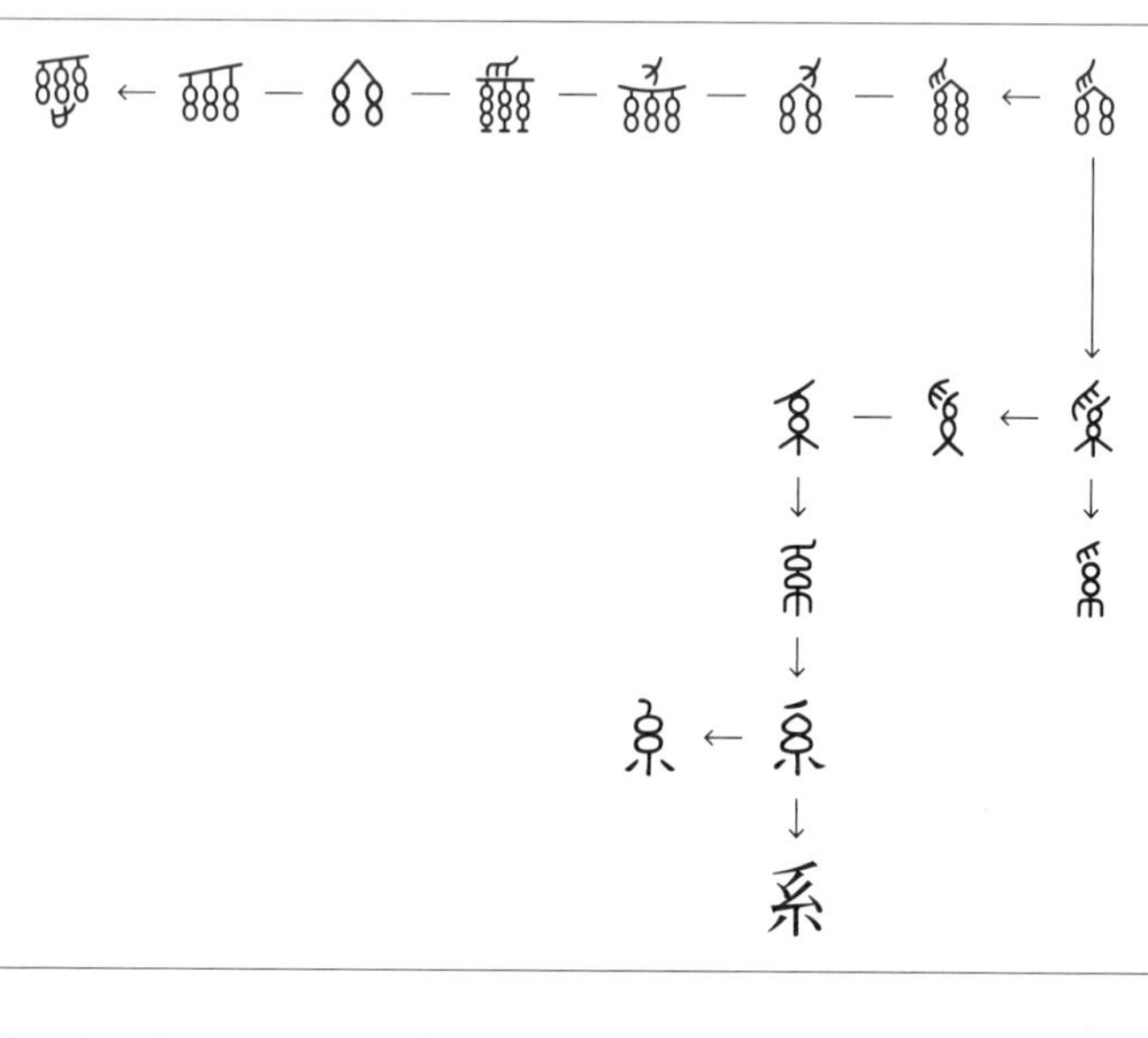

有り、系ならざるか」（『甲骨文合集』二三七八二）などの例がある。ちなみに、当時の対義語は絶の古い形の「𢇍（〓）」である。こちらはつないだ糸束（〓）を切る様子を表しており、横線が切断を表す指事記号である。

絶（𢇍）〓

殷代の異体には、糸束の形を増した「〓」や、手の形を省略した「〓」などが見られる。また「〓」は手の形である爪ではなく足の形の止（〓）を使っているが、誤字なのか意図的な変換なのかは不明である。

その後、東周代には糸束をつなげた形を「糸（〓）」に変えた形（〓）となり、さらに爪を「丿」に略した形（〓）が作られた。これを継承したのが楷書の「系」であり、結果として初文の形（楷書で表現すると「〓」）から大きく変化している。

この文字の成り立ちについて、許慎・藤堂・赤塚は篆書（〓）を起源とするが、すでに述べたように略体である（許慎は籀文として「〓」に近い字形も挙げている）。また谷衍奎・季旭昇は奚(けい)（〓・〓など）と同源字とするが、これは捕縛された捕虜を表す文字であり、明らかに字源は異なっている（ただし推定される上古音はいずれも[gie]であり、「紐を持つこと」と「紐で縛ること」は言葉としては近かったようである）。

人間社会では古くから繊維製品が利用されていたため、それに関係する文字も少なくない。ただし、西周代以後に作られた文字は「糸（〓）」を部首に使った形声文字が多く、象形文字や会意文字は作られなくなっていった。ちなみに、「いと」の旧字は「絲」であり、「糸」は本来は絹の細い原糸を指す文字であった（音読みは「ベキ」）。「糸(べき)」を部首とする文字は、例えば「級」はもと機織(はたお)りにおける糸の順序を表し、「緑」はもと緑色の布を表すなど、繊維製品に関わる字源・原義を持っている。

初と班

初（〓）は、衣（〓）と刀（〓）から成っており、衣服の加工を表している。字形構造の意義について、初出の殷代には断片にしか見えないため確実ではないが、衣服を作るときに最初に布を切断することから、許慎が「衣服を作りはじめること」とする解釈が現在でも支持されている。その後、西周代には「はじめ」の意味で使われており、月の初めを「初吉(しょきつ)」と呼称している。

字形については、衣と刀から成る基本形が後代に継承され、さらに隷書で衣が「ネ（ころもへ

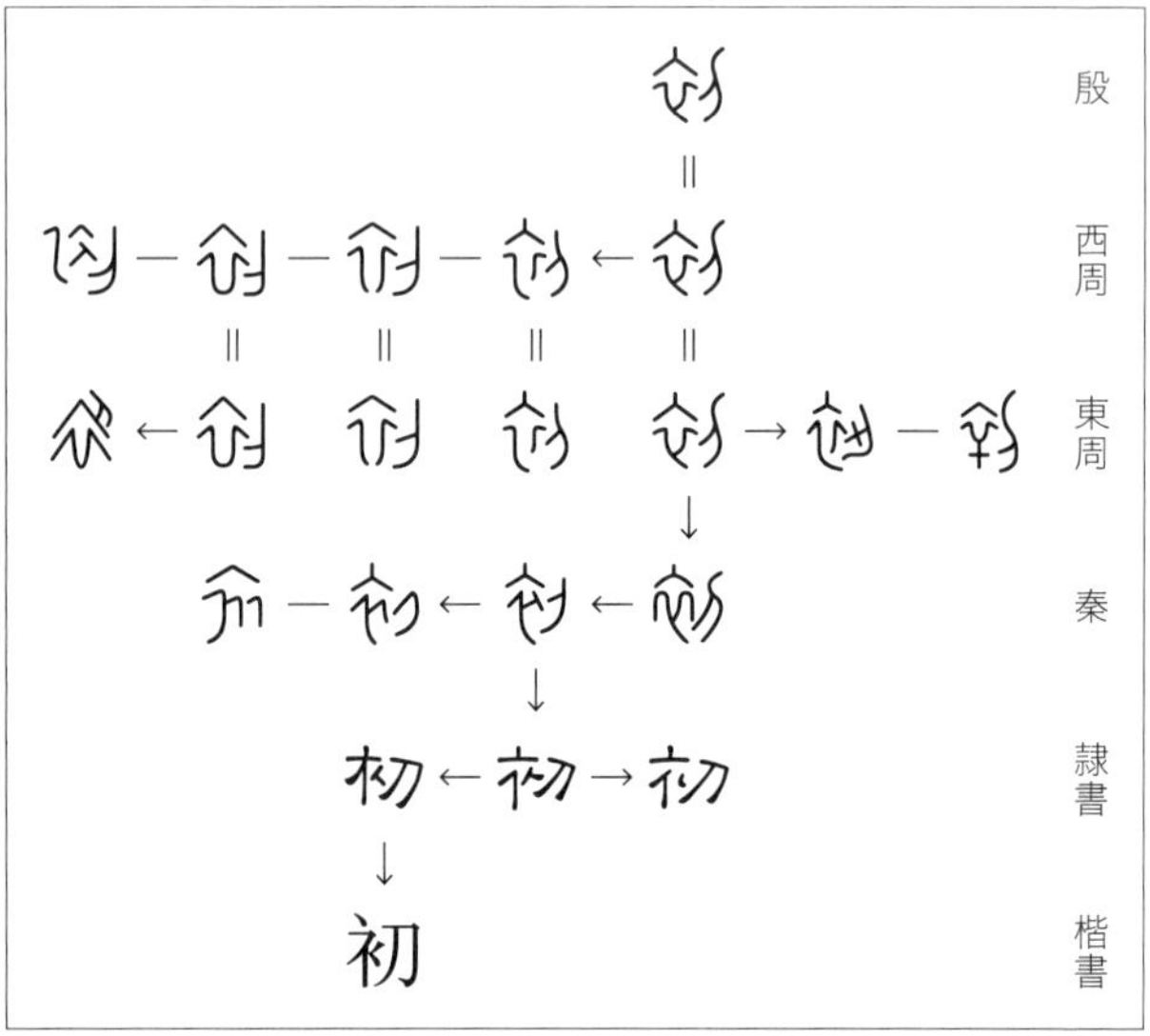

殷

西周

東周

秦

隷書

楷書　初

ん）」に変わった「初」となり、楷書の「初」になった。

そのほか、各時代に衣や刀の形状が異なる異体が多く見られる。また、東周代の「〓」は「刀」を類似形の「刃」に変えており、「〓」は「衣」を類似形の「卒」に変えているが、いずれも後代には残っていない。

字形に含まれる「刀」は、武器としても使われたが、工具や生活の道具としても使われており、漢字で刀（あるいは略体の刂）を含む文字には軍事だけではなく手工業に関係する文字も多い。

◇　◇

「班」も手工業に関係する文字であり、初出は西周代である。「〓」などは、二つの玉（〓）と刀（〓）から成り、玉器（ぎょっき）を加工する様子を表している。ただし、西周代の金文には、「班」は固有名詞の用法しか見られない。金文の制作者は貴族層であるため、実際の工業活動は具体的に記されにくいのである。

なお、殷代には玉器を製作する意味の文字として、甲骨文字に「⿰王殳」が見られる（楷書的に表現すると「⿰王殳」）。ただし、これも固有名詞であり、また後代には残らなかった亡失字である。

玉器の生産開始はさらにさかのぼり、新石器時代の中後期に広まった。図3-5は、新石器時代に長江流域で作られた玉器であり、「玉琮（ぎょくそう）」と呼ばれる。四角柱の中に丸い穴を通しており、何らかの信仰を表現していると推定されている。

字形について、楷書の「班」は、初出の構造のうち「刀」が「刂（りっとう）」に近い形になっただけで、ほとんど変化せずに継承されたものである。そのほか、東周代の「班」は、玉の異体（玉）を使ったものであるが、後代には残っていない。

字義については変化があり、東周代以降になると、「玉を切り分ける」の意味から「分け与える」や「分けた人員」などの意味で使われるようになった。

殷　西周　東周　秦　隷書　楷書

班

図3-5　玉琮

殷	西周	東周	秦	隷書	楷書
〓 — 〓 — 〓 — 〓 — 〓 — 〓 — 〓 — 〓		〓 — 〓 — 〓 → 〓 ← 〓 — 〓 — 〓	〓 ← 〓 ← 春	春	春

春と秋

原始的な生活に関連して、季節を表した文字を取り上げる。

殷代に「春」を表した文字のうち、「〓」は二つの木（〓）と屯（〓）から成っており、屯は「芽の象形」とする説が有力である。つまり、「春」は「木の芽が出る時期」を表した会意文字である。屯は、上古音では春と近かったと推定されており（春が[tiuən]、屯が[duən]）、亦声にあたる。

そのほかの異体として、木の本数を変えた「〓」のほか、太陽の象形である日（〓）を加えた「〓」や「〓」などがあり、「日が伸びていく時期」の表示であろう。また屯だけを用いたもの（〓）もあり、この場合は略体か仮借にあたる。

甲骨文字で「春」に併記された月次（月数）

の記述から、殷代には冬至から夏至までを「春」としていたと推定される。また、夏至から冬至までは後述する「秋」である。殷代には、季節区分は春と秋だけであった。甲骨文字には「春に于いて酒するに、王、祐有るを受くるか」（『中国社会科学院歴史研究所蔵甲骨集』一五八二。酒は儀礼の一種、祐は神の祐助）や、「王、来春に于いて蒙を伐たんか」（『甲骨文合集』六五五九。蒙は敵対勢力の名）などの記述がある。

一方、西周代には出土文字資料に季節の表示が見られない。当時の暦では、年・月・日（干支）のほか、季節ではなく「月相」が用いられており、これは月の満ち欠けによって期間を表示するものである。初吉（新月ごろ）・既生覇（月が満ちてゆく期間）・既望（満月ごろ）・既死覇（月が欠けてゆく期間）の四種類であり、それぞれ七日間程度と推定されている（期間には諸説ある）。その後、東周代になると月相が使われなくなり、代わって夏と冬を加えた四季が使われるようになった。

東周代には、「〓」から二つの木の部分を草の象形の「艸」に変えた形（〓など）が作られた。この場合には、「草の芽が出る時期」を表した文字となる。また、「日（〓）」の部分については、東周代には後述する秋のほか、「夏」や「冬」でも一時的に意符として使われており、「太陽の運行」を表す部首と考えられたようである（「冬」については二六六〜二六八頁を参照）。

〓→〓→〓→〓→夏

そのほか、東周代の異体には艸を省いたもの（〓など）や日を省いたもの（〓）、意符に「月」を用いたもの（〓）も見られるが、いずれも後代には残っておらず、秦代の篆書には艸・日・屯を用いた形（〓）が採用されている。そして、秦代の簡牘文字（〓）で艸と屯が融合しており、楷書の「春」のうち「𡗗」の部分になっている。

なお、許慎のほか藤堂・白川・赤塚・鎌田・阿辻・谷衍奎は誤って艸を用いた字形を起源と見なしている。また加藤は「〓」を春の初文とするが、これは「者」であって別字である。初出の殷代の字形を正確に把握できたのは十書のうち季旭昇・李学勤のみであった。

◇　◇

次は「秋」である。殷代には「〓」などの形で表示されていたが、これは羽のある昆虫の象形である。秋に穀物につく害虫によって「あき」の字義を表したのであり、引伸義または転注の用法にあたる。

「〓」の上部には触角が表現されており、右下にあるのは羽であろう。また昆虫の足は三対であるが、二対または一対に簡略化して表現される。当時は、害虫を藁ごと燃やして駆除していたため、下部に火（〓）の略体（〓）を加えた異体（〓など）も見られる。

殷代の甲骨文字では、秋期の意味のほか、原義である害虫の意味で使われることもある。「今歳、秋、茲の商に至らざるか」（『甲骨文合集』二四二二五。原典は八六頁の図3‐6の中段落＝二本の横線で区切られた部分）の例では、殷の都である商に害虫が襲来しないかどうかを占っている。大陸ではバッタなどが大量発生することがあり、その被害は甚大であった。

その後、西周代には、前述のように季節の表現がなく、東周代の出土文字資料では、穀物を表す禾（〓）と太陽の運行を表す日（〓）の略体を加えた形（〓）になっている。ここから日が省か

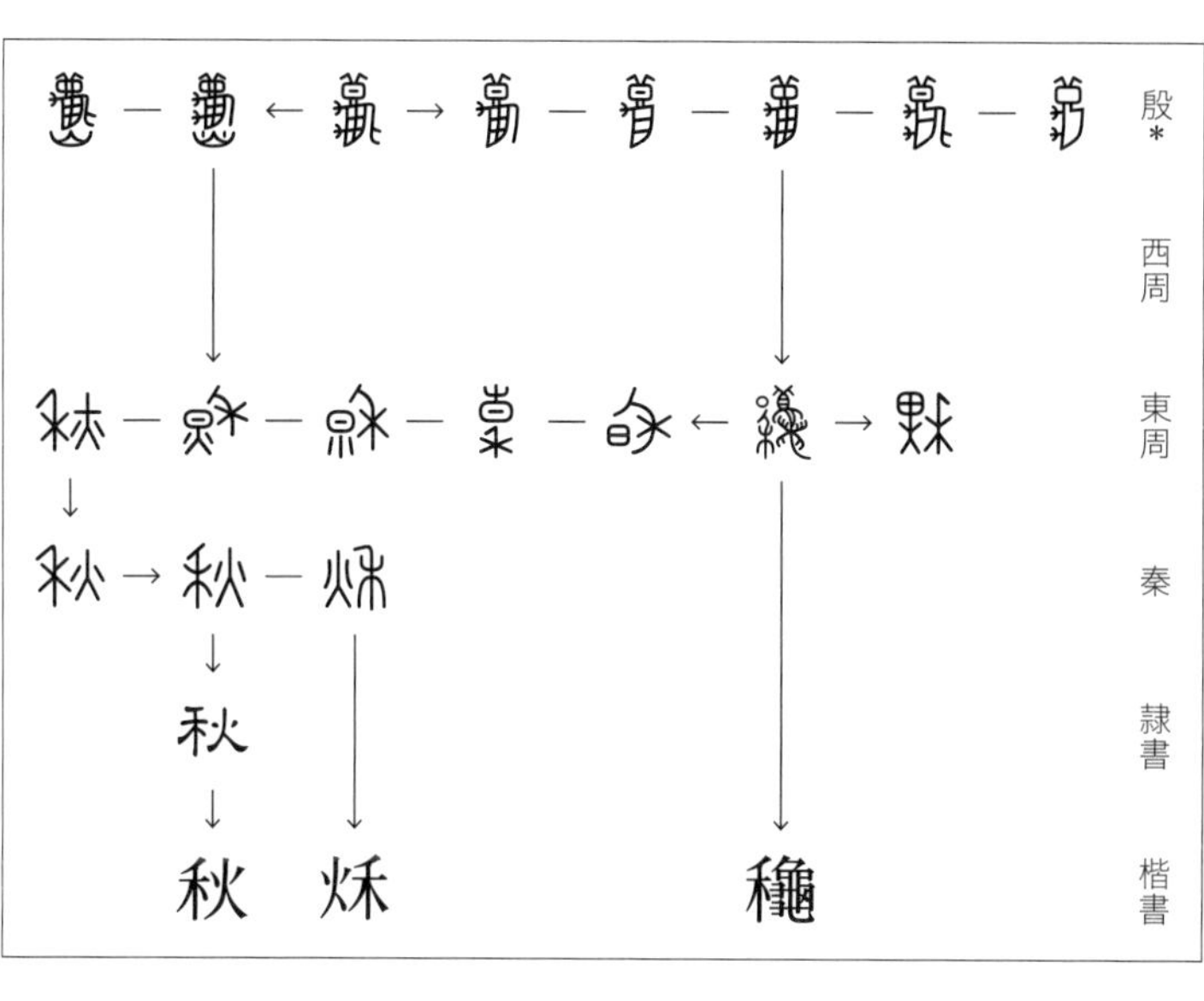

れ、また昆虫の象形が亀（龜）に似ていることから、楷書では「龝」の形になった。

そのほか、東周代には殷代の「〓」との折衷形であろう禾・日・火から成るもの（〓）があり、さらにそこから日を省いた形（〓）が後代に継承され、楷書の「秋」になった。また、秦代には篆書として左右を入れ換えた「〓」が採用されており、これも楷書の異体の「秌」として残っている。

東周代には春夏秋冬が出揃ったのであるが、前述のように、殷代には季節区分として春と秋だけが使われていた。そのため「春秋」は歴史の代名詞として使われ、魯国（ろこく）の年代記である『春秋』という文献の呼称になった。さらに『春秋』が「春秋時代」の名前の元になったのである（ただし『春秋』は東周代に作られており春夏秋冬の四季区分で記述されている）。

「秋」の成り立ちについて、許慎は「籀文」と

図3－6　害虫の占い

して禾・龜・火から成る字形を挙げ、「〓」を声符とする純粋な形声文字と見なしており、赤塚・阿辻・李学勤も同様の見解である。しかし、「〓」は初文のひとつ（〓など）であり、仮に形声の構造としても、意味も表す亦声にあたる。そのほか、加藤・藤堂は誤って藁を表す稈(かん)の初文（〓）を秋として挙げている。また鎌田は亀（龜）を用いた形を字源とし、秋に占いに使う亀を捕らえたと解釈するが、字源とは異なっている。十書のうち、字源を正確に把握できたのは白川・谷衍奎・季旭昇の三書であった。

雪と氷

季節に関係する文字として、「雪」の字形史を取り上げる。殷代の「〓」のうち、上部の雨（〓）は空から降ってくることを表し、下部には羽根の象形の羽（〓）がある。つまり、「空から降ってくる羽根状のもの」という表現である。殷代の異体には、羽と雨の位置関係を変えたもの（〓）や、雨について水滴を表す小点に変えたもの（〓）などがある。

甲骨文字でも降雪が占われており、「翌丁酉(ていゆう)、其(そ)れ雪ふる有るか」（『甲骨文合集』一三四二五。丁酉は日付）などが見られる。ただし、殷代は世界的に温暖だった時代であり、甲骨文字にも雪害などは記されていない。

一方、周代になると寒冷化が起こり、中国もその影響を受けた。『春秋』にも、例えば「三月……（略）……庚辰、大いに雪ふる」（隠公九年。庚辰は日付）とあり、旧暦の三月（新暦の三〜四月ごろに該当）に季節外れの大雪が降ったことが記されている。

字形について、西周代になると、「羽」の部分が発音を表す「彗」に置き換えられた（推定される上古音は雪が[siuat]、彗が[ziuat]であり近い）。その理由については、西周代以降になると形声文字が多く作られ、既存の文字まで形声の構造に変えられたことが直接の原因である。ただし、西周代以降における気候変動や雪害を考えると、「空から降ってくる羽根」という表現が適当ではないほどの大雪が発生するようになったことも、理由のひとつかもしれない。

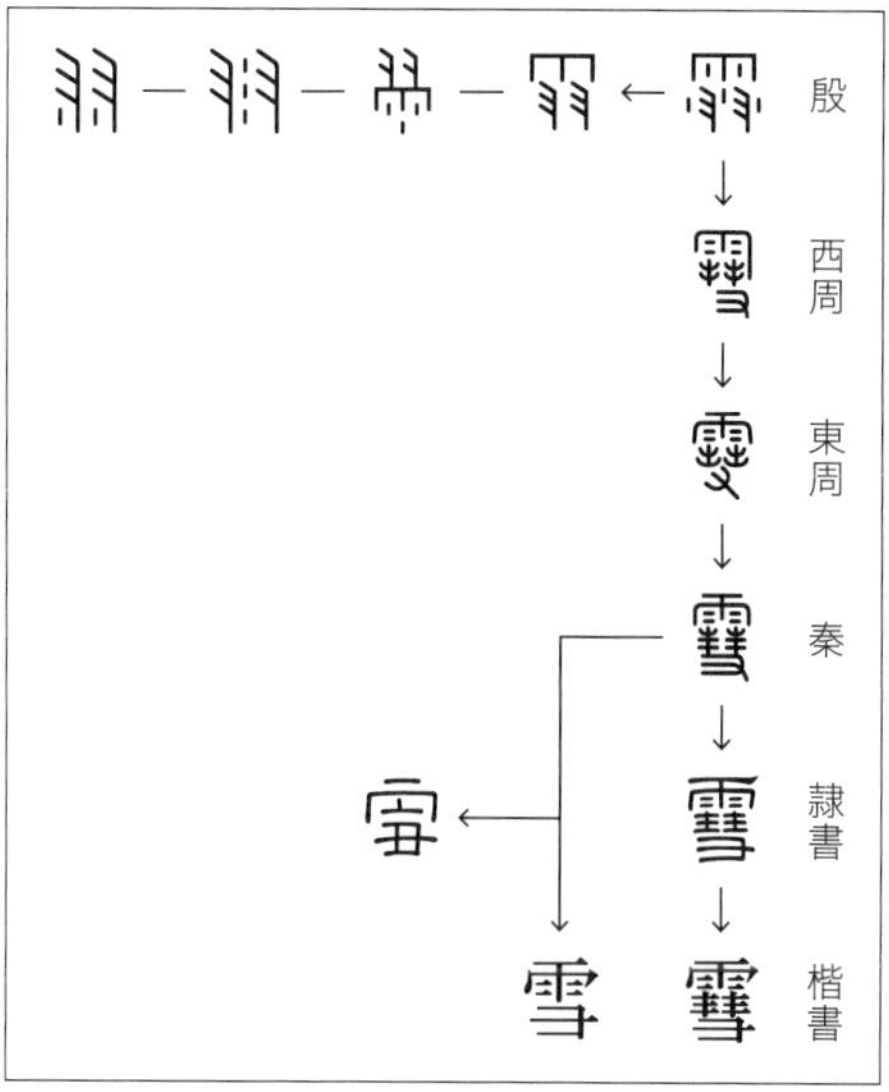

殷　西周　東周　秦　隷書　楷書

いずれにせよ、形声の構造が後代に継承され、さらに楷書で「彗」の上部が省略されて「ヨ」になり、「雪（雪）」になった。楷書の構造は、雨を意符とし、彗の省声（声符が略体になったもの）の形声文字にあたる。なお、彗を声符とする形も楷書の「䨮」に継承されているが、現在ではほとんど使われない。

先行研究については、許慎だけではなく、赤

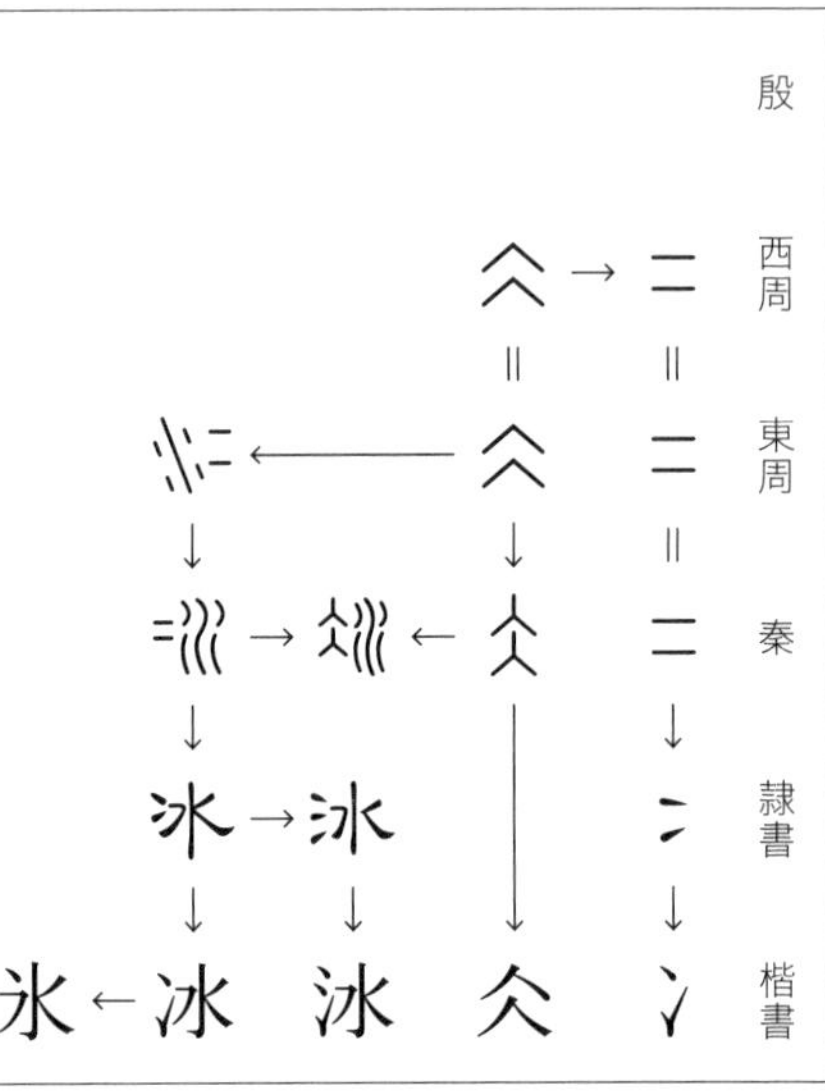

塚・阿辻も甲骨文字の字形を挙げず、形声の構造を起源と見なしている。また加藤・鎌田は甲骨文字として誤って「羽（羽）」を挙げている。藤堂・白川・谷衍奎・季旭昇・李学勤は、甲骨文字以来の字形変化を把握している。

◇　◇

次に取り上げるのは「氷」である。

初出の西周代には「仌」の形であり、これは氷の象形と言われる。ただし、どのような状態かについては、「氷を透かしたときに見える筋目」や「氷の結晶の象形」など諸説あり明らかではない。

初文の「仌」は、秦代の篆書で「仌」となり、楷書では「仌」として表現されるが、現代ではほとんど使われない。そのほか、西周代から部首としては略体の「二」が使われており、これは楷書の冫（にすい）にあたる。

「こおり」の意味としては、東周代において、冫（二）に水（水）を加えた繁文（冰）が作られており、これを継承したのが旧字体の「冰」である。構造としては水を意符、初文の冫（ひょう）を声符（亦声）とする形声文字である。現在では、その略体である「氷」が主に用いられる。また、冫までも水（氵）に変えた「冰」があり、これは俗字であるが、隷書の「氷」から見られる形である。

「氷（仌）」が作られたのは西周代であり、少なくとも現存の殷代の資料からは発見されていない。前述のように、殷代は世界的に温暖だった時期であり、温暖化と言われる現在よりもさらに気温が高かったと推定されている。そのため、氷が張るような厳しい寒さは稀で、文字としても「氷」が作られなかったか、あるいは文字資料に記されないほど使用頻度が低かったのであろう。一方、西周代以降には寒冷化し、「氷」が文字資料に見られるようになる。

なお、寒冷化は動物に関係する資料からも読み取ることができる。殷代の甲骨文字には王による狩猟が記されているが、獲物として鹿（）や狐（）などとともに亜熱帯に住む象（）や兕（）も見られる（兕は水牛）。また、殷代の遺跡からは象牙も発見されており、象や水牛を模した青銅器も見つかっている。一方、西周代以降の資料には、鹿や狐などは見られるが、象や兕は減少し、やがて消滅する。結果として、象や兕は字形だけに残ったのである。

鹿　狐　象　兕

さらに、気候の変動は植生の変化も招いた。殷代には森林が豊富に残っており、狩猟においても煙で獣を燻し出す方法などが使われていた。しかし、西周代以降には寒冷化に伴う降水量の減少で華北は草原化していったため、そうした狩猟法はあまり使われなくなっている（草原化については、人口増加で森が切り開かれたことも一因とされる）。

なお、前述のように東周代には四季区分が使われるようになったが、これも気候変動によって季

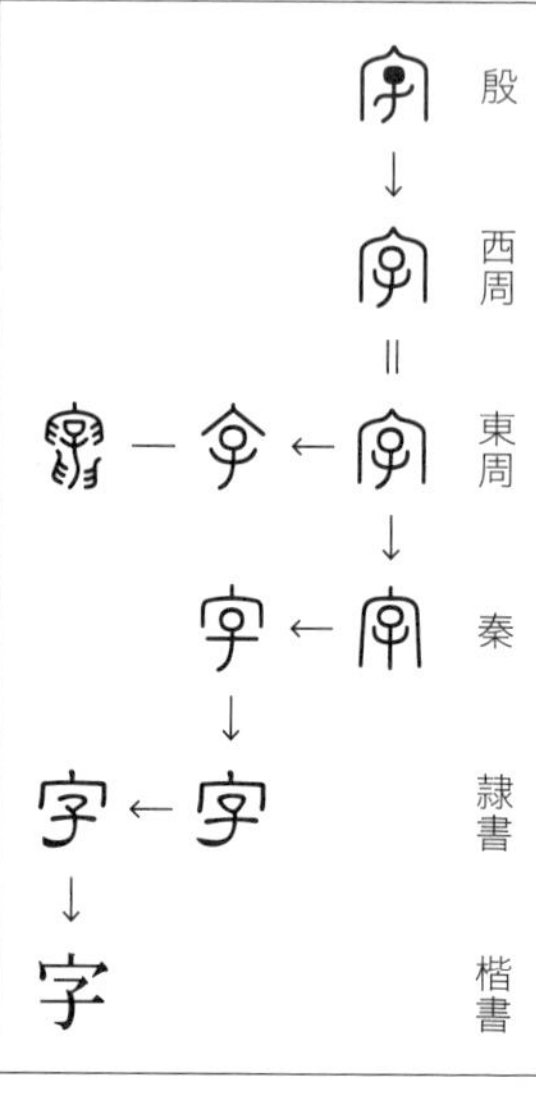

節の認識が変わったためかもしれない。

字と孫

ここからは、家族や人の一生に関係する文字を取り上げる。

「字」は、建物を表す宀（宀）と子供の象形の子（子）から成る文字であり、家内における子孫繁栄を表している。この場合の「宀」は、単なる建物ではなく、「家族」の単位を象徴するものとして使われている。

なお、「子」は「字」の発音も表しており、亦声にあたる（推定される上古音は字が[dzia]、子が[tsia]であり近い）。そもそも「子供」と「子孫繁栄」は意味として関連があるので、言葉としても元々近かったのであろう。

子孫繁栄は、古代の人々にとって長寿と並んで最も重要な願望であった。西周代の金文には「某其万年、子孫永享」などの吉語が記されており、「某（この器を作った人物）が一万年の寿命で、子孫が長く続いて祭祀を続けられるように」という願いである。論理的に考えれば、本人が一万年も生きたら子孫が祭祀をする必要もないのであるが、定型句の吉語なので、厳密に考証するものではないだろう。

字形は東周代に両手の形の臼（きょく）を加えたもの（字）があるが、後代には継承されておらず、宀と子から成る構造が楷書まで継承されている。

字義について、漢字は複数の形を組み合わせて新たな文字が作られることから、子孫繁栄になぞらえて文字のことを「字」と呼ぶようになっており、引伸義の用法にあたる。

◇　◇

子孫に関連する文字として、次は「孫」を挙げる。「孫」は、殷代には「」などの形であり、子（）と糸束の象形の幺（）から成っている。「子孫が糸のように連なる」の意味を表した会意文字とする説が有力である。

そのほかの字源説として、加藤は「幺」を「幼」の意味と見なし、「子のさらに幼なるもの」を表したとするが、甲骨文字や金文には「幺」を「幼」の意味で用いた例はない。藤堂は「糸（細い糸）」が「小さい」を表し、「小さい子ども」の意味とするが、「糸」にそのような用法はなく、また甲骨文字では糸（）ではなく幺（）を用いている。白川は幺が呪飾で子どもによる儀礼を表すとするが、「孫」に儀礼や祭祀名としての用法はない。

字形は、西周代に「幺（）」を細い糸を表す「糸（）」に変えた形（）となり、さらに秦代の篆書（）までに「糸」が字形の近い「系」に代替された。なお、初文の構造は東周代の「」などまで、「糸」を使ったものは隷書の「」まで見られるが、楷書には継承されていない。

血縁関係について、春秋時代には孫の世代までは近い親戚と考えられていた。諸侯（地方領主）の子は「公子」、孫（父が即位していない場合）は「公孫」と呼ばれ、公室の一員と見なされたが、曽孫の世代になると分家し、遠い親戚と見なされた。その際には公孫の名によって氏の名とするこ

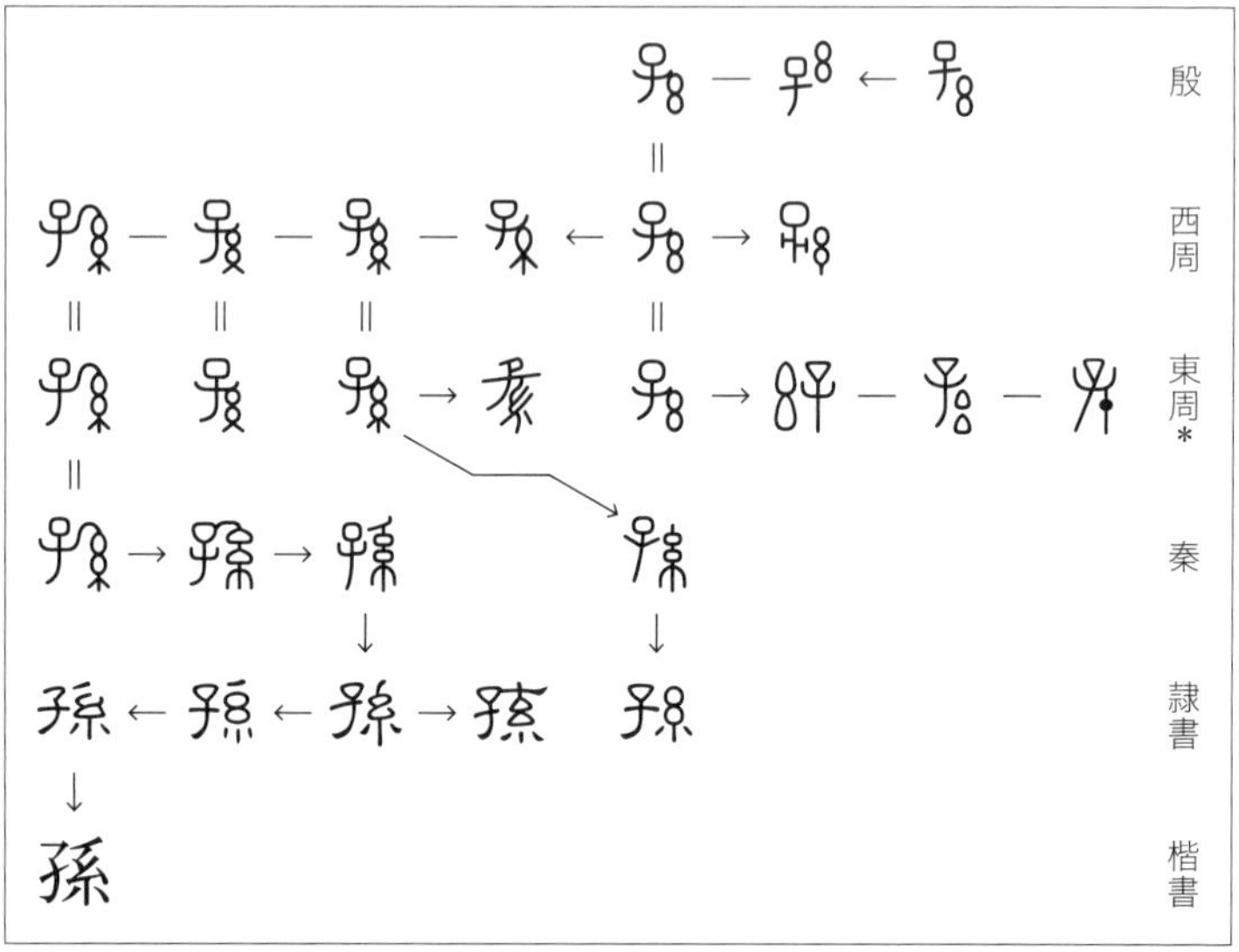

殷　西周　東周＊　秦　隷書　楷書

孫

とが多い。

なお、現在では「姓」と「氏」の区別が曖昧であるが、本来は姓がより大きな血縁集団で、氏はその内部の小集団を指していた。中国では姓・氏の存在が一般的になったため、戦国時代の文献では、その由来が神話の時代にまでさかのぼるとされている。しかし、実際には姓・氏の制度が普及したのは西周代中期ごろであり、殷代には存在しなかった。殷代には、領主は領地によって名乗っており、例えば「望乗（ぼうじょう）（　）」は、「望という土地の領主である乗という人物」を表している。

安と好

「安」も「字」とよく似た構造の文字であり、建物の象形である宀（　）と女性を表す女（　）から成る形（　）である。家の中で女性が安静にしていることから「やすらか」の意味

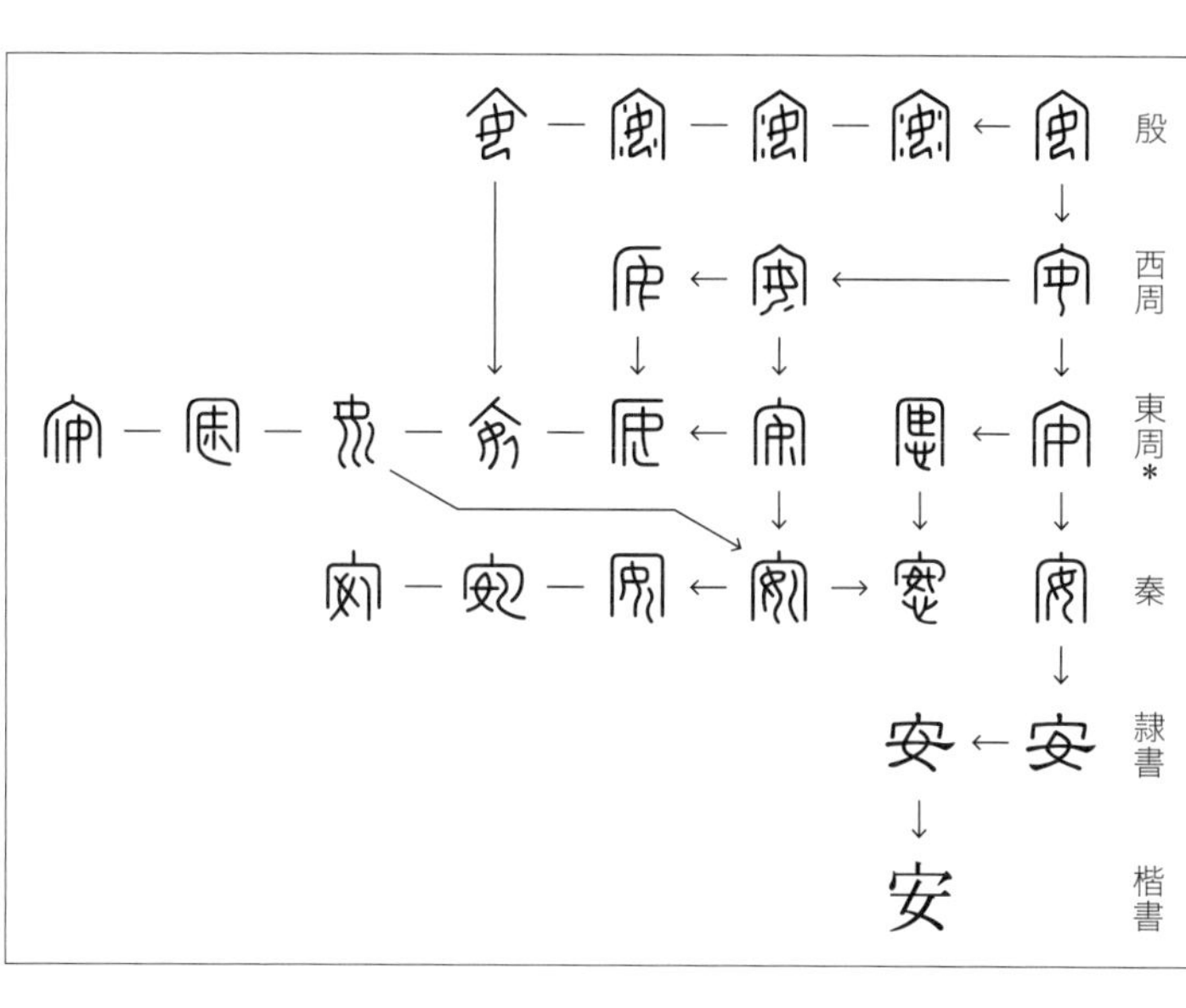

を表した会意文字である。この場合も「宀」は単なる建物ではなく、「家族」の単位を表したものであろう。

甲骨文字には「王の腹、安らかならざること、延べる亡きか」（『甲骨文合集』五三七三）などの例があり、この場合には王の腹部の不調が長引かないかどうかを占っている。

字形について、甲骨文字の女（〓）は正座した女性が前で手を合わせた様子を表しており、当時の風習であろう。左側に合わせた手があり、左下に膝、右下に足首が表現されている。後に立った姿（〓）となり、「安」もそれに合わせた「〓」などの字形になっている。

殷代の異体には小点を加えた「〓」などがあり、また西周代にも短線を加えた字形（〓など）がある。霊衣とする説（白川）や装飾符号とする説（李学勤）もあるが、その意義は明らかではない。

その後、東周代〜秦代には短線を加えた系統の字形が多く、「〓」や「〓」などがある。また建物の形を屋根だけにした「〓」は殷代の異体の「〓」に構造が近く、そのほか類似形の厂（〓）に代替した「〓」などもある。異体として心（〓）を加えた「〓」や「〓」もあり、これは「安心」の意味をより分かりやすく表現している。

ただし、秦代に篆書とされたのは短線を加えない系統を継承した「〓」であり、これが隷書の「安」などを経て楷書の「安」になっている。

◇　◇

「好」は「女」と「子」を合わせた形（〓）であり、女（〓）の前に子（〓）を配置することで、女性が子供をいつくしんでいる様子を表している。後に、そこからの引伸義で、「このむ」「よい」「うつくしい」などの意味で使われた。

許慎は「美しいこと」を原義とするが、字形構造と直接の関係はなく、引伸義にあたる。また李学勤は「女の子」を原義とするが、殷代にその用法は見られない。加藤は「好」の字源を「子」を声符とする形声文字とするが、「好」と「子」は上古音でそれぞれ[hu]と[tsiə]と推定され、声母・韻母ともに違いが大きすぎる。

殷代の異体には、女の異体（〓）を使った「〓」などがある。また、東周代には配列を変えた「〓」や「〓」などがあり、後者が秦代の篆書（〓）に継承され、楷書の「好」となった。

ところで、甲骨文字には武丁（ぶてい）という王の夫人として「婦好（ふこう）」という人物が記されており、その墓も現代になって発見された。殷墟遺跡では珍しく盗掘されていなかったため、おびただしい数の副葬品が出土した。図3－7は婦好の墓から発見された青銅器のひとつとその銘文である。器の種類は蒸す器の「甗（げん）」であるが、食物を蒸す部分が三つ並んだ珍しい造形をしている。金文については、「婦好」の字形構造を「女」と「帚」および「女」と「子」に分け、そのうえで再構成したデザインになっている。

殷
西周
東周
秦
隷書
楷書　好

図3－7　婦好の青銅器

甲骨文字によれば、武丁には多くの夫人がいたが、婦好が最も寵愛を受けたようで、安否や出産などの記述が多く見られる。そのことは、こうした副葬品の多さからも伺うことができるだろう。

育と保

「育」は出産の様子を表した会意文字であるが、歴史上で複雑な経緯があった。

殷代の「〓」は、「女（〓）」と子（〓）を逆向きにした「𠫓（〓）」、および小点から成っている。子供は頭から生まれてくるので上下逆向きに表現された。また、小点はおそらく羊水であり、𠫓と合わせて「㐬」の形になる。

殷代の異体には、女の異体（〓）を用いたもの（〓）や、女と同源の母（〓）を用いたもの（〓）などがある。また、女に代えて人（〓）を用いた異体（〓など）もある。「〓」については衣（〓）を字形に含む袁（〓）を加えており、新生児の扱い方を表しているようである。

殷代には、原義である出産の意味で使われることもあったが、字形を見ると、当時は子供が後ろ側に生まれてくるような姿勢で出産していたようであり、そこから転注の用法で「あと（后）」の意味でも使われた。例えば、「祖乙」という先王があり、それよりも後に即位した王に「后祖乙」という名（諡）が見られる。

殷代〜西周代には字形ごとに明確な用法の違いはなかったが、東周代〜秦代になると、女または母を用いた系統が「育」の意味、人を用いた系統が「后」の意味に使い分けられるようになった。

字義についても変化があり、「育」は出産からの引伸義で「そだてる」や「そだつ」の意味でも使われるようになった。また、「后」は「あと」のほかに「きさき」の意味でも使われた。後者の

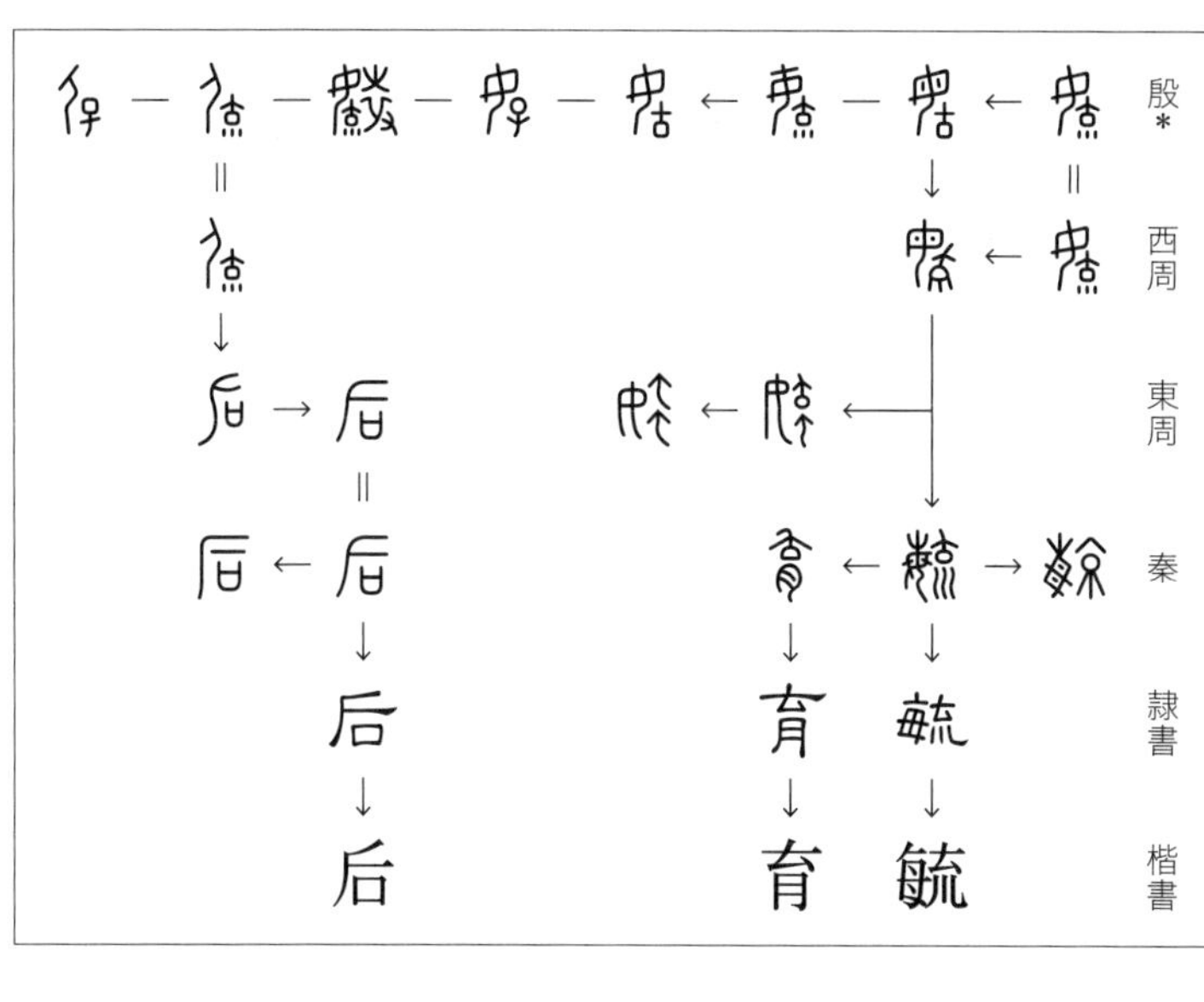

理由について、出産からの引伸義とする説と、殷代に王后を表したのが「司」であり、后（后）が司（司）の左右反転形であるため、字形の類似で代用されたとする説があり、いずれも矛盾はない。

「育」の字形について、秦代の篆書では髪飾りをつけた女性を表す毎（毎）を用いた形（毓）になっており、これが楷書に継承されて「毓」になった。また、篆書では𠫓と月（にくづき）から成る異体（育）も作られており、これが楷書の「育」の元になっている。月（にくづき）を用いた理由については、発音符号に入れ換えたとする説（推定される上古音は育が[liuk]、肉が[niuk]であり近い）と子供の肉体を表すとする説があり、いずれも矛盾はない。そのほか東周代には「𠫓」を蛇の象形の「虫（き）（虫）」に代替した異体（）があるが、後代には残っていない。

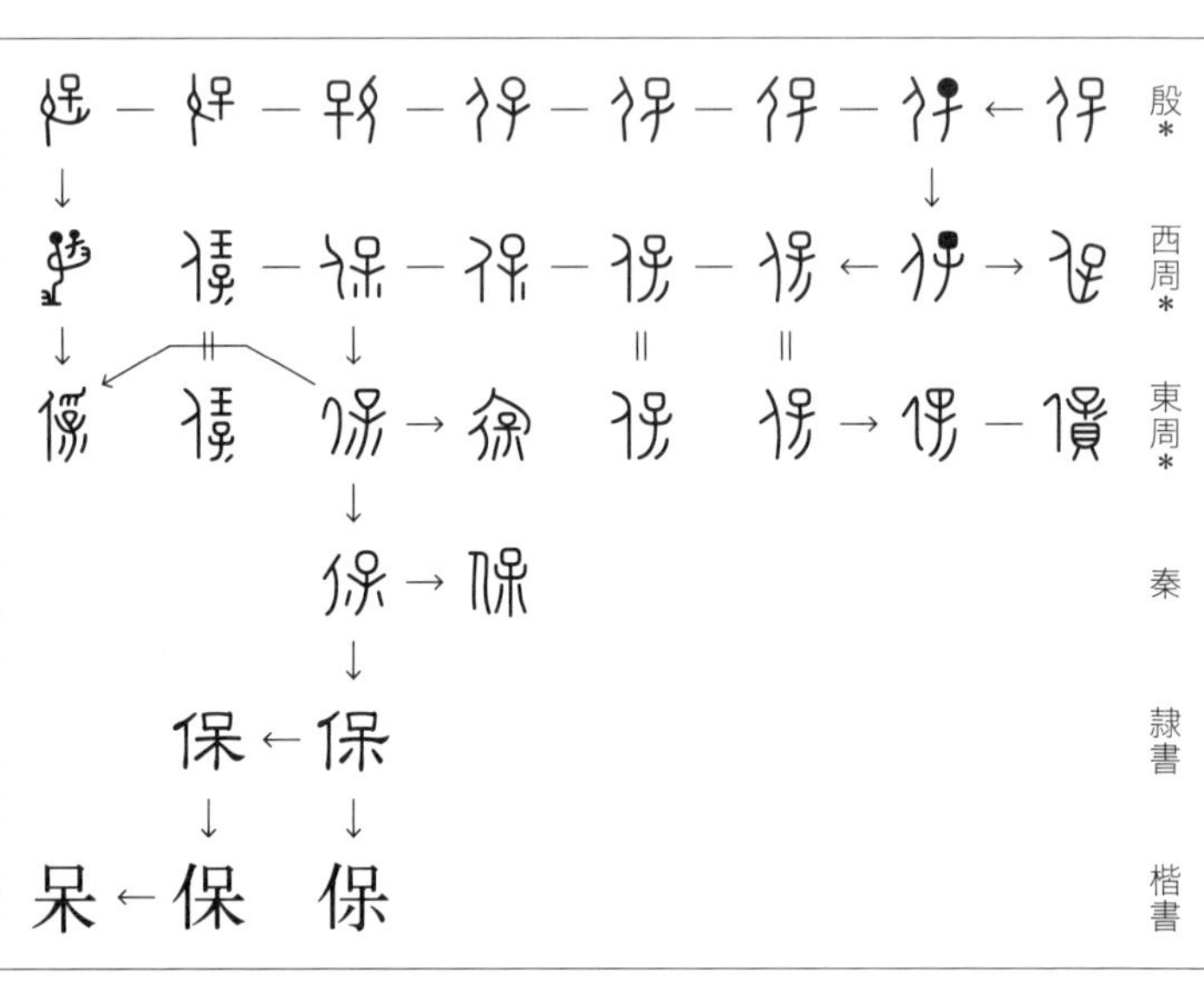

「后」の字形については、東周代に人の形を左右反転し、また「㐬」を「口」に変えた略体（〓）が作られており、これが継承されて楷書の「后」になった。

◇ ◇

前項の育は、本来は出産を表した文字であった。一方、本来、育児を字源とした文字は、次に挙げる「保」である。

殷代の「〓」などは、人（〓）が子（〓）を背負った姿であり、保育の様子を表している。また、人が手を後ろに回した形の允（いん）（〓）を使った異体（〓など）もあり、子供を背負った様子をより具体的に表している。

字義については、育児から転じて「まもる」や「たもつ」の意味でも使われるようになった。甲骨文字には「黄尹（こういん）、我（わ）が使（し）を保（まも）るか」（『甲骨文合集』三四八一。黄尹は神名、使は使者）などの例がある。さらに、甲骨文字や金文では軍事担当者の称号として「保」が使われており、治安維持の役割だったと推定される。

西周初期には、「召公（金文では[illegible]公）」という人物が「大保」という称号で呼ばれている。召公は文献資料では周王と同族とされているが、実際には殷に仕えていた勢力の出身であり、周王室と血縁関係はない。後の時代に子孫が王室出身を自称したものである。

西周初期の金文によれば、召公は周の建国後に周王に仕えており、それまで殷の支配下にあった人々を率いて治安維持や外敵の征伐にあたった。周王朝の創業期に多大な功績があり、「保」ではなく「大保」と呼ばれたのは、それを反映したものであろう。図3-8は、大保（召公）自身が作った青銅器の金文である。殷の余裔が起こした反乱に対し、周王の命令により大保が鎮圧を担当し、それを記念して作ったことを記している。

図3-8　大保の金文

「保」の字形史について、西周代において「子」に短線を加えた字形（〓など）が作られた。加えられた短線については、襁褓（おむつ）の表現とする説が有力視されている。谷衍奎・季旭昇・李学勤は允（〓）の手が分離したものと見なしており、論理的な矛盾はないが、後に子供を挟む形で線が二本になっているので、少なくとも周代の認識としては襁褓であったと考えられる。

西周代〜東周代には「玉（〓）」を用いた異体（〓）があり、ここから白川は「保」の字源を「新しい生命に対する魂振り儀礼のありかた」を表現したと解釈するが、この文字が儀礼の意味で使われていないので、根拠のない憶測と言わざるをえない。当時も玉器は貴重であり、子供の貴重さを表現したものであろう。

また、東周代には手の形の爪（ ）を加えた異体（ ）がある。許慎は「古文」としてこれに近い字形を挙げ、「孚」を用いた形を起源と見なすが、「孚」は子供を誘拐する様子が字源の別字であり、「保」とは関係がない。そのほか、貝（ ）を加えた異体（ ）や屋根の形の入（ ）を加えた異体（ ）もあるが、いずれも後代には残っていない。

後代には、前述した短線をふたつにしたもの（ ）が継承され、楷書の「保」になった。楷書は、「子」の古い形（ ）を残した状態になっている（払いの部分は襁褓に由来する）。なお、「呆」は「保」の略体であり、独立した文字ではない。また、現在では「保」が正字とされているが、初めて出現したのは隷書の「保」であり、異体とされる「保」の方が西周代の「 」に起源を持つ古い形である。

死と亡

生育の対義は「死」であろう。甲骨文字には「死」に多数の表現があるが、最も多く使われたのが「 」である。

「 」は、人（ ）と井（ ）から成る。井は井桁の象形で原義は井戸であるが、甲骨文字では「人為的に掘った穴」の一般像として使われた。つまり、「人が墓穴に入る」という表現である。異

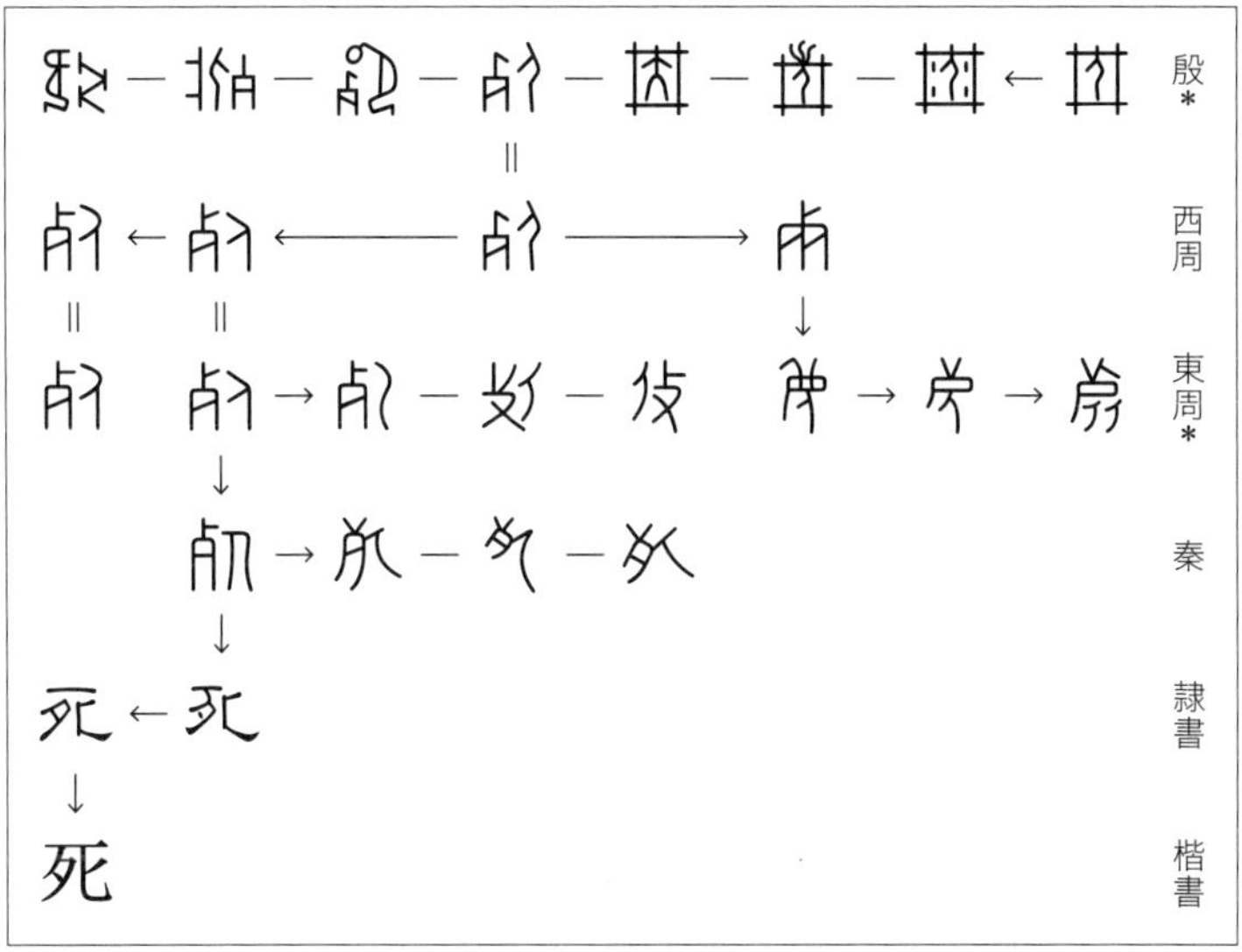

殷*　西周　東周*　秦　隷書　楷書

死

体には、老人を表す老（〓）の略体（〓）を使ったもの（〓）や、人の正面形の大（〓）を使ったもの（〓）などがある。

死は、どの時代でも恐怖の対象であり、甲骨文字にも多く記されている。「婦鼠の子、死なざるか」（『甲骨文合集』一四一一九。婦鼠は殷王である武丁の側室のひとり）や「戉羌、疾有るに、死なざるか」（『殷墟花園荘東地甲骨』二四一。戉羌は人名）などの記述がある。

殷代には、字形構造が大きく異なるものとして、人（〓）と歹（〓）から成る形（〓）も見られる。歹は死者の骨を表しており、「死者を悼む人」を表現した形である。そのほか、座って首を垂れた人が悼む形の「〓」や、骨の形を変えた「〓」などの異体がある。

殷代には「〓」の使用例は少数であったが、後代にはこれが継承された。詳しい理由は分からないが、西周代以降には「井」が再び井戸の意味だけに使われるようになったので、「〓」の字形構造が理解できなくなったのかもしれない。いずれにせよ、「〓」が篆書の「〓」に継承され、さらに、「人」を左右反転形の「匕」に変えた隷書の「〓」となり、楷書の「死」になった。

そのほか、東周代には歹と人が上下に融合した「〓」などがあり、秦代には歹と人が左右に融合した「〓」などがあるが、いずれも楷書には残っていない。

「死（〓）」の成り立ちについて、加藤は「尸」を声符とする形声文字とする。言葉としては関係があったかもしれないが、字形としては尸（〓）と人（〓）は別字である。また、藤堂は「人がしんで、骨きれに分解すること」とし、赤塚・阿辻も同様の説であるが、異体の「〓」から、「人」の部分は死者ではなく、死者を悼んでいる人であることが明らかである。

◇　◇

「〓」も死ぬことに関係した文字である。甲骨文字では、亡（〓）は、人（〓）と縦線から成り、死んだ人が地中に埋められた様子を表現している（左側が上で縦線は地面を表す）。殷代の甲骨文字では、やや略した「〓」が主に使われた。

この文字の成り立ちについて、許慎は篆書の字形（〓）を元に「乚」と「入」から成る文字とする。「乚」は「匸（かくしがまえ）」から分化した形にあたるため、これまでは字源を人が隠れる様子とする説（加藤・赤塚・阿辻）や何かを隠すとする説（藤堂）が有力視されていた。

しかし、字形史を整理すると、これが字源ではないことが容易に判明する。殷代末期には、「〓」を左右反転し、さらに変形したもの（〓）が主に使われるようになった。これを継承した

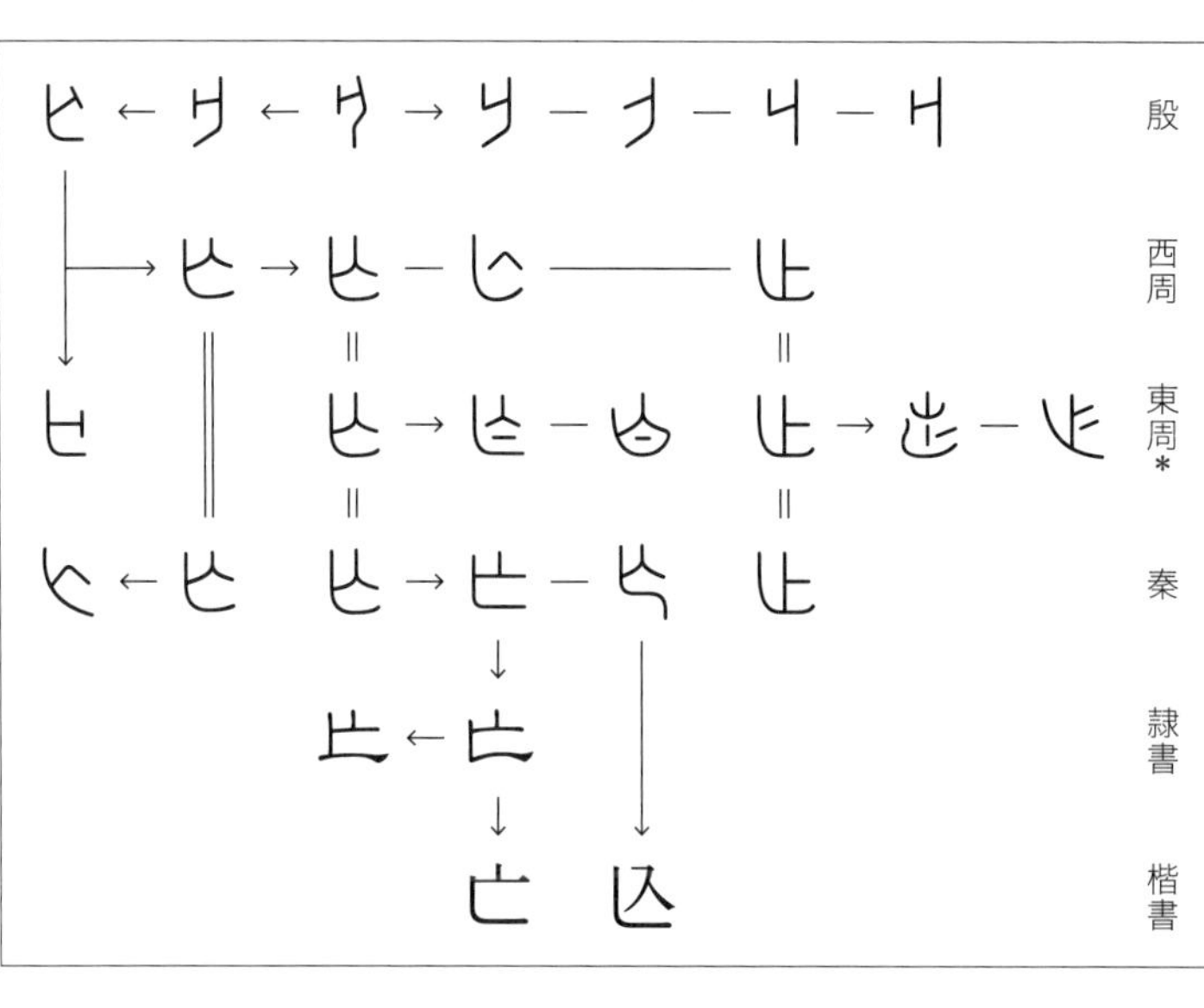

のが西周代の「〓」や篆書の「〓」などであり、乚（〓）に見えるところは人体の一部が変形したものなのである（そもそも乚は、本来は隠す意味ではなかった。一一四～一一九頁の「建」や「庭」を参照）。

楷書の「亡（正字は亾）」のうち、一画目と二画目の後半が縦線が変化したものであり、そのほかが人体にあたる。また楷書では、許慎の解釈に基づいて「亾」も作られているが、字源とは全く異なっている。

そのほか、谷衍奎は異体の「〓」を元に、目の象形である臣（〓）の一部を消すことで「盲目」を表現したものとし、「盲」の初文と見なすが、あまりにも強引な解釈である（目を潰した表現については二五一～二五二頁の「民」を参照）。また、李学勤は刀の鋒芒（ほうぼう）（切っ先）を縦線で示した指事文字で「芒」の初文とするが、「刀（〓）」の刃先は横ではなく上部にある。

図3－9　王墓の発掘風景

同様に、季旭昇は誤って初文として刃（〓）を挙げている。字源について、死んだ人の様子であることを指摘したのは、十書のうち白川と鎌田だけであった。

古代には、人は平等ではなく、上には王や貴族があり、下には庶人（しょじん）（農民）や奴隷がいた。そして、それは死後の世界まで引き継がれたのであり、王や貴族の墓は生前の権力に比例して大きくなり、また副葬品の数や質も隔絶していた。一方、王や貴族の奴隷であった人々は、主人が死ぬと殺されて同じ墓に埋められるという「殉葬（じゅんそう）」の対象になっていた。

図3－9は、殷代の王墓の一つである。左側（影の部分）に小さく写っている人と比較するとその巨大さが分かるだろう。墓の形式は、巨大な墓室から四方に墓道が伸びるものであり、大きさは墓道まで含めると約百メートルになる。盗掘によって大部分が失われてしまったが、前述の婦好墓よりもさらに多くの副葬品があったと推定され、また多数の奴隷の殉葬も発見されている。

ちなみに、亜（亞）は甲骨文字では「〓」の形であるが、これは王墓の形を字源とすると考えられている。

亜（亞）　〓

ただし、こうした巨大な墓は必ずしも「権力者の贅沢」とは言えない。墓の規模や副葬品の豪華さによって権力を可視化することで、支配の維持を図ったのであり、一種の政治的な活動であった。そのため、中国だけではなく、エジプトではピラミッド（厳密には墓ではなく付属施設）が作られ、日本でも巨大な古墳が造営された。

さらに、近年の研究により、日本だけではなく中国やエジプトでも「奴隷制社会」は否定された。奴隷は存在したが、奴隷の人口が農業や土木工事の担い手になるほど多くはなかったのである。つまり、殷の王墓やエジプトのピラミッドなどを作っていたのは農民なのであり、こうした大規模な土木事業は「公共事業」の側面も持っていたと考えられる。

第四章　古代王朝の文明

開と間

中国では紀元前二千年ごろに最初の王朝が出現したが、農業生産の方法や農民の生活は、新石器時代とそれほど変わらなかった。そのため、文字の上でも前章で取り上げたような原始的な生活を反映したものが作られたのである。

一方で、支配階層の人々は相対的に豊かな生活を享受していた。大規模な建築物を造営し、また美しい青銅器や装飾品を使用していた。本章では、古代王朝の高度な文明を反映した文字について取り上げる。

まずは建築に関連して「門」を使った文字を紹介する。「門」は両開きの扉を表しており、古代には城門などにそれが使われていたため、「もん」を意味する文字として使われた。そして「開」は、初出の東周代には、「閂（かんぬき）」を両手（〓）で外す様子の「〓」の形であった。閂とは、門に横に掛けて開かないようにするための木材であり、それを外すことで「ひらく」の字義を表したのである。

ちなみに、殷代には門を開くことを表現した文字はなく、その代わり、手（〓）で戸（〓）を開く様子を表した啓（けい）（〓・〓）が「ひらく」の意味で使われていた。啓は引伸義で「はれる」の意味にもなっており、甲骨文字には「日（〓）」を加えた「〓」の形も見られる。

啓

「開」の字形は二つの系統に分かれている。ひとつは門を表す横線を分割し、両手の形と合わせて幵（けん）の形にしたもの（閞）であり、もうひとつは門を表す線と両手の形の廾（きょう）を融合して开（かい）の形にしたもの（開）である。楷書では前者が「閞」、後者が「開」の形になっているが、前者はほとんど使われることはない。なお、楷書の「开」は開の声符ではなく略体である。また「研（けん）」は、旧字は幵を声符とする形の「硏」であり、幵とは字源に関連がない。

開の字源について、先行研究のうち許慎・加藤は誤って幵を声符とする形声文字とし、赤塚・鎌田は誤って闢（へき）という文字の初文（開）を開の初文として挙げている。

ところで、現在では門は「通り抜けるところ」という認識が強いかもしれないが、古代においては、門は防衛施設であった。そのため基本的に夜間には閉じられており、通り抜けられるのは昼間だけであった。特に関所の門は厳重な警戒態勢が敷かれており、「関（旧字は關）」は、門に門をかけ、さらに紐（8）で縛った様子を表している。

殷	西周	東周	秦	隷書	楷書
			閞		閞
			開	開	開

殷	西周	東周	秦	隷書	楷書
	閒	間 ← 閒 → 閒 → 閒 – 閒 → 夕外	間　閒 ← 閒 ← 閒　閒	間　閒	間　閒

また、門は宮殿にも設けられていた。臣下が宮殿の南にある門から入り、王が南面したのである（宮殿の構造は一七頁を参照）。西周代には王の宮殿で冊命儀礼などが行われており、「入門」は臣下にとって栄誉なことであった。

◇　◇

「間」も門を用いた文字である。初出の西周代には、門（門）に月（月）を加えた形（閒）であった。先に述べたように、門は夜間には閉じられたのであるから、「閉じられた門の隙間から月が見えている様子」を表しており、原義は「隙間」である。

東周代には、異体として月の形を同源字の夕（夕）に変えたもの（閒）や、さらに外（外）に変えたもの（閒）などがある。また「閒」は「外」のうち「卜」を類似形の「刀」に代替している。

東周代には、月に代えて日（日）を用いた異体（間）も見られる。「間」は引伸義で空間や間隔の意味にも用いられており、この場合には「昼間に門が開いて日光が差し込んだ様子」であろう。

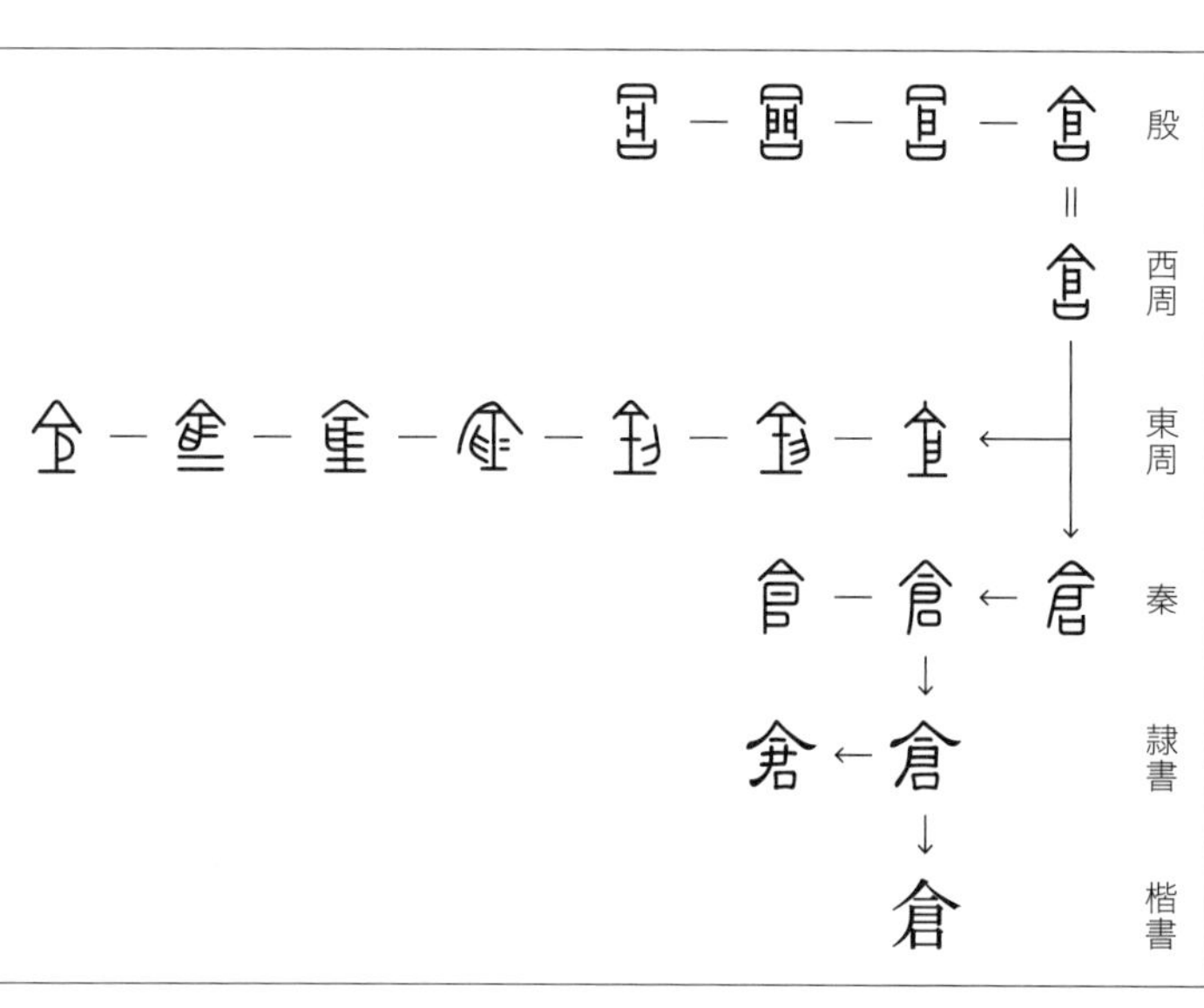

その後、月を用いた形（閒など）と日を用いた形（間など）は、ともに秦代以降に継承された。現在では、月を用いた「閒」が正字とされるが、日を用いた新字体の「間」も長い歴史のある字形である。

倉と庫

次も建築に関係する文字であり、「倉」を挙げる。殷代には「倉」の形であり、「今」の初文の亼（亼）、および戸（戸）と口（口）から成る。亼は屋根の象形であり、口はこの文字では倉庫の土台を表している。つまり、「屋根と戸と土台がある建物の形」として「くら」の意味を表したのである。倉には穀物や青銅器などが保存されたため、侵入者を防ぐために厚い戸が必要であり、また湿気を防ぐために高い土台を設けたのであろう。

次頁の図4-1の発掘図は、殷代前期の副都

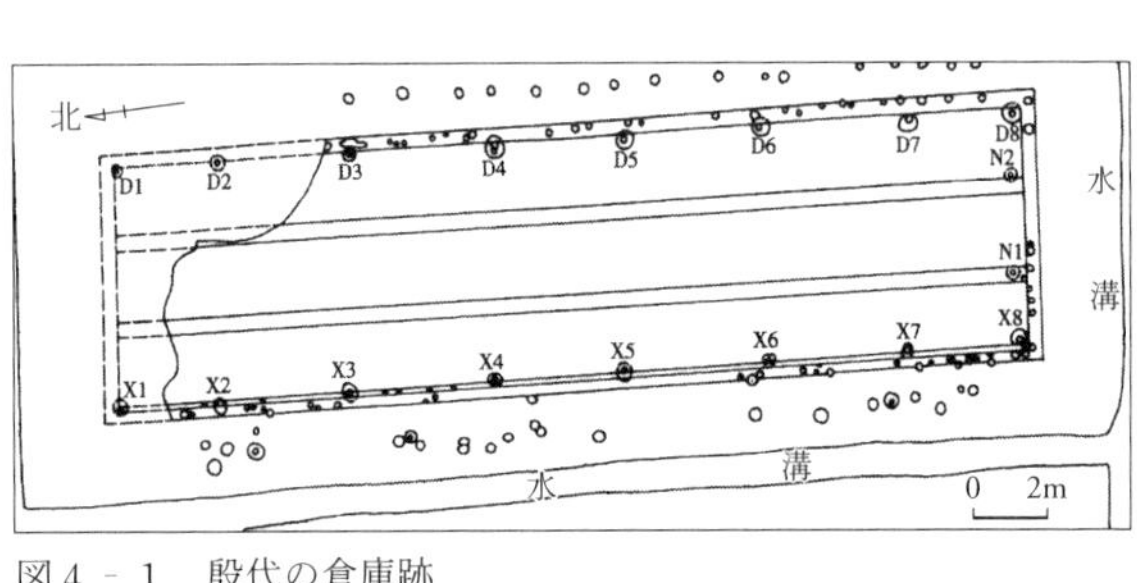

図4－1　殷代の倉庫跡

であった偃師商城遺跡の倉庫である。幅が約六メートル、長さが約二十五メートルと巨大であり、しかもこの規模の倉庫跡が百棟近く発見されている。殷王朝は税収によって莫大な穀物を蓄えていたのである。

ただし、文字資料で税収の量が直接的に記されることはほとんどない。西周代の金文によれば、税収は「王の家産」とされており、王の内的な家臣が取り扱っていた。そのため王朝の公的な記録に具体的な数値としては表れないようである。

殷代の異体には、屋根の形を覆いの形である冃（〓）に変えたもの（〓）や、さらに戸を門（〓）に変えたもの（〓）が見られる。当時も倉庫の形は様々だったのであろう。「〓」については、戸を声符としての爿（〓）に置換した形声の構造である（上古音は倉が[tsang]、爿が[tsiang]と推定されている）。

これらのうち、後代には「〓」が継承された。東周代には全（〓・〓）と下向きの手の形（〓）を使った「〓」などが多く、おそらく戸（〓）を誤って分割したものであろう。ただし、秦代には「戸」を使った古くからの形が継承され、篆書の「〓」や隷書の「倉」などを経て、楷書の「倉」になった。なお、楷書の「倉」に含まれるのは「戸」とは少し違う形であるが、むしろ「戸」の方が変化したものであり、「倉」の方が戸の古い形（〓・〓）を残しているのである。

「倉」の字源について、許慎・藤堂は上部を「食」の略体とするが、食（・）は後述（一二二～一二四頁）するように食器の形である。また、加藤は下部をまとめて启（けい）として声符と見なすが、启は上古音が[kiei]と推定されており、倉[tsang]とは声母も韻母も違いが大きい。

◇　◇

「庫」は、現在では一般に物をしまう建物や部屋の意味で使われているが、原義は「車（）」を収納する建物である。初出の東周代には、建物の象形である宀（）を用いたもの（）や広い建物を表す广（）を用いたもの（）、あるいは屋根の形である入（）を使用したもの（）などが見られる。このように当初は様々な表現があったが、後代には广を使った構造が継承され、广と車で楷書の「庫」になった。

殷	西周	東周	秦	隷書	楷書
					庫

ここで言う「車」は、人がひく荷車ではなく馬車である。馬は紀元前二千五百年ごろに西アジアからもたらされたと推定されており、さらに殷代には馬車も使われるようになっていた。西アジアでは、かなり早くから馬車が使われていたので、その知識も西方から流入したのであろう。

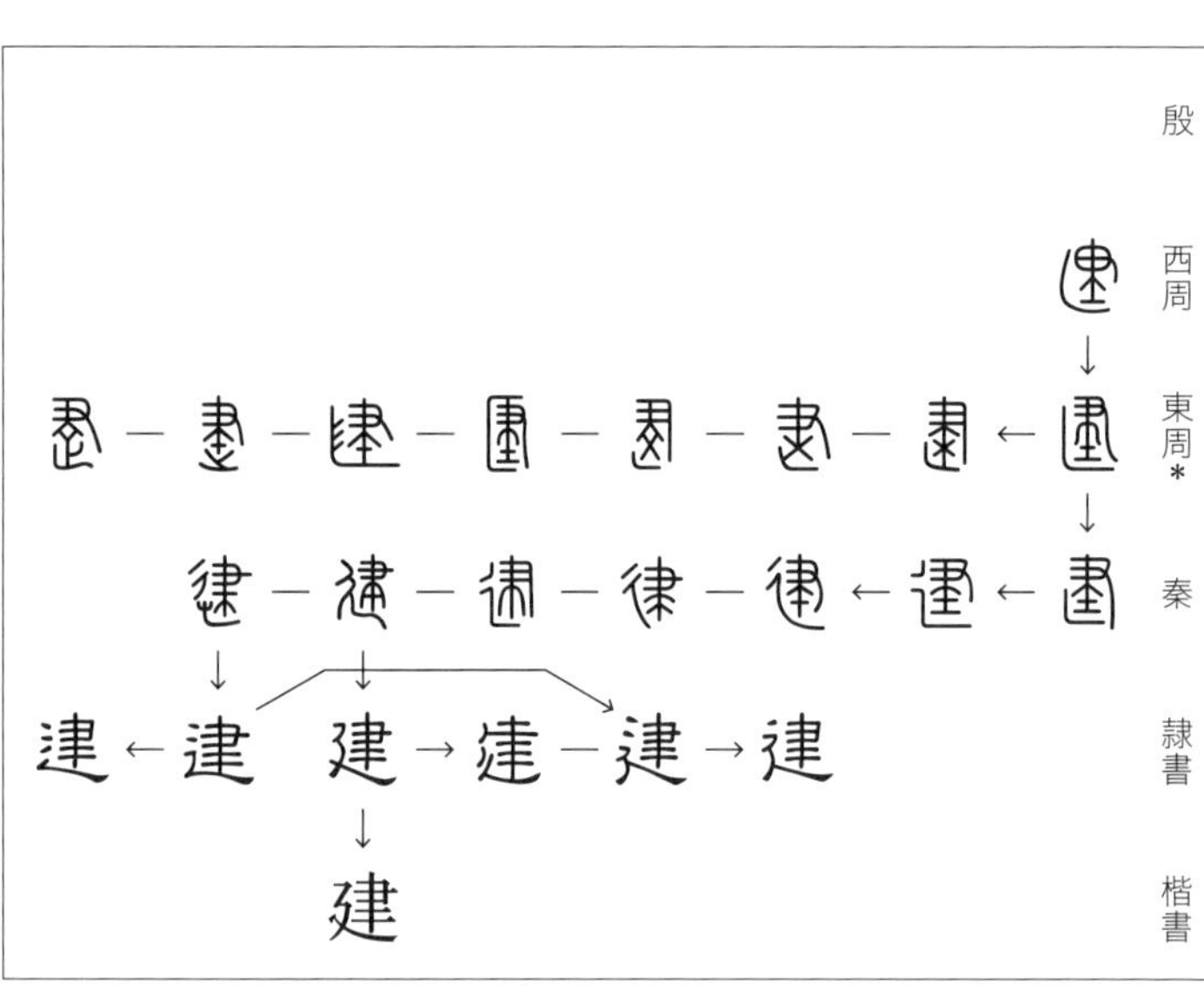

そして古代の中国では、西アジアと同様に馬車が戦車としても使われ、春秋時代までは主力武器になっていた。当時は貴族層が戦車に乗って戦っており、貴族の特権は戦争への参加義務と交換関係になっていた。世界的に見ても、貴族は義務として戦争へ参加することが一般的であり、鎌倉時代以降の日本のような、戦わない貴族の方が特殊な存在である。

その後の中国では、戦国時代になると貴族制が衰退し、戦争も徴兵された農民が主力になった。そのため、「庫」も「馬車の倉庫」に限定されず、「兵器の倉庫」の意味で使われるようになり、さらに後に、一般に「くら」の意味となったのである。

建と庭

次に挙げる「建」は、西周代（〓）や東周代（〓など）の段階では、匸（かくしがまえ）

（乚）と聿（いつ）（聿）から成る形であった。

この文字の成り立ちについて、これまでの研究では字形の歴史が正しく把握されていなかった。許慎は「廴（えんにょう）」を用いた篆書の字形（建）から字源を「朝律（朝廷の規律）を立てる」の意味とするが、後述するように後起の構造である。

そのほかにも加藤・藤堂・白川・赤塚・鎌田・阿辻は、許慎と同じく「廴」を用いた字形を起源としたり、「律」の異体を使った文字と見なしたりしている（「律」は殷代〜東周代には彳ではなく彳と止を合わせた辵（辶）を使う異体（甲骨文字の〓など）があった）。谷衍奎は甲骨文字の「〓」を建の初形と見なすが、これは水上を舟で行く様子を表す別字である。また季旭昇・李学勤は「聿」を「樹木を手で立てる様子」が変わったものとするが、使われているのは木（木）ではなく筆の象形（〓）である。

「建」の初文について、乚は区切りを表す指事記号であり、区（區）（〓）などに使われている（「区」については一九一〜一九二頁を参照）。また聿は、次に挙げたように、もとは筆（〓）を手（〓）で持つ形であった。したがって、字義と関連付けて考えるならば、「建」の字源は「筆で建築物の図面を描く様子」と考えるのが妥当である。

聿　〓→〓→〓→〓→〓→聿

もっとも、古代の人々も字源と字義との関係が分かりにくかったようで、各時代に多様な異体が作られた。東周代の「〓」は乚を建築物の象形である匚（はこがまえ）に変えたものであり、また、

「〓」は階段の象形である阜（〓）を混ぜた形になっている。いずれも字源とは異なるが、建築に関係する文字であることは分かりやすい。また、「〓」などは匸（〓）を類似形の止（〓）に代替した俗字である。

なお、匸は、本来は区切る意味の指事記号であったが、後に「隠す」の意味に転用された（転注の用法）。そのため匸（けい）の同源字である乚（いん）は「隠（いん）」と同じ発音になっている（ともに上古音は[ian]と推定されている）。これも建の成り立ちを分かりにくくし、匸の部分が多様化した原因であろう。

秦代になると、匸を彳のような形に変えた俗字の「〓」などが作られた。「彳」は道路の象形であるから、建の字源とは関係がない。しかし、秦代にはこれが主流となり、さらに篆書の「〓」は彳のような形を廴（〓）に変えたものである。これが後代に継承され、楷書の「建」になった。ちなみに、「延」も元は彳を使った形（〓）であり、「廴」は「彳」から派生して出現した部首である。許慎が「建」と「律」を関連付けたのも無理がないことだったと言えるだろう。

そのほか、秦代の「〓」は廴をさらに辵（辶）にやや近い形にしている（篆書の辵は「〓」の形）。さらに、これを継承したものであろう隷書の「〓」などは完全に辶の形になっている。そのほか、隷書には「〓」と「〓」の折衷形であろう「〓」なども見られる。

建の用法について、早くから引伸義で国家や功績を建てる意味で主に使われており、これも建の字源を分かりにくくした。ちなみに、秦代までは「くに」の意味に「邦」を使うことが多く、「建国」を表す言葉として「建邦」が使われていた。漢代になると初代皇帝の劉邦の「邦」が避諱（ひき）（皇帝の諱（いみな）を使わない慣習）の対象となったため、それ以後は「邦」に代えて「国」が主に使われるようになった。

◇　◇

「庭」も建築に関係する文字である。字形表のうち、殷代の「〓」は一例のみ、しかも断片に残っているだけである。そのため、字義を正確に復元することはできないが、人（〓）と土（〓）と小点から成っているので、人が土に水をまく様子であり、庭で行われる儀礼と思われる。

西周代になると「〓」の左右反転形に区切りを表す乚（〓）を加えた「〓」などの形になった。この場合の乚は庭の範囲の表現であろう。次頁の図4-2は西周代の建築の推定復元図であるが、建物に囲まれる形で中庭が設けられている（図の中央付近）。こうした区切られて閉鎖された空間が本来の「庭」の形態であり、西周代の金文でも「中廷（庭）」と呼んでいる。

さらに、異体の「〓」では「人（亻）」と

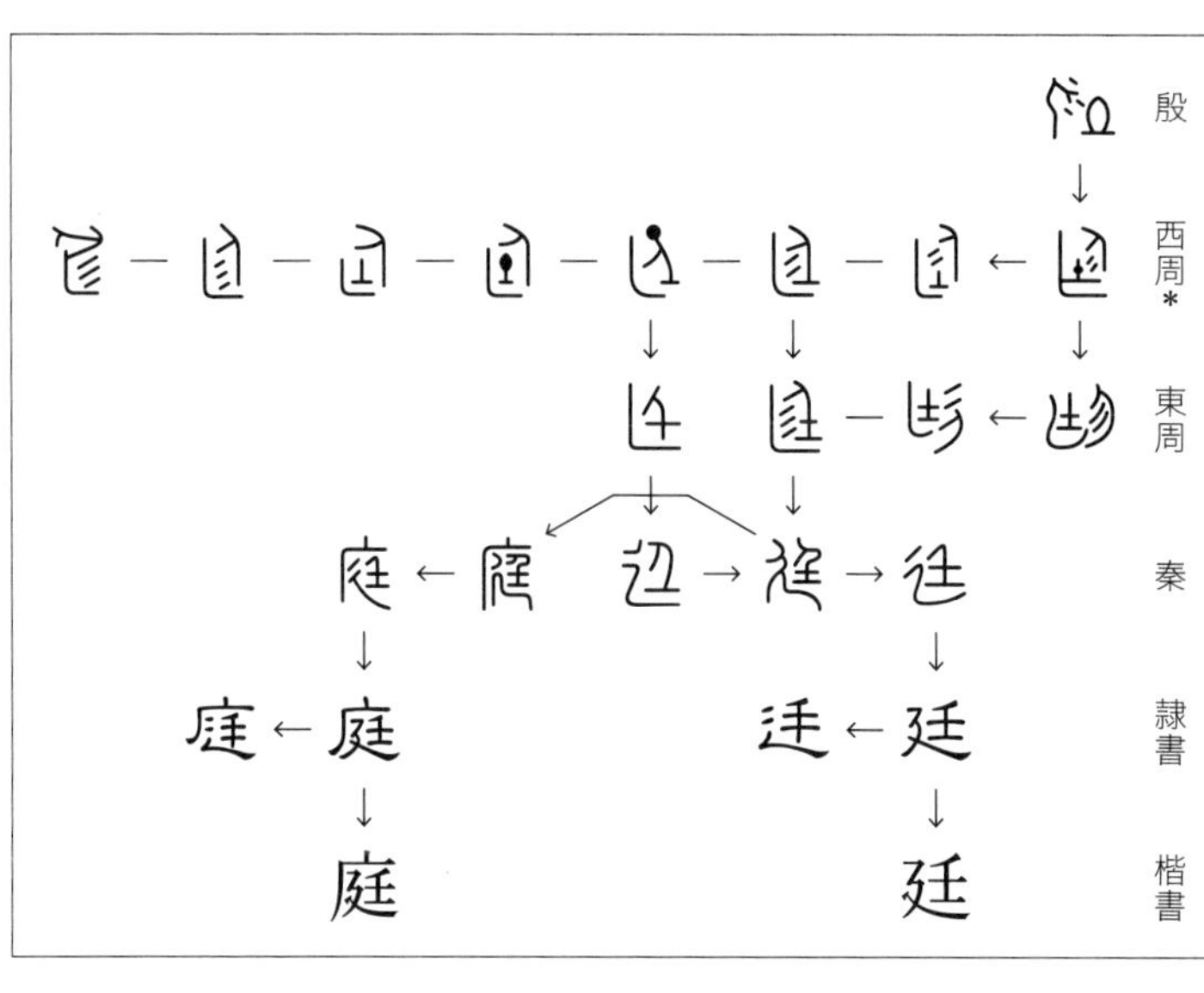

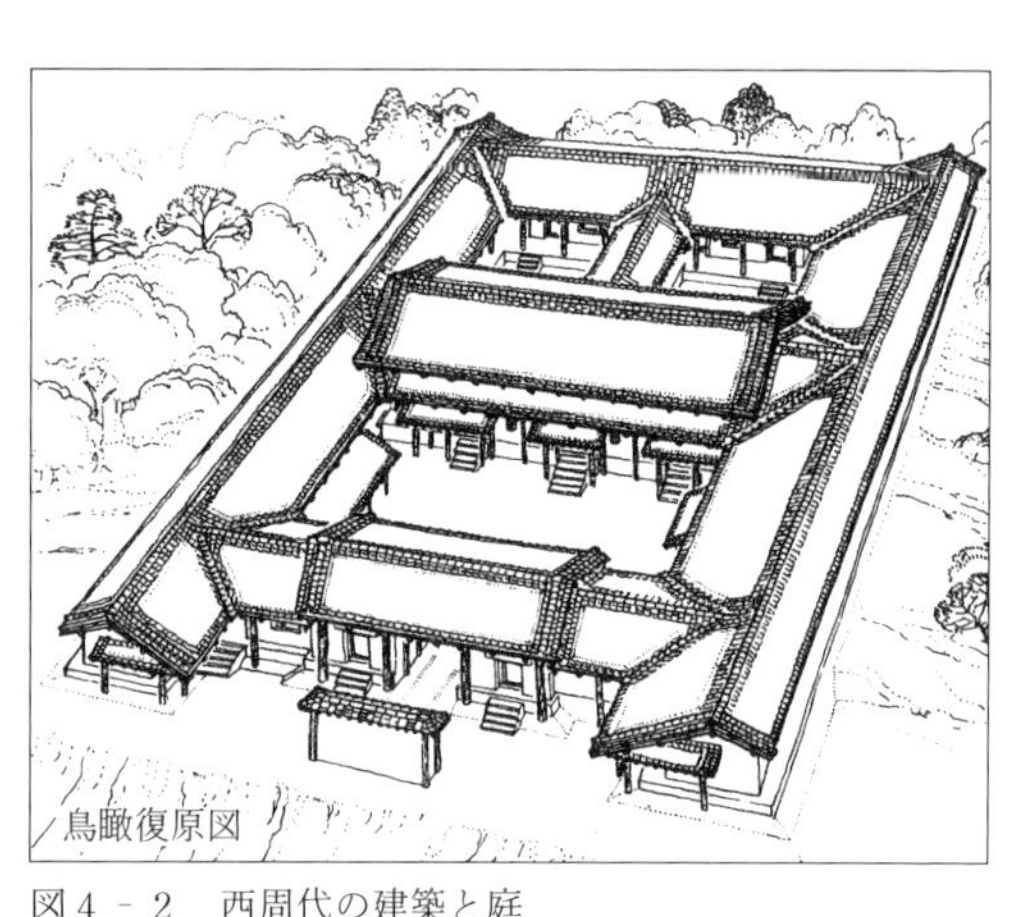

図4－2　西周代の建築と庭

「土」が重ね合わされて「𡈼（てい）」の形になっているが、これは人が土盛りに乗った姿を表しているので、「にわ」とは字義上の関連がなくなる。一方で、上古音では「𡈼」は[tieng]であったと推定され、廷（てい）や庭（てい）（いずれも[dieng]）に近い。つまり、類似形の声符に置換され、結果として「𡈼」を声符とする形声の構造になったのである。そのほか、西周代には小点を省略した「〓」などや、土を省略した「〓」などの異体が見られる。

東周代には小点を用いた「〓」などの形が主に使われたが、秦代には、逆に小点を省いた形だけが残った。さらに、「〓」では乚を彳のような形に変え、篆書とされた「〓」では廴になっている。これは前述した建と同じような字形変化である。

こうして廴を意符、𡈼を声符とする構造になったのであるが、さらに隷書では、𡈼を字形が近い「壬（じん）」に代替した俗字（廷）が作られており、これが楷書の「廷」に継承された。最終的に、形声文字でありながら発音表示がされていない構造になったのである。

「廷」に意符として広い建物を表す「广」を加えたのが「庭」である。現在の日本では前者が「朝廷」や「宮廷」など、後者が「校庭」や「家庭」などとして使い分けられるが、本来は同一字の異体であった。例えば「朝廷」は、「天子（皇帝）が朝礼をする庭」の意味である。字形は隷書以降に「廷」と同じく「壬」を使った俗字になった。

「廷」の成り立ちについて、許慎・阿辻・李学勤は壬を声符とする形声文字とするが、前述のように後起の構造である。加藤・季旭昇は𠃊を「庭隅（にわすみ）」とする説を採るが、𠃊に「隅」の意味はない。藤堂は、壬を人体の脛（すね）を示した指事文字と誤解し、そこから字源を解釈する。赤塚・谷衍奎は𠃊と小点を階段の形とし、その前にある空間を表すと解釈するが、階段を表す形は阜（　）である。鎌田は壬に「突き出る」の意味があり、廷を階段の前に突き出た庭の形とするが、前述のように庭は本来は建物に囲まれた構造であり、突き出た形状ではない。

白川のみ、儀礼と関連付けて分析しており、土盛りに香酒を注ぐ「灌鬯（かんちょう）」を字源と見なしている。ただし、「𠃊」については庭に障壁などを加えて区画を施したものと解釈するが、そうした風習があったことは確認できないので、「庭の範囲」の表現とするのが妥当であろう。

具と算

ここからは器物に関係する文字を取り上げる。まずは「具」であるが、初出の殷代には「　」など鼎（かなえ）（　）を用いた形であり、両手（　）でそれを神に具（そな）える様子を表していた。したがって、原義は「そなえる」であるが、後に引伸義で「そろえる」「そなわる」や「道具」などの意味でも使われた。

鼎は、煮炊きに使われる三足の器物であり、新石器時代から土器として作られていた。その後、

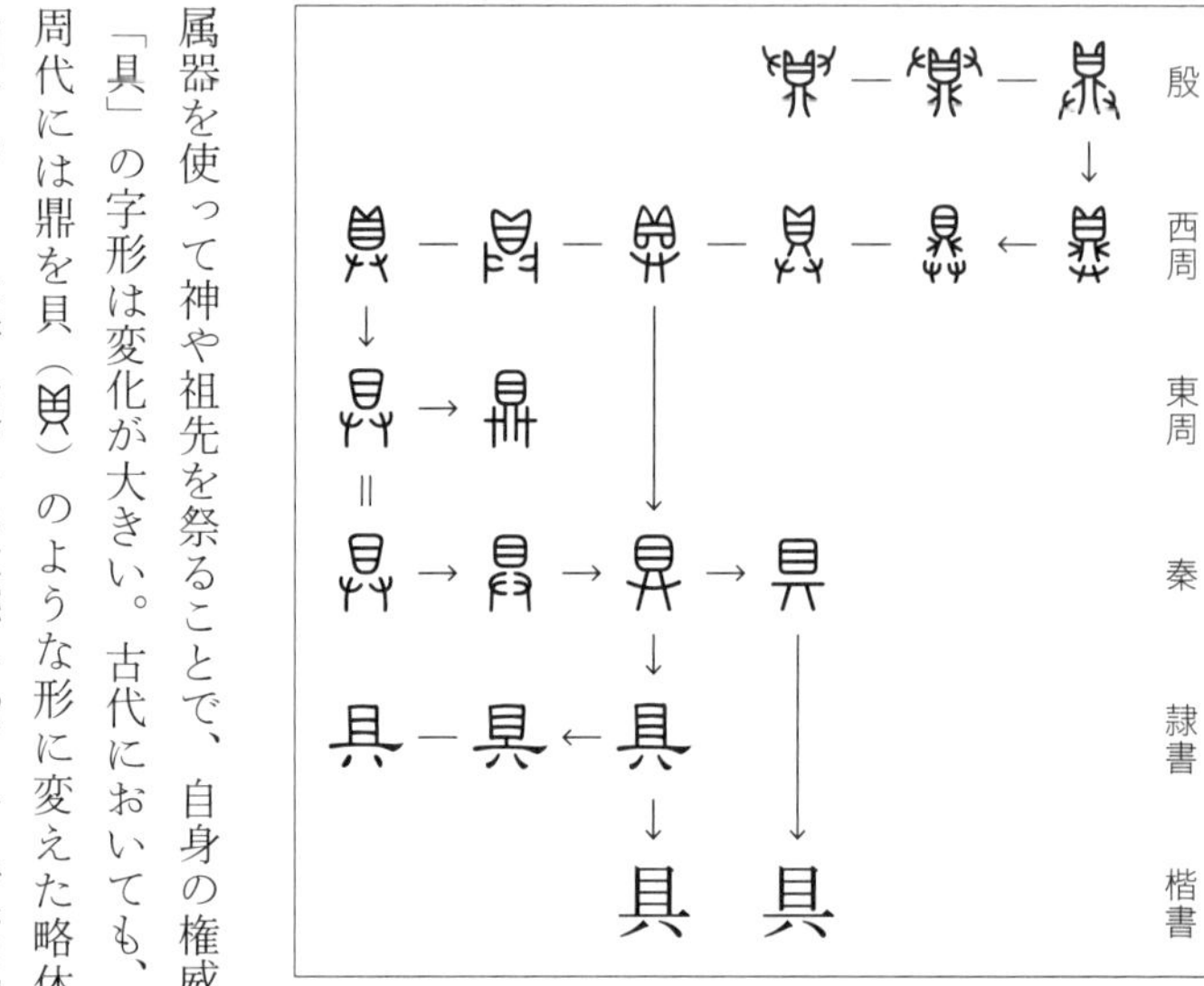

図４－３　扁足鼎

金属器の大量生産が始まると、鼎も青銅で作られるようになった。図４－３は青銅製の鼎であるが、特に扁足鼎（へんそくてい）と呼ばれるもので、足に目立つ装飾がつけられている。鼎（[illegible]）の下部にある短線は、この飾りを表現したものであろう。古代の王朝では、王や貴族がこうした壮麗な金属器を使って神や祖先を祭ることで、自身の権威を示していた。

「具」の字形は変化が大きい。古代においても、画数が多い「鼎」は筆記に不便だったようで、西周代には鼎を貝（[illegible]）のような形に変えた略体（[illegible]など）が作られた。さらに東周代には、目（[illegible]）のような形に略した状態（[illegible]）にまで変化した。

そして、秦代には両手の形の「廾(きょう)」の部分も略体にした「[illegible]」が作られており、これが継承されて楷書の「具」になった。楷書の字形は「八」を用いたように見えるが、下部の「六」は両手の形の廾が起源である。なお、具の正字とされるのは「具」であり、これは「廾」の上に突き出た二本の線（手の中指部分）が残って「目」と融合した形である。

◇　◇

具と関係するのが「算」である。初出の東周代（[illegible]）には、上部が竹（[illegible]・[illegible]）、下部が具（[illegible]）の異体であった。「竹」は算木(さんぎ)を表現したもの、「具」は「そろえる」の字義で使われたと考えられており、「算木をそろえる」ことで「かぞえる」を表した文字である。

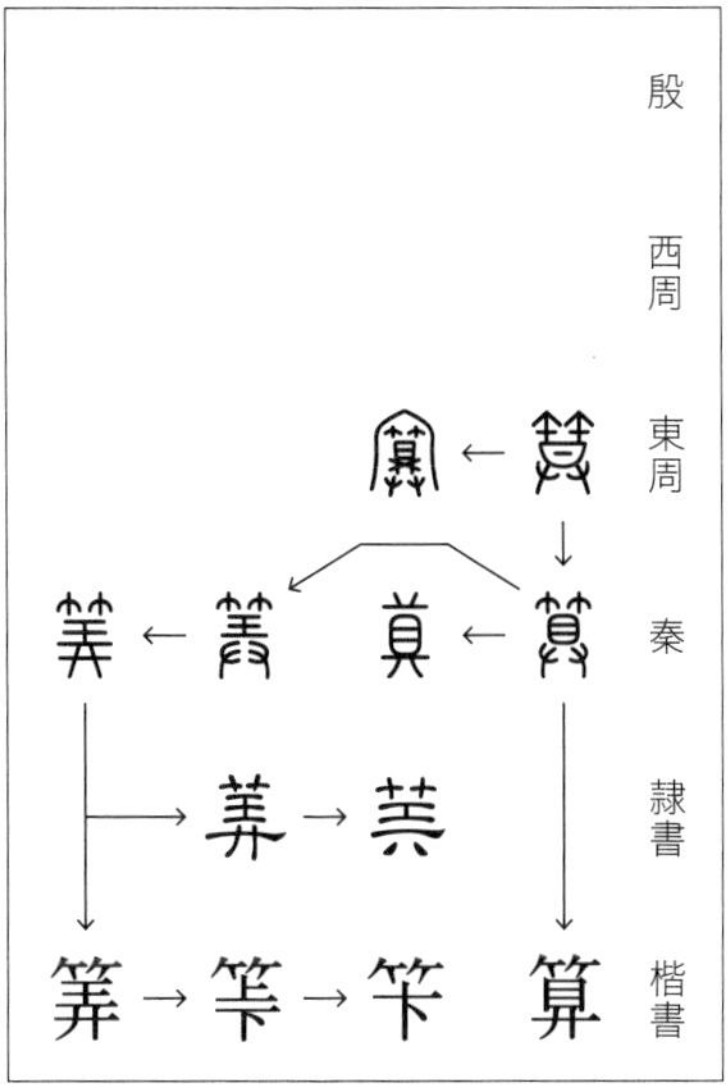

殷　西周　東周　秦　隷書　楷書

なお、日本では木で作られたため「算木」と呼ばれるが、中国では竹で作られたため文字に「竹」が入っているのであり、「算」だけで「計算用の竹の棒」の意味も表した。

字形について、東周代には「宀」を加えた異体（[illegible]）があるが、その意義は判明していない。その後、秦代には、「具」の場合と同様に「廾」を略体にした「[illegible]」が作られたが、具とは異なり、廾を略さない字形（[illegible]）のみが後代に継承された。楷書は、「竹」と鼎が簡略化された「目」、および「廾」で「算」の形となる。

また、秦代には「具」を字形が近い「弄(ろう)」に変えた形（篝など）も異体として作られており、楷書の「筭(さん)」に残っている。弄は、もとは玉（王）を両手（𠬞）で捧げる儀礼の様子を表した文字であり、引伸義で「もてあそぶ」や「あつかう」の意味でも使われた。筭においては、おそらく後者の意味であり、「算木をあつかうこと」を表したのであろう。

楷書では、弄を異体の「卡(ろう)」に変えた「⿱𥫗卡(さん)」も作られ、さらにその略体として「卡」を類似形の「卞(べん)」に代替した「笇(さん)」も作られている。そのほか、隷書で「竹」を類似形の「艸（艹）」に変えた「⿱艹弄」なども作られているが、もとの「算木をあつかう」の意味が失われており、これは俗字にあたる。

食と会

「食」も器物に関係する文字である。初出の殷代には、「食」などの形であり、亼（亼）と皀(きゅう)（皀）から成る。皀は、高坏(たかつき)の象形である豆(とう)（豆）に食物を盛った様子を表しており、「食」の字義に関係することが明らかである。亼については今の初文であり、屋根の象形として使われることが多いが、器に蓋を合わせた形の合（合）や後述する会（會）（會）などでは蓋の形として使われており、食（食）においても皀にかぶせた蓋を表している。つまり、「食」は食事の用意を表した文字なのである。

図4－4は、東周代に作られた蓋付きの豆であり、戦国時代の初期のものである。この時代にな

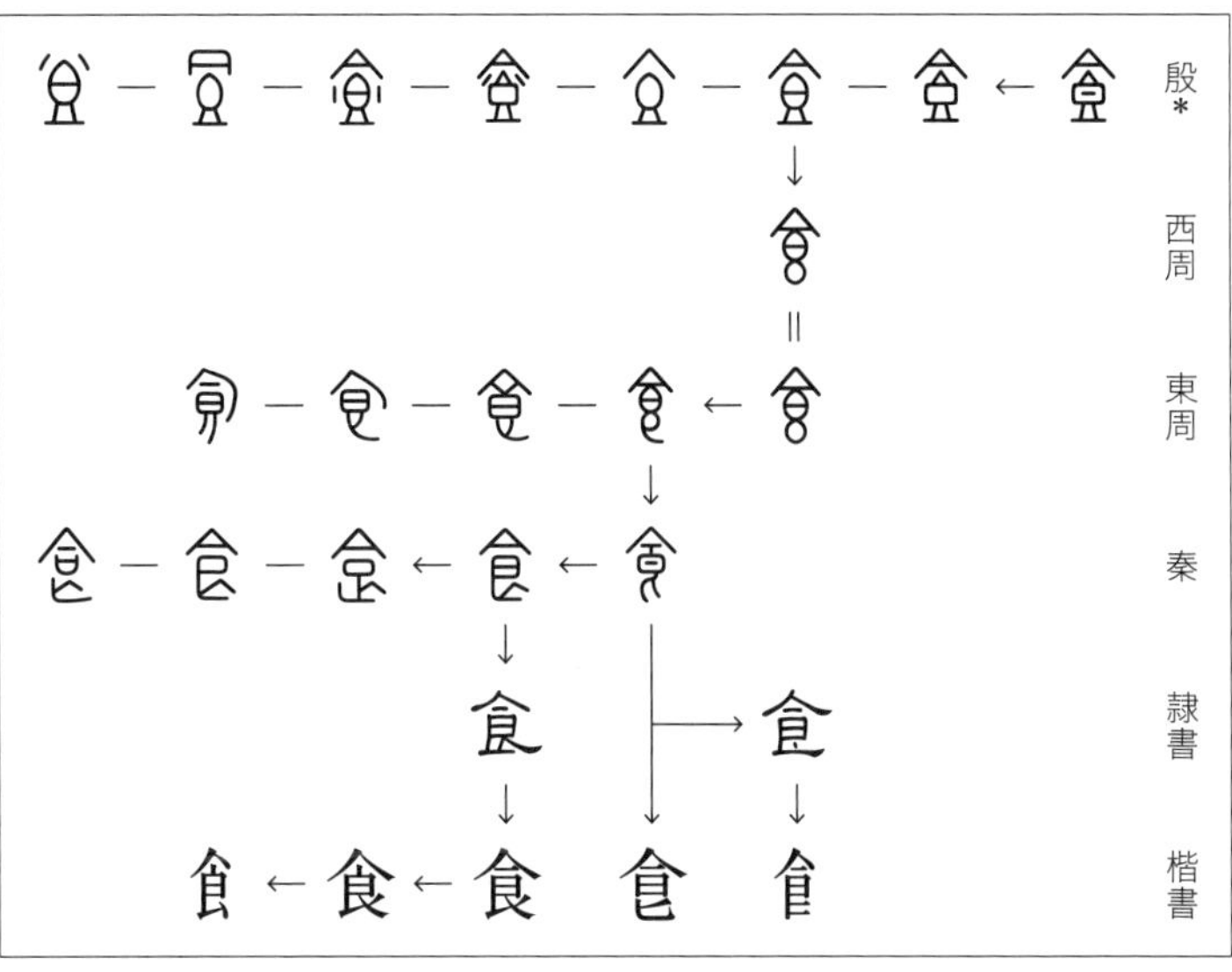

ると、青銅器に象嵌（ぞうがん）がされる例が増えており、図もトルコ石がはめ込まれている。

字形について、殷代には皀（□）に略体（□）を使ったものが多く、後代には「□」が継承された。そのほか、「□」などでは穀物の粒を表したものであろう小点が加えられ、また「□」は蓋を表す亼を省いている。

東周代〜秦代には皀の下部が変形しており、篆書の「□」を継承したのが楷書の「□」で

図4－4　青銅製の豆

ある。ただし、この字形は現在ではほとんど使われておらず、秦代〜楷書でさらに変形した「食」が正字とされる。新字体は「食」の下部を「良」に変えたものであるが、良（甲骨文字では「[glyph]」）とは成り立ちは全く異なる。なお、「食」が偏になると、旧字では「[glyph]」に近い「飠」が使われ、新字では「食」を縦長にした「𩙿」が使われる。

◇　◇

「会」は旧字が「會」であり、これも器物に関係する文字である。殷代の「[glyph]」は甑（こしき）に蓋をした形を表している。甑とは、底に小さな穴がいくつも開いている調理器具であり、下部の器（[glyph]）に水を入れて熱を加え、穴から上がってくる蒸気で蒸すものである。

字形としては上部の亼が蓋であり、それ以外が甑と水を入れる器で「甑（そう）」の初文の「曽（そう）（曾）」にあたる。曽（曾）の略体と亼を合わせて「會」となるのであり、甑と蓋を合わせることから転じて会合の意味になったと言われる。

殷代には、甑の部分を日（[glyph]）に略したもの（[glyph]）や四角形で表現したもの（[glyph]）など略体が多いが、いずれも後代には残っていない。その後、東周代には甑の部分を「田」に、また器の形を「曰（えつ）」に変えた形（[glyph]など）が作られ、これが後代に継承され、楷書の「會」になっている。ただし、現在ではほとんど使われておらず、篆書でさらに甑の形を変えた「[glyph]」となり、これが正字の「會」になった。新字体の「会」は曽（曾）の部分を大幅に略した俗字を採用している。

会（會）の成り立ちについて、字源を正確に把握できたのは、十書中、白川・赤塚・鎌田・阿辻の四書であった。そのほかでは、藤堂は三角形と増（增）の略体から成る会意文字とするが、上部は三角形ではなく、また増は会よりも後に出現した文字である。谷衍奎は殷代の略体（ ）を元に倉の象形とするが、倉（ ）とは字形も用法も異なっている（「倉」は一一一～一一三頁を参照）。季旭昇は甑ではなく鐘の象形を用いた文字とするが、殷代には鐘の生産はごく少なかった。李学勤は合（ ）を意符、冐の象形を声符とするが、冐（ ）に使われている形とは異なっており、そもそも「冐」の初出は東周代である。

また、許慎は古文として「佮」を挙げ、会（會）の異体とするが、これは甲骨文字では「佮」の形であり、「迨」（ ）の異体として使われたものである（亡失字で西周代まで使われた）。おそらく遠方で会合する意味の文字であり、字義は近いが成り立ちは異なる（合の異体である可能性はある）。

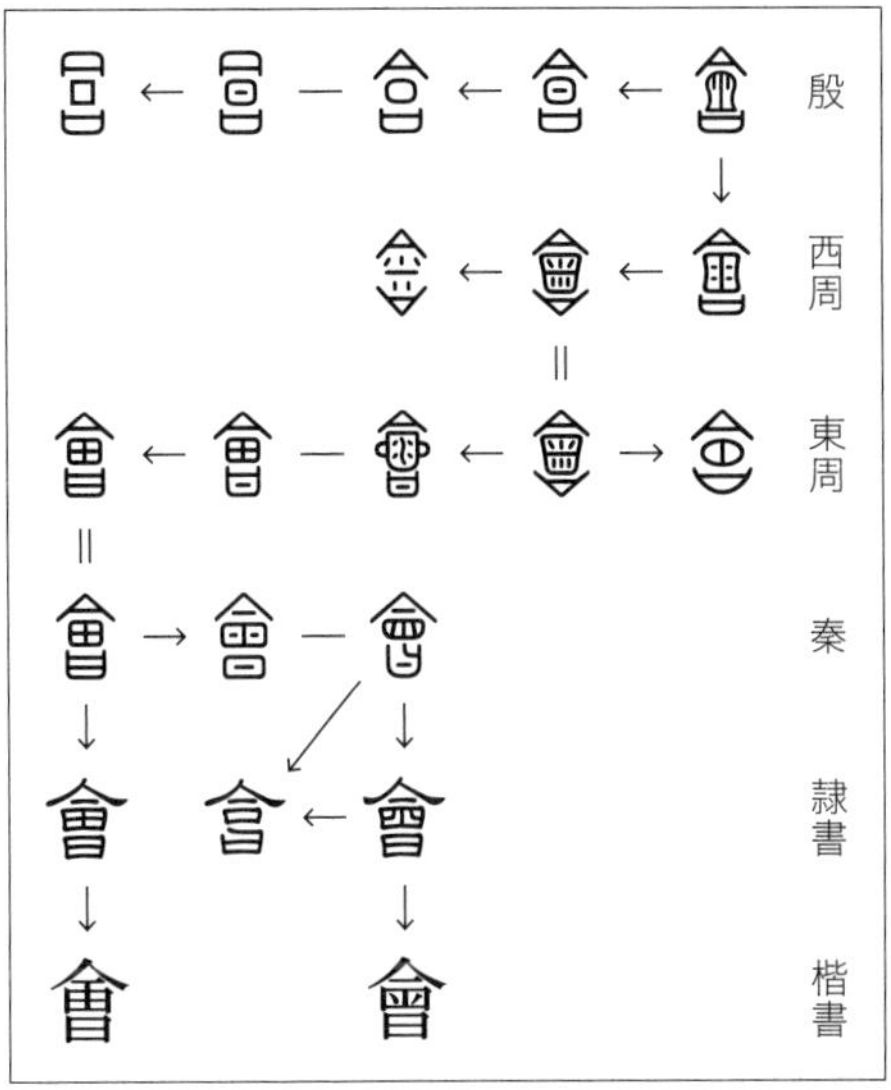

殷　西周　東周　秦　隷書　楷書

加藤は「亼」に「シュウ」の字音があることから会（會）の声符と見なすが、推定される上古音は亼が[dziәp]（ジョフのような発音）であるのに対して會は[kuat]（クワツのような発音）であり、全く異なる。さらに言えば、亼の起源は今の異体であり、後に「あつまる」の意味に転用された（転注の用法）ことから「集（しゅう）」

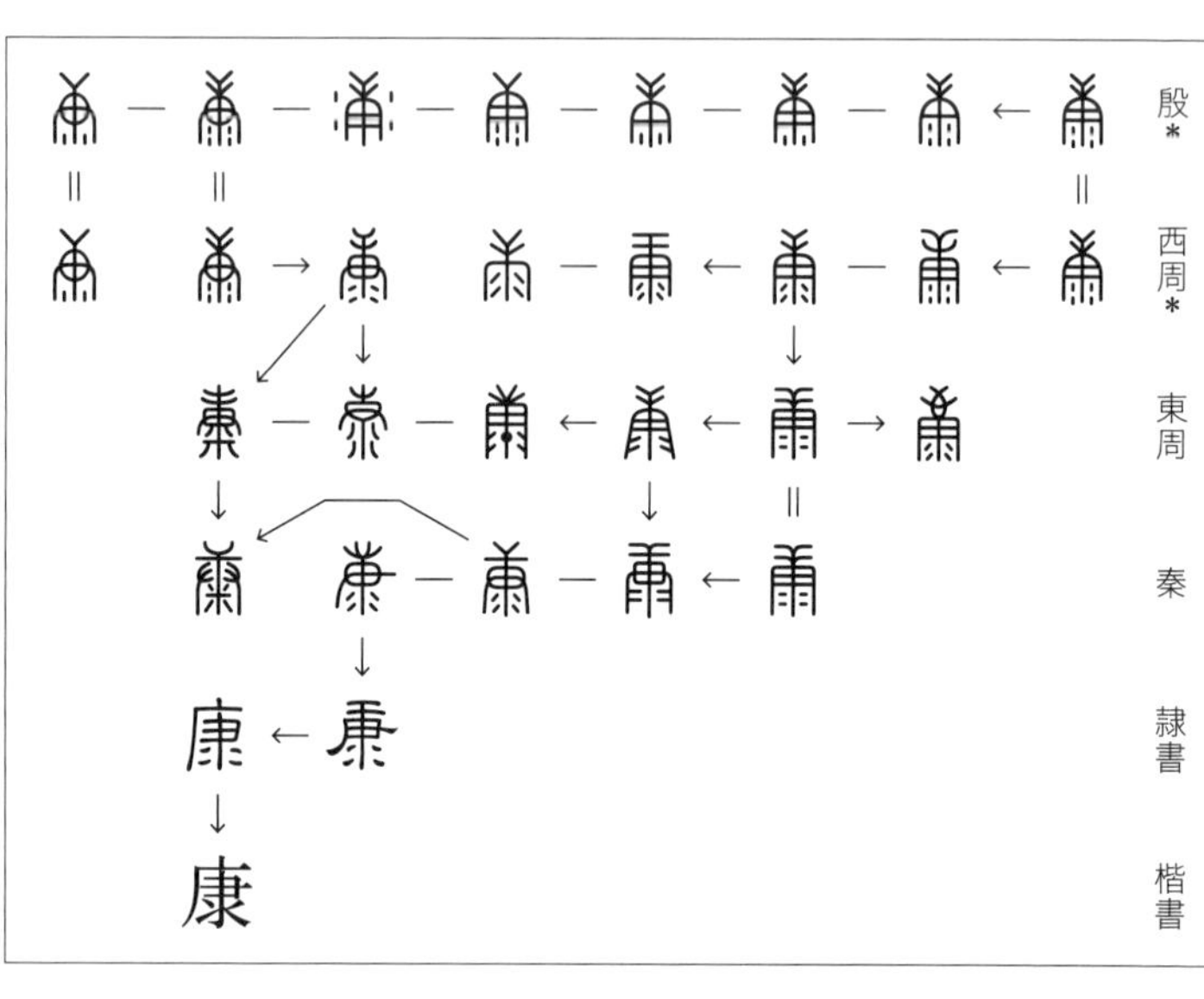

と同じ字音になったものであり、殷代にはその意味では使われていない。

康と和

次は楽器に関係する文字である。人は古くから音楽に親しんでおり、新石器時代の遺跡からも打楽器や縦笛が発見されている。さらに王朝が起こった後は、音楽は儀礼として実施されており、王朝権力の一環に位置づけられるようになった。

「康（康）」は楽器の象形である庚（こう）（庚）に音を抽象的に表現する小点を加えたもので、楽器の音色を表した文字である。ただし、「庚」がいずれの楽器であるかには諸説がある。

阿辻は鐘の象形とする説を採る。しかし、庚や康は文字として殷代から使われていたが、鐘の量産が始まったのは西周代であり、この説には賛成しがたい。また、鉦（しょう）（鏞（よう）や鐃（じょう）とも呼ばれ

図4－5　銅鉦（左）と銅鈴（右）

る）の象形とする郭沫若（かくまつじゃく）の説も有名であり、季旭昇がこれを採る。しかし、鉦は殷代から多く作られていたものの、図4－5の左に挙げたように上が開いた打楽器であり、下が開いた庚（〓）の形状に合わない。

最も妥当なのは、谷衍奎による鈴（れい）の象形とする説である。鈴は図4－5の右に挙げたように下が開いており、また二里頭文化の時代から量産されていたので、庚（〓）とは字形も時代も合致する（図も二里頭文化の銅鈴である）。

字音について、上古音でも「庚」と「康」は近かったと推定（いずれも[kang]）されており、「康（〓）」に含まれる「庚（〓）」は亦声にあたる。より正確に言えば、「楽器の庚」と「楽器である庚の音色」が元々言葉として同源であったと考えられる。

字形は東周代に二系統に分かれており、ひとつは殷代以来の「〓」に近い「〓」などの系統であり、もうひとつは音を表す小点を「米」のような形に変えた「〓」の系統である。そして秦代には、篆書として後者が採用されて「〓」の形になったため、「庚」や「康」の字源を穀物と関連付けた説が多い。加藤・白川・鎌田は両手で杵（きね）を持った形とし、赤塚は禾（か）を両手で持った形とするが、いずれも篆書の康（〓）や庚（〓）からの分析であり、字源とは異なっている。そのほか、許慎は人体の臍（へそ）と解釈し、藤堂は心棒の象形とするが、いずれも奇説にすぎない（李学勤は「不明」とする）。

秦代には、前者の系統にも変化があり、左右対称を崩した「〓」が作られた。これが隷書に継承されて「〓」や「〓」となり、楷書の「康」になった。楷書には广が含まれるが、秦代〜隷書における変化の結果であり、広い建物を表す「广」とは成り立ちに関係はない。

康は字源が楽器の音色であったが、早くから偉大な人物を讃える文字として使われた。殷代の王に「康丁（こうてい）」（康祖丁（こうそてい）とも）」があり、西周代の王に「康王（こうおう）」がある。そこから、さらに「やすらか」や「たたえる」などの意味で使われるようになり、原義では使われなくなった。これも近代の研究において字源の分析が進まなかった要因と言えるだろう。

◇　◇

「和」も、もとは楽器に関係する文字であり、初出の西周代には「〓」などの形であった。これは楽器の象形である龠（やく）（〓）を意符、禾（か）（〓）を声符とする形声文字であり、楷書の「龢」にあたる。なお、和（龢）は呉音が「ワ」であるが、漢音は「カ」である（禾と同じ）。

龠とは、音の高さが違う複数の笛を束ねた楽器であり、ハーモニカのような使い方をする。図4－6は東周代に作られた類似の楽器であり、これは「簫（しょう）」と呼ばれる。殷代や西周代の龠は実物が発見されていないので、正確なところは分からないが、字形や伝承から簫よりも本数が少なかったのではないかと考えられている。

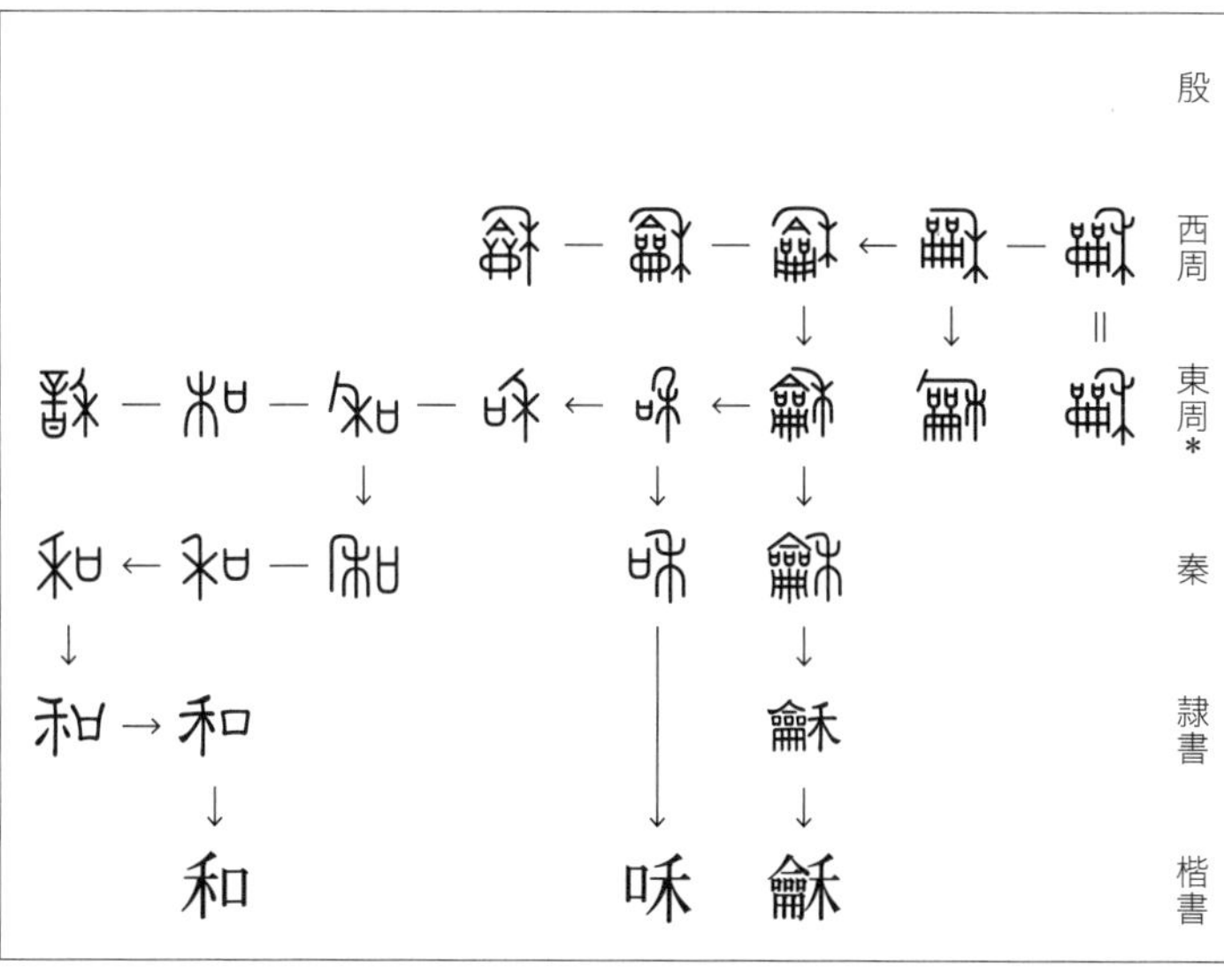

このように、「和（龢）」は音楽のハーモニー（調和）を原義とする文字であった。ちなみに、鐘は音階が異なるものを多数並べて音楽を奏でる楽器であり、西周代の金文では、そのセットを「龢鐘（わしょう）」と呼称することがある。

字形について、龠は、本来は「⿱品冊（[illegible]）」の部分だけであったが、西周代に「亼」が加えられた。ただし、その意義はよく分かっていない。「侖（ろん）」は竹簡の束である冊を丸めた様子を表しているので、あるいは同じように笛を束ねたことを表現したのかもしれない。

図４－６　東周代の簫

龢についても、西周代に亼を加えた「〓」などの形が作られている。これが篆書の「〓」などを経て楷書の「龢」に継承されたが、現在ではほとんど使われていない。

一方、東周代には、侖を口（〓）に変えた「〓」などの形が作られた。この場合には「唱和」の意味であろう。「〓」の系統については、異体として左右を入れ換えた「〓」も作られている。ともに後代に継承され、前者が「咊」、後者が「和」となったが、現在では後者のみが使われている。そのほか、東周代には禾を木に略した俗字（〓）や、意符を口から言に変えた異体（〓）も見られる。

得と敗

次は貝に関係する文字である。「貝（〓）」は、子安貝の貝殻の象形であり、殷代～西周代にはそれが貴重品として扱われていた。そのため、貴・財・資・貯・買など、財貨に関係する文字には「貝」を部首とするものが多い。図4-7は、西周代の遺跡から発見された装飾品であるが、玉飾りと子安貝がつなぎ合わされており、首飾りとして使われたようである（ただし紐は腐食により失われたため、出土時の状況から復元している）。

「得」も、もとは貝を用いた文字であり、初出の殷代には貝（〓）を手（〓）で取る様子を表した「〓」などの形であった。財貨を獲得する様子から「える」の意味を表したのである。

殷代の異体には、手の向きを変えたもの（〓）や、初文の「〓」を二つ並べたもの（〓）などがある。そして、「〓」などは行くことを象徴する「彳（〓）」を加えており、「遠方に行って財

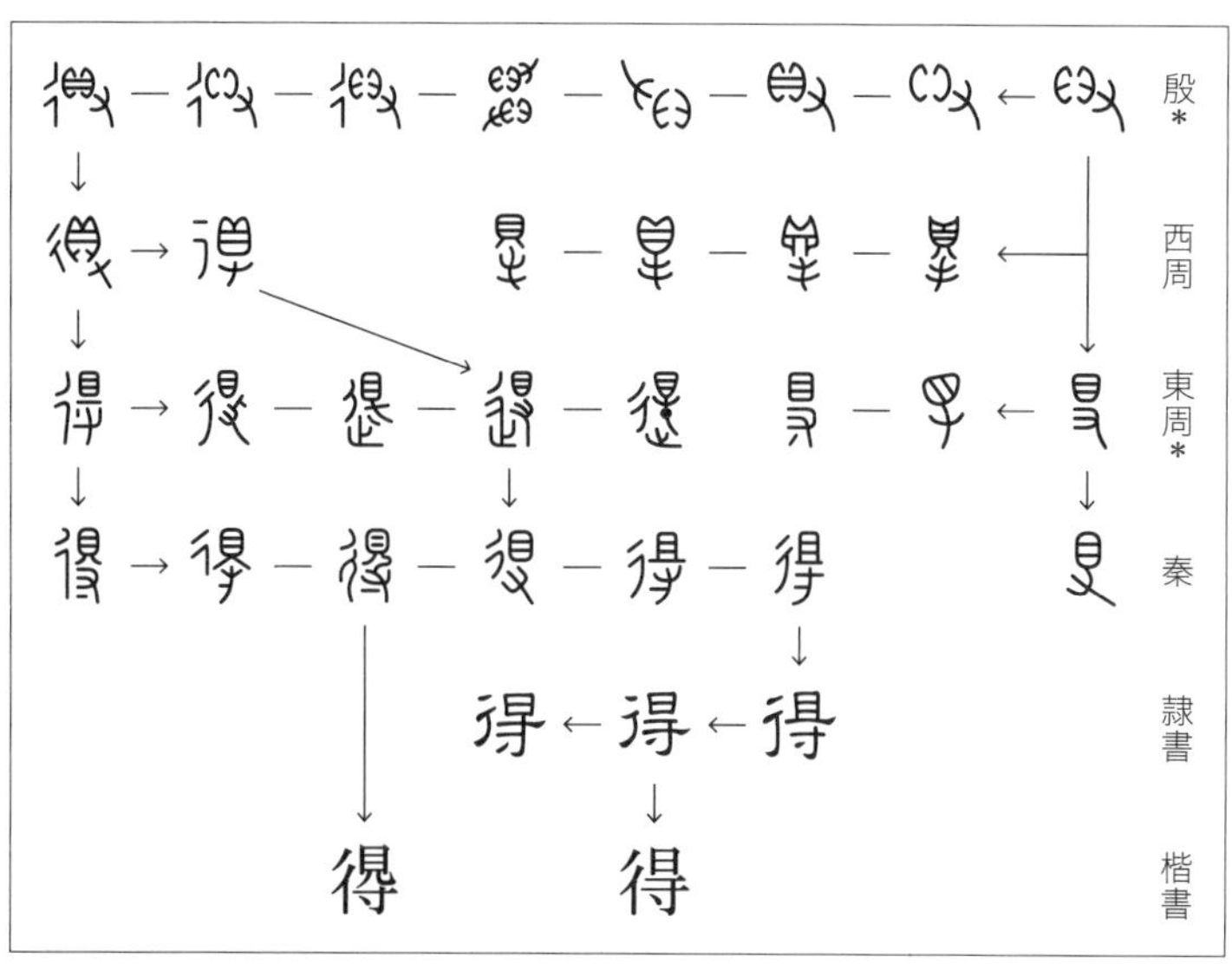

貨を獲得する」の意味を表している。

後代には、「〓」の系統のほか、イを付した「〓」の系統が継承された。初文の系統については手の象形の又（〓）をより詳細に描いた手（〓）に変えた異体（〓など）が西周代に多いが、東周代以降には残っていない。その後、初文の系統は秦代の「〓」を最後に単独では

図4－7　玉と子安貝の首飾り

使われなくなった。ただし、初文の系統にあたる「㝵」の形は、川の名の「淂（とく）」や木の名の「棏（とく）」などで声符として使われている。なお、「碍（がい）」は礙（がい）の俗字であり、「㝵」に声符の機能はない。

一方、彳を付した系統は、東周代に多様な異体が作られた。「〓」は又を類似形の「寸」に変えたものであり、「〓」は貝を目に、又を攵に変えている。また「〓」などは足の形の「止」を加えており、彳と止を合わせると辵（⻌）になる。

秦代にも異体が多く、篆書の「〓」は「寸」を用い、また貝を「見」に変えている。これは楷書で「得」と表現されるが、ほとんど使われることはない。さらに、「〓」などでは貝を且（しょ）に変えており、これが隷書以降で主に使われた系統である。そして、隷書の「〓」では且が旦に変わっており、最終的に彳・旦・寸で「得」の形になった。結果として、初文で使われた貝と又の形は消えてしまったのである。

◇　◇

貝を獲得するのが「得」であったが、逆に貝を破壊するのは「敗」である。殷代の「〓」は、貝（〓）と手に道具を持った形の攴（〓）から成り、貴重品である貝を破壊する様子から「やぶる」（「敗北」など）や「そこなう」（「腐敗」など）の意味を表す。甲骨文字には「父乙、異（まつ）れば、惟（こ）れ王を敗（そこな）うか。父乙、異らざれば、王を敗うか」（『甲骨文合集』二二七四。父乙は先代の王）のような記述がある。

殷代の異体には「〓」や「〓」がある。前者は貝と同じく貴重品である鼎（かなえ）（〓）を壊す様子であり、後者は武器である戈（か）（〓）で貝を壊す様子を表している。なお、後者は、字形が「賊（ぞく）」と

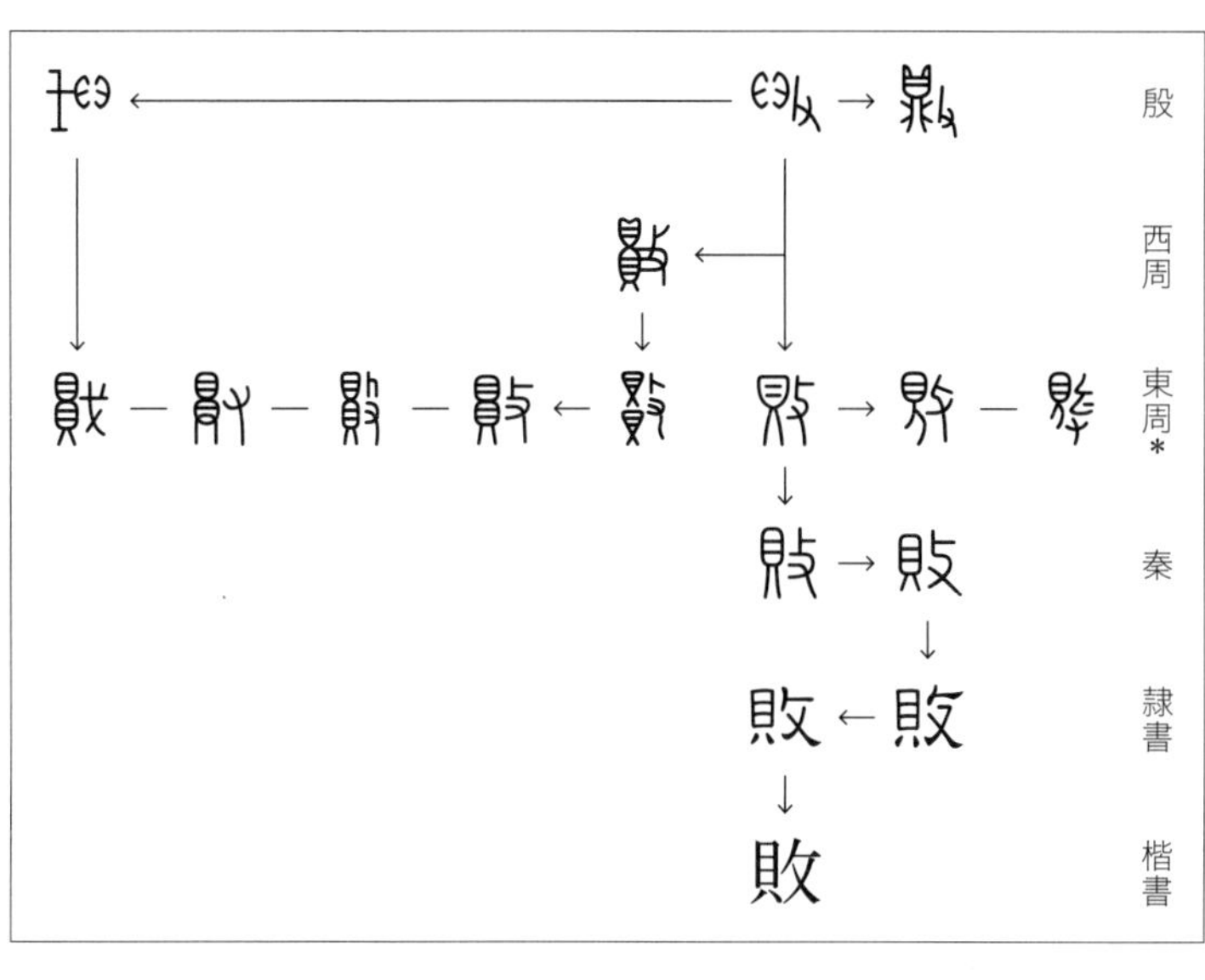

同じ構造であるが、楷書の貱は「賊」の略体として作られたもので別字である。

西周代になると、貝（〓）を二つ並べた異体（〓）が作られ、初文の系統とともに東周代に継承された。東周代には、貝を並べた系統（〓など）が多く使われており、殷代の「〓」と同様に戈（〓）を使った異体（〓）もある。ただし、秦代以降には初文の系統だけが残り、「貝」と「攵」で楷書の「敗」になった。

このように、殷代や西周代には貝が貴重品の代表格とされていた。甲骨文字には「多女に賜うに貝朋有るか」（『甲骨文合集』一一四三八。多女は多くの娘か）などの記述がある。貝朋とは、穴を開けた子安貝に紐を通して束にしたものであり、王から臣下への賜与物として主に用いられた。金文にはさらに貝朋の記述が多く、百例以上が見られる。また「王、臣たる高に貝十朋を賜う」（『近出殷周金文集録』三三五。高は人名）のように、金文には貝朋の数量を記したものが多い。

ところで、古代の中国では、なぜ子安貝が貴重品とされたのだろうか。殷王朝や周王朝は内陸に都があったため、海産物が珍しかったということはあるだろうが、それだけでは子安貝のみに高い価値が認められた理由にはならない。また、子安貝は墓葬で人骨の口に入れられた状態で発見されることもあるため、当時は呪術的な用途があったようだが、それも大量に使うものではなく、貝朋の高価さや需要に見合わない。

結論を言えば、王朝側が意図的に子安貝の価値を高めたのである。当時、南方との交易ルートを掌握していたのは王であった。そして、子安貝は東シナ海や南シナ海に広く分布しており、安定して収集ができる。したがって、交易ルートを掌握している王にとって、子安貝は独占して、かつ安定して入手できる財物なのであり、その価値を意図的に高めることで、自身の経済力を高めることができたのである。また、賜与物として功臣に配布することで、自身の権力も強めることができた。

ただし、西周代の中期になると、長江流域を支配した楚（そ）が強盛となり、南方との交易が断たれたようである。そのため、財物の賜与を媒介にした支配体制から、官職の概念を用いた冊命（さくめい）を媒介とする支配体制に変化していった。一方、楚では引き続き子安貝が珍重されており、子安貝を模して木や骨で作ったものも発見されている。さらに、戦国時代に楚で発行された青銅貨幣の「蟻鼻銭（ぎびせん）」は、蟻の頭部に見えることからの通称であるが、実際には子安貝の形が元になっているとする説が有力である。

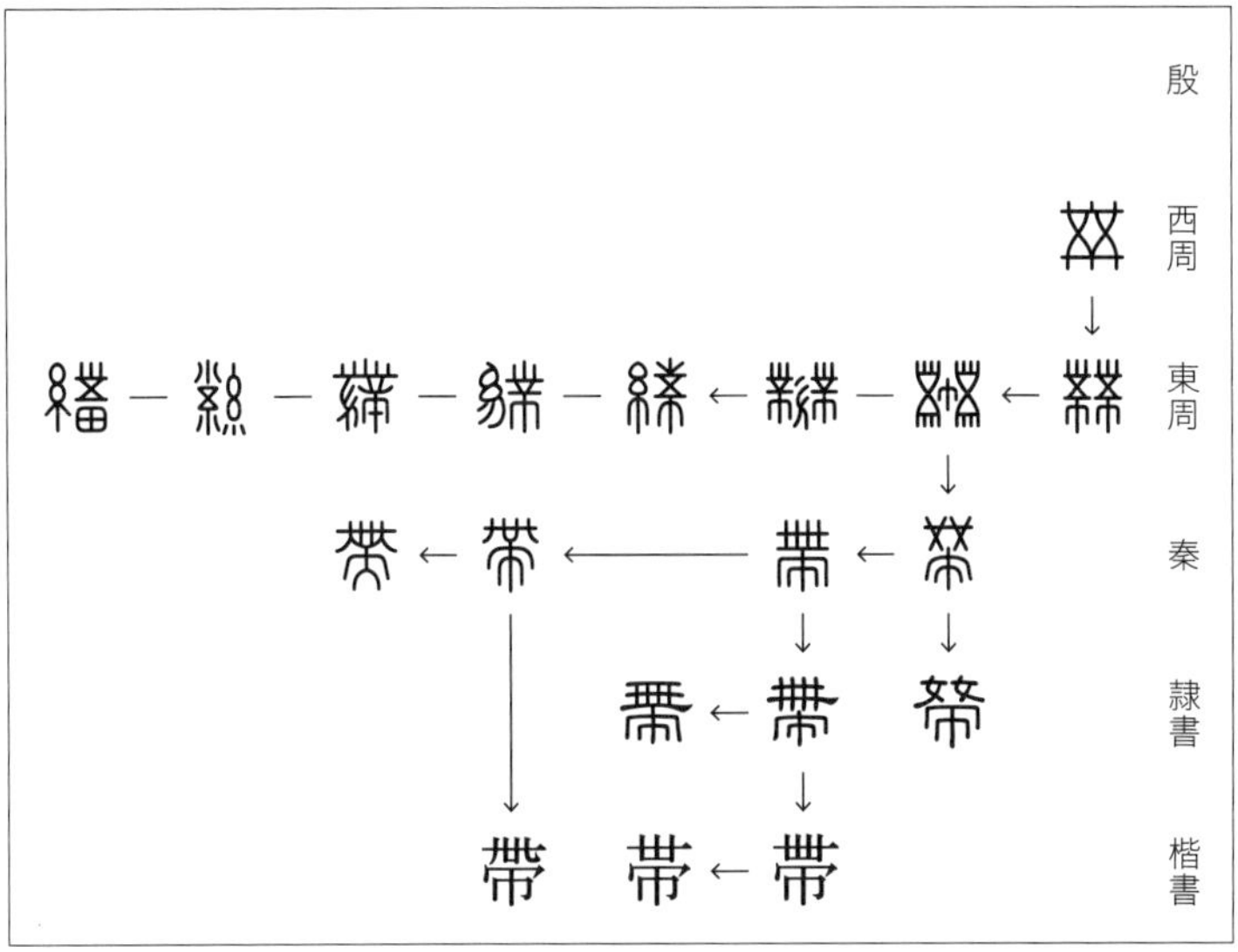

殷
西周
東周
秦
隷書
楷書

帯と表

次は衣服に関係する文字である。新石器時代以前から、すでに麻糸を用いた衣服が作られており、骨で作った針で裁縫されていた。また、新石器時代末期には養蚕も始まっており、例は少ないが絹製品やその痕跡も発見されている。

さらに、西周代において儀礼が発達すると、王や貴族は儀式の場で用いるため、より高級な衣服を求めた。そのひとつが刺繡をした帯であり、「帯（帶）」は、初出の西周代には黹（ち）（[illegible]）の略体を並べた形（[illegible]）であった。黹とは、刺繡をした巾（きん）（巾）（布の象形）を表現した文字である。

巾　巾　黹　[illegible]

西周代の金文によれば、儀礼の物品として王から与えられた服飾には、帯のほか玄衣（げんい）（黒い衣服）、赤舄（せきせき）（赤い靴）、黹屯（ちとん）（刺繡をした布の飾り）などがあった。

「帯」の字形について、東周代になると、あらためて意符として「巾」を加えた繁文（）が作られた。また異体の「」は、意符として「糸」を加えている。「」や「」などは、糸とひとつの帶から成る形に簡略化している。

これらのうち、後代に継承されたのは巾を加えた系統であり、秦代には初文の部分を簡略化した「」や「」などの形になった。後者は篆書に採用された字形であり、これを継承したのは楷書（旧字）の「帶」である。一方、前者は隷書〜楷書でさらに変形して「帯」の形になっている。現在では、「帯」は新字体とされるが、旧字体とされる「帶」とほぼ同じだけの歴史を持った形なのである。

◇　◇

「表」も衣服に関係する。初出の東周代には、衣（）の中に毛（）を加えた形（）であり、「毛皮の衣服のうち毛のある表側」の意味である。

毛皮の衣服は旧石器時代から使われていたと考えられているが、王朝においては権威を表示する物品としても使われた。殷や西周の王は軍事訓練を兼ねた狩猟を行っており、鹿や狐などを対象とすることが多かったが、時には虎や豹を捕らえることもあった。猛獣である虎や豹は、軍隊でなければ捕らえることが難しいため、その毛皮が軍事力の象徴となったのである。

殷代の甲骨文字には「雀は虎を獲るか。獲ざるか」（『甲骨文合集』一〇二〇一。雀は人名）や「虎一・狐六を獲たり」（『甲骨綴合集』三七三。記録の部分）などの記述がある。また西周代の金文では、王からの賜与物として虎や豹の裘（きゅう）（毛皮）が記されており、「王、宰曶（さいこつ）を呼び、大師虘（たいしさ）に虎裘（こきゅう）を賜（たま）わしむ」（『殷周金文集成』四二五一。宰曶・大師虘は人名）や「王親（みずか）ら師酉（しゅう）に𧘝寵（ぼうちょう）し、豹裘（ひょうきゅう）を賜（たま）う」（『新収殷周青銅器銘文暨器影彙編』一六〇〇。𧘝寵は褒（ほ）め称（たた）えること）などの記述がある。

ちなみに、虎と豹はもと象形文字であり、甲骨文字の段階では、次に挙げたように特徴的な虎縞や豹柄が表現されていた。

虎　　豹

「表」の字形について、東周代には、鹿（ ）と衣（ ）を用いて「鹿の毛皮」を表した字形（ ）もあるが、後代には残っていない。篆書とされたのは初文の構造を維持した「 」であり、これは楷書では「𧘝」と表現されるが、これも現在ではほとんど使われていない。隷書において、「衣」の上部と「毛」を融合させた略体の「表」が作られており、これが継承されて楷書の「表」になった。

殷　西周　東周　秦　隷書　楷書

→ → 表 → 表

← → 𧘝

夫と妻

古代中国では、男性も女性も成人すると簪（かんざし）を使って髪を結っていた。「夫」は、男性が簪を挿した様子を表した文字である。

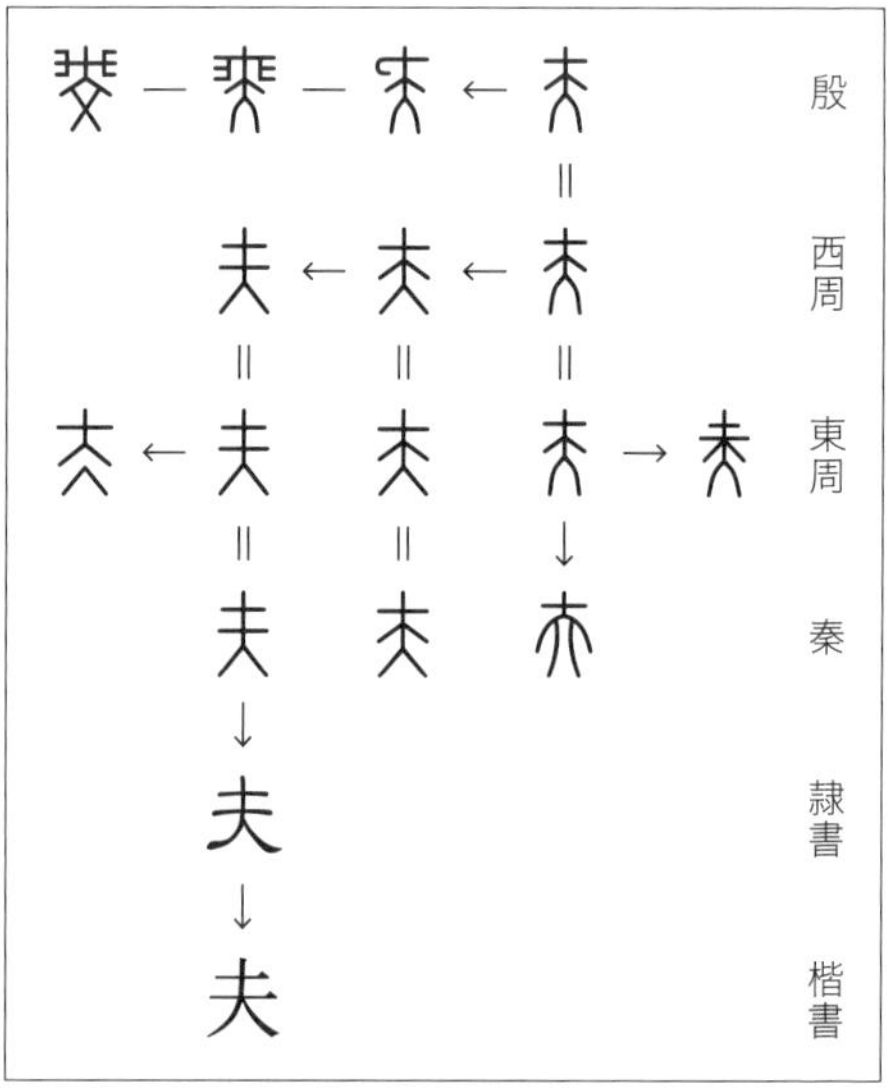

殷	西周	東周	秦	隷書	楷書
〓	〓	〓	〓	夫	夫

最も基本的な形である「〓」は、人の正面形である大（〓）の頭部に簪を表す横線を加えており、視覚的に分かりやすく表現している。

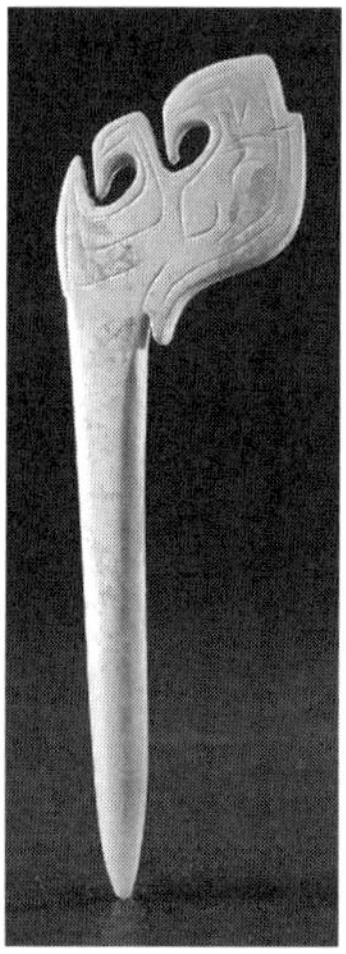

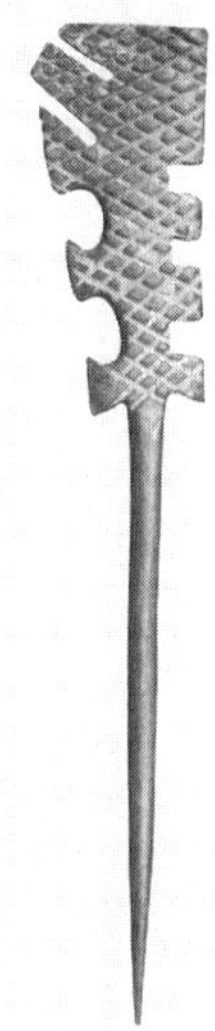

図4－8　殷代の簪

また、「〓」や「〓」は飾りのある簪を挿した様子を表している。

実際に、殷代の遺跡からは飾りのある簪も出土しており、図4－8に例を挙げた。左が玉製、右が骨製である。いずれも抽象化されているので分かりにくいが、左は鳥、右は動物を表したものと推定されている。

後代には基本的な形が継承され、楷書も「大」と横線で「夫」の形になっている。そのほか東周代の異体には、簪を二本にしたもの（〓）や大の異体（〓）を使ったもの（〓）もあるが、楷書

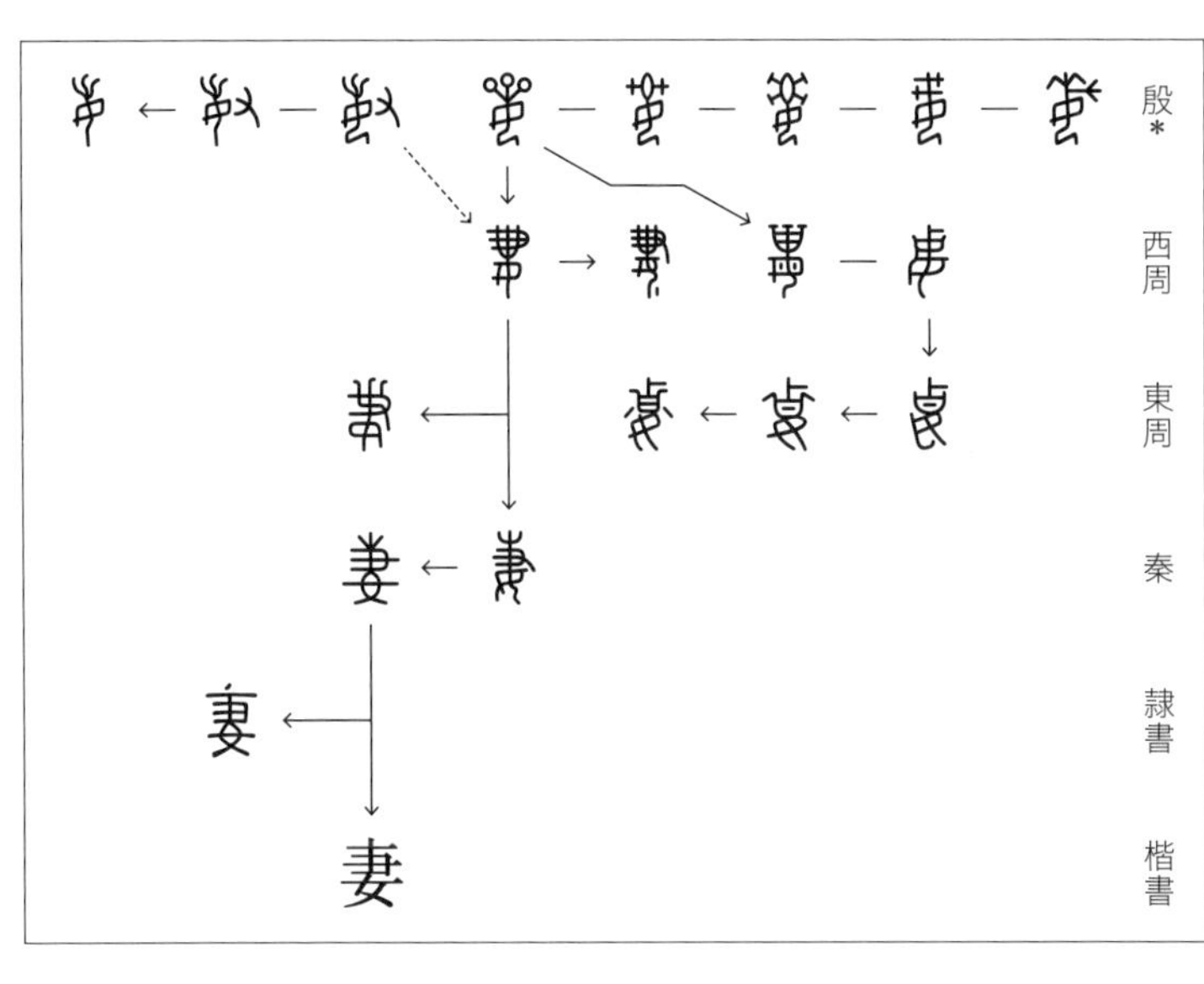

には残っていない。

◇　◇

「妻」も同様に、成人女性が簪を挿した様子を表した文字である。殷代の「〓」や「〓」などは、下部が女（〓）であることは共通するが、上部の簪の表現は様々である。やはり女性の方が飾りの付いた簪を使うことが多かったのだろう。

また、「〓」や「〓」は長髪の女性の象形（〓）と手の形（〓）から成る。甲骨文字では長髪は老人を象徴して使われており、この場合は老女を手で支える様子である（手を省略した異体もある）。これらの文字は「先王の配偶者」の意味に限定して使われているので、厳密に言えば「妻」とは別字であるが、西周代には「妻」が簪を持つ手の形を加えた構造（〓・〓）になっており、あるいはこの文字と折衷したものかもしれない。

西周代には手の形を加えない系統も残っており、そのうち「[illegible]」は女（[illegible]）ではなく母（[illegible]）を使っている。また「[illegible]」は簪の形を変えた異体であり、これを継承したものであろう「[illegible]」や「[illegible]」などが東周代に南方で用いられたが、この系統は秦代以降には残っていない。

秦代に篆書とされたのは「[illegible]」であり、これが楷書の「妻」の元になっている。楷書のうち、上部にある「ヨ」が手の形であり、「十」の部分が簪である。

ところで、世界各地の古代文明は、程度の差はあるが全て男尊女卑の社会であった。やはり戦争が多かったり力仕事が必要だったりすると、必然的に男性中心の社会になるのであろう。中国でも、殷王朝や西周王朝で権力を握ったのは基本的に男性であった。ただし、王の配偶女性が権力を行使する場合もあり、殷代の婦好（武丁の配偶）や西周代の王姜（康王の配偶か）が知られている。もっとも、どの程度の権力であったかは諸説あって明らかになっていない。

さらに言えば、ライオンやニホンザル、あるいはクジラなど、群れを作る哺乳類のほとんどが母系社会であることから、かつては、人類も原始社会は母系であると考えられていた。母系社会とは、分かりやすく言えば女性が家を継ぐ形態の社会である。

しかし、実際に南洋諸島やオーストラリア・アフリカなどの原始社会が調査された結果、必ずしも母系社会ではなく、父系社会（男性が家を継ぐ社会）や双系社会（父系祖先と母系祖先がともに認識される社会）も多いことが判明した。さらには、母系であっても権力は男性が握っている社会もあり、原始社会の成り立ちは多種多様であった。かつて、人類の歴史を動物行動学のように分析するという方法が試みられた時期があったが、それは人間が持っている多様性や柔軟性を無視したものだったと言えるだろう。

商と皇

「商」は、殷代後期の都の名である（現在では殷墟遺跡と呼ばれる）。そのため、文献資料では殷王朝のことを「商」と呼ぶことがあり、現代中国でも「商王朝」や「殷商王朝」の呼称が使用されることが多い。しかし、殷代前期には亳（はく）（甲骨文字では「〓」）という土地に都を置いており（現在では鄭州商城遺跡と呼ばれる）、「商」は王朝全体の呼称として適切とは言えない。

商の字源については諸説あり、許慎・藤堂・赤塚・鎌田・阿辻は上部を「章」の略体と見て声符（省声）とする。しかし、「章」が初めて出現するのは殷代の最末期であり、一方、「商」は甲骨文字の初期から使われているので、時代順が矛盾する。谷衍奎は酒器である斝（か）の象形とするが、甲骨文字の斝（〓）とは別の形である。また李学勤は「不明」とする。

甲骨文字の初期に多く見える字形は「〓」であり、これは上部が冠の形（〓）、下部が建物の入り口などを表す丙（へい）（〓）である。甲骨文字では、冠の形は想像上の神である竜（龍）（〓）などで、高貴な存在を象徴して使われている。したがって、下部の建物の形と合わせて、商（〓）の字源は王の宮殿を表したものと考えられる。

亳 〓　竜（龍）〓

その後、異体として冠の形を刃物の形の考（けん）（〓）に変えたもの（〓）や、同じく刃物の象形で

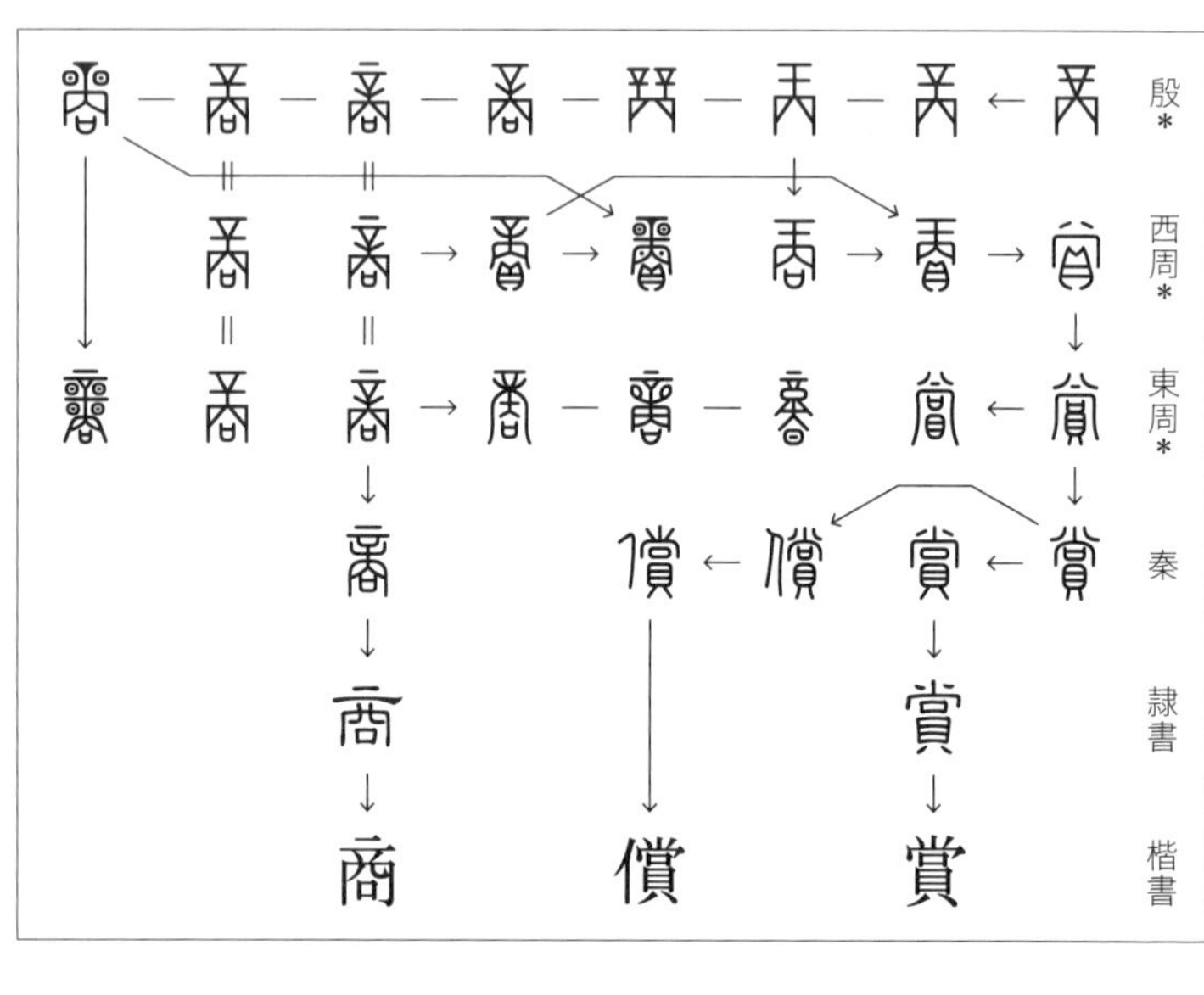

ある辛（〓・〓）に変えたもの（〓・〓）が出現した。そのため、加藤・白川・季旭昇は考や辛から字源を解釈するが、いずれも後起の字形であり起源ではない。

なお、「〓」などは下部に口（〓）を加えているが、「〓」は器物の意味でも使われるので、宮殿で行われる祭祀儀礼を表したものであろう。

異体の「〓」については、日（〓）を二つ加えている。これは「商」が星の名（さそり座のアンタレスとされる）に使われたため、その表現と言われる。「星」の初文は日を三つ用いた「晶（〓）」であり、日は本来は太陽の象形であるが、晶においては星を表して用いられている。「〓」についても、星の形として複数の「日」を用いたのであろう。ちなみに、楷書の「星」は、「晶」に声符として「生」を加えたもの（曐）から、さらに「晶」を「日」に略して作られている。

後代には「辛」を用いた形（）が継承され、さらに隷書で「辛」が略体になって「啇」となり、楷書の「商」になった。そのほか、複数の「日」を用いた形も東周代の「」まで見られる。

ところで、「商」は後代には、「商人」や「商売」の意味で使われた。俗説では殷（商）の人々が王朝が滅びた後に零落して商人になったためと言われるが、これは誤りである。殷王朝に仕えていた人々は、殷の滅亡後は西周王朝の支配下に入って小貴族になっており、金文にも殷の系統の人名が頻繁に見られる。中には召公（九九頁を参照）のように周王朝の有力者になった人物もいる。

それでは、なぜ「商」が「あきない」の意味になったのかというと、仮借の用法で「賞」や「償」の意味に使われたからである（白川が指摘）。

この用法については、当初は「商」をそのまま使っていたが、西周代になると意符として「貝」を加えた形（など）が作られた。この段階では、「賞」は貝（）を意符、商の初文部分（）を声符とする形声文字である。さらに、西周代〜東周代に声符を「商」から「尚（）」に変えて「賞（など）」の形になった。また、「償」の意味についても、もとは「賞」で表現されていたが、篆書で意符として人（）を加えて繁文の「償（）」が作られた。

◇　◇

「商」は、字源は高貴な存在であったが、後代には商人などの意味で使われるようになった。これとは逆に、「皇」は後代になってから高貴な存在を表すようになった文字である。

「皇」は、殷代には、子（）の頭部を強調した「」や「」などの形であった。殷代の字義

殷　西周*　東周*　秦　隷書　楷書

としては、祭祀名のほか、「ともにする」の意味で使われており、「彘を侑すると羊を侑するとを皇にせんか」（『甲骨文合集補編』六八二九。彘は猪、侑は祭祀の汎称）などの例があるが、字形と字義の関連は明らかではない。西周代には子供が地面に立った様子を表した形（〓）になっているが、やはりこの意味も不明である。

西周代には、「皇」が貴人や祖先を讃える意味に転用されており、「おおいに」や「おおいなる」の字義となった。殷代にその意味で使われていたのは「光」であり、推定される上古音は、皇[guang]は光[kuang]に近い。つまり、皇が「おおいに」などの意味で使われたのは仮借の用法と考えられる。

西周代には、「〓」の下部を「王（〓）」に変えた字形（〓）も作られている。推定される上古音は、王[giuang]も皇に近く、直接的には声符の役割であるが、「おおいなる存在」

の意味も表す亦声である。ただし、この段階では、まだ「皇」に皇帝の意味はなかった。

東周代になると、主神とされた「天帝」が「皇天上帝」とも呼ばれ、また西方で「天皇・地皇・泰皇」という「三皇」の神話が出現した。「皇」は神話に対する呼称となったのである。「三皇」は、同じく神話上の王である「五帝」と合わせて「三皇五帝」と呼ばれるようになった。そして、『史記』によれば、秦代に「三皇五帝」をもとに「皇帝」の号が採用されたという。こうして、「子供の頭部」だった文字が「皇帝」の意味にまで格上げされたのである。皇帝号は、二十世紀初頭まで二千年以上にわたって使い続けられた。なお、「天皇・地皇・泰皇」の信仰の方は広まらなかったようで、後に「三皇」は「伏羲・神農・黄帝」などが当てられた。

字形について、西周代～東周代の異体には、燭台のような形（〓）や植物が生えたような形（〓）などがあるが、いずれも後代には残っていない。東周代には、子供の頭部を白（〓）の異体（〓）のような形に変えた「〓」があり、さらに隷書の「皇」で完全に「白」に同化し、これが楷書の「皇」に継承された。なお、秦代に篆書とされたのは、白をさらに自（〓）のような形にした「〓」である。

「皇」の字源について、許慎・藤堂・白川・鎌田は、「王」に関連付けて字源を分析するが、前述のように後起の構造である。赤塚・阿辻・谷衍奎は火の付いた燭台の象形とするが、これも後起の異体を元にした説である（ちなみに燭台を表した文字は「主」（篆書は〓）である）。李学勤・季旭昇は「〓」を原形と見なし、火炬（たいまつ）の炎が上昇する形とするが、「〓」や「〓」などの字形が説明できない。加藤は、魌頭（魔除けの面）の象形としており、これだけは論理的な矛盾がない。ただし、殷代において子供を模した魌頭があったかどうかは分からないので、正否も確認できない。

徳と義

前項の「商」や「皇」は、時代が降ると字義に大きな変化が起こった。文字は時代や社会に合わせて使われていくので、ほかにも字義が変化した漢字は多い。また、新しい制度や思想が出現した際にも、既存の文字を別の意味で使う現象が見られる。

「徳」もそうした文字であり、本来は視察を表していた。「徳」の初文にあたるのが「直」であり、殷代の「▢」は目（▢）と直線から成る。「真っ直ぐ見る」を表した指事文字である。

なお、鎌田・阿辻は後述する「十」を用いた形から字源を解釈するが、これは誤解によって作られた字形である。谷衍奎・李学勤は、「直」の字源を測量の棒を目で見る様子とするが、繁文の「徳」との整合性が得られない。白川は「直」を「省」を用いた形とするが、省（▢）とは関連がない。

「直」の字形については、西周代になると匸（かくしがまえ）（▢）を加えた「▢」の形が作られた。匸は、本来は「区切る」を表す指事記号だったので、「見て区別する」の意味と考えられる。

さらに、東周代には縦線を十（▢）に変えた「▢」などの形になった。数字の十は、古くは「｜」であったが、東周代に「十」の形になった。おそらく、指事記号の縦線を数字の十と誤解したものであろう。しかし、これが篆書の「▢」を経て、楷書の「直」になった。また秦代には

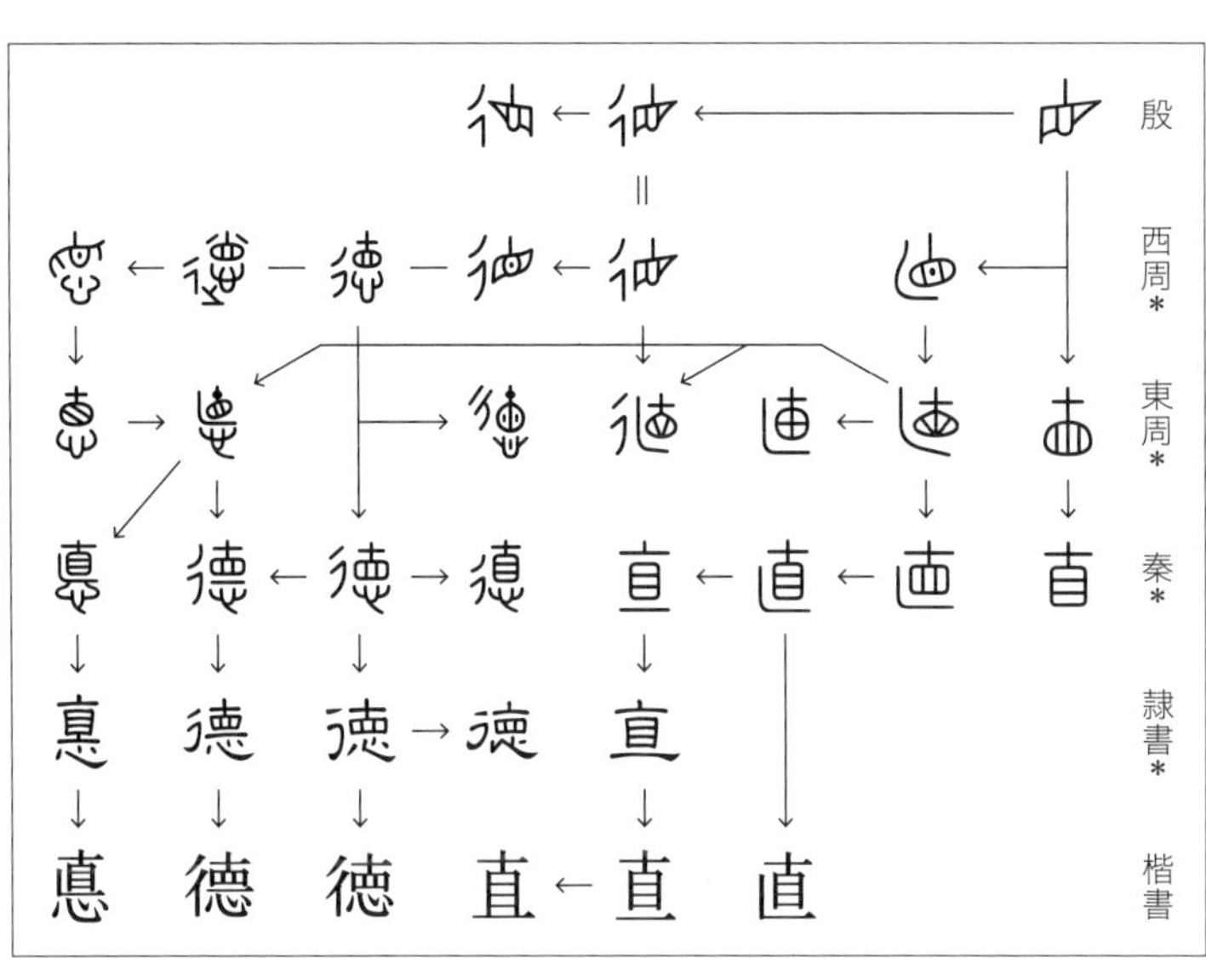

乚を横線に変えた略体の「亘」があり、現代中国ではこれを継承した「直」が主に使用されている。

「直」は、真っ直ぐ見ることから転じて「視察」の意味にも用いられており、甲骨文字には「我、直する有り、来よりし、惟れ諾さるるか」（『甲骨文合集』二二七一三。来はここでは地名。諾は神の承諾）のような例がある。そして、殷代において直（〓）に行くことを象徴する彳（〓）を増し加えた「〓」が「徳」の起源である。甲骨文字には「王、土方を徳せんか」（『甲骨文合集補編』一八六七。土方は敵対勢力の名）などの例があり、「遠方に行って視察する」の意味を表している。

ただし、この段階では、まだ「心」が付けられていない形（楷書表現では「値」になる）であった。西周代になってから、引伸義で「立派な行い」や「優れた人格」の意味に用いられ、そのため字形も意符として心（〓）を加えた「徳（〓）」の形が作られた。為政者の視察を人徳の意味に転用したのである。

その後、「徝」の系統と「徳」の系統は、ともに東周代に継承されたが、前者の系統は秦代以降に残らなかった。ちなみに、楷書の「徝（ちょく）」は「陟（ちょく）」の異体として「直」を声符として作られた別字である。

後者の系統については、秦代に「〓」となり、楷書（新字体）の「徳」になっている。また、西周代には「彳」を省いた略体の「〓」が作られ、さらに東周代に直と同じく乚（〓）が付されて「悳（とく）（〓）」の形になった。これにあらためて「彳」を加えたのが「〓」であり、楷書（旧字体）の「德」になっている。現在、正字とされるのは「德」であるが、むしろ西周代の「〓」に起源がある新字体の「徳」の方が長い歴史を持っている。そのほか、「悳」も楷書に残っている。

なお、「徳（德）」の成り立ちについて、多くの研究者が誤って㥁（悳）を初文と見なしている。㥁（悳）が略体であることを指摘したのは、十書のうち谷衍奎と李学勤のみであった（ただし李学勤は㥁（悳）と徳で執筆者が異なり、㥁（悳）の項ではそれを本字と誤っている）。

◇　◇

春秋時代の末期から戦国時代にかけて、貴族制が衰退して専制君主制（君主独裁制）へと移行し、また官僚制や徴兵制など新しい制度が実施されるようになった。そして、新しい時代に対応するため、新しい政治思想も多数出現した。

その中で後代に最も大きな影響力を持ったのが儒家（じゅか）であり、開祖である孔子（こうし）（本名は孔丘（こうきゅう））は

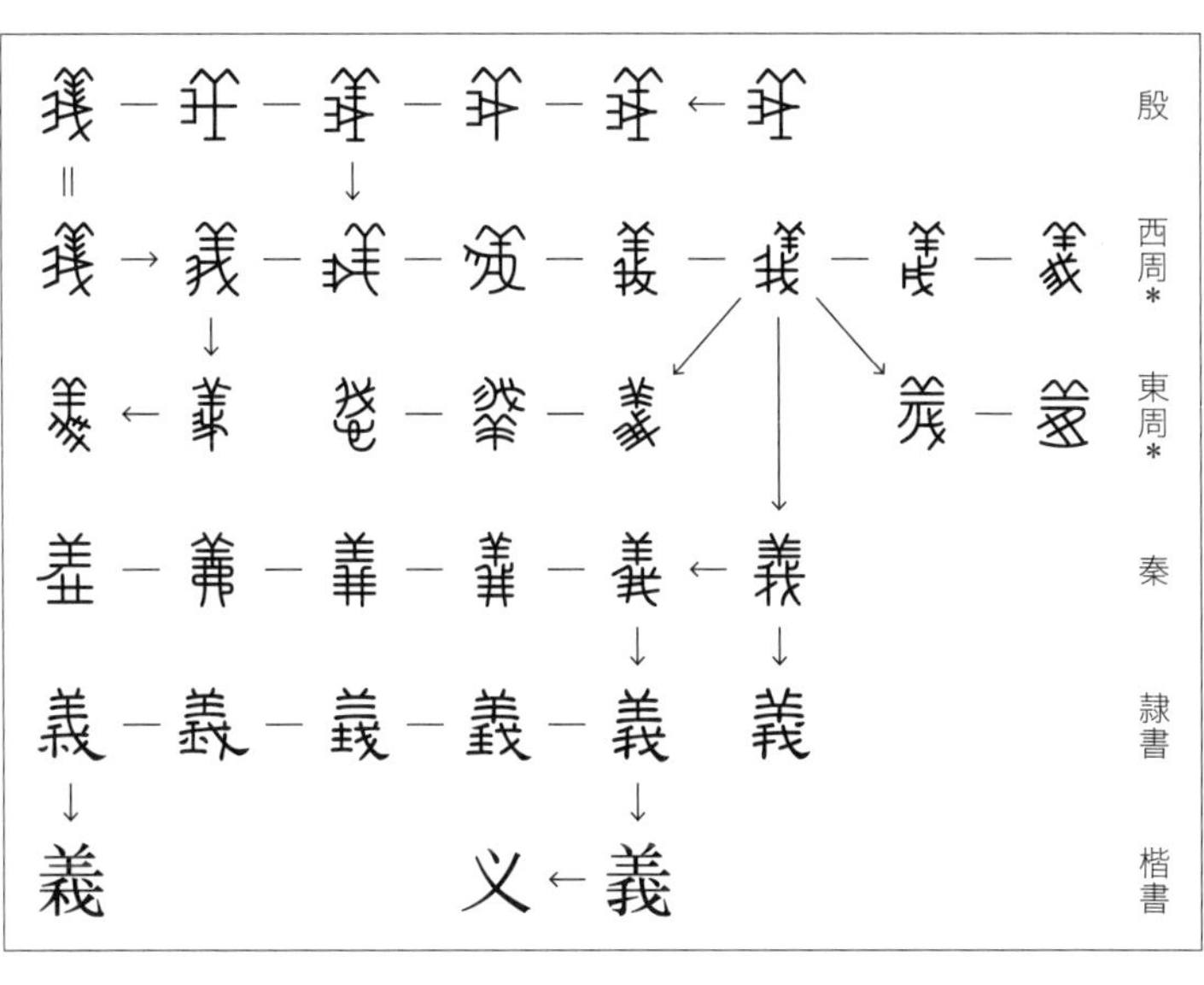

「徳治(とくち)」を主張した。君主が思いやりのある政治をすれば世の中は良くなると考えたのである。

当初は儒家の影響力は限定的であったが、孔子の弟子や孫弟子が各国で官僚として採用されたため、戦国時代になると官僚層に儒家思想（儒学・儒教）が広まった。戦国時代の儒家としては孟子(もうし)（本名は孟軻(もうか)）が有名である。

孟子は儒学の徳目(とくもく)（徳の細目(さいもく)）のうち「仁・義・礼（禮）・智」の四種を重視し、その端(はじめ)である「四端(したん)」は誰にでも備わっていると唱えた（原典は次頁の図4-9）。いわゆる「性善説」である。このうち「義」の端とされたのが羞悪(しゅうお)（不善を憎む）の心であるが、「正義」は「義」の原義ではなく後起の引伸義であり、後代に出現したものである。

「義」の字形について、殷代には「[illegible]」や「[illegible]」などの形であり、「羊（[illegible]・[illegible]）」と鋸(のこぎり)状の刃物である「我（[illegible]）」を重ね合わせてい

矣凡人但不能演用爲行耳 惻隱之心仁之端也羞惡之心義之端也辭讓之心禮之端也是非之心智之端也 端者首也人皆有仁義禮智之首可引用之 人之有是四端也猶其有四體也有是四端而自謂

図4－9 『孟子』の唱えた「四端」

る。つまり、「義」は羊を犠牲として神に捧げることを意味して作られた文字なのである。この意味では「犠」が繁文にあたる。なお、推定される上古音は義が[ngiai]、我が[ngai]であり近く、我は発音も表す亦声である。

その後、西周代になると、引伸義で儀礼における正しい動作や礼儀正しい様子を指す「威儀（いぎ）」の意味で使われるようになっており、この意味では「儀」が繁文である。西周代の金文には「景（あき）らかにして皇（おお）いなる祖考（そこう）、威義（儀）を辞（おさ）め、用（もっ）て先王に辟（つか）う」（『殷周金文集成』四一七〇。祖考は代々の祖先）などの例がある。

そして、東周代には「義」が正義の意味で用いられた。「犠牲を捧げる行為」から「儀礼の正しい動作」、そして「正しい心」へと変化したのであり、自然な引伸義と言えるだろう。

なお、この文字の成り立ちについて、加藤・赤塚・李学勤は我を声符とする純粋な形声文字とするが、いずれも威儀が原義であることを前提としており、賛成しがたい。また藤堂は形のよい羊とかどめのたった矛で「かどめがたってかっこうのよいこと」の意味とするが、羊にも我にも「かっこうのよい」という意味はない。

字形について、西周代には羊と我を離した「〓」などの形が作られ、さらに隷書で羊の下部の線を略した「義」となり、楷書の「義」となった。羊と我を重ねた状態の異体も東周代の「〓」

などまで使われたが、秦代以降には残っていない。また秦代や隷書にも異体が多く、「我」の部分を変形した「𦏵」や「羛」などが見られる。隷書の「羛」については、楷書の異体の「義」に継承されており、単独ではほとんど使われないが、書聖とされる王羲之（おうぎし）の名に使われている「羲」の声符になっている（羲は左下の丂（こう）が意符）。また、「义」は現代中国の簡体字として使われている形だが、唐代から見られる略体である。

孝と信

儒家の開祖である孔子は徳治を理想とし、戦国時代の孟子は「仁義礼智」の重要性を唱えたが、当初は国家政策には採用されなかった。戦国時代は、文字通り戦争が多発しており、徳治や仁義は直接的な効用が少なかったのである。中国を統一した秦の始皇帝も、法律や刑罰を重視する法家（ほうか）の思想を採用していた。

しかし、秦の滅亡後、前漢王朝の時代になると現実的な法家に代わって理想主義が台頭した。徳治を主張した儒家のほか、人為的な操作をしないのが最もよいという「無為自然（むいしぜん）」を主張した道家（どうか）が広まったが、最終的に儒家思想が王朝に正式採用された。例えば官僚を登用する「郷挙里選（きょうきょりせん）」という制度では、儒学の知識や実践が基準になっている。さらに後に、隋唐代以降に行われた官僚採用試験の「科挙（かきょ）」でも、儒学の経典がテキストになっている。

もっとも、当初の孔子の教えがそのまま残ったわけではなく、国家の政策や政治思想として実効性を持つように、儒家自身が徐々に変容していった。そして、漢代の儒家は、仁義礼智のほかに

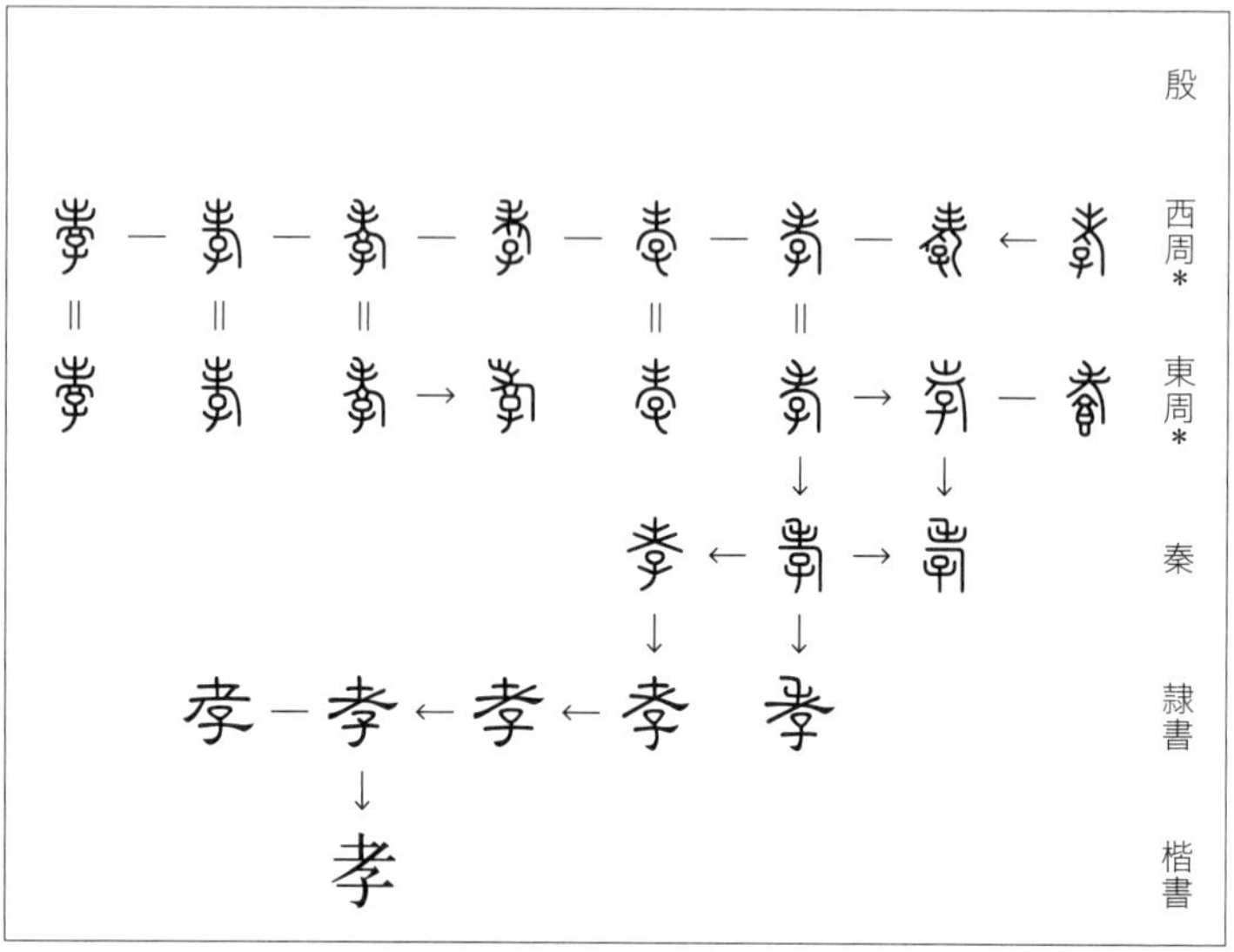

殷

西周*

東周*

秦

隷書

楷書 孝

「孝・弟・信・忠」の「四徳」が重要であると考えた。孝は子が親に尽くし、また養うことである。弟（悌とも）は兄や年長者に従うことである。信は誠実さ、忠は真心の意味である。

「四徳」とされたものは、それまでの儒家思想で軽視されていたわけではないが、孝や弟は、秩序を形成する役割が期待でき、王朝にとってより都合のよいものであった。また、忠は本来は「真心」の意味であったが、後に臣下の君主に対する忠義の意味にとられるようになった。これも王朝を安定化させるための解釈の変化である。ただし、それらによって社会が維持されたことも事実であり、緩やかな社会契約として機能したのである。

図4-10に、漢代に作られた『大戴礼記』という文献の一部を挙げた。文中では孔子の言葉として四徳が挙げられているが、実際には漢代の創作である。本項では、四徳とされた文字の

うち、孝と信を取り上げる。

「孝」は、西周代に作られた文字であり、「〓」や「〓」など、いずれも「老（〓）」の略体と「子（〓）」から成る。「老」は老人が杖をついた様子を表しているが、「孝」においては杖の部分を省いて、代わりに「子」が置かれているのであり、子が年老いた親を支えている様子を分かりやすく表現している。

老　〓→〓→〓→〓→老→老

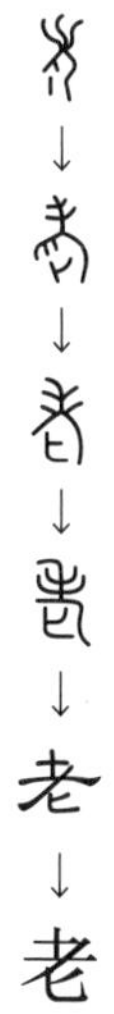

なお、西周代の金文では、「孝」は死去した父母を祀る意味でのみ使われており、そのため藤堂・白川・阿辻は視覚的に表示した文字とは見なしていない。この考え方にも矛盾はないが、前述

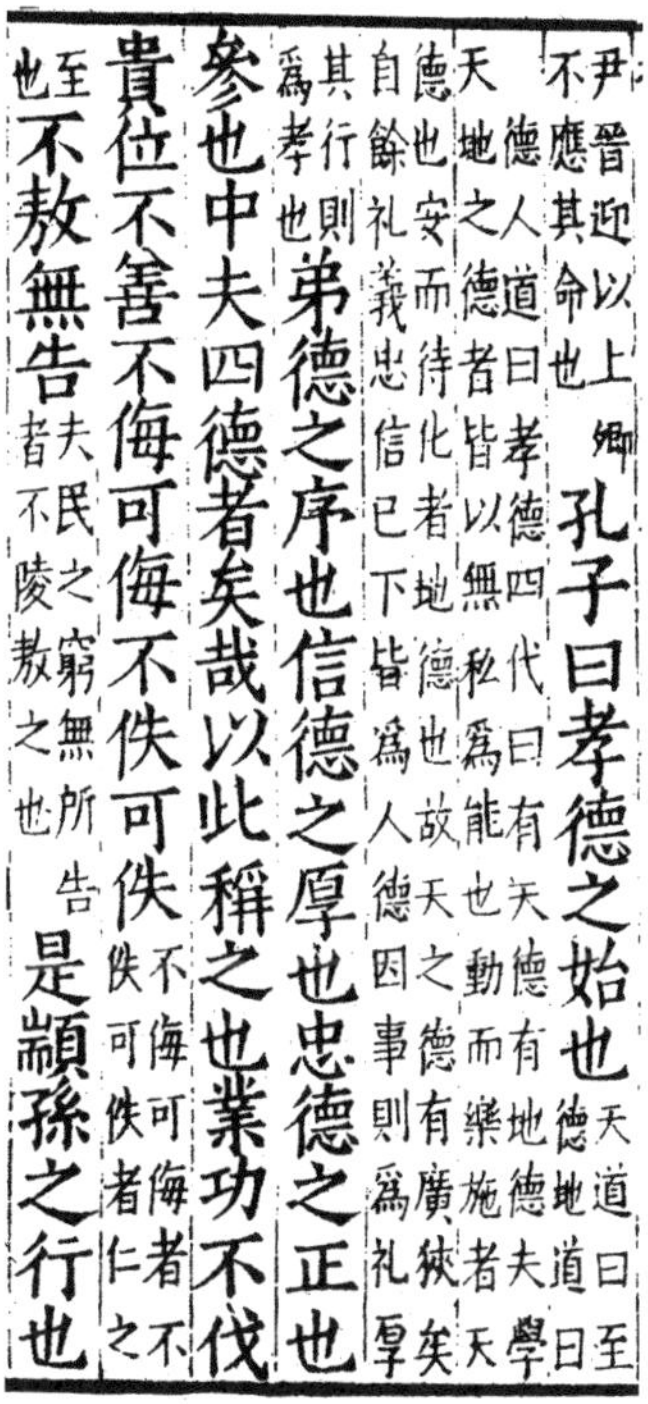

尹晉迎以上卿不應其命也孔子曰孝德之始也天道曰至德地道曰
德人道曰孝德四代曰有天德有地德夫學天地之德者皆以無私爲能也施者天
德也安而待化者地德也故天之德有廣狹矣自餘礼義忠信已下皆爲人德因事則爲礼厚
其行則爲孝也弟德之序也信德之厚也忠德之正也
參也中夫四德者矣哉以此稱之也業功不伐
貴位不善不侮可侮不佚可佚不侮可侮者不佚可佚者仁之
至也不敖無告夫民之窮無所告者不陵敖之也是顓孫之行也

図4－10　『大戴礼記』に記載された「四徳」

のように杖の位置（楷書の老のうち「匕」の部分）に「子」を置いているので、許慎・赤塚・鎌田・谷衍奎・李学勤が述べるように、子が老人（年老いた親）を支えている様子を具体的に表した文字とする方が整合的であり、父母を祀る意味は引伸義と考えるべきであろう。そのほか加藤は「子」が「好（こう）」の発音として使われた省声の形声文字とするが、牽強付会にほかならない。また季旭昇はこの文字に言及がない。

字形の構造としては、初文のものが楷書に継承されており、「老」の略体すなわち「耂（おいがしら）」と「子」で「孝」となっている。字形史で唯一、大きく構造が異なるものとして、東周代の「〓」があり、「子（〓）」を「食（〓）」に入れ換えている。おそらく「父母を養う」の意味で作られたものであろう。

◇　◇

「四徳」の文字のうち、「孝」は先に述べたように会意文字であった。「忠」は「中」を声符とする形声文字である。「弟」は、もとは杙（くい）の象形である弋（よく）（〓）に紐を巻きつけた様子であり、当初は祭祀名であったが、後に「おとうと」の意味で使われた。その理由については、紐を順番に巻いていくことからの引伸義で兄弟の序列として使われたとする説が有力である。

〓→〓→〓→〓→弟→弟

「信」については、初出の西周代には人（〓）と口（〓）から成り、「人の言葉」を表していた。言葉が人の誠実さにおいて最も重要と考えられたのであろう。推定される上古音は、人が[nien]

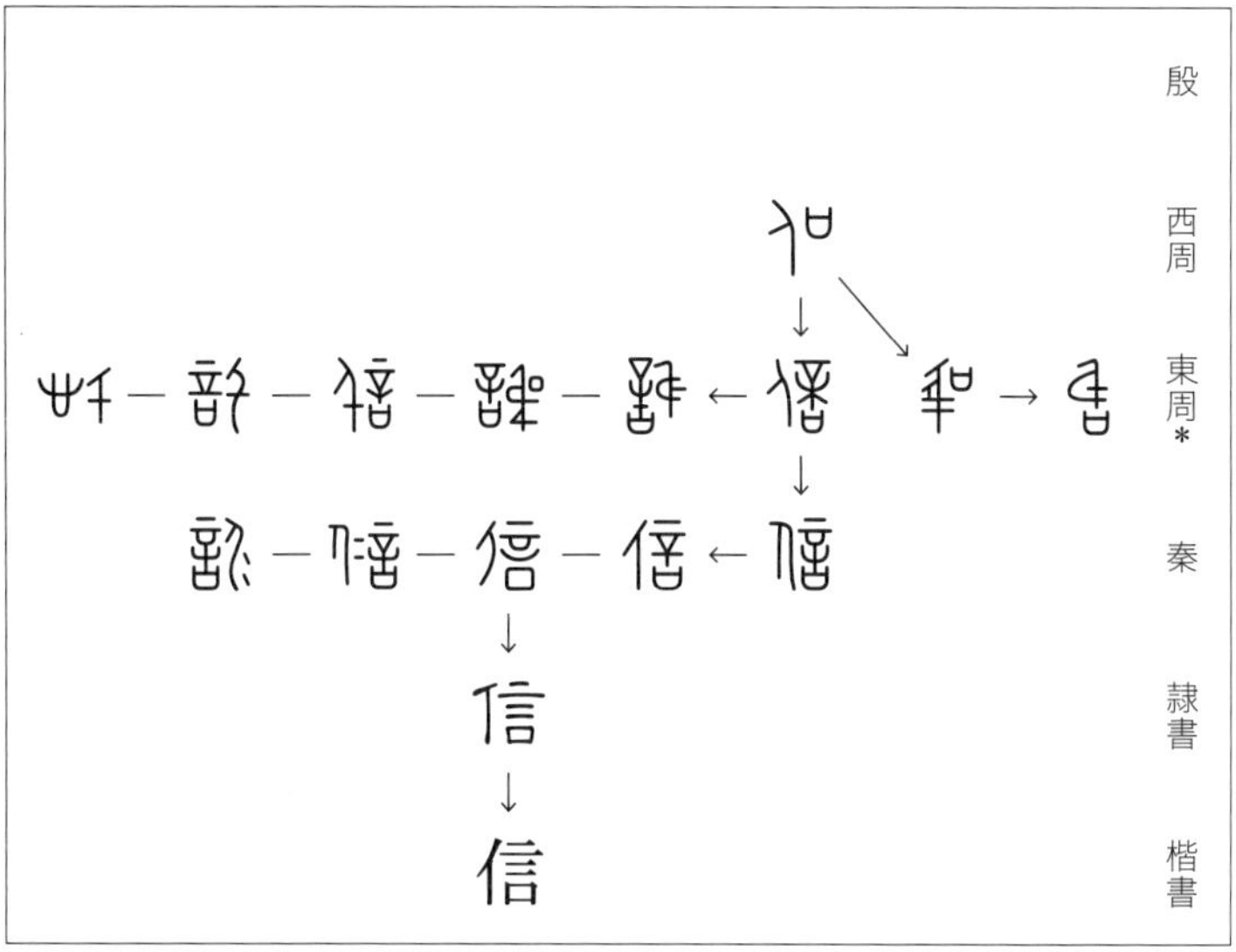

殷

西周

東周*

秦

隷書　信

楷書　信

であり、信[sien]と韻母が同じであるため、「人」の部分は亦声とされる。つまり、古代には「人間」と「人間のあるべき状態」が近い言葉だったのである。

その後、東周代には様々な異体が作られた。「〓」は「口」を言（〓）の異体に変えたものであり、「人の言葉」であることがより分かりやすくなっている。これが楷書に継承され、「人（亻）」と「言」で「信」になった。

また、「〓」は「人」を「身」に代えたものである。身は上古音が[sien]（厳密には舌面音で「シェン」と「ヒェン」の間の発音）と推定されているので、「人」の部分について、字形が類似し、かつ発音がより近い「身」に代えた形声の構造である。また「〓」は配列を変えて「身」を上部に置いている。

「〓」や「〓」については、「言」と「身」から成り、この場合には「言」を意符、「身」

を声符とする構造である。また「〓」や「〓」は声符に「千（〓）」を使っている。千も推定される上古音が［tsien］であり「信」に近い。さらに「〓」では意符に「心」を用いており、人の心のあり方として捉えている。秦代にも異体があり、「〓」や「〓」は声符に「仁（〓）」（意味も表す亦声）を使っている。ただし、「信」の系統以外は楷書に残っていない。

日本も儒学やその一派である朱子学（しゅしがく）を輸入しており、江戸時代には仁義礼智や孝弟信忠が重んじられた。八種を合わせて「八徳（はっとく）」とも言う。現在では時代後れの思想と見なされがちであるが、歴史上における一種の社会契約として見るならば、そこから学ぶところも少なくないはずである。

第五章　信仰と祭祀儀礼

風と雲

本章では、古代中国の信仰や祭祀儀礼について述べていく。

殷王朝の時代までは、多様な自然信仰が残っており、「風」もその一つであった。殷代の「　」は、鳥の象形である隹（　）の羽の部分を強調し、さらに頭部に高貴な存在であることを象徴する冠の形（　）を加えている。これにより、神話上の巨大な鳥である「鳳凰」を表した。

さらに、当時は鳳凰が風を起こすという信仰があり、そのため鳳凰の象形が「かぜ」の意味にも用いられた。甲骨文字には「王、其れ田するに、大風に遘うか」（『甲骨文合集』二八五五四。田は狩猟の意味）や「其れ風を寧めるに、三羊・三犬・三豕もちいんか」（『甲骨文合集』三四一三七。豕は豚の意味）などの記述がある。

図5－1は、殷墟遺跡から発見された玉器であり、鳳凰の姿を表している。甲骨文字ほど強調されていないが上部に冠があり、下部には長い羽が表現されている。

「風」のように、自然を神格化したものは、「自然神」と総称される。甲骨文字に記された自然神には、例えば、天空の神である「天（　）」や、双頭の蛇として表現された「虹（　）」、殷の都を流れる洹水の神格である「洹（　）」などがある。そのほか、後述する「雲」や、前章で紹介した竜（　）（一四一頁を参照）などにも神格としての記述が見られる。

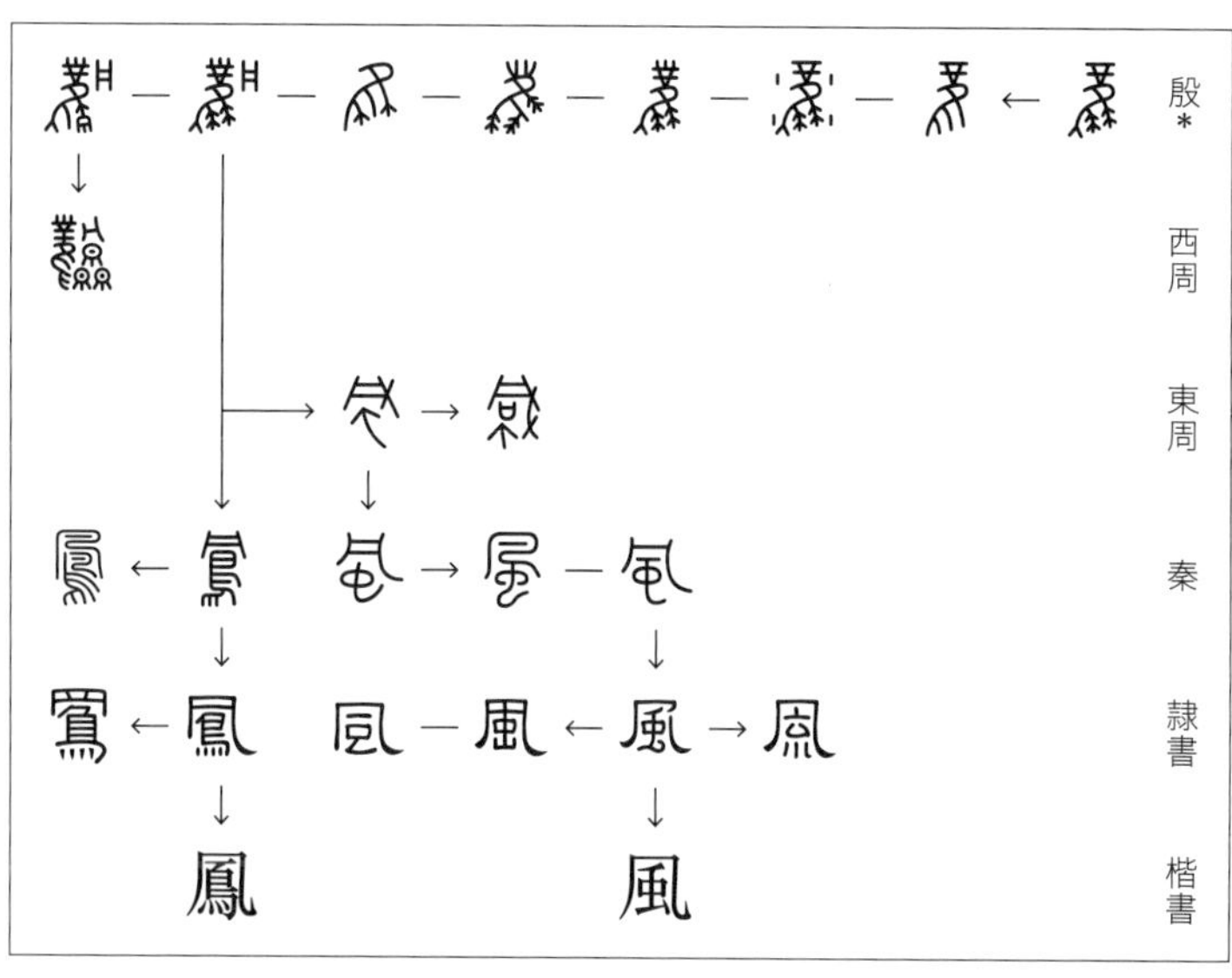

天　虹　洹

その中でも、特に強大な力を持つとされたのは、黄河の神格である「河（）」と山岳（嵩山と考えられている）の神格である「岳（）」であった。甲骨文字では人々に災厄や祐助を与える存在とされており、「河、王に壱るか」（『甲骨綴合続集』五一七。壱は災厄を与える意味）や「岳を祀り、来歳の年を受くるを求めんか」（『甲骨文合集』九六五八。年は穀物の収穫）

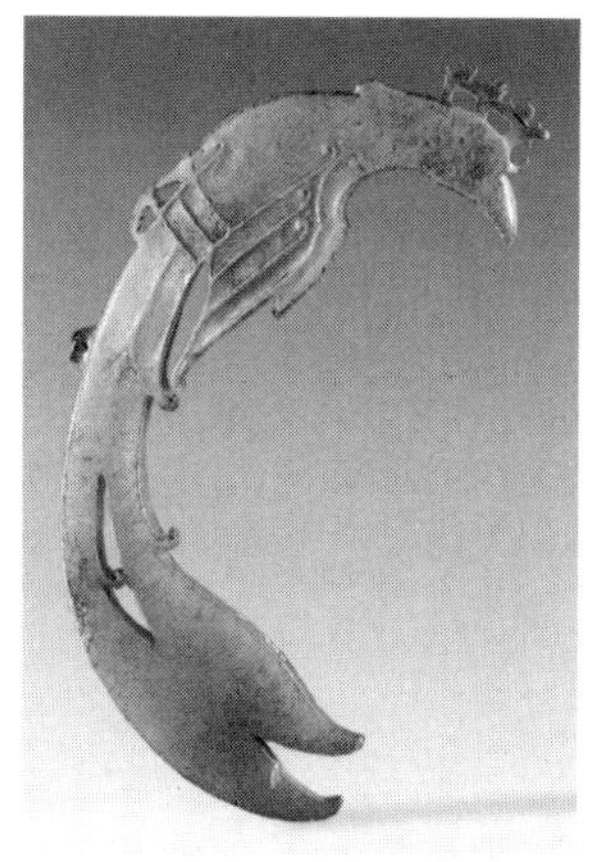

図5－1　鳳凰形の玉器

などの記述がある。

そして、自然神の頂点に位置づけられていたのが「帝（〓）」という神であり、「上帝（〓〓）」と呼ばれることもある。帝は、ほかの自然神を従えたり、それに命令して天候を司る神格とされており、甲骨文字には「生八月、帝、令して多く雨ふらしむるか」（『甲骨文合集』一〇九七六。生八月は次月の八月の意味）や、「帝、其れ今十三月に及び、令して雷せしむるか」（『甲骨文合集』一四一二七。当時は年末に閏月が置かれて十三月と呼ばれた。雷はカミナリの意味）などの記述がある。

河 〓　岳 〓　帝 〓

帝のような神話上の存在は、「主神」と呼ばれる。古代文明では、中国に限らず多神教が一般的であり、そのうち一つが主神として設定されることが多い。古代エジプトにおけるラーや古代ギリシャのゼウスなどが有名である。

「風」の字形について、殷代には異体が多くあり、冠の形を変えたもの（〓）や冠を省いたもの（〓）などが見られる。また小点を加えたもの（〓）は、鳳凰が風を起こしている様子の表現であろう。そして、「〓」や「〓」では「凡（〓）」を加えている。凡は容器の象形なので、「鳳凰」や「かぜ」とは意味上の関連がなく、声符として追加されたと考えられる。推定される東周代の上古音では風が[piuəm]、凡が[biam]であり、やや離れているが、殷代には同じか近い発音だったようである（凡をかなり近い[biuəm]と復元する説もある）。

その後、秦代に鳳凰の象形が「鳥」に変えられ、凡（旧字は凡）と鳥で「鳳」の形になった。また、東周代には鳳凰の象形を蛇の象形である「虫（き）」に変えた「風」の形が作られた。何らかの信仰の変化があり、風を起こす存在が鳳凰から蛇（あるいは竜）に変わったのであろう。これが後代に継承され、凡（凡）と虫で「風」の形になった。ちなみに、「むし」を意味するのは旧字では「蟲」であり、新字の「虫（ちゅう）」はその略体である。

◇　◇

「雲」も自然神のひとつであった。甲骨文字には「茲（こ）の雲、其（そ）れ雨ふらすか」（『甲骨文合集』一三三八五）のように純粋な天候現象としての記述もあるが、「亦（ま）た雀（じゃく）を呼びて、雲に犬を燎（りょう）せしめんか」（『甲骨文合集』一〇五一。雀は人名、犬は祭祀犠牲、燎は祭祀名）のように、神格としての記述も見られる。

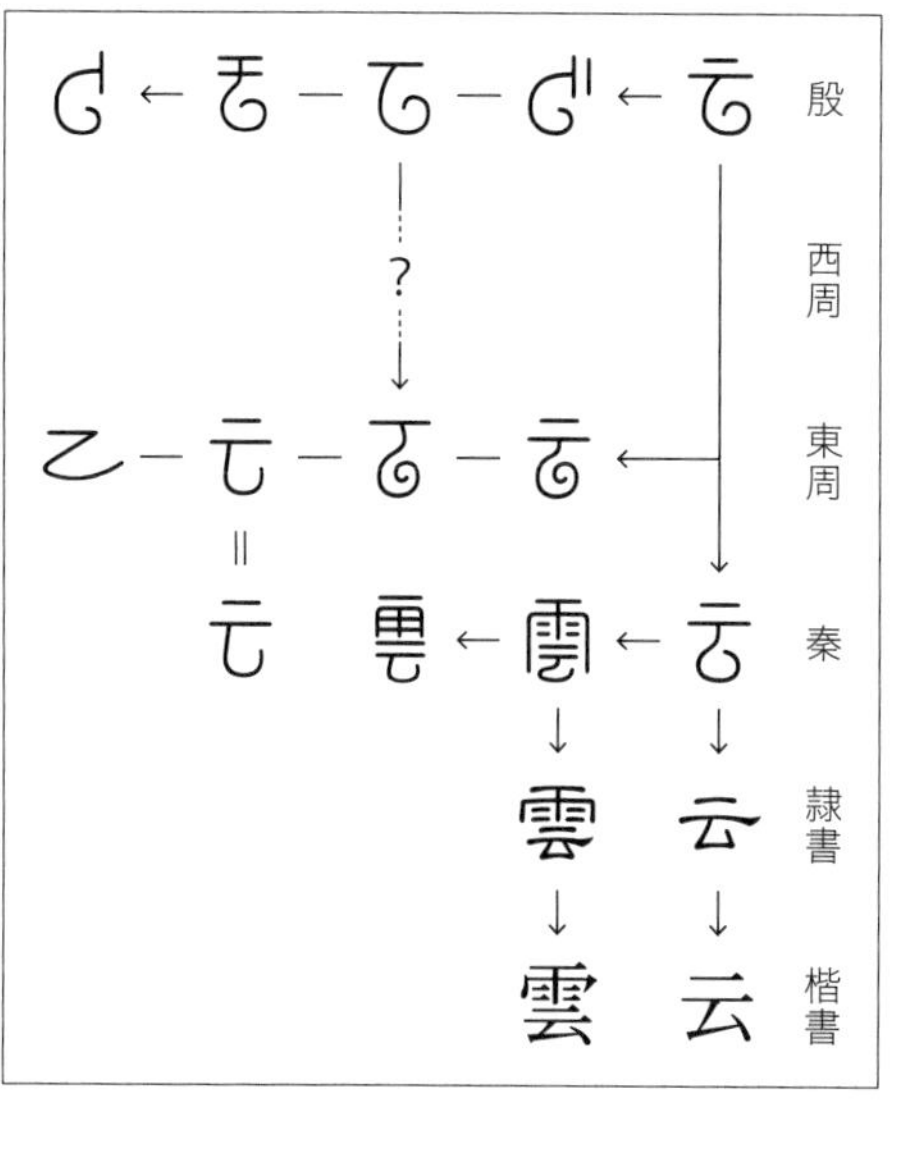

雲は雨をもたらすものであるため、定期的な降雨を必要とする農耕社会において、古くから神格化されていたようである。次頁の図5－2は新石器時代に作られた玉器であり、雲を表したものと考えられている。

字形については、殷代の「云」は上部が天空を表し、下部が雲が巻いた様子を表している。

図5－2　雲形の玉器

初文は楷書のうち「云（うん）」の部分にあたる。異体には線の向きを変えた「〓」や線の本数を変えた「〓」などがある。

その後、東周代には曲線を強調した「〓」があり、また線の本数を変えた「〓」は、あるいは殷代の「〓」を継承したものかもしれない。ただし、これらは楷書に残っておらず、秦代には原初の形を残した「〓」が篆書とされ、これが楷書の「云」になっている。

用法について、東周代以降には「云」は仮借して「いう」などの意味で使われるようになった。そのため原義については、秦代の篆書であらためて意符の「雨（〓）」を付して「雲（〓）」の形が作られた。楷書の「雲」は、雨を意符、云を声符とする形声の構造であるが、云は原義も表しており、亦声にあたる。

信仰対象としての雲については、甲骨文字には帝の支配下にあったことを示す例として、「帝の雲に燎（りょう）せんか」（『甲骨文合集』一四二二七）という記述がある。このように、甲骨文字からは、帝が様々な自然神を従える神話体系を読み取ることができる。そのため、かつては殷代を通して帝が主神であり、青銅器の製作や甲骨占卜なども帝を意識して行っていたと考えられていた。

しかし、甲骨文字を時代別に分析すると、帝が主神として扱われていたのは初期だけであったことが判明する。実は、甲骨文字の中後期には、自然神全体が信仰対象ではなくなっていくのであり、必然的に帝への信仰も弱まっていったのである。

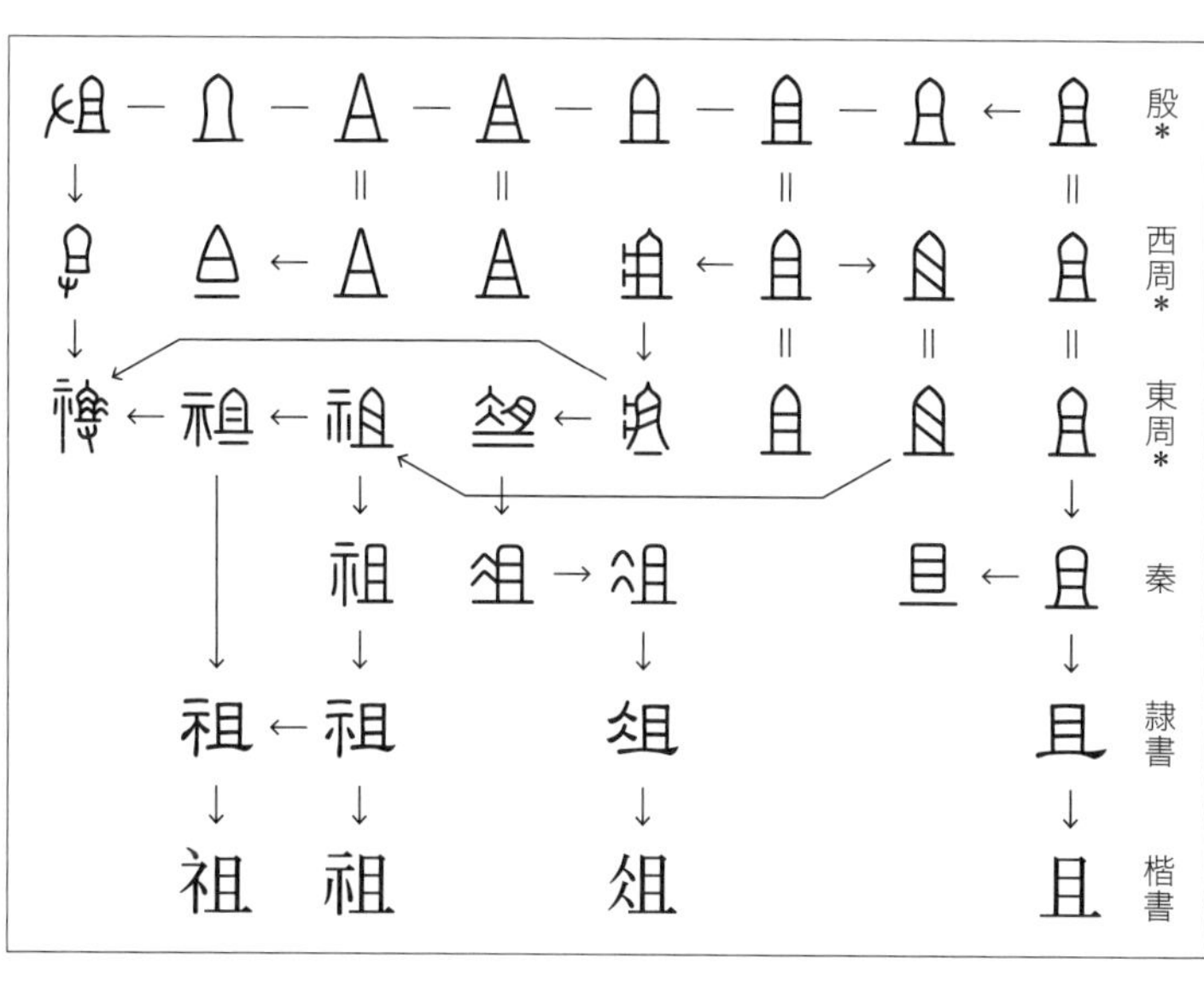

祖と宗

それでは、自然神に代わって信仰対象となったのは何かというと、祖先を神格化した「祖先（そせん）神（しん）」である。より正確に言えば、甲骨文字の初期から、祖先神は自然神とともに祭祀されていたが、中後期になると自然神が対象とされなくなっていったのであり、最終的に末期になると祖先神だけに限定された。

祭祀上で重視されたのが直系の先王であり、特に始祖である「上甲（じょうこう）」、殷王朝の建国者である「大乙（たいいつ）（唐（とう））」、中興の祖である「武丁（ぶてい）」への祭祀が多く見られる。

なお、文献資料では殷王朝の始祖を「契（せつ）」とするが、甲骨文字で祀られた例はなく、殷滅亡後に作られた神話と考えられる。図5-3と図5-4にそれぞれの系譜を挙げたが、そのほかにも、一方にしか見えない名前（太字部分）や

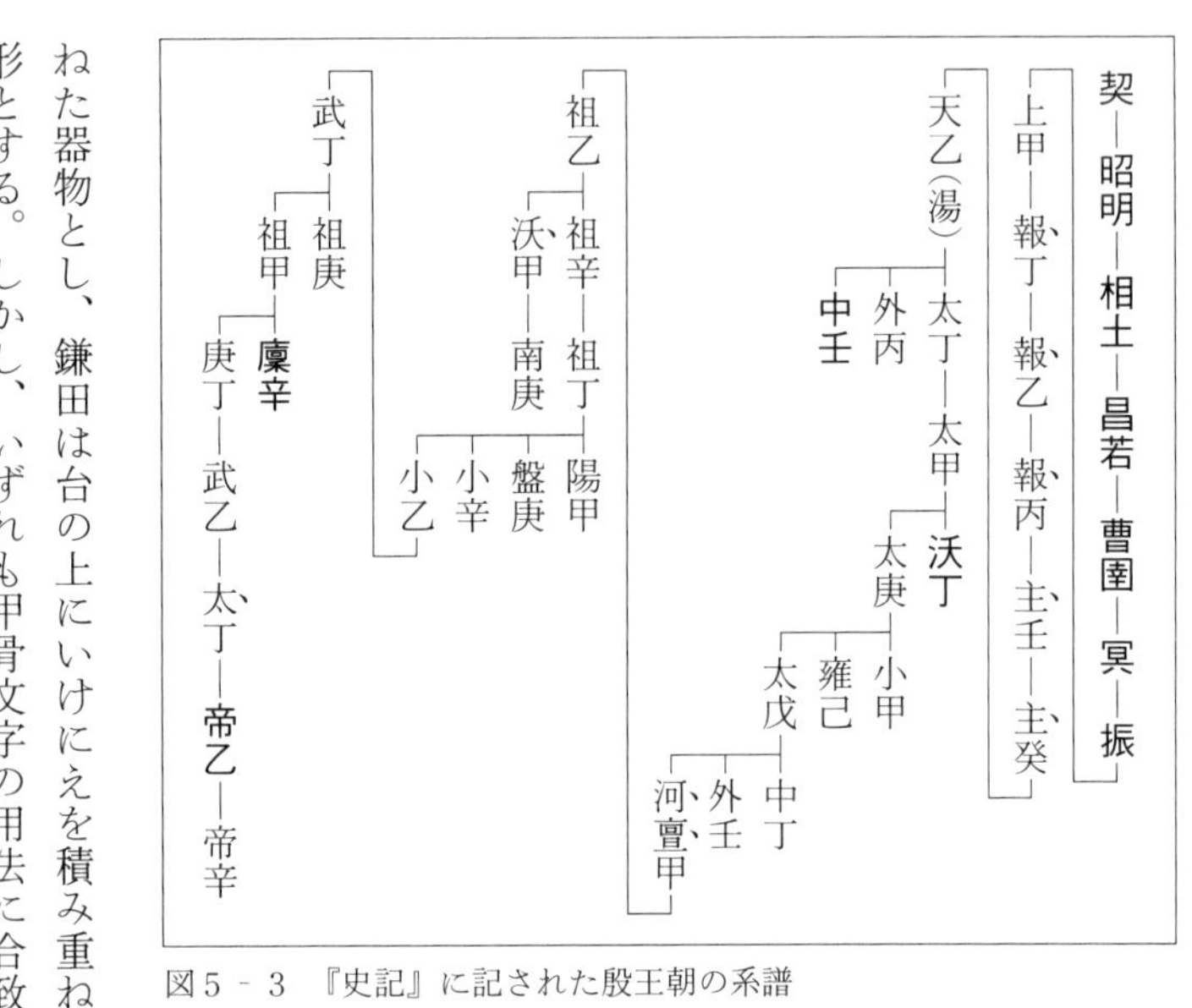

図５－３　『史記』に記された殷王朝の系譜

文字の違い（傍点部分。通用可能字は除く）も多く、文献に記された伝承が必ずしも事実でないことには注意が必要である。

祖先を表す文字のうち、二世代以上前の男性祖先を指すのが「祖（そ）」である。後に「曽（そう）祖」（三世代前）や「高祖（こうそ）」（四世代前）など、さらに細かく世代を区別するようになった。ちなみに二世代以上前の女性祖先は、当初は「妣（ひ）」と呼ばれ、初文は匕（ひ）（・）である。

妣（匕）

「祖」は、初文が「且（しょ）」の部分であり、殷代には「□」などの形で表現されていた。「□」が何を表しているのかについて、加藤は土を積み重ねた塚（ちょう）墓（ぼ）の形とし、藤堂は物を積み重ねた形とする。赤塚・阿辻も縦に重ねた器物とし、鎌田は台の上にいけにえを積み重ねた形とする。また李学勤・谷衍奎は男性器の象形とする。しかし、いずれも甲骨文字の用法に合致しない。

甲骨文字では、祭祀名の「宜（ぎ）（）」という文字で、且（）の上に切った肉（）を載せた様子を表現している。したがって、許慎・白川・季旭昇が俎（まないた）の象形とするのが正しい。つまり、祖先を祀る器物をもって祖先の象徴としたのである。

宜

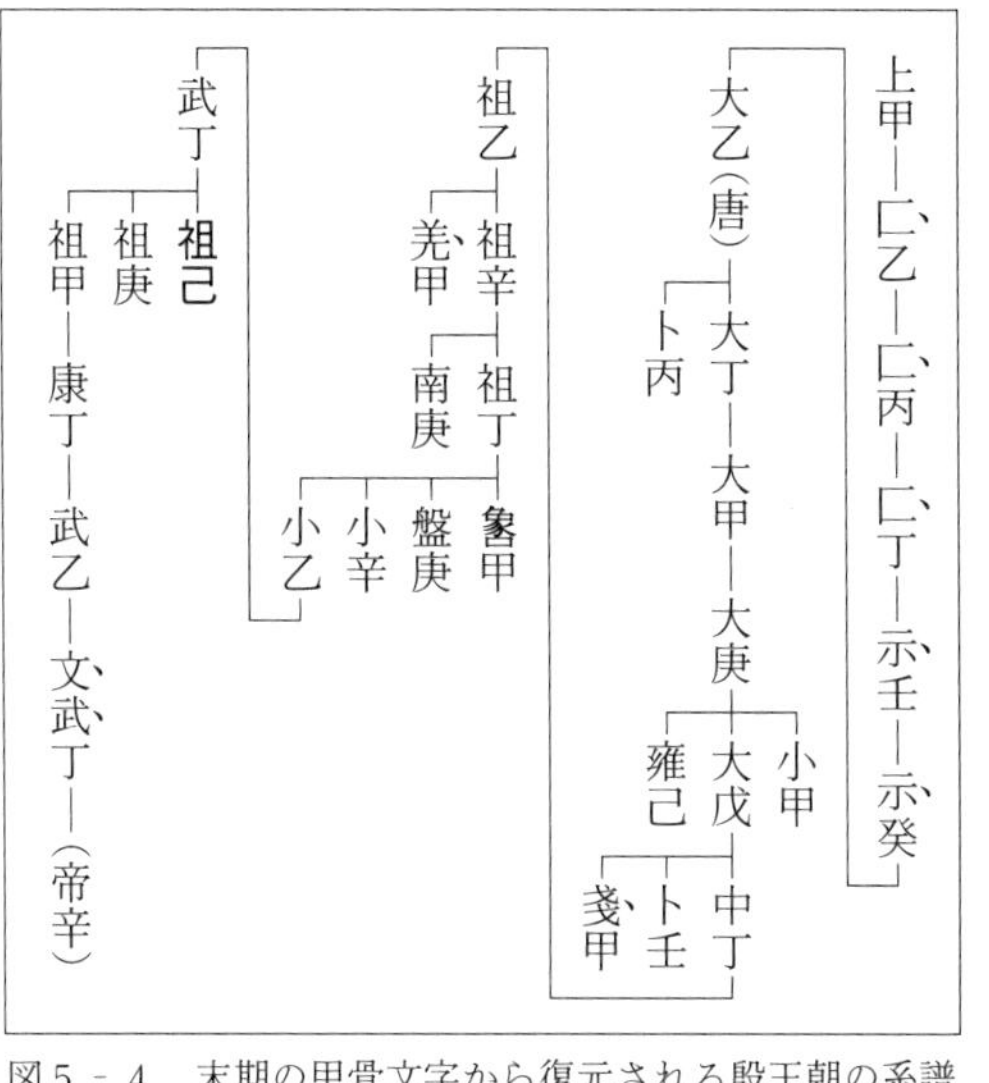

図5－4　末期の甲骨文字から復元される殷王朝の系譜

殷代の異体には、形状の違う「」などや略体の「」などがある。また「」は俎を手（）で持つ様子を表している。これらは、いずれも西周代に継承されたが、秦代には原形に近い「」が篆書とされ、楷書の「且」になった。

ただし、「且」は東周代以降には仮借の用法で「かつ」や「まさに」などの意味で主に使われるようになった（この場合は音読みが「シャ」）。そのため、原義については東周代に意符として「示（）」を加えた「」の形が作られた。「示」は祭祀に用いる机（祭卓（さいたく））の象形であり、祭祀や神に関係する文字に使われる部首である。

これが楷書に継承され、旧字では「祖」、新字では「ネ（しめすへん）」を使った「祖」の形になっている。

一方、原義である俎については、西周代の異体に俎の足の部分を強調した「俎」があり、これが篆書の「俎」などを経て、楷書の「俎」になった。文字の左にある二つの「人」は、俎の足が変化した形である。なお、上古音の段階から「俎」と「祖」は発音が比較的近く、それぞれ[chia]と[tsa]と推定されている。つまり、「祖先を祀る器物」と「祖先」は元々言葉として近かったのである。

その後の歴史について見ると、西周王朝でも引き続き祖先神が重視され、特に周の建国者である文王や武王が金文に多く記されている。一方、各地方には自然神への信仰が残っていたようだが、それを王朝が主導する記述は金文にほとんど見られない。地方に残った自然神信仰は、戦国時代に作られた『楚辞』や『山海経』などの文献資料に断片的に記録されているのみである。

ただし、西周代の文字資料では「帝」の信仰が復活している。周は、殷代には辺境の領主として存在しており、殷の都において帝への信仰が弱まる前に、それが流入していたと推定される。もっとも、神格としては変化があり、周が主神としていた「天」と同一視され、また自然神ではなく祖先神の頂点に位置づけられるようになっている。

そして、帝（天）は、「命（天命）」を降すことで王朝の興亡を司る存在とされた。金文には「申ねて皇いなる上帝の大いなる魯命に勔む」（『殷周金文集成』四三一七。魯は美善の意味）や「丕いに顕かなる文王、天の有する大命を受けたり」（『殷周金文集成』二八三七）などの記述がある。

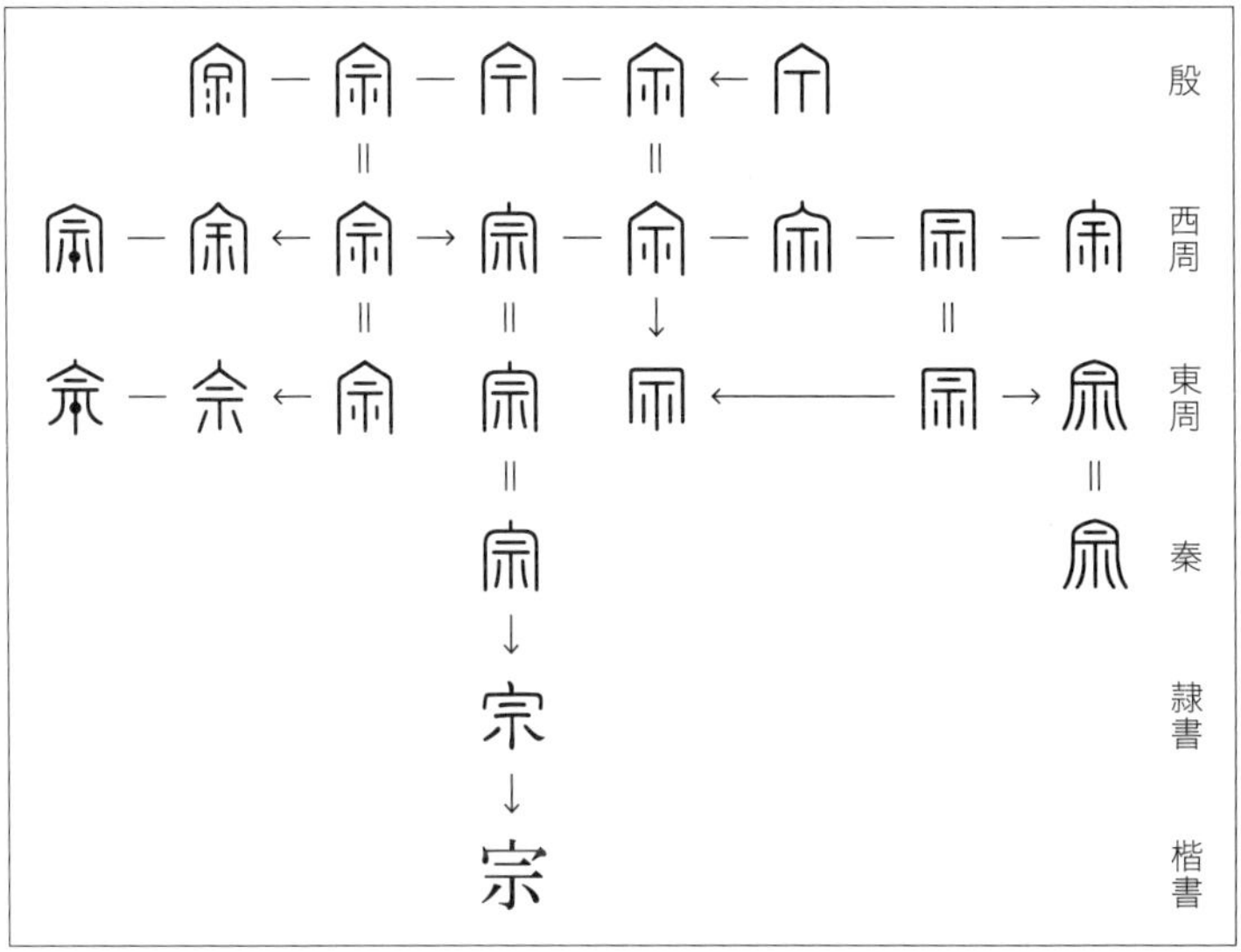

殷
西周
東周
秦
隷書　宗
楷書　宗

◇　◇

祖先祭祀に関連して、次に「宗」を取り上げる。殷代の「[古字]」や「[古字]」などは、建物の象形である宀（[古字]）と、祭卓の象形である示（[古字]・[古字]）から成り、祖先祭祀を行う建物、すなわち「宗廟（そうびょう）」を表している。

その後、篆書とされた「[古字]」などを経て、楷書の「宗」になっており、当初の構造がそのまま残っている。そのほか、東周代には「宀」に代えて屋根だけの象形である入（[古字]）を使った異体（[古字]など）もあるが、後代には残っていない。

このように「宗」は字形構造の変化は少ないが、一方で字義の変化は大きい。殷代には、原義である宗廟施設の意味で使われており、「王、其（そ）れ大乙（たいいつ）の宗に彝（い）せんか」（『甲骨拼合三集』六七二。彝は祭祀名）や「其（そ）れ穧（せい）を宗に蒸（じょう）せんか」（『甲骨文合集』三〇三〇六。穧は穀物の実であり、蒸はそれを蒸して神に捧げる儀礼）などの例がある。その後、西周代になると引伸義で宗族の意味でも使われるようになり、「宗」あるいは「宗室」として表現されている。宗廟を表す「宗」によって、「同じ祖先を祀る血縁集団」を表したのである。

宗族は、血縁単位が政治単位としても機能したため、その範囲は固定的ではなかった。特に王侯の階層では、政治組織において宗族の構成員を要職に置いたため、比較的大きな範囲で構成された（規模としては「氏」以上「姓」以下）。また、宗族内の本家を「大宗」と呼び、血縁による序列化も図られていた。さらに、本家と分家の関係も固定的ではなく、辺境に置かれた分家が、その地の開拓によって本家をしのぐ勢力を持つようになり、大宗の地位を乗っ取った例も多く見られる。

逆に、殷代には宗族に該当する文字や表現が見られない。殷代には社会が流動的だったため、安定した血縁組織の構成が難しかったようである。西周代になると、社会が安定化・固定化したため、それに伴って宗族が出現しており、金文では、宗族の始祖が周王朝の初期（文王・武王の時代）に存在したとする記述が多い。

そして、「宗」は仏教が流入した後には「宗派」や「宗旨」の意味で使われるようになっており、本来の血縁的なつながりではなく、思想的なつながりを表現するようになった。日本では、中国のような宗族組織が明確ではないため、「宗」は思想的な面で使われることが多い。

聖と禁

信仰に関係して、次に「聖」を取り上げる。この文字も長年にわたる意味や用法の変化があった。

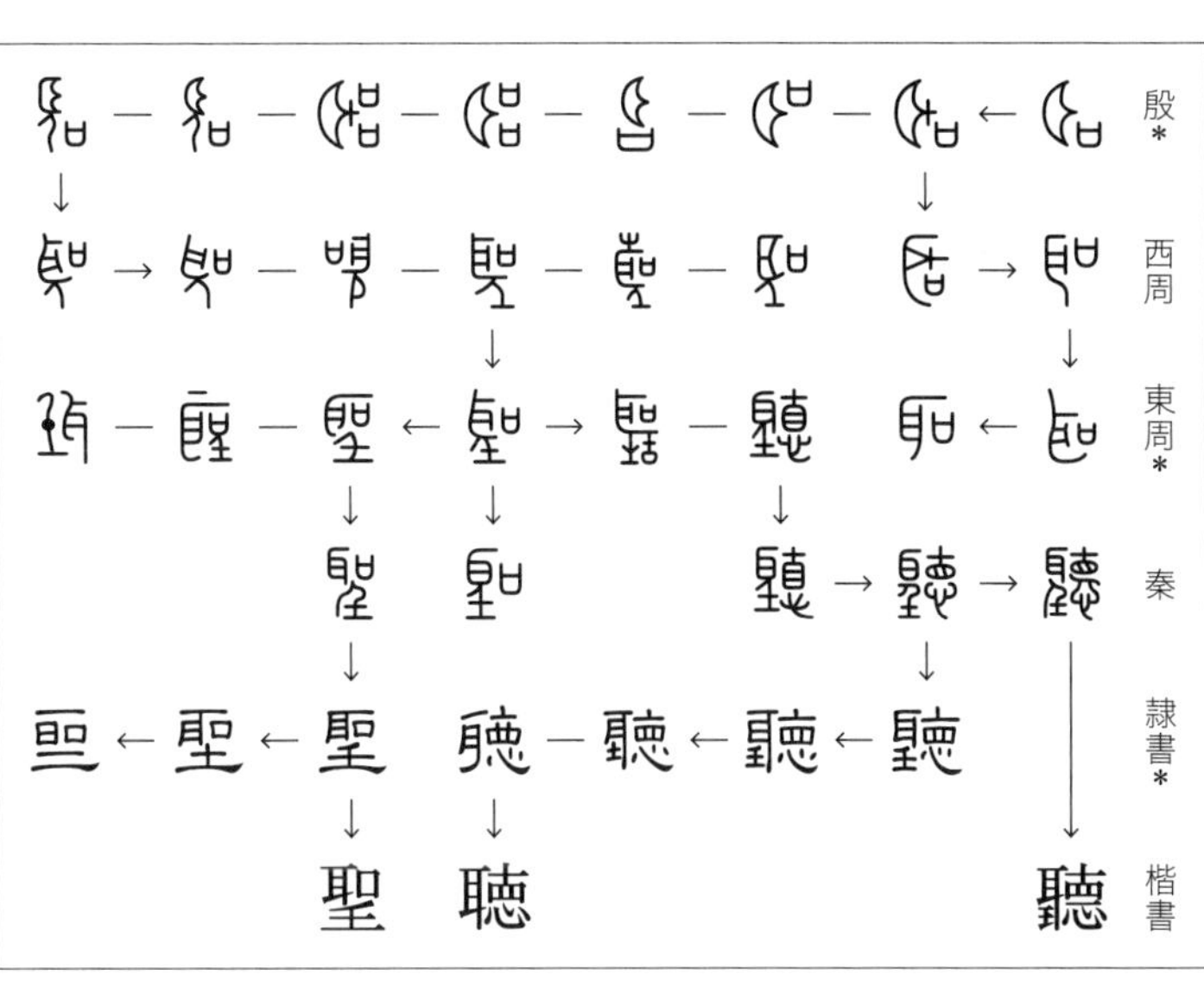

殷代の「[glyph]」などは、耳（[glyph]）と口（[glyph]）から成り、耳で聴くことを表している。つまり、「聖」は「聴」の初文なのであり、字形としては「耳口」の部分にあたる。

「口」については、人の話す言葉とする説（阿辻・谷衍奎・季旭昇・李学勤）が多いが、甲骨文字では「王、耳口（聴）くは、惟(こ)れ禍(わざわい)あるか」のように不吉な音を聴く意味で使われており、白川が口（[glyph]）を祭器の形と見なして「神の応答するところ、啓示するところを聴くこと」とするのも説得力がある。そのほか許慎・加藤・藤堂・赤塚・鎌田は、篆書（[glyph]）など後起の字形から解釈しており、字源とは言えない。

その後、西周代になると、祖先を讃える文字として使われるようになっており、金文には「聖なる祖考(そこう)」（考は死去した父親）などの表現が見られる。その理由については、「聴くこと」からの引伸義で「聡明であること」の意味になったとする説が有力である。そして、さらなる引伸義で、文王や武王のような偉大な指導者を意味して「聖人」という言葉が用いられるようになった。

ただし、古代には「聖俗」の対比を意味して「聖」の文字が使われることはなく、「俗」も元々は「習俗」の意味であった。後述するように祭祀や儀礼については多数の記述があるが、精神世界に関わる文字表現はきわめて少ないのである。「聖なるもの」の意味で使われるようになるのは仏教の流入以後であり、さらに近代にはキリスト教の"saint"の当て字で「聖」が用いられている。

それでは、なぜ文字上で「聖なるもの」が表現されなかったのだろうか。無いものを証明することは難しいが、宗教的なタブーなどは基本的には不文律だったことが原因と思われる。現代の文化人類学でも、そうした事柄に関しては聞き取り調査で研究されることが多い。古代中国でも同様に、聖俗の区分は文字上では表示されなかったのであろう。

その後、東周代になると諸種の思想が発達し、多数の思想書が著された。しかし、それらも理性的あるいは機構的に国家を運営しようとする政治思想が主流であり、やはり聖俗の区分はほとんど記されていない。結局、古代における聖俗の研究は、現状ではきわめて困難なのである。

なお、殷代には、階段・中庭・門・池など様々な場所で祭祀が行われたため、古代思想の研究者でもあった白川は、それら全てを「聖所(せいじょ)」と見なすが、甲骨文字や金文には聖所（タブーが設けられた空間）であったことを示す証拠は存在しない。おそらく聖所は存在したのだろうが、前述のように不文律であり、聖俗を分けて記述されていないのである。

「聖」および「聴」の字形について、殷代の異体には、口をふたつにしたもの（[illegible]など）や耳の下に人（〓）を加えたもの（〓など）があり、後者は人が耳で聴いている様子を表している。この段階では、いずれも「聴」の用法である。

　西周代には、「〓」と「〓」の両系統が継承され、前者は東周代の出土資料まで見られるが、秦代以降には残っていない。後者については、西周代に「人」の部分を字形が近く、かつ発音を表す「壬（てい）」に代えた「〓」が作られた。これが篆書の「〓」などに継承されたのであり、耳・口・壬を合わせて楷書（旧字）の「聖」となった。構造としては初文の「〓」を意符、「壬」を声符とする形声文字である。新字の「聖」については、「壬」を類似形の「王」に代替した俗字である。そのほか、東周代には配列を変えた「〓」や略体の「〓」があり、また隷書にも略体の「〓」などがあるが、いずれも楷書には残っていない。

　そして、東周代には、「聖（聖）」のうち「口」の部分を徳（德）の略体の悳（とく）（〓）に変えた「〓」が作られた。これが原義である「きく」の意味に専用されるようになり、耳・壬・悳を合わせたものが聴の旧字の「聽」である。なお、新字とされる「聴」も、隷書の略体である「〓」に原形が見えており、一定の歴史がある字形である。

　悳を用いた意味について、赤塚・阿辻は「正しい心」から「聞いて正しくさばく」の意味を表したとし、鎌田も「まっすぐな心で、よくきく」としており、これらの解釈には矛盾がない。

　そのほか、藤堂は悳自体に「まっすぐ」の意味があり、「まっすぐに耳を向けてききとる」とするが、東周代には直と徳（德）が使い分けられていることが多い。また、許慎・加藤・白川は具体的な意味を述べていない。

谷衍奎・季旭昇・李学勤は声符として二重に追加されたものとするが、推定される上古音は聴と壬が[tieng]であるのに対し、悳は[tək]であり、声母は近いが韻母の違いが大きい。季旭昇は「旁対転（ぼうたいてん）（主母音が変化し、さらに韻尾も変化した）」と解釈するが、悳（徳）は直（推定上古音は[diək]）の同源字であり（一四六～一四八頁を参照）、聴とは本源的に異なる語である。ちなみに、西周代の異体の「〓」は上部に生（〓）を加えているが、推定される上古音は聖が[sieng]、生が[sheng]であり、こちらは声符を二重に追加したと考えられる。

◇　◇

前述のように、文字資料では聖俗の区別がほとんど記されない。しかしそうした中で、聖なる場所を表した数少ない文字のひとつが「禁」である。

文献資料では東周代から使われているが、出土資料では秦代以降にしか見られない。字形は上部に林（〓）があり、下部に祭祀に関連することを表す示（〓）があり、両者を合わせて神聖な林、すなわち「禁苑（きんえん）」を表している。禁苑は祭祀に用いる鳥獣を捕るために設けられており、庶人は立ち入り禁止であった。そこから、一般に「禁」が「禁止」の意味で用いられるようになった。また後代には、禁苑に限らず皇帝の所在地（禁城（きんじょう）・禁裡（きんり）など）の意味でも使われている。

ちなみに、殷代には禁苑が設けられていなかった。王は軍隊を率いて支配下の土地に出向き、その地で軍事訓練を兼ねた狩猟を行うことで、自身が支配者であることを示したのであり、狩猟は祭祀の犠牲を獲得するための行動ではなかった。甲骨文字に記された祭祀犠牲を見ても、牛・羊・豚などであり、狩猟で得られた鹿や狐などは用いられなかった。

その後、西周代になると禁苑が設けられたが、この段階ではまだ「禁」の文字は使われておらず、金文では禁苑に造営された人工池である「大池（辟池などとも呼ばれる）」によってその場が表現されることが多い。西周代の金文には「大池に射す」（『殷周金文集成』四二七三。射は犠牲を射る儀礼）や「穆王、葊京に在り、呼びて大池に漁せしむ」（『殷周金文集成』四二〇七。穆公は第五代の王、葊京は地名、漁は儀礼的な漁労）のような記述がある。

文字の構造について、藤堂・白川・鎌田は純粋な会意文字とするが、推定される上古音は禁が[kiəm]、林が[liəm]であり、韻母が一致するので、林は発音も表す亦声とする説（赤塚・阿辻・谷衍奎）が妥当である。逆に、許慎は吉凶語（訓は「いみ」）の用法を起源と見なして純粋な形声文字とし、加藤・李学勤も同様であるが、文献資料にはその用法はほとんどなく、また出土資料でも初出の秦代に「禁苑」（『睡虎地秦墓竹簡』）として使われているので、立ち入り禁止の林を字源とする会意文字と考えるべきであろう（そのほか季旭昇はこの文字に言及していない）。

殷　西周　東周　秦　隷書　楷書

禁 ← 禁 ← 禁 → 禁 → 禁

告と若

ここからは、祭祀儀礼に関係する文字を取り上げていく。

古代中国では、特に殷代に盛んに祭祀が行われていたが、それは必ずしも純粋な信仰心から

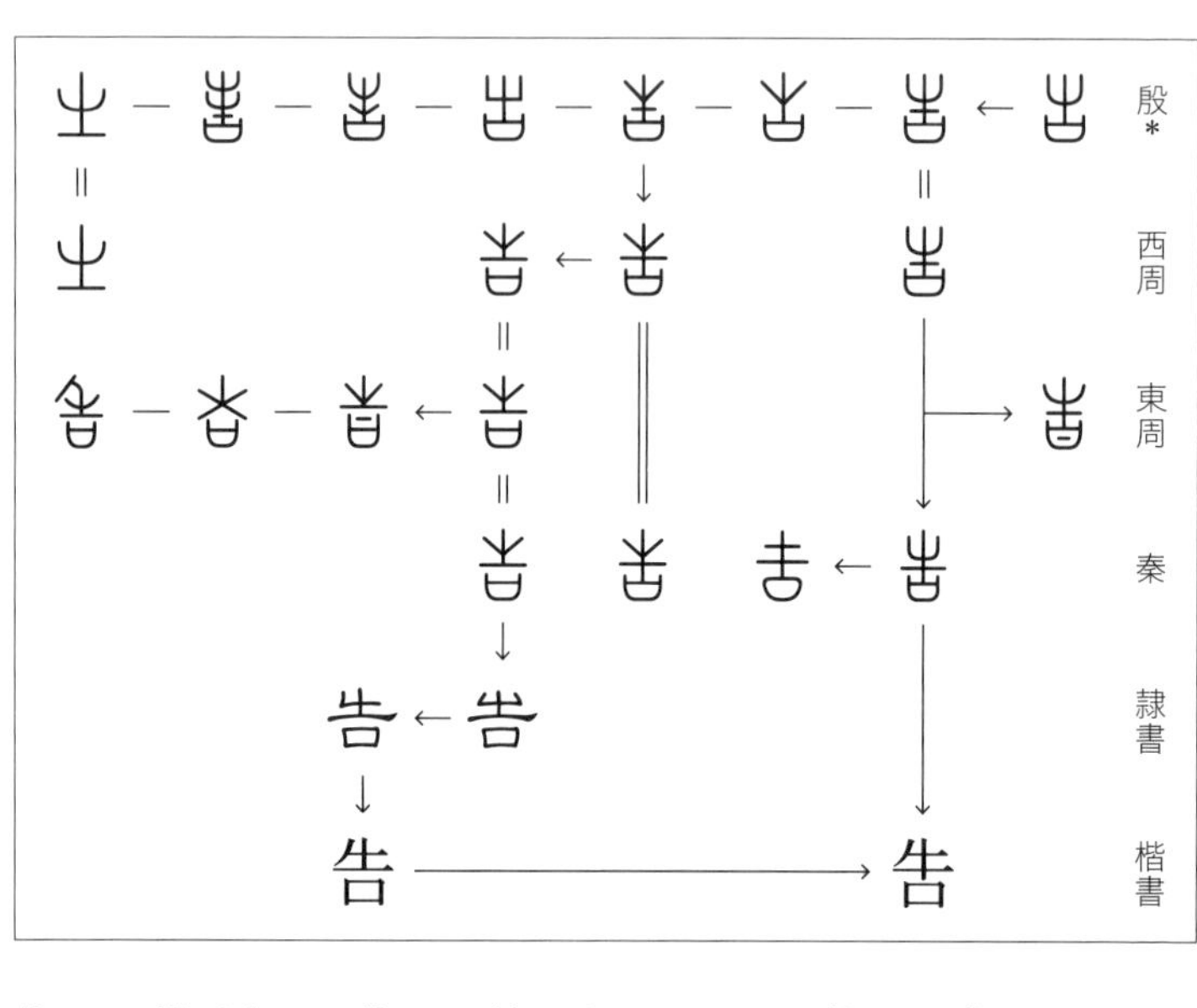

ではなかった。王が神への祭祀を主宰することで、宗教的な権威を獲得することが目的だったのであり、いわば人々の信仰心を利用した支配体制だったのである。

その後、西周代には封建制や貴族制が出現し、社会が安定化した結果、神への祭祀よりも人間同士の儀礼の方が重視されるようになっていった。戦国時代以降には、法律や官僚組織が整備されたため、祭祀が持つ政治的価値はさらに低下した。そのため、戦国時代以降に作られた文献資料には祭祀についての記述が少ないが、より古い時代には、支配体制の上で非常に大きな役割を果たしていたのである。

まず取り上げるのは「告」であり、殷代や西周代には人に告げる場合だけではなく、神への報告儀礼の意味でも用いられていた。甲骨文字には「疾（やまい）有り、羌甲（きょうこう）に告げんか」（『甲骨文合集』八六九。羌甲は先王の名）などの例があり、金文にも「殳は侯の休に揚し、文考に告ぐ」（『殷周金文集成』四一三六。殳は人名、侯はその上位者の地方領主、揚は感謝の意を表すこと、文考は死去した父親）などの例が見られる。

字源については諸説あり、殷代にも多様な異体があって確実には証明しがたいが、最も多く使われたのが「〓」の形であり、ここから字源を分析するのが妥当であろう。上部にある「〓」の形は、紐で太鼓を吊り下げた形である壴（〓）などに使われており、下部の口（〓）には器物の象形としての用法があるので、祭器を吊り下げて神に祈ることが字源と考えられる。これに近い説は白川であり、祭器を小枝に掛けて神に捧げる様子と解釈している。いずれにせよ、「人に告げる」ではなく「神に告げる」が原義ということになる。

甲骨文字で二番目に多く使われているのは「〓」の形であり、上部は草の象形の屮（〓）であるが、これも楽器を吊り下げた形である庚（〓）の異体（〓）などで使われており、やはり吊り下げた形の表現であろう。

ただし、殷代の異体には、草が生える様子の生（〓）のような形に変えたもの（〓・〓）があり、これが後代に継承された。そのため、加藤は「生」から字源を解釈するが、当初はごく少数の異体にすぎないものであった。

また、許慎は篆書の字形（〓）が上部に牛（〓）を使っていることから、牛と口の会意文字とし、藤堂・赤塚・鎌田・阿辻・谷衍奎・李学勤も同様である。殷代の異体にも牛（〓）を使ったもの（〓）があるが、用例は僅かで後代にも残っていない。異体のうち生（〓・〓）のような部分が結果として牛（〓）のようになったものであり、字源に共通点はない。ただし、これを継承した「告」が楷書では正字とされる。

そのほか、季旭昇は「舌」と同源字とする説を挙げる。舌（□・□）は、告（□）と字形や用法に類似点があるが、甲骨文字では使い分けがされており、やはり別源の文字と考えるのが妥当であろう（「舌」については二九五〜二九六頁を参照）。

一方、新字とされる「告」についても、西周代の「□」に起源があり、長い歴史を持っている。なお、「生」は後代に一画増えた（楷書の四画目）が、「告」の場合にはその変化が起こらなかったので、「告」の上部には「生」の古い形が残っている。

◇　◇

人が神に告げるのが「告」であったが、逆に、神が人に告げる様子を表したのが「若」である。殷代の「□」などは、座った人が両手を挙げ、また髪を振り乱した様子を表している。原始社会には、巫祝（ふしゅく）（シャーマン）が酒などでトランス状態となり、「神のお告げ」を伝える儀式が見られ、この文字はそうした状態を表現したものと考えられている。

もっとも、殷代に神の意志を知るものとされたのは甲骨占卜であり、こちらは定型的・機構的に行われていた。したがって、「若」は、より古い風習を反映した文字か、あるいは地方に残っていた巫祝の儀式を元にした文字ということになる。殷代の異体には冠をかぶった姿にした「□」や、頭部を強調しただけの「□」などもあり、これらは比較的新しく作られたものであろう。

字義としては、殷代には神の承諾の意味で使われており、「王、邑（ゆう）を作るに、帝、若（諾（だく））するか」（『甲骨文合集』一四二〇一。邑は都市を指す）や「王、其（そ）れ往きて河（か）を観るに、若（諾（だく））されざ

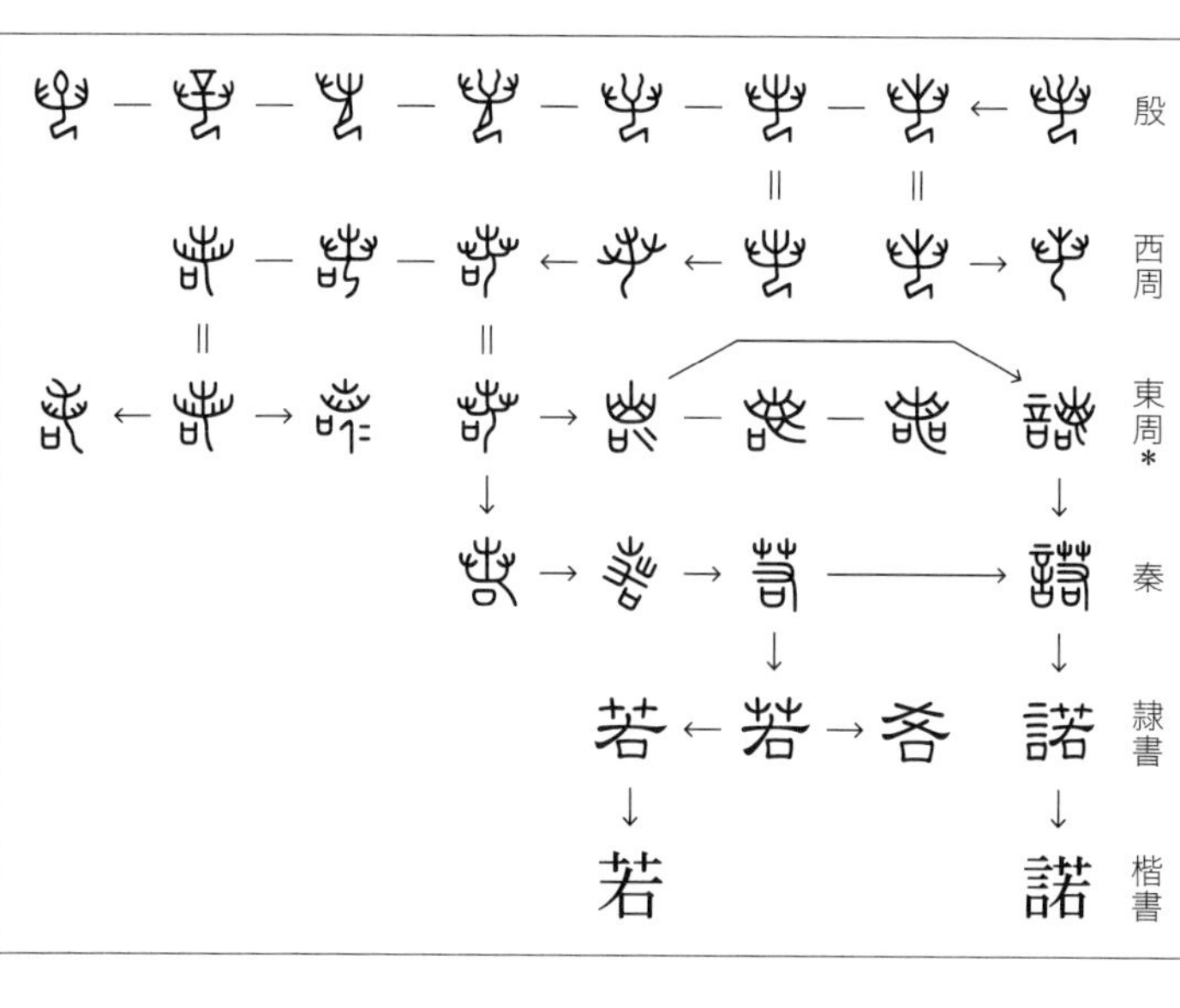

るか」（『甲骨文合集』五一五八。河は黄河を指し、また諸の主体は黄河の神格であろう。原典は次頁の図5-5）などの例がある。

そして、西周代には人が承諾する意味でも使われるようになった。また、金文では仮借した「かくのごとく」の意味でも使用されており、王が言葉を発した際の「王、若くのごとく曰く」として多く見られる。その後も仮借の用法は増加し、「もし」や「ごとし」の意味で使われた。また「若」が「弱」の意味で使われることもあり、「弱」に「わかい」の字義もあることから、日本では主にその意味で用いられる。

字形について、厳密には殷代の「[glyph]」などは「若」のうち「口」を除いた部分であり、西周代になって「[glyph]」など口（[glyph]）を加えた形が作られた。その意味について、白川は祭器の形とし、赤塚・阿辻は神託（お告げ）の意味とし、李学勤はデザイン的な飾りとする。いずれ

図5－5　甲骨文字の「諾」

も矛盾はないが、前述のように西周代には人が承諾する意味でも使われるようになったので、「人の言葉」の意味で「口」を使ったのかもしれない。

そのほか、藤堂・鎌田は「口」の意義を述べていない。加藤・谷衍奎・季旭昇は文献資料を元に「したがう」を原義とし、言葉で従順することと見なすが、前述のように「承諾」が原義である。

許慎は上部を艸（そう）に変えた篆書の字形（〓）から字源を解釈している。

その後、秦代には、両手を除く人体を又（ゆう）（〓）に略した「〓」が作られ、さらに篆書の「〓」では両手の形が艸（艹）になっている。「又」と「口」を合わせると右（〓）になるので、篆書を継承した楷書でも艹と右で「若（新字は若）」の形になっている。

また、原義である承諾の意味については、東周代に意符として言（〓）を加えた「〓」が作られた。これが篆書の「〓」などを経て楷書の「諾（新字は諾）」になっている。

競と拝

「競」も、本来は儀礼に関連する文字であった。殷代の「〓」などは、冠（〓）をかぶった人

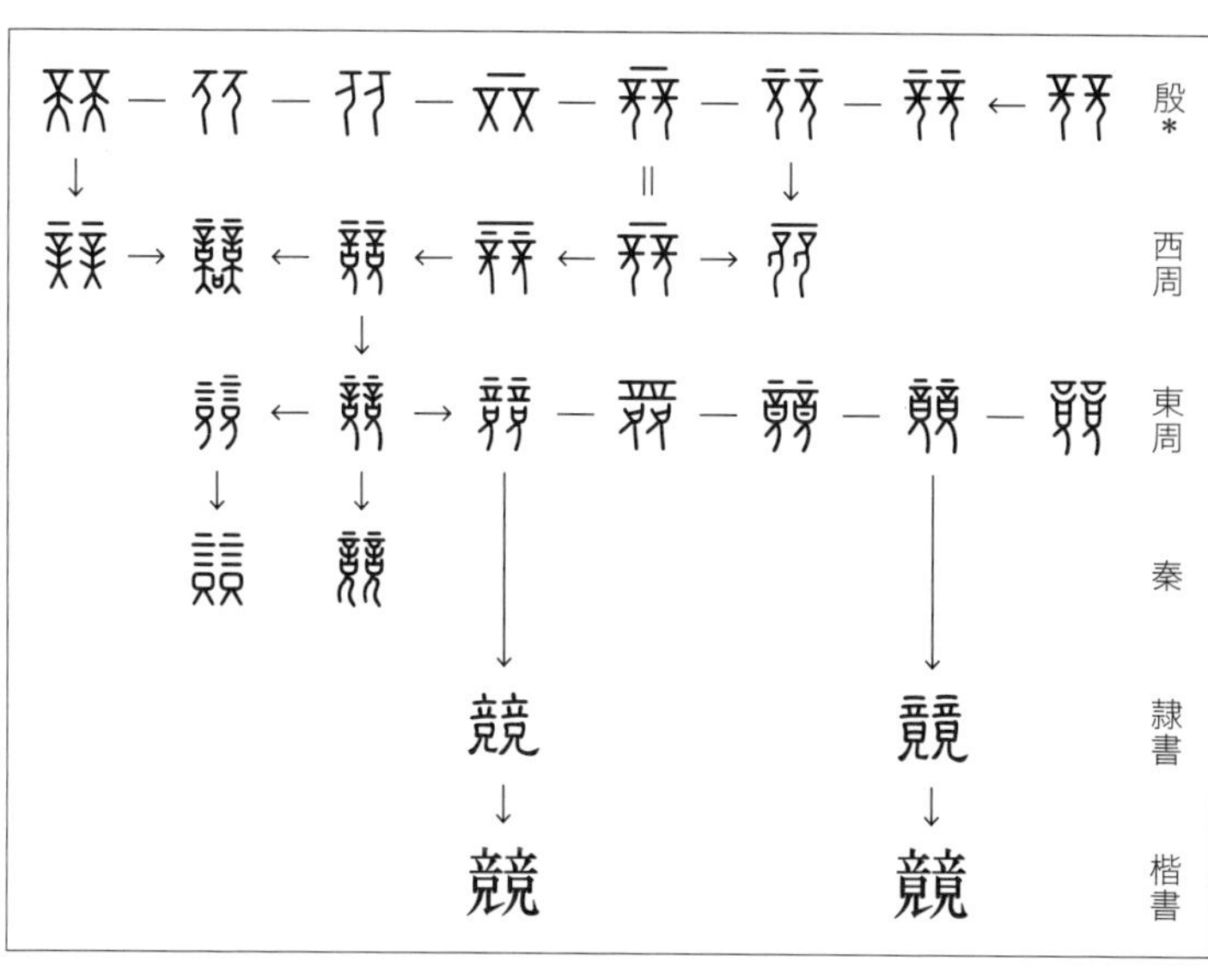

（□）、すなわち貴人が並んでいる様子を表している。甲骨文字では「王、歳するに、其れ競せんか」（『甲骨文合集』二五一九四。歳は犠牲を鉞で殺す祭祀）のように儀礼の一種として用いられており、原義は参列であろう。

その後、西周代になると、人が並んでいることからの引伸義で「きそう」や「くらべる」の意味として用いられるようになった。金文には「克く厥の剌を競うもの亡し」（『殷周金文集成』四三四一。剌は功績の意味）などの例がある。

字形について、西周代～東周代には、冠の形を辛（□）に変え、さらに口（□）を加えた「□」などが作られ、これが篆書の「□」にも継承された。辛と口を合わせると言（□・□）になるため、許慎・加藤・藤堂・白川・赤塚・鎌田・阿辻は「言」を並べた「誩」から字源を解釈するが、これは後起の形である。むしろ「誩」の初出が篆書であり、競の略体として言が作られた可能性が高い。なお、誩は上古音でも競と発音が同じであったと推定（いずれも[giang]）されており、また字義は「言葉を競わせる」である。

　そのほか、谷衍奎は上部の「」を吹奏楽器とするが、その用法はない。また季旭昇は諸説を併記するだけで字源を特定していない。「競」の字源を正確に把握していたのは、十書のうち李学勤だけであった。

　楷書の「競」の字形については、冠が辛に変わった部分がさらに「立」に変わっている。また、東周代には言（・）の形の部分を同源字の音（・）に変えた「」などが作られており、楷書にはこれを継承した「競」も残っている。

◇　◇

「拝（拜）」は、最初に出現したのが西周代であり、当初は求（・）と手（）から成る「」などの形であった。異体には、求に艸（）を加えた𠦪（こつ）（・）を用いたもの（）もある。金文には「拝手稽首（はいしゅけいしゅ）」として多く見られ、これは跪（ひざまず）いて両手を地面について頭を下げる儀式動作と考えられている。

　字源について、求は植物の象形、𠦪はさらに草を意味する艸を加えたものであり、いずれも祭祀に用いられる植物を表しているので、赤塚・鎌田・阿辻・谷衍奎・李学勤は手で植物を使った儀礼や動作を字源としている。矛盾のない解釈であるが、西周代には、字形が近いことから「求（もとめる）」を「𠦪（いのる）」の意味に使うことも多いので、「手を使っていのる動作」が字源であるかもしれない。

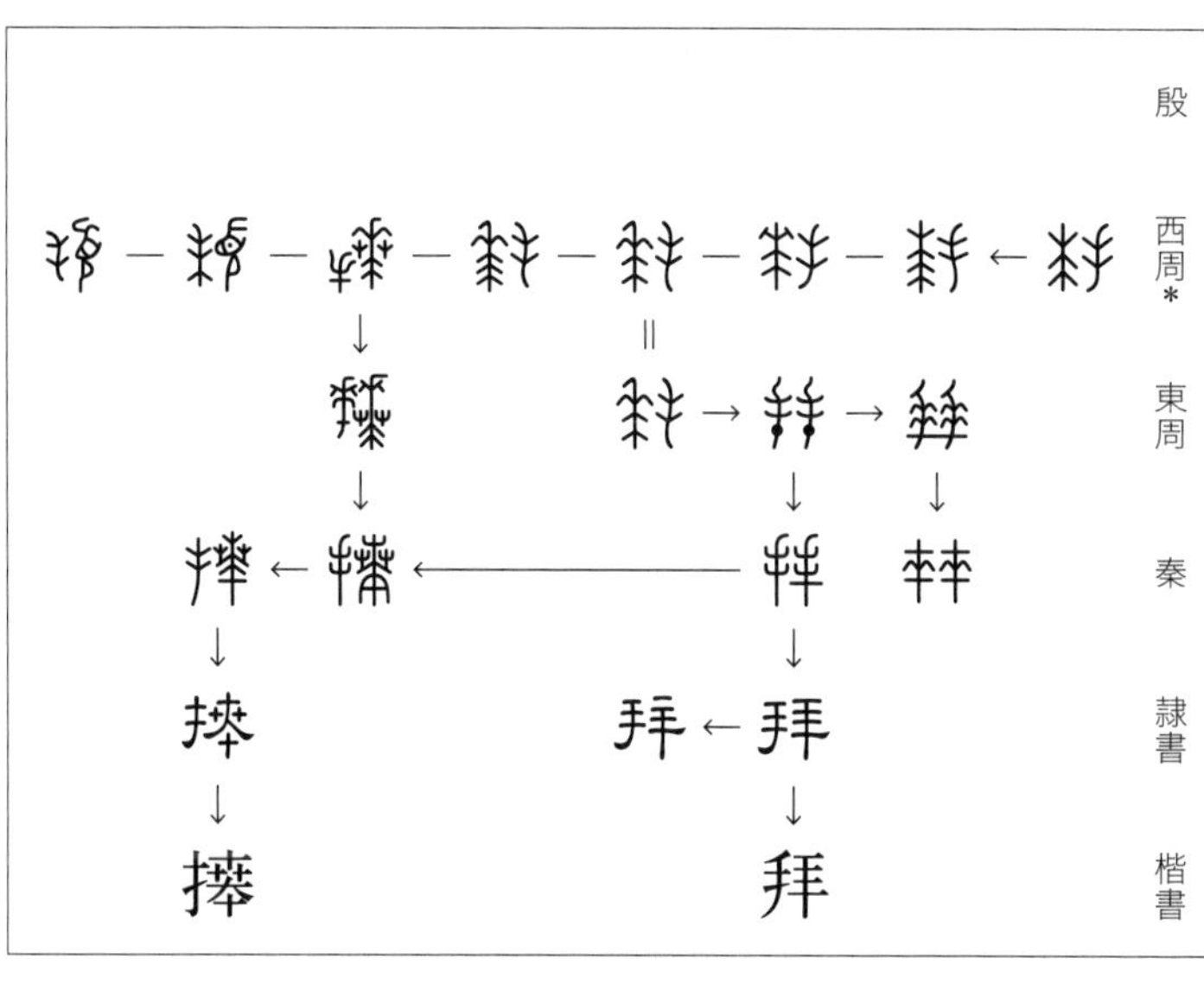

　そのほか、加藤は𠦪を声符とする形声文字とするが、推定される上古音は拝が[pat]、𠦪が[hiuat]であり異なっている。藤堂は求を「ささげ物」とするが、具体的な意義を述べていない。白川は𠦪を華（はな）の象形として字源を解釈するが、それに該当するのは「華（・）」である（「華」については二七一～二七三頁を参照）。許慎・季旭昇は諸説を併記している。

　西周代の異体には、手または求を「頁（おおがい）」に変えたもの（・）がある。頁は跪いた人の頭部を強調した形であり、「拝手稽首」の動作を分かりやすく表している。

　西周代に多数ある異体のうち、東周代には手・求を用いたものと手・𠦪を用いたものが継承された。また前者については、さらに求を手（）の異体（）に入れ換え、二つの「手」から成る字形（など）になった。

　秦代には、正式な篆書とされたのは後者の系統の「㨑」であり、前者の系統の「拜」は異体とされている。なお、「拜」の字形については、偏（へん）は「手」であるが、旁（つくり）の部分は手の異体が使われている。

逆に、楷書では前者の系統の「拜」が主に使われており、後者の系統の「㨑」はほとんど使われなくなっている。新字の「拝」については、旧字の「拜」のうち「手」を「扌（てへん）」に変えたものである。

喜と声

「喜」は、太鼓を使った儀礼に関係する文字である。殷代の「喜」などは、吊り下げた太鼓の象形である壴（ちゅ）（壴）と口（口）から成る。図5－6は青銅で作られた太鼓であるが、上部には吊り下げるためのフックが付けられており、「壴」の形に対応している。なお、太鼓は、本来は木や革などで作られるので、図の青銅器は実用品ではなく装飾品であろう。太鼓の叩く部分には蛇か鰐（わに）の皮を張ったような表現がされている。

「喜」の字形のうち、「口」の意味については諸説あり、白川は祭器であって太鼓で神意を楽しませる意味とし、鎌田もこれに近く、口は祈りの言葉であって太鼓と合わせて神を楽しませることとする。赤塚は口を土台とし、台の上に乗せた太鼓で音楽を奏でて喜ぶこととする。また谷衍奎・李学勤は、口は笑うことを表し、太鼓を叩いて喜ぶこととする。季旭昇は、もと喜ぶことの象徴として壴を使っており、「よろこぶ」の意味について太鼓の意味と区別するための指事記号として口を加えたとする。

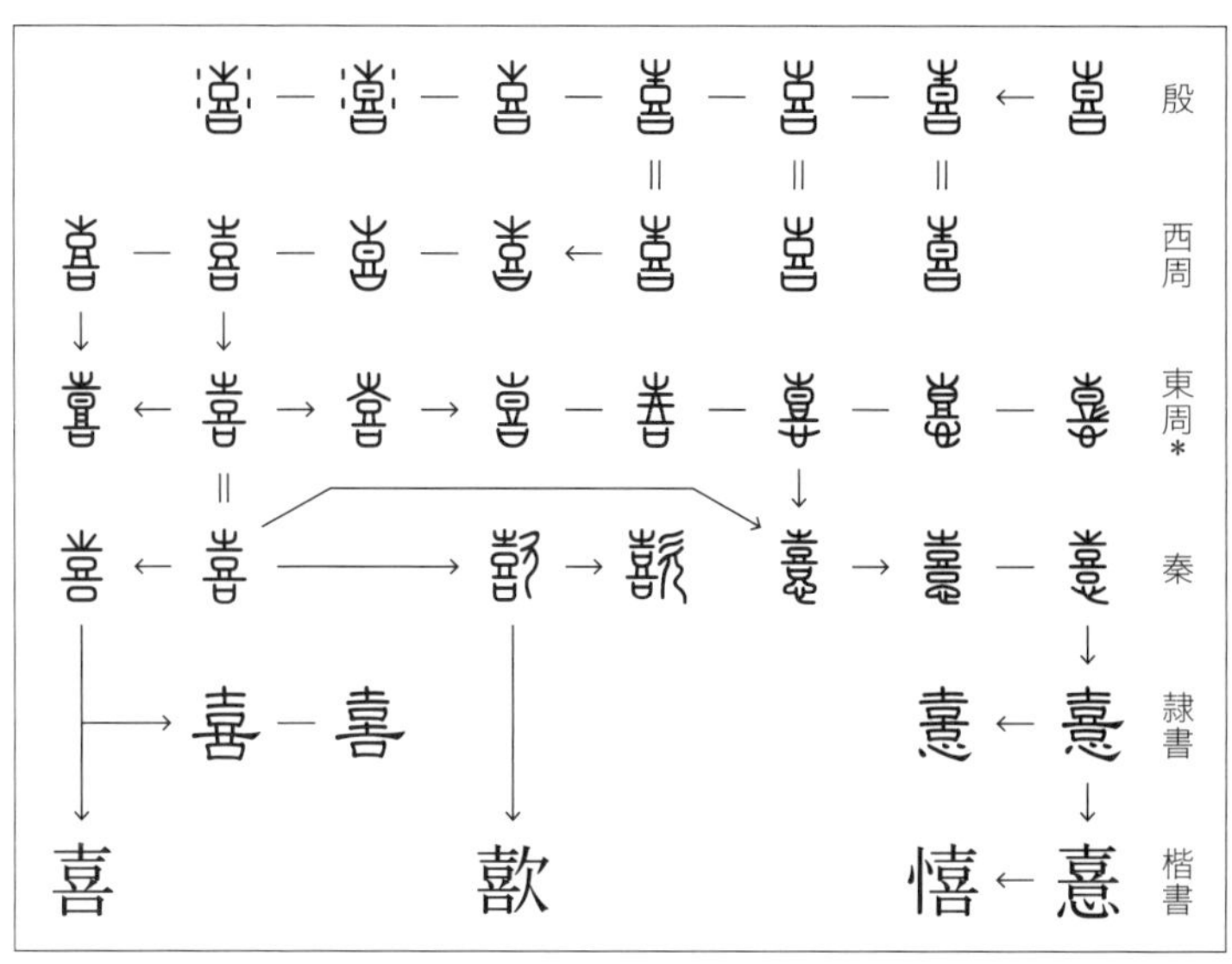

いずれも明確な矛盾はないが、殷代の甲骨文字では主に固有名詞として使われており、それ以外には詳細な記述がないため、正否を明らかにすることは難しい。西周代の金文では祖先神を楽しませるという用法が多く、これが原義であれば、白川説や鎌田説が正しいことになるだろう。

そのほか、加藤は壴を太鼓ではなく「樹」の本字で声符とするが、樹の初文の「尌」は壴

図5－6　青銅製の太鼓

ではなく豆（豆）を声符に用いた形である（木（木）と農具の象形の力（力）が意符）。藤堂は、壴について器に食物を盛った形とするが、それに該当するのは皀（きゅう）（皀）である。また許慎・阿辻は、口の意味を具体的に述べていない。

殷代の異体には、壴の異体（壴・壴）を使ったもの（喜・喜）や、太鼓の音を小点で表現したもの（喜・喜）などがある。後代には壴と口から成る初文の形が継承され、篆書とされた「喜」などを経て、楷書の「喜」になっている。

また、東周代の異体のうち「憙」などは「口」を「心」に変えており、心の状態を表現している。篆書の「憙」はこれと「喜（喜）」を折衷したものであり、心を意符、喜を声符（意味も表す亦声）とする構造である。これが楷書に継承されて「憙」となった。字形史から言えば、「憙」は「喜」の異体であるが、現在では別字と見なされることもある。そのほか、「憙」のうち「心」を「忄（りっしんべん）」に変えた異体の「憘」も楷書で作られている。

秦代には、「欠（けん）」を加えた異体の「歖（歖など）」も作られている。「欠」は口を開けた人の象形であり、「憙」が心理的な表現であるのに対し、「歖」は行為として喜ぶことの表現であろう。ちなみに、「欠」は欠けることを意味する「缺（けつ）」の略体としても使われるが成り立ちは別である。

◇　◇

「声（聲）」も楽器を演奏する儀礼を字源とする文字である。殷代の「殸」のうち、「声」にあたる部分の形（声）は「石磬（せっけい）」という石製打楽器を吊り下げた様子を表し、殳（るまた）（殳）はそれを叩く撥（ばち）を持った手の形である。

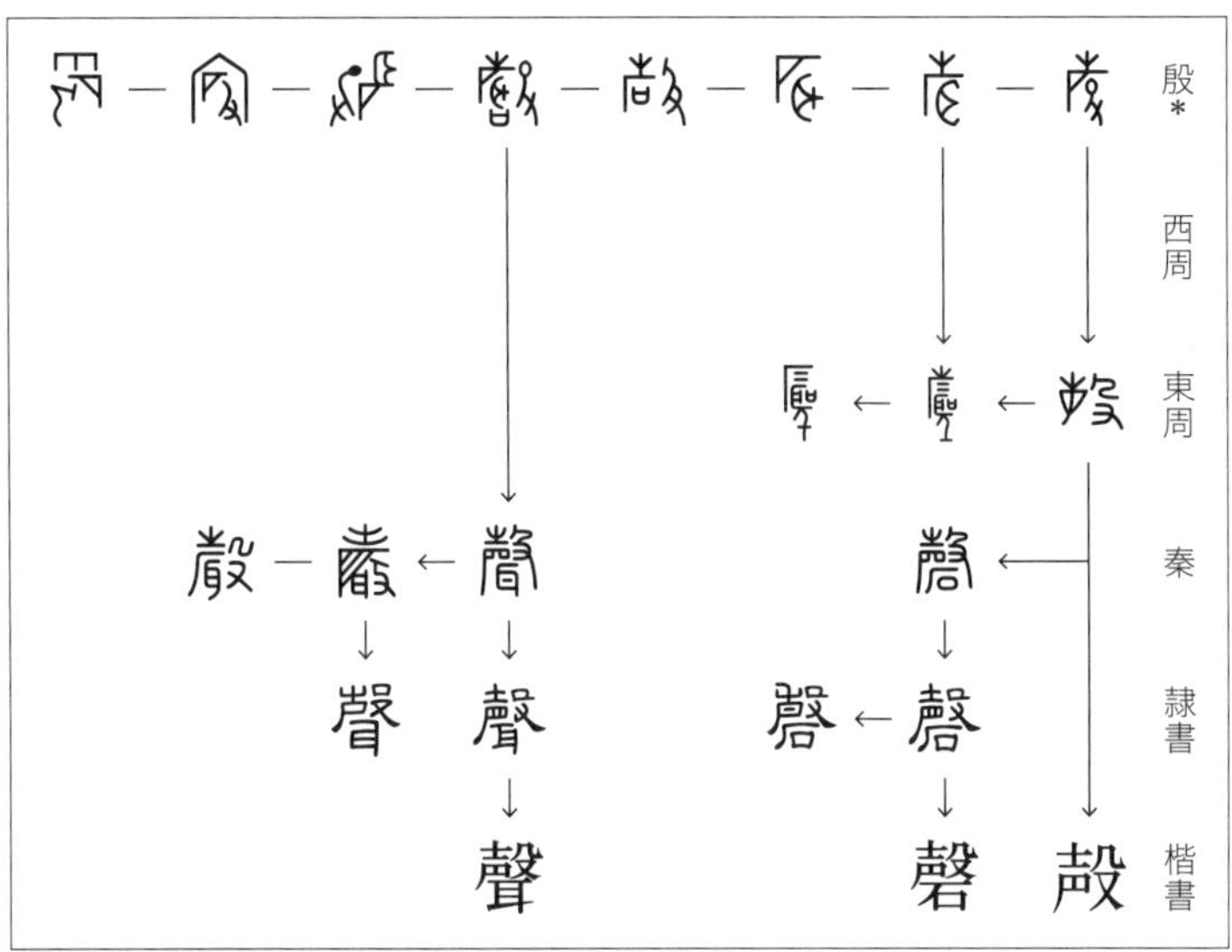

図5－7は、殷代の石磬であり、上部に吊り下げるための紐を通す穴が開けられている。また、三角形をしており、甲骨文字の字形のうち「」の部分に形が近い（は紐で吊り下げた様子）。「声（聲）」は、殷代には石磬を使った音楽儀礼の意味で用いられており、甲骨文字には「婦・伯、亦た侑するに、声せんか」（『甲骨

図5－7　殷代の石磬

文合集補編』六八〇八。婦・伯は称号、侑は祭祀の汎称）などの用例がある。

殷代には多くの異体があり、「」は殳に代えて楽器の音を聞く耳（）を用いている。また「」は石磬の象形のみ（）を使っている。「」については、殳と耳の両方を用い、さらに口（）を加えている。声（聲）は祭祀儀礼が字源なので、この場合の口は祭器の表現であろう。そのほか、「」は屋内の祭祀であることを表して宀（）を用い、「」は雨乞いにおける儀礼の表現として雨（）の略体を加えている。

周代にも石磬は楽器として使われており、当時の遺跡からも発見されている。しかし、出土資料には「声」の使用例が少ない。その理由について、正確には分からないが、周代になると打楽器としては石磬よりも青銅製の鐘が重視されるようになっており、そのため文字としても「声」の使用頻度が低下したのかもしれない。

字形は、篆書で声・殳・耳から成る「聲（）」になっている。おそらく殷代の「」を継承したものであろう。また字義としては、戦国時代以降には、「楽器の音」から転じて「人の声」としても使用されるようになった。

一方、東周代以後には、「」の系統の「」などが石磬の意味で使用されており、楷書に「殸（けい）」として残っている。また、秦代の篆書では意符として「石」を加えた繁文の「」も作られており、楷書の「磬」に継承されている。

配と尊

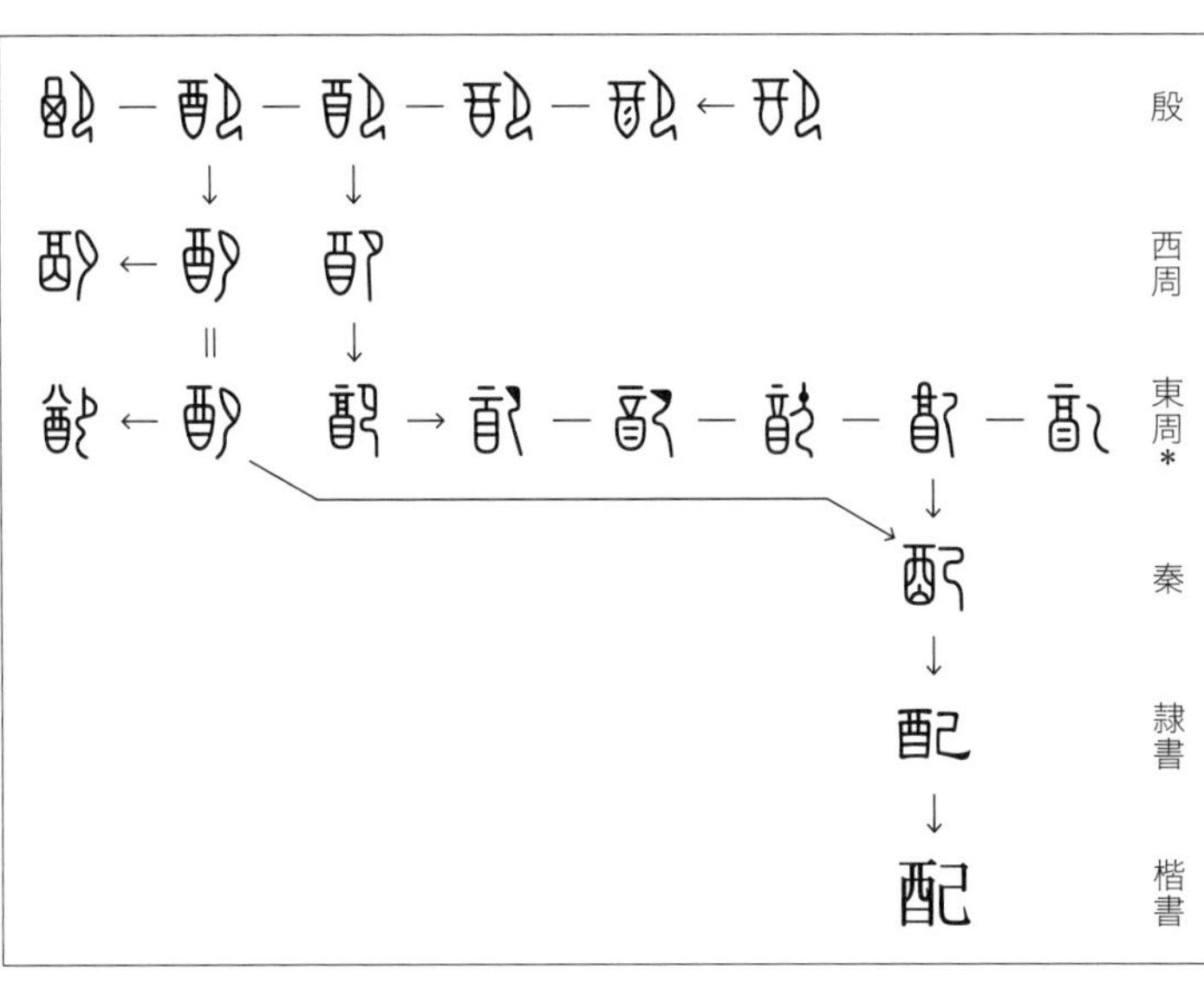

次は酒を用いた儀礼に関係する文字である。

まずは「配」であるが、殷代には「〓」や「〓」などの形であり、酒樽の象形である酉（〓・〓）と跪いた人を表す卩（〓）から成っている。酒樽は青銅器として作られる場合、緻密な装飾が加えられることが多い（七三頁を参照）が、実用品として土器で作られたものは質素であり、簡単な文様が付される程度である。次頁の図5－8は、殷代に作られた陶製の酒樽であり、「〓」や「〓」によく似た形をしている（横線がおそらく文様を表している）。

「配」は座った人の前に酒樽を並べる祭祀儀礼の様子を表しており、そこから、「くばる」や「ならべる」などの意味として使われた。甲骨文字には「余、燎し、其れ配するに于いてせんか」（『英国所蔵甲骨集』一八六四。余は一人称、燎は犠牲を焼き殺す祭祀）のような例があるが、この例では燎祭とともに配祭を行う意味とも、

図５－８　陶製の酒樽

燎祭に用いた犠牲の肉を配る意味ともとれる。

字形は、東周代に卩を「己」に変えた異体（[glyph]）があり、これが篆書の「[glyph]」などを経て、楷書の「配」に継承された。「己」を用いた意味について、許慎は声符とするが、推定される上古音は配が[puəi]であるのに対し、己は[kiə]であり、声母・韻母ともに異なっている。したがって声符への置換ではなく、藤堂・白川・鎌田が述べるように近似形に代替されたもので、俗字であろう。

そのほか、加藤は初文から「己」を用いた文字とするが、甲骨文字では卩と己は通用しない。赤塚は初文の段階から「巴（は）」を声符とする形声文字だったとするが、甲骨文字で「巴」にあたるのは物をつかむ様子を表す「[glyph]」であり、「[glyph]」などには使われていない。

推定される上古音では、妃が[piuəi]であり配に近いことから、それとの関連で字源を解釈する説もある。しかし、阿辻は甲骨文字の段階から「妃」の省声だったとするが、殷代の字形では「己」は使われていない。季旭昇は、甲骨文字に女と卩から成る字形の「妃」の初文があるとするが、それに該当する「[glyph]」や「[glyph]」は、「妃」ではなく奴隷を意味する文字である（後代には残っていない亡失字）。谷衍奎・李学勤は、後代になってから「妃」の省声に変わったとしており、これは矛盾のない考え方であるが、敢えて分かりにくい省声にする必然性もないので、やはり卩から類

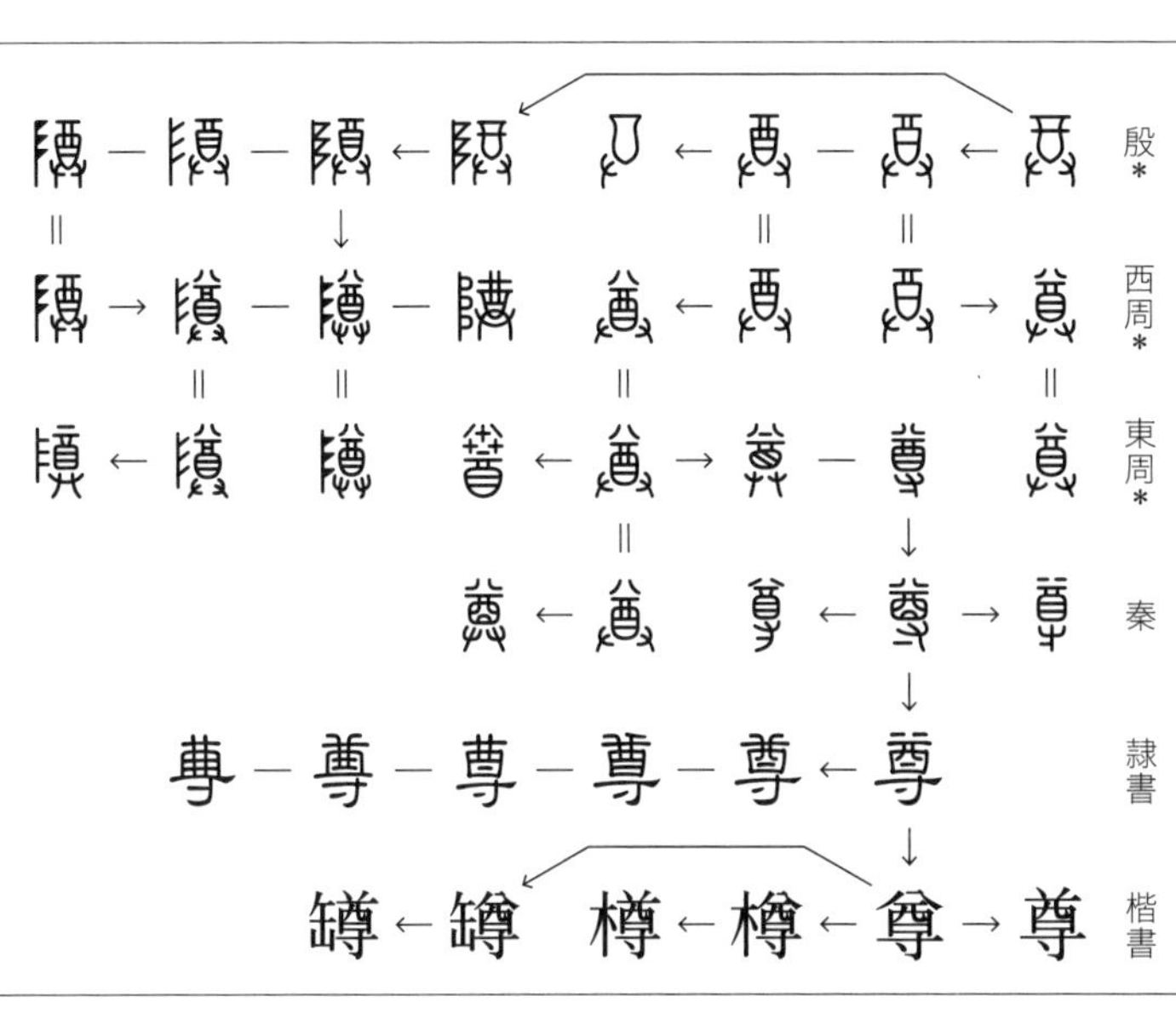

似形への変化と考えるのが妥当である。

◇　◇

「尊」も、酒樽を使った儀礼を表しており、文字の中に「酉」が含まれている。殷代の「□」などは、酒樽である酉（□）を両手（□）で捧げ持つ儀礼の様子を表しており、甲骨文字には「父丁に尊・鬲するに、三十牛を宜せんか」（『甲骨文合集』三二六九四。尊は酒を用いた儀礼、鬲は食物を用いた儀礼、宜は犠牲の肉を切り取る祭祀）などの例がある。

後代には、祭祀から転じて「とうとい」や「たっとぶ」の意味として用いられた。また酉が十二支として主に用いられるようになったため、酒樽の意味でも「尊」が使われることが多い。

殷代の異体として、階段の象形である阜（□・□）を加えたもの（□など）が多く見られる。甲骨文字では階段の形は上昇を象徴して用いられることが多く、酒樽をより高く掲げた様子を表したものである。さらに殷代末期以降になると、この異体が「祖先祭祀を行う」を表す自動詞として分化しており、金文には祖先を祀る器を「尊（そん）（[阝尊]）彝（い）」あるいは「宝尊（ほうそん）（[阝尊]）彝（い）」とするものが多い。この系統は東周代まで使われたが、秦代以降には残っていない。

　初文の系統についても変化があり、西周代には、「酉」の上に「八」を加えた「酋（しゅう）」を用いた異体（酋など）が作られた。八（八）の部分は、許慎・阿辻・谷衍奎・李学勤は水（水）の一部とし、藤堂・白川・赤塚・鎌田は酒の香気とし、季旭昇は酉から分化したことを示す指事記号とする（加藤は言及なし）。しかし、甲骨文字の段階では「酋」は「酋」の形であり、米（米）を発酵させて酒を造る過程を表していた。殷代の略体に米を小点に変えたもの（酋）があり、後に小点がさらに「八」になって「酋」の形が作られた。

酋　[illegible]　[illegible]

　後代には酋を用いた系統が継承され、さらに東周代には両手の形を寸（寸）に変えた「尊」が作られた。寸は、本来は肘の部分を指し示した文字であるが、字形の類似から手の形としても用いられる。秦代には、両手の形を用いた系統と寸を用いた系統が併用されており、『説文解字』にも「尊」と「尊」の両方が挙げられている。ただし隷書には後者のみが継承され、「尊」を経て楷書の「尊」になった（そのほかにも隷書には異体が多い）。

　楷書では、「尊」のうち「八」の向きを変えた「尊」も中世に作られており、新字体はこちらを採用している。また、原義である「たる」については、材料としての「木」を意符に加えた「樽（樽）」や、陶器を表す「缶（ふ）」を意符とする「罇（罇）」も作られている。

区と器

次は器物を使った儀礼である。すでに述べたように、口（ㅂ）には器物としての用法もあるが、それを多数並べた形が品（品・品）であり、さらに区分けを表す指事記号の匚（匚）を加えたものが区（旧字は區）（區・區）である。

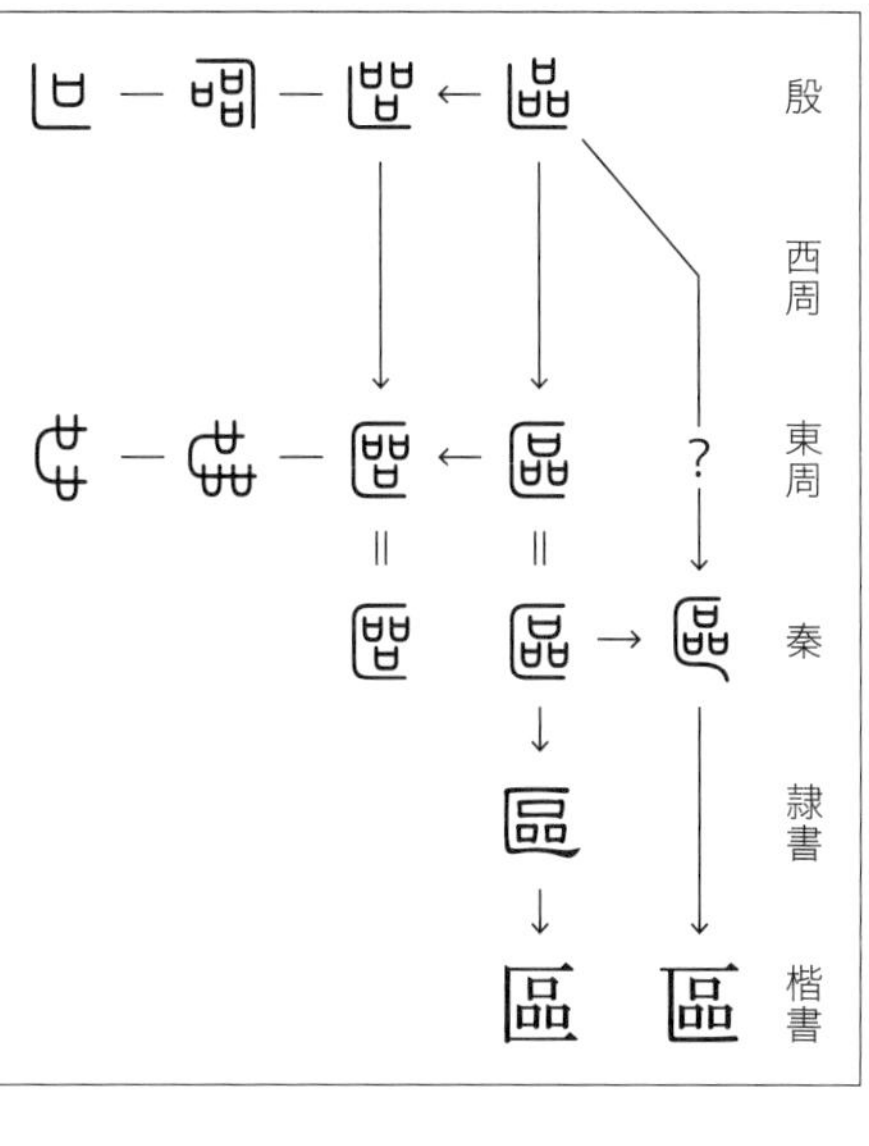

品　品　品

甲骨文字では、品も区も祭祀名として用いられており、「其（そ）れ酒（しゅ）・品（ひん）・豊（れい）し、其れ多妣（たひ）に求めんか」（『小屯南地甲骨』二二九二。酒・品・豊は祭祀名、多妣は多くの女性祖先）や「其（そ）れ区（く）・集せんか」（『甲骨文合集』三二〇二〇。区・集は祭祀名）などの例がある。いずれも儀礼の詳細は記されていないが、字形通りに解釈すれば、器物を並べるか、あるいは区分けして並べるかの違いであり、似たようなものだったのだろう。

東周代になると、匸（ㄴ）ではなく匚（凵）を使った「區」や「區」の形になった。匚は、本来は建築物の象形であり、字源は異なるが、字形が近いために匸の代替字として使われる。これを継承したのが楷書のうち「區」である。しかし、面白いことに秦代に篆書とされたのは匸（篆書では「ㄴ」の形）を使った「區」であり、これが楷書のうち正字とされる「區」になった。ただし、殷代の「區」が継承されたものか、あるいは匚がさらに匸に代替されたものかは不明である。

そのほかの異体として、殷代には匸の向きを変えた「區」などがある。また東周代の「區」や「區」は匚（凵）と品（品）が融合した形である。

字源について、後代には匸が「かくす」の意味で使われたため、許慎・白川・阿辻・谷衍奎・季旭昇・李学勤はそこから字源を解釈する。また、加藤は匸を人体の形とするが、その用法はない。藤堂は誤って器物ではなく空間を区切ることが字源とする。字源を正しく解釈できたのは、十書のうち赤塚・鎌田のみであった。

◇　◇

「器」も複数の器物の形を使った文字である。初出の西周代には四つの器物（口）と犬（犬・犬）から成る「器」や「器」などの形であり、これがそのまま楷書（旧字）の「器」に継承されている。

「口」が「器」の字義に直結することは明らかであるが、「犬」を使った理由については、許慎・阿辻・李学勤は器を守る番犬とし、白川・鎌田は祭祀に用いる犠牲とする。いずれも矛盾はないが、西周代の金文では祖先を祀る器物を「器」と呼んでいるので、後者が妥当であろう。

殷　西周＊　東周＊　秦　隷書　楷書

器　器　器
器　器

そのほか、加藤・赤塚は、誤って「𠙵」を「くち」の意味として字源を解釈している。また、藤堂は種類の多いものの代表として「犬」を使ったとするが、西周代の金文には犬の種類を詳細に区分した記述はない。谷衍奎は「器」を「喪」と同源の文字とするが、喪（〓）は「桑（〓）」を声符とする別字である。季旭昇はこの文字に言及がない。

殷代には犬も祭祀で供されることが多かったが、西周代には犠牲として犬が用いられることが少なくなっていった。そのため「器（〓）」の字源が分からなくなったのか、「犬」の部分を変形させた異体が多く見られる。西周代の「〓」は犬を夫（〓）のような形にしており、「〓」は于（〓）のような形にしている。

そのほか、各時代に異体が多く、東周代の「〓」は「犬」の部分を「亻」のような形にしており、「〓」では「人」のような形にしている。隷書の「器」は「工」の形を使用した俗字であり、楷書にも「器」として残っている。そして、新字体とされている「器」は、比較的新しく作られた形で「犬」を「大」に代替したものであるが、中世から使われており一定の歴史がある。

奈と祝

次に取り上げるのは、祭祀用の机（祭卓）である示（丅・示）を用いた文字である。「奈」の古い形（〓）は、祭祀に使う木（〓）とそれを持つ手（〓）、および供物を捧げる祭卓である示（丅）から成っていた。殷代に盛んに行われた祭祀儀礼であり、甲骨文字には数百例が見られる。殷代には異体が多く、両手の形（〓）を用いたもの（〓）や、手の形を省いて木を横に向けたもの（〓）などがある。また、「〓」は木を束ねた形の束（〓）を横に向けている。

その後、字形の変化があり、東周代以後には手の形を用いない「柰（〓）」や、さらに「木」を類似形の「大」に変えた「奈（〓）」の形になっている（あるいは「〓」などを継承したものかもしれない）。柰と奈は、隷書の「柰」「奈」を経て、いずれも楷書に継承された。

字義についても変化があり、秦代以後には「神事に用いられる果樹」の意味で使用された。この意味では、近世に「木」を加えた異体の「㮈」も作られている。なお、東周代の出土資料については、南方の簡牘文字にしか見られず、また「祟（たたり）」に代替して用いられたものである。

「柰（奈）」の字源について、許慎・加藤・白川・赤塚・阿辻・李学勤は示を声符とする形声文字とするが、推定される上古音は柰が[nat]あるいは[nad]であるのに対し、示は[diei]または[gie]

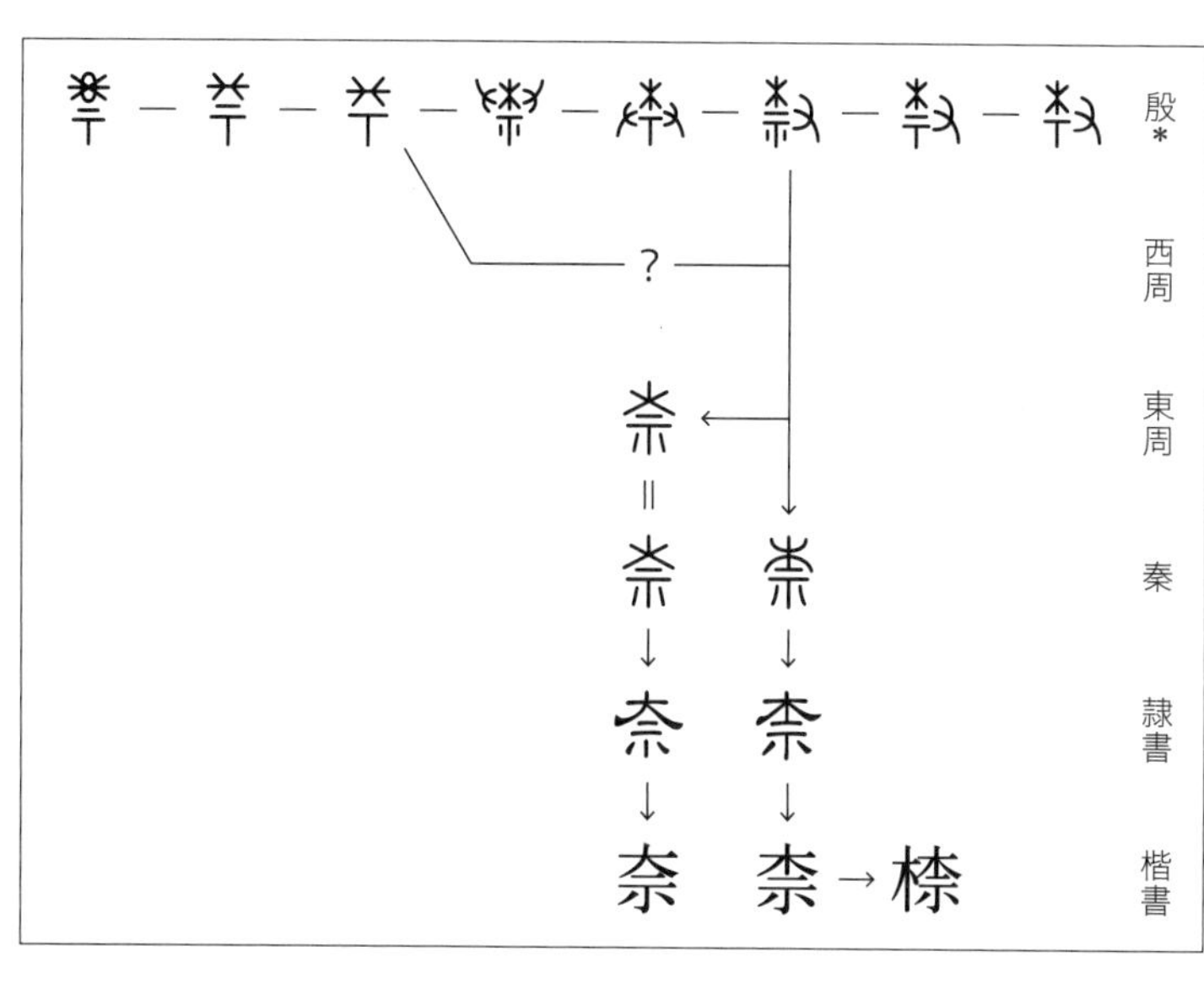

であり、違いが大きい。甲骨文字の「□」などは明らかに視覚的に祭祀の様子を表現したものであり、このことからも、藤堂・鎌田が会意文字とするのが妥当である。

そのほか、谷衍奎は甲骨文字の「□」を柴を焼く様子とするが、それに該当するのは燎の初文の尞（□）である。また季旭昇は、南方の簡牘文字だけではなく甲骨文字の「□」も「祟」とし、「柰（奈）」をそこからの分化字とするが、甲骨文字には「たたり」としての用法はなく、「其れ盟室に奈するに、叀れ小牢もちいんか」（『英国所蔵甲骨集』二二一九。盟室は施設名、小牢は祭祀犠牲の羊と豚のセット）など、全て祭祀名として使用されている。

◇　◇

「祝（旧字は祝）」も「示」を使った文字であるが、殷代の字形のうち初文は「示」がない「□」の形であった。上部が口（□）、下部が

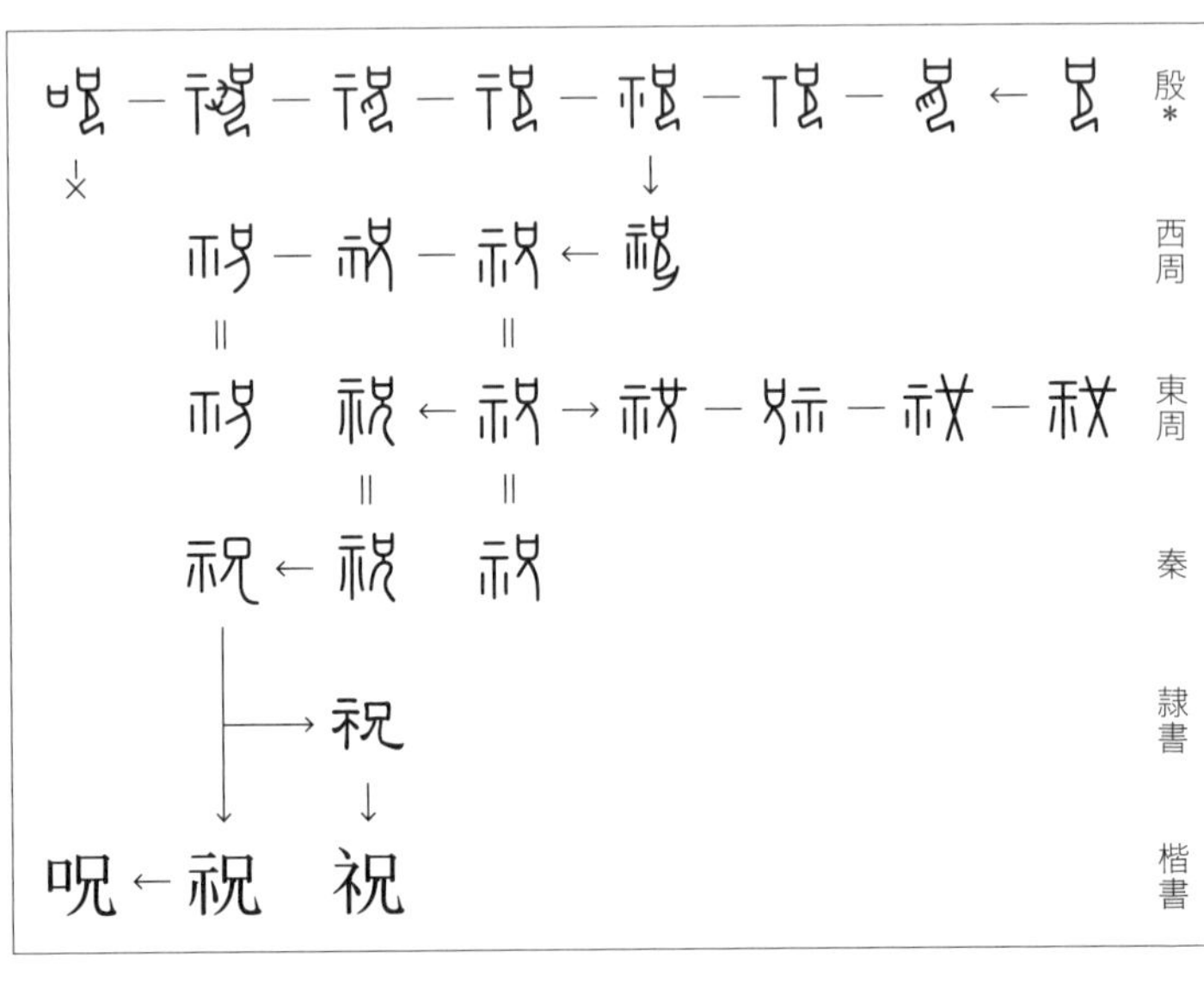

座った人の象形である卩（[古文字]）である。繁文として、祭卓の象形である示（丅）を加えた「[古文字]」などが作られた。

口（𠙵）の意義について、許慎・赤塚・鎌田・李学勤・谷衍奎は口頭で祝詞を唱えることとし、白川は人が掲げた祭器としており、いずれも矛盾はない。殷代の異体には、「𠙵」を増し加えたもの（[古文字]）があるが、この場合も、前者の成り立ちで祭器を加えたものとも、後者の成り立ちで口（くち）を加えたものとも解釈できる。

そのほか、加藤は「[古文字]」を「佝僂（身体が変形する病気）」で「縮」の発音を表す声符とするが、「卩（[古文字]）」は単に座った人を表している。また、西周代には祝の初文部分を類似形の「兄（[古文字]）」に代替した「[古文字]」などが作られ、これが後代に継承されたため、藤堂・阿辻は「兄」を用いた形を字源と誤っている。季旭昇はこの文字に言及していない。

殷代には異体が多く、「[illegible]」や「[illegible]」は座った人が物をつかむ様子を表した巴（[illegible]）を用いており、供物を捧げる様子であろう。前述の「[illegible]」については、字形としては「呪」にあたるが、楷書で作られた「呪」とは直接の関係がない。

楷書の「呪」について、赤塚・鎌田・阿辻は祝の略体を用いた別字とするが、発音が「祝」と同じであり、藤堂・白川・谷衍奎が述べるように同一字から分化した同源字とするのが妥当である。「祝」は祝福の意味では漢音・呉音ともに「シュク」であるが、祝詞の意味では漢音が「シュウ」、呉音が「シュ」であり、これは「呪」と同じである（「ジュ」は慣用音）。どちらも元は「まじない」の意味であったが、「祝」が祝福の言葉、「呪」が呪詛（じゅそ）の言葉として使い分けられたのである。なお、「呪」は楷書で作られたため後漢代の許慎は当然言及しておらず、そのほか加藤・李学勤・季旭昇も取り上げていない。

多と祭

ここからは、犠牲（ぎせい）（いけにえ）を用いた祭祀に関連する文字を取り上げる。古代には、牛や羊などを犠牲にして神を祀り、祐助を求めていた。現代から見れば、きわめて非科学的な信仰であるが、実は社会的な合理性も備えていた。

家畜は得られる肉よりも多くの飼料を与えねばならないので、当時は貴重品とされていた。そのため、逆に貴重品である家畜を神に捧げることで、王や貴族は自身の経済力を人々に示していたの

である。特に王は大量の家畜を保有しており、甲骨文字には王が百頭以上の牛や羊を使用した祭祀も記されている。このように、当時の支配階層は合理的に祭祀儀礼を利用していた。

「多」は、当初は祭祀犠牲から切り取った肉（〓）を並べた形（〓など）であり、「多くの祭肉」から「多い」の意味として使われた文字である。後に字形が近い夕（〓）と混同し、結果として「多」は「夕」を並べた形になった。

そのため許慎・加藤・赤塚・阿辻は「夕」から字源を解釈するが、誤りである。ただし、古代でも字源が正確に把握されないことがあったようで、殷代や西周代にも「夕」を使った「〓」や「〓」が見られる。

◇　◇

「祭」も「肉」を使った文字である。殷代の「〓」は、手（〓）で肉（〓）を持つ形であり、犠牲の肉を使った祭祀儀礼を表している。後代には祭祀の総称として「祭」が使われたが、殷代には個別の儀礼を指す名称であった。

殷代には、滴り落ちる血液を表す小点を加えた「〓」などの異体が多く、殺したばかりの犠牲から切り取った肉であることを表現している。また、肉（〓）の向きを変えて祭器を表す「〓」

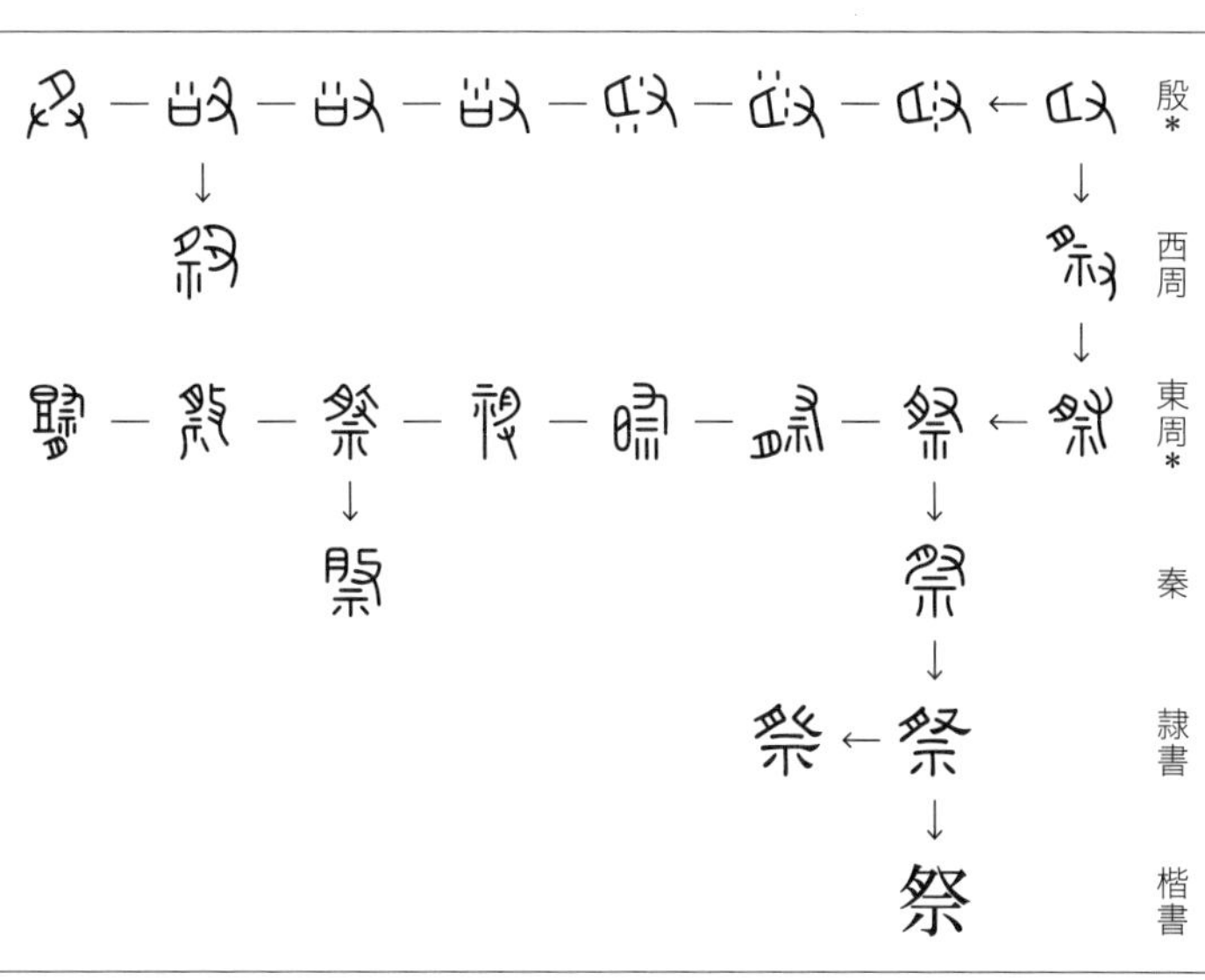

のような形にした異体（など）もある。さらに「」では手の形の又（）を手を握った形の丑（）に変えている。

西周代には、祭卓を表す示（）を加え、手で肉を祭卓に載せる形の「」になった。これが楷書に継承され、月（にくづき）・又・示を合わせて「祭」の形になっている。そのほか東周代にも異体が多く、配列を変えた「」や、又を攵に変えた「」などがある（後者は秦代まで残った）。また「」は高坏の象形の豆（）を加えており、当時は豆に肉を盛ることがあったのだろう。

取と改

「取」は、殷代の段階から、耳（）と手の形の又（）から成る形（）であった。

字形構造の意味について、許慎は文献資料の『周礼』に基づき、捕らえた捕虜は首ではなく

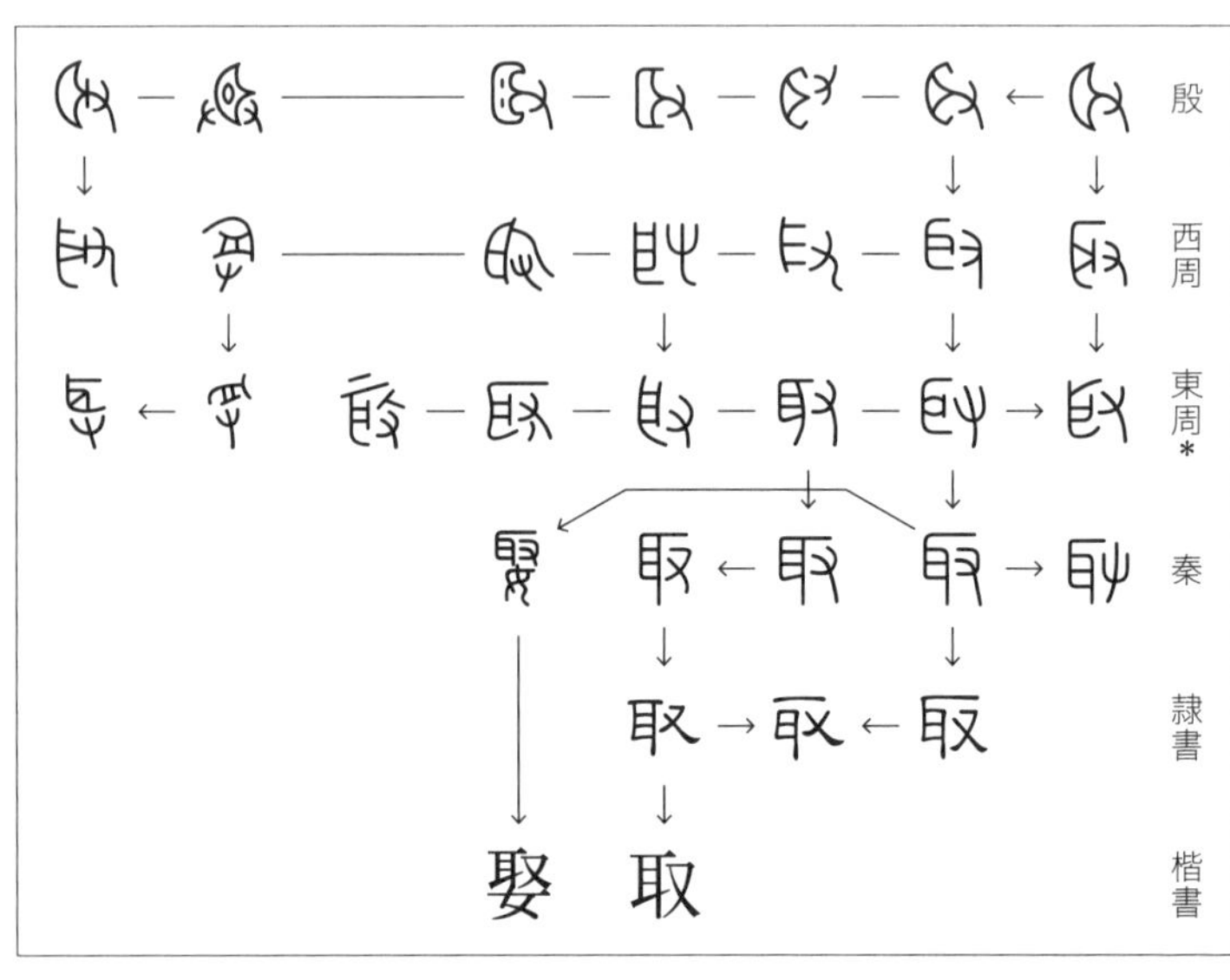

図5－9　取の祭祀

左耳を取ることとし、藤堂・白川・鎌田・阿辻・谷衍奎・季旭昇・李学勤もこの説を採用している。しかし、殷代の文字資料には、捕虜の足首を切り取る意味の刖の初文（[illegible]）や奴隷の目を潰す形の民（[illegible]）はあるが、耳を切る習慣は見られない。

一方、甲骨文字では、祭祀名として「取」が使われており、「其れ岳に取するに、雨ふるか」（『甲骨文合集』三四二一四。原典は図5－9）や「河に取するに、従雨有るか」（『甲骨文合集』一四五七五。従雨は神が雨をもたらすこと）など、雨乞いの儀礼として行われることが多い。また、後の春秋時代でも、諸侯が盟約を結ぶ際に、犠牲の牛の耳を切り取って血をすすったとされ、「牛耳を執(と)る」という慣用句にもなっている（『春秋左氏伝』定公八年など）。したがって、「取」の字源は、犠牲の耳を切り取る儀礼と考えられる。

そのほか、加藤・赤塚は耳をつかんで獣を捕らえる様子とするが、狩猟において素手で捕らえていた記述はなく、またその必然性もない。

字形について、殷代の異体には両手の形を使った「〓」や、耳と手を分ける線を加えた「〓」などがある。東周代には又を寸に変えた「〓」や、攵に変えた「〓」も見られる。また、各時代に「耳」の異体が多く見られ、秦代にも「〓」を使った「〓」などや「〓」を使った「〓」などが見られる。篆書とされたのは前者であるが、楷書に残ったのは後者の系統である。

用法について、殷代には祭祀名や動詞の「とる」の意味のほか、女性を娶(めと)る意味でも使われており、「呼びて女(むすめ)を林(りん)より取（娶）らしめんか」（『甲骨文合集』九七四一。林は地名）などの例がある。この意味では、篆書で意符の「女」を加えた「娶（〓）」が作られている。

◇　◇

次に取り上げるのは「改」である。初出の殷代には多様な異体が見られるが、いずれも蛇の象形の「〓」や「〓」（楷書の「巳(し)」にあたる）と手に道具を持った形の攴（〓）または殳（〓）を用いている（上下の向きを変えたものもある）。そして、異体には血液を表す小点を加えたものが多く、手に持った道具で蛇を叩き殺すことを表している。

もとは祭祀名であり、甲骨文字には「三十牛を改(かい)せんか」（『甲骨文合集』一六一七三）や「先(ま)ず白

殷*	西周	東周	秦	隷書	楷書
[ancient forms]	[ancient form]	[ancient forms]	[ancient forms]	攺 改	攺 改

⿰豕匕を改し、二黒牛を宜せんか」（『殷墟花園荘東地甲骨』二七八。⿰豕匕は牝の豚、宜は犠牲の肉を切り取る祭祀）など、犠牲を用いる方法として記されている。儀礼の具体的な内容は記されていないが、字形通りに解釈すれば、犠牲を叩き殺すことであろう。

その後、東周代になると仮借の用法で「あらためる」などの意味にも用いられた。また異体の「[ancient form]」や「[ancient form]」は、蛇の象形の「巳」を人が座った形の「卩」に誤っている。

秦代には、「巳」の部分について、字形が近く発音を表す「己」に変えた改（[ancient form]）の形が作られた。推定される上古音は改が[kə]、己が[kiə]であり近い。いずれも後代に継承されたが、初文の「攺」は原義からの引伸義で「鬼を祓う」の意味で使われるようになっている。

この文字の字源について、許慎・藤堂・鎌田・阿辻は改と攺を別源の文字とするが、東周代や秦代の簡牘文字には「攺」を「あらためる」の意味で使う例があり、同源字と考えるのが妥当である。また、加藤・赤塚は初文が巳を用いた字形であることを理解するが、巳を鬼や精霊として誤って解釈する（甲骨文字にその用法はない）。李学勤は、「」の字形を挙げながらも「」を「己」の形とする。そのほか季旭昇はこの文字に言及がない。初文が蛇の象形を用いた形であることを把握できたのは、十書のうち白川・谷衍奎のみであった。

血と真

「血」も祭祀儀礼に関係している。殷代の「」や「」などは皿（・）と血液を表す小点や楕円から成り、皿に入れた血を用いた儀礼を表している。甲骨文字には「王、祖乙（そいつ）の血（けつ）・歳（さい）に賓（ひん）するに、尤亡（とがな）きか」（『北京大学珍蔵甲骨文字』四八五。祖乙は先王、歳は犠牲を鉞（まさかり）で殺す祭祀、賓は祭祀への出席、尤は災厄の意味）などの例がある。

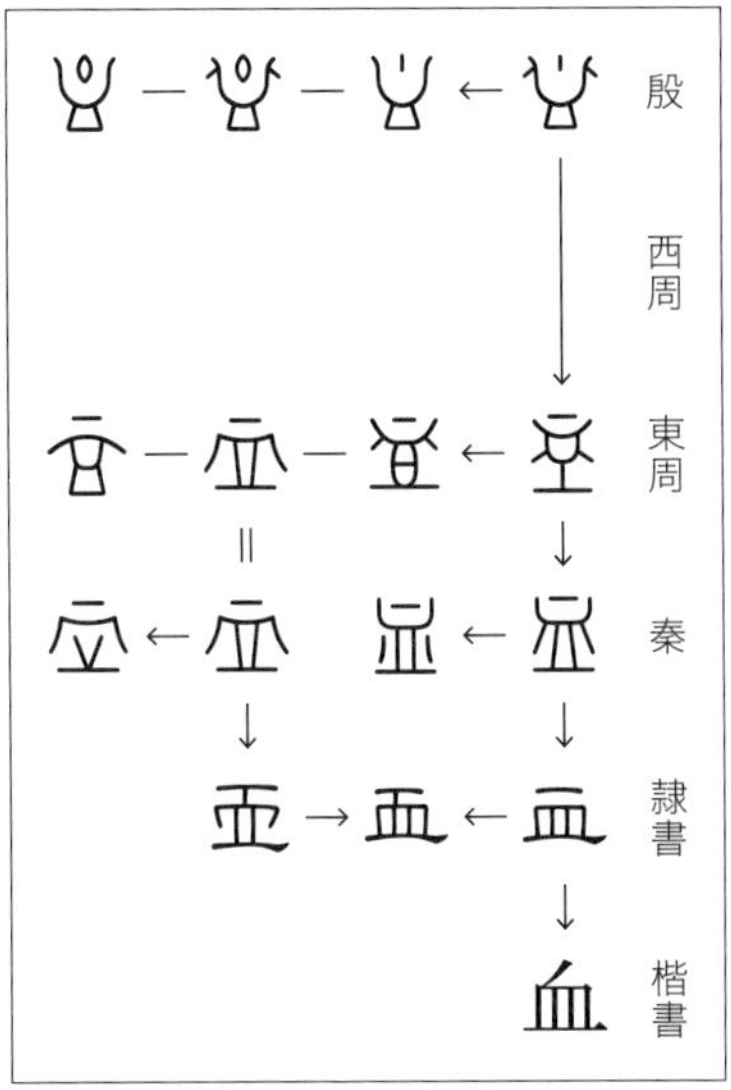

日本では血は「穢（けが）れ（精神的な汚れ）」の対象とされるが、盛んに牧畜を行っていた古代中国にその観念はなく、犠牲の血液も儀礼に用いられていた。

殷　西周　東周　秦　隷書　楷書

血

「血」と同じく血液を用いた祭祀儀礼として、甲骨文字には盟（・）も見られる。当初は血（）のうち皿（）の形を変えたものであった。甲骨文字には「叀(こ)れ今(いま)、丁(てい)に盟(めい)し、戊(ぼ)に酒(しゅ)せんか」（『甲骨拼合集』二三四。丁は日付で戊はその翌日）などの例がある。

盟の異体には、血液を表す部分を声符の冏(けい)（）に変えた「」もあり、さらに後に、冏が同じく声符の「明」に変えられ、明と皿で「盟」の形になった。前述のように、春秋時代には盟約を結ぶ際に、牛耳を執ってその血液をすする儀礼、すなわち「盟」が行われた。そのため、本来は儀礼の名であった「盟」が「盟約」の意味で使われるようになったのである。

盟

「血」の字形について、東周代には血液を表す部分を横線に変えた「」などになった。また秦代には、篆書とされたのは皿の縁を分離した「」であるが、後代には分離していない「」が継承され、楷書で血液を表す横線が丿になって「血」の形になった。

◇　◇

「真（眞）」は、殷代の「」や「」では上部に人の象形である匕(ひ)（・）を使っており、下部はそれを烹殺(ほうさつ)（煮て殺すこと）する鼎(かなえ)（）の形である。「真」は、後代には仮借の用法で「まこと」の意味で使われたが、字源としては人牲(じんせい)（人間を犠牲にすること）を用いた儀礼だったのである。殷代の甲骨文字には「乙(いつ)に真(しん)・戚(せき)する勿(な)く、其(そ)れ雨ふるか」（『甲骨文合集』三一〇三六。乙は日付、真・戚は祭祀名）などの例がある。

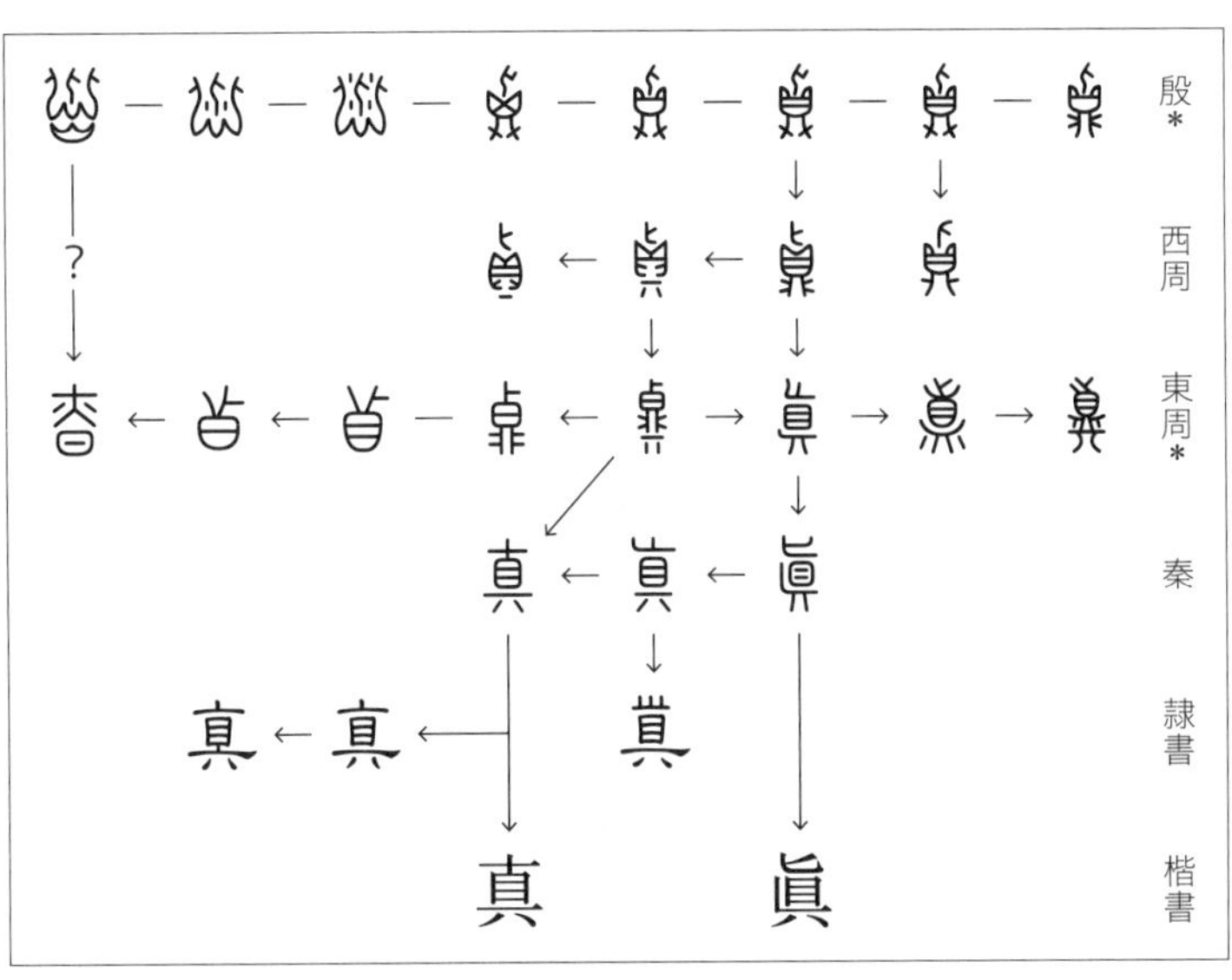

図5－10は、殷代前期に作られた巨大な方鼎（ほうてい）（四角形の鼎）であり、容積は百リットルを超えている。この鼎で実際に烹殺をしたかどうかは分からないが、それが可能な大きさである。

ほかにも甲骨文字には人牲を用いた祭祀が見られ、特に「伐（ばつ）」が多い。伐（□）は、武器である戈（か）（□）で人（□）の首を切る様子を表しており、敵を攻撃する意味でも使われるが、「上甲（じょうこう）に三人を伐（ばっ）し、王、祐（たすけ）有るを受くるか」

図5－10　殷代の巨大な鼎

（『甲骨文合集』二六九九七。上甲は殷の始祖、祐はその祐助）のように人間の首を切って祭祀犠牲にする意味でも使われている。そして、殷代後期の都であった殷墟遺跡からは、首を切られたものなど人牲の遺骨が三千体以上も発見されている。

伐

ところで、なぜ殷代には人間までも祭祀犠牲に用いたのだろうか。殷代には、農業奴隷の制度がなく、戦争捕虜は王など支配階層の家内奴隷として使役されていた。そのため一定数以上は必要がなかったのである。そこで、捕虜を多く獲得した場合には、余剰分を人牲として祭祀に用い、戦勝を宣伝するとともに自身の宗教的権威を高めようとしたと考えられる。現代から見れば残酷な行為であるが、当時の支配階層にとっては「合理的」な方法だったのである。

一方、西周代になると祭祀における人牲の例は減少していく。その理由として、ひとつには人命を尊重する思想が発達したこともあるのだろうが、それよりも農業奴隷の使用が始まったことが大きな原因であろう。西周代の金文では、男性の奴隷は「臣（しん）」、女性の奴隷は「妾（しょう）」などと呼ばれているが、殷代と違って農作業に動員される記述が出現する。つまり、捕虜を殺さなくても利用できる環境が整ったのであり、時代によって「合理性」が変化したのである。

ただし、地方においては西周代～東周代にも人牲や殉葬が続けられており、社会の状況は地域によって異なっていたようである。

なお、「真」の成り立ちについて、匕が後代には匙（し）（さじ）の意味でも使われたため、藤堂・赤塚・鎌田・阿辻・谷衍奎はそこから字源を解釈するが、殷代には匕に匙の用法はない。また加藤・白川は下部を「県」とするが、県（縣）（〓）に使われている形とは全く関連がない（「県」については二五七〜二五八頁を参照）。許慎は篆書の形（〓）から真人（仙人）が天に昇る姿とするが、初文からは完全に乖離した解釈である。季旭昇は「〓」を殄（つくす）の初文とするが、殷代にその用法はない。李学勤は成り立ちを「不明」とする。

字形について、殷代には鼎に代えて、同じく煮炊きの器である鬲（〓）を用いた形（〓など）もある。特に「〓」は下部に火（〓）を加えており、烹殺の様子をより具体的に表示している。後代には鼎を用いた形が継承されたが、西周代以降には鼎が変形しており、「〓」では貝（〓）を机（〓）に載せたような形になっている。さらに篆書の「〓」では貝が目（〓）になり、机の形も変形している。これを継承したのが楷書（旧字）の「眞」である。一方、秦代の異体である「〓」は匕を「十」に変えているが、机の形は残っている。これを継承したのが新字とされている「真」であり、こちらも長い歴史のある字形である。

そのほか、東周代にも異体が多く、「〓」は匕を止（〓）に変え、鼎を日（〓）に略している。さらに「〓」では上部に火の異体（〓）を用いているが、これは殷代の「〓」の表現を継承したものかもしれない。なお、「〓」については、東周代に「慎（愼）」の意味で使われているが、「心」が付されていないので「真」の異体であり、「慎」としての用法は仮借であろう。

第六章　古代の制度や戦争

学と教

本章では、古代中国の制度や戦争について述べていく。前章で取り上げた祭祀儀礼は、古代の王朝において人々を精神面から支配するという役割を持っていた。一方、諸種の制度や軍事力は物理的に支配するために利用されており、両者は王朝経営の両輪であった。

まずは「学」である。殷代の基本形は、旧字体の「學」のうち「𦥯」の部分にあたる「」であり、爻（）・臼（）・宀（）の三者から成っている。両手の形の「臼」は知識の伝授を表し、家屋の形の「宀」は校舎を表すと考えられている。

「㐅」を重ねた爻については諸説あり、建築物の入母屋や千木とする説（加藤・白川）、爻も伝授を表す記号とする説（藤堂・鎌田）、算木の形とする説（谷衍奎）、爻を声符とする説（季旭昇・李学勤）などがある。いずれも明確な矛盾はないが、甲骨文字での「㐅」の使い方を見ると、文身（入れ墨）を表す文（）や奭（）で用いられており、書かれた記号の一般形と考えられる。つまり、「」は学校における文字の伝授が起源ということになる。

文　　奭

そのほか、許慎は「斅」を本字として「學」を略体としており、阿辻もこれを採るが、西周代に初めて出現する形であり、字形史に合わない。赤塚は爻と宀を合わせた形を声符とするが、学の略体（⿱爻冖）であって独立した別字ではない。

字形について、殷代には「⿱爻冖」や「⿱爻冖」など簡略化した異体が多く、「𦥯」のうち爻・臼・宀のいずれかを省いている。ただし、後代には基本的な形（𦥯）が継承され、西周代の「學」で意符として「子」が増し加えられた。東周代に、さらに「宀」の部分が「冂」に変化し、秦代の篆書の「學」などを経て楷書の「學」に継承された。そのほか、東周代には「𦥯」の部分を略体にした「斈」などがあるが、楷書には残っていない。

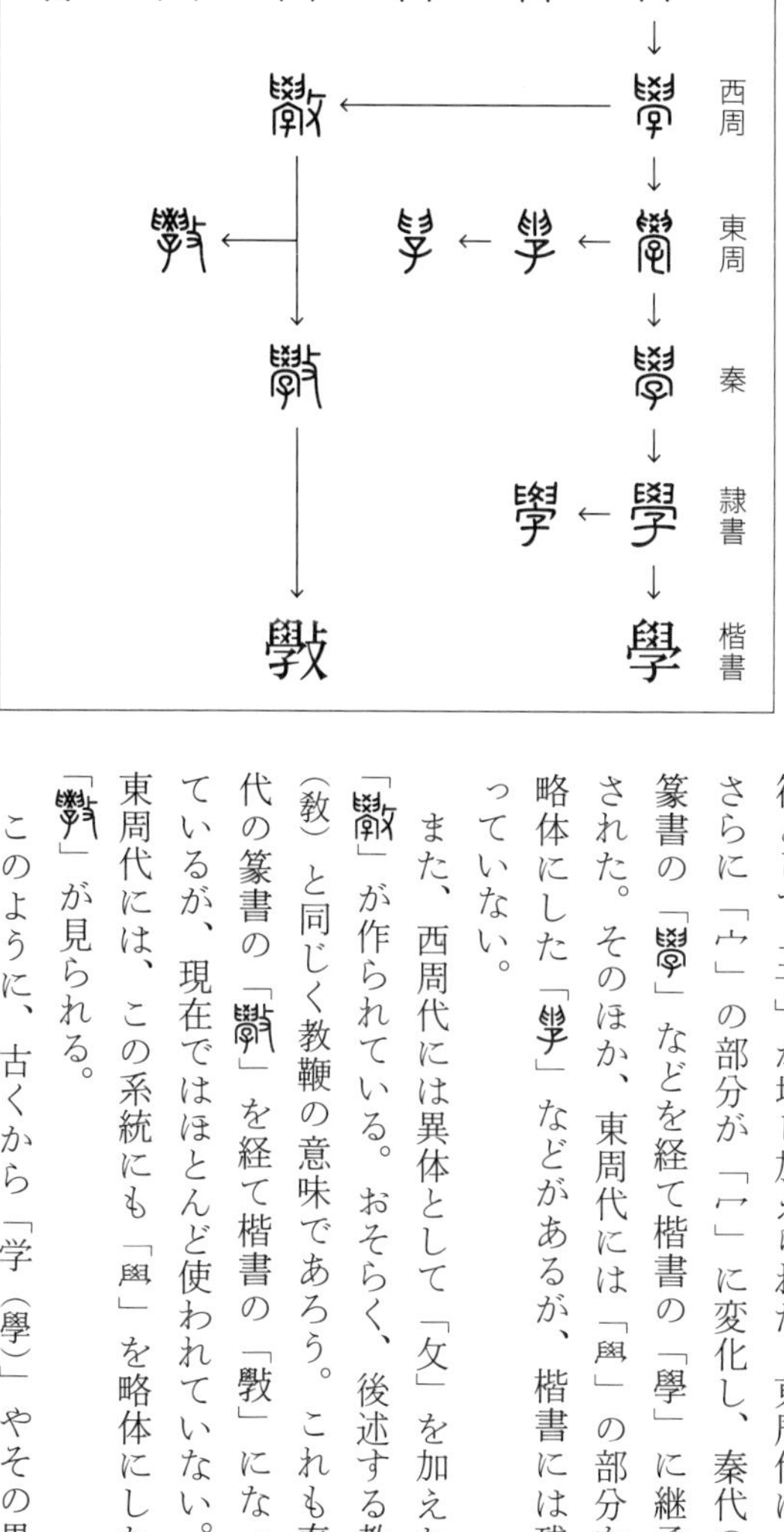

また、西周代には異体として「攴」を加えた「斅」が作られている。おそらく、後述する教（教）と同じく教鞭の意味であろう。これも秦代の篆書の「斅」を経て楷書の「斅」になっているが、現在ではほとんど使われていない。東周代には、この系統にも「𦥯」を略体にした「斅」が見られる。

このように、古くから「学（學）」やその異体が文字として使われていたが、甲骨文字は占いを記したものであるため、具体的な教育内容には言及していない。甲骨文字には「大学」という施設名も見られるが、やはり詳細な記述がなく、後代に言う「大学（王立学校）」との関連は不明である。

西周代になると、例はごく少ないものの金文に教育内容の記述があり、「学宮（がっきゅう）」において「射（しゃ）を学ぶ」（『殷周金文集成』四二七三）などが記されている。弓矢の射撃は軍事にも用いられるが、儀礼として「射礼（模擬的な狩猟）」も行われていた。古代の学校では、文字の読み書きのほか、支配階層に必要な祭祀儀礼や軍事行動への参加方法も教育されたようである。当時の学校教育は一般には開かれておらず、ごく限られた上層の子弟だけが受けるものであった。

その後、戦国時代になると官僚制が始まり、識字率はやや増加したが、それでも全人口の一％程度であったと推定されている。その状況は近世まで続いており、中国では長い時代にわたって、庶人には文字が普及しなかった。

◇　◇

「学（學）」に近い成り立ちの文字として、「教（敎）」がある。初出の殷代には爻（××）・子（〓）・攵（〓）から成っており、子供に文字を教える様子を表している。

攵については、手に道具を持った形であり、許慎・藤堂・季旭昇は教育を施すこととし、加藤・赤塚・阿辻は教育を強制することとし、白川は長老の教権を表すとするが、殷代の段階では、攵がそのような抽象性によって使われることはない。したがって、叩くための鞭や棒を持った形とする説（鎌田・谷衍奎・李学勤）が妥当である。

爻は推定される上古音が[gau]であり、教（[kau]）に近いので、亦声にあたる。つまり、元々「文字」と「文字を教えること」は近い言葉だったのである。また、資料上では教（敎）と学（學）が通用することもあり、「教育すること」と「教育する場所」も類似する語彙として認識されていたのであろう。

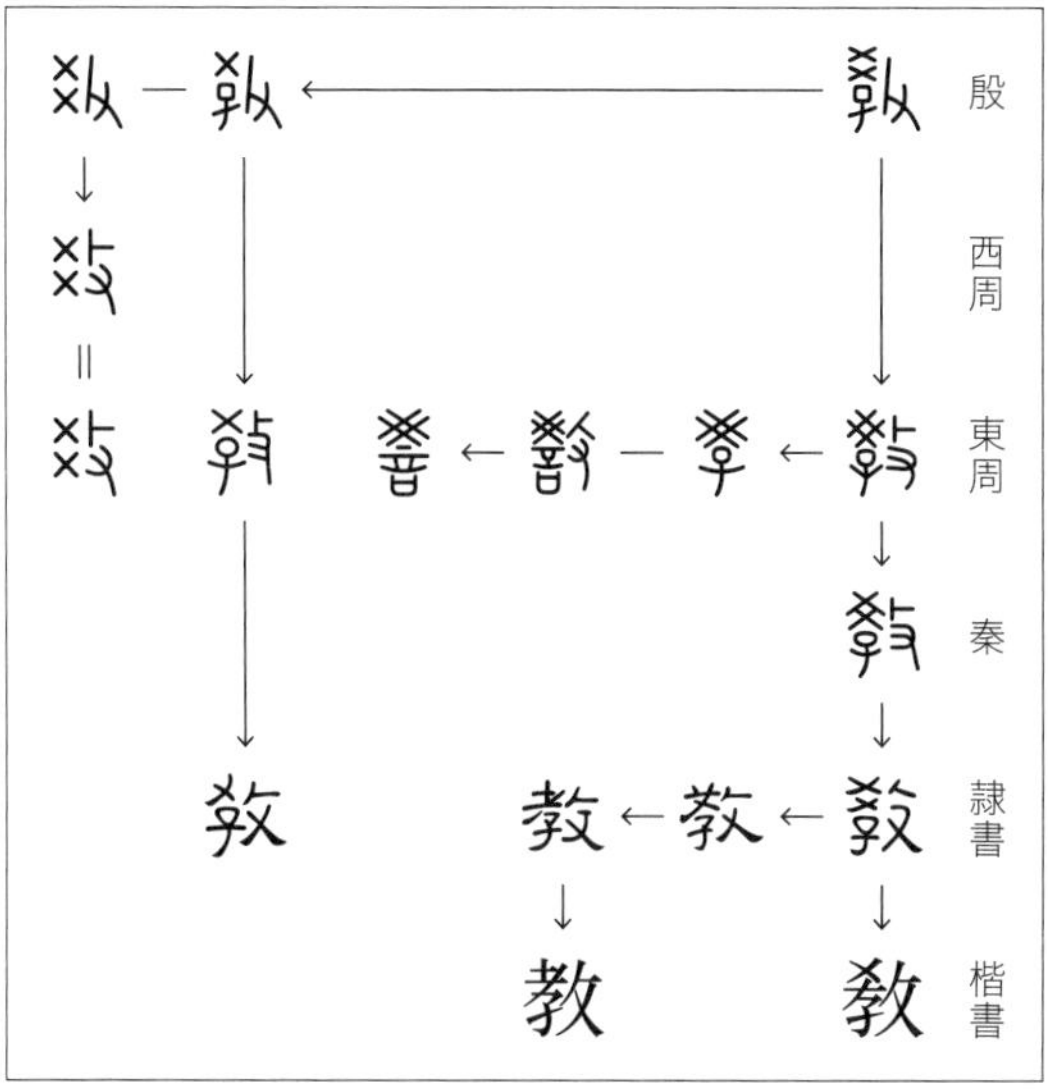

殷	西周	東周	秦	隷書	楷書
〓 → 〓	↓	〓 ← 〓	〓	敎 ← 教 ← 教	教
		〓 — 〓 ← 〓		↓	教
〓 — 〓	↓	〓		敎	
↓ 〓 ＝ 〓					

字形については、「〓」の系統が篆書の「〓」などを経て楷書（旧字）の「敎」になっている。また、隷書には爻を崩して「耂（おいがしら）」にした「教」があり、これが新字の「教」になった。そのほか、この系統には、東周代に略字の「〓」や子を言に変えた「〓」などが作られている。

また、殷代には略体の「〓」や「〓」も見られる。前者の系統は隷書の「敎」まで、後者の系統は東周代の「〓」まで使われたが、いずれも楷書には残っていない。

令と使

支配階層の人々は、教育を受けて成人した後

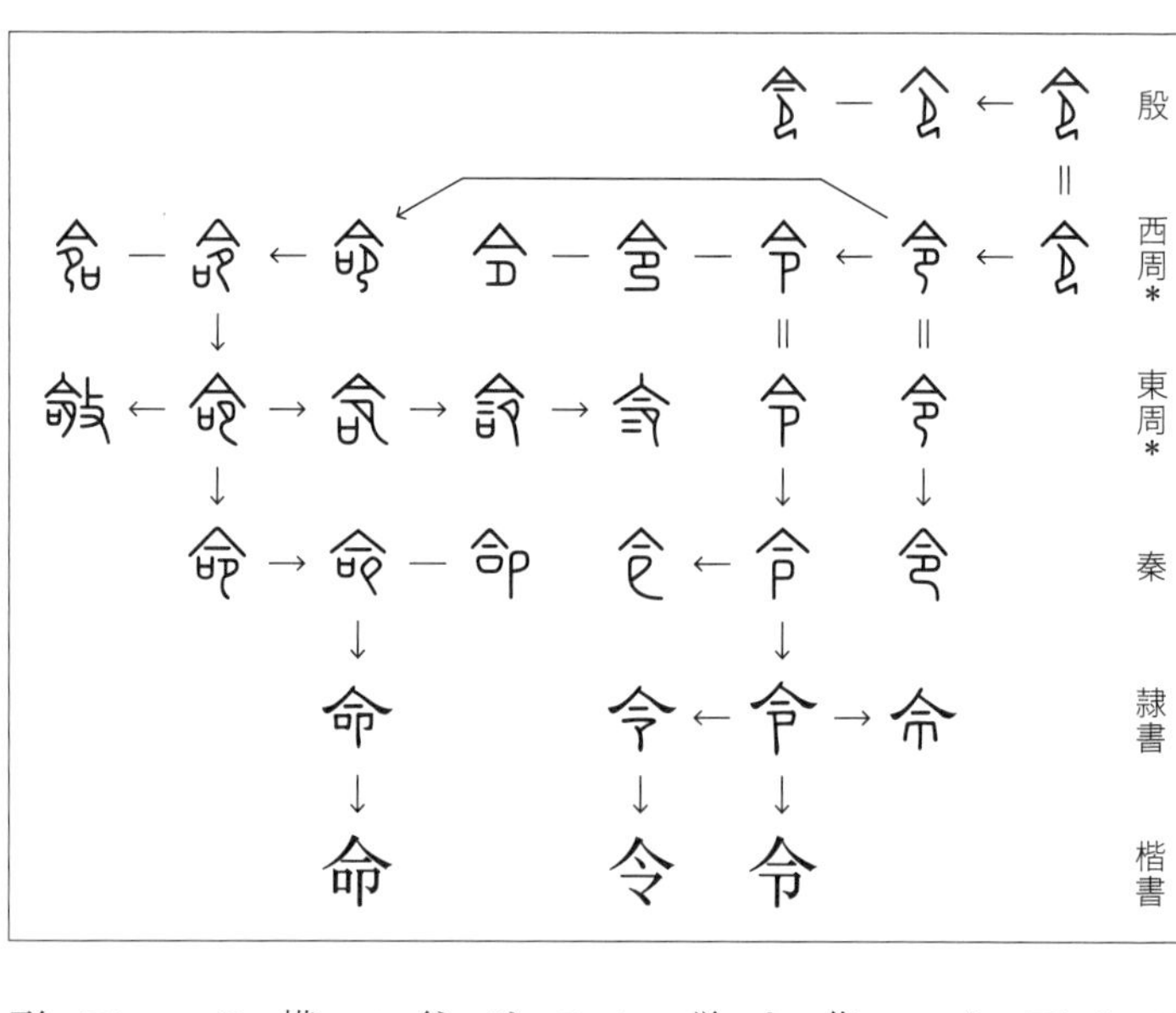

は、王や大臣の命令によって政治や軍事に参加した。命令をする意味としては、甲骨文字では「令（〓）」の文字が使われており、亼（〓）と卩（せつ）（〓）から成る。

「令」の成り立ちについて、後代には「亼」が集めることを意味して使われたため、藤堂は人を集めて宣告することとする（赤塚・阿辻・李学勤も同様）が、殷代にはその意味で使われていない。そのほか、加藤は「亼」に「キョウ」の音があるとして形声文字とし、白川は「亼」が礼冠であり跪（ひざまず）いて神意を聞く人の形とする。谷衍奎は「亼」を木鐸（ぼくたく）とし、季旭昇は「亼」を口（〓）の逆向きとする説を採る（許慎は字形構造が会意であることを述べるのみであり、鎌田は藤堂説と白川説を併記する）。

しかし、殷代にはいずれとも異なっており、「亼（〓）」は屋根の形（倉（〓）など）や蓋の形（会（會）（〓）など）として使われている。

「令」のうち「卩（ ）」は座った人の形であるから、「亼」は蓋ではなく屋根の意味であり、人が王などの居所に呼ばれて命令を受けている様子が字源であろう。

「令」は、字形構造に大きな変化がなく、亼と卩で楷書の「令」になっている。なお、現在では令の異体として「令」が使われることもあるが、隷書で卩の部分を崩した「令」に起源があり、これも長い歴史のある字形である。

令の同源字として、西周代に出現した命（ ）があり、「令（  ）」に「口（ ）」を加えて「口頭での命令」を表した文字である。ただし、当初は意味上で大きな違いはなく、西周代の金文では令・命が通用している。発音についても、推定される上古音は令が[lieng]、命が[mieng]であり、韻母が共通するので、言葉としても近いものだったと考えられている（声母も同一のものから分化したとする説もある）。

「命」についても字形構造の変化がなく、「令」と「口」で楷書の「命」になっている。そのほかの異体として、東周代に「攴」を加えたもの（  ）がある。この時代になると、攴に強制を表現する用法が出現しており、命令を強制する意味で作られたものであろう。また、秦代の「命」は特殊であり、「命」を再構成し、「亼」と「口」を「合」の形にしている。ただし、いずれの異体も楷書には残っていない。

このように、令や命は、人が命令することが起源であるが、西周代以降には天の命令、すなわち「天命（あるいは天令）」としても使われた。周は、もとは殷王朝の支配下の地方領主であったが、クーデターによって殷を倒して王朝を樹立した。しかし、事実のままでは王朝を維持する正統性に

欠ける。そこで、「天が失政をした殷を見捨て、新たに地上を支配する命令を周に下した」という形にして、天命による支配の正統性を主張したのである。なお、天は周の主神であり、周王は「天子」とも称された。

その後、令・命ともに引伸義や仮借の用法が増加しており、令には長官や使役の助字などの用法があり、命には「いのち」や「なづける」などがある。また、令は東周代以降に仮借して「よい」の意味でも使われており、文献資料に「令聞令望（よい声望）」（『詩経』大雅巻阿篇）などの例が見られる。

◇　◇

王や大臣からの命令によって行われた職務のひとつに「使」、すなわち使者として地方に赴くことがある。

初出の殷代には、手（[甲骨文字形]）に「[甲骨文字形]」を持った形（[甲骨文字形]）であるが、「[甲骨文字形]」は取っ手のついた箱（[甲骨文字形]）を表しており、おそらく王からの命令文書が入れられたのであろう。甲骨文字には「[甲骨文字形]、使を亜・侯に立てるか」（『甲骨文合集』五五〇五。[甲骨文字形]は殷の有力者、使は使者、亜・侯は称号）や「人を挿に使わさんか」（『甲骨文合集補編』一八三〇。挿は地名）などの記述がある。

殷代には支配体制が不安定であり、地方領主が王の使者を受け入れる保証はなかった。「王使（王からの使者）」といえども危険が伴ったのである。逆に、地方領主が王使を受け入れることが服従していることの目安になったようで、甲骨文字には「師盤は王使を戴くか」（『甲骨文合集補編』五三一。師盤は領主名。原典は図6－1）や「召は其れ王使を戴かざるか」（『甲骨文合集』五四七九。

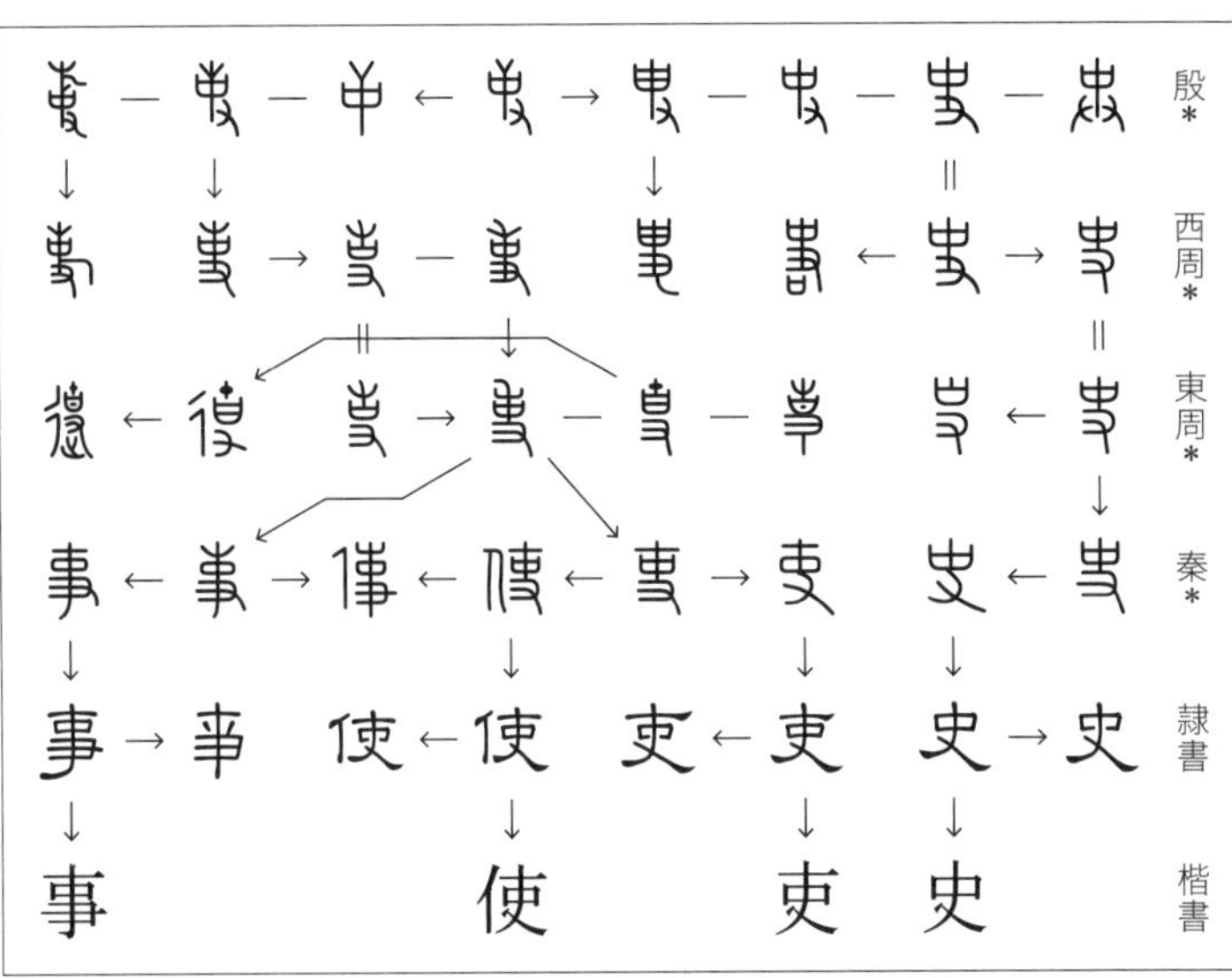

召は領主名でおそらく召公の祖先）などの記述が見られる。

この文字は、その後の歴史できわめて複雑な経緯をたどった。殷代の異体には上部を簡略化した「〓」などがあるが、当初は使い分けがなく、いずれも「使者」や「つかわす」の意味で用いられた。その後、「〓」の系統が「吏」となり、「〓」の系統が「史」となった。

西周代には、使者からの引伸義で史官（しかん）（記録官）の意味でも使われるようになった。この場合には、繁文が「史」である。また、「つかえる」の意味にも派生しており、この場合の繁文は「事」である。そして、東周代になると官僚

図6－1　王使の受容（線より下は別の段落）

制が発達し、官吏（役人）の意味でも使われるようになった。繁文は「吏」である。

このように、「使」「史」「事」「吏」は同源字である。これらのうち、「史」の字形は、前述のように殷代の「〓」などに起源がある。その後、隷書で簡略化されて「〓」となり、楷書の「史」になった（下部が手の形にあたる）。また「史」は史官からさらなる引伸義で史書や歴史の意味でも使われている。

一方、「〓」の系統は「吏」の字形になっており、上部の枝分かれした装飾部分が楷書の一画目の横画になっている（そのほかは「史」と同じ）。この系統から分化したのが「事」であり、秦代の「〓」や隷書の「〓」などを経て楷書になっており、「事」のうち手の形は下部の「ヨ」にあたる。そして、原義である「使」が字形としては最も新しく出現しており、秦代に「吏（〓）」に意符として「人（亻）」を増し加えて作られた（「〓」など）。

以上に挙げたほかにも、殷代〜西周代には上部を軍旗の形（〓）に変えた「〓」などが見られる。類似形に変えた俗字かもしれないが、前述のように当時の使者は危険だったため、小規模の軍隊を伴うことがあり、それを表現したものかもしれない。そのほか西周代には「口」を加えた異体（〓）があり、また東周代には「彳」を加えた異体（〓）や「辵（⻌）」を加えた異体（〓）があるが、いずれも楷書には残っていない。

字源について、先行研究には「使」「史」「事」「吏」が同源であることを把握していないものが多い。許慎は吏や事を史を用いた会意文字や形声文字とする。また藤堂は「〓」の部分について、「史」では竹簡を入れる筒とし、「吏」では旗印を枠の中に立てた様子、「事」では竹の籤（くじ）としており一定しない。そのほか、加藤・赤塚・鎌田・阿辻も別源の文字としている。

同源字であることを把握できたのは、十書のうち白川・谷衍奎・季旭昇・李学勤の四書であった。ただし、白川は祭祀に関連させて祝禱（しゅくとう）（祝詞を書いたもの）を収める器とし、谷衍奎・李学勤は狩猟に関連させて枝分かれした狩猟の道具とするが、原義である使者とは関係がない（ちなみに後者にあたるのは単（單）（[illegible]・[illegible]）である）。また季旭昇は史官が用いる筆や竹簡を入れたものとし、これが唯一、資料上の用法に関連付けているが、前述のように史官の意味は西周代に出現したものであり、初出の殷代まではさかのぼらない。

法と罪

現代社会において、制度として最も重要とされるものは法律であろう。しかし、実のところ法律が出現したのは人間社会の出現よりも遥かに遅いのである。もちろん、原始社会にも様々な慣習や伝統は存在したはずだが、それが文字などの形で明示されることはなかった。さらに、初期の国家でも文章になった法律は見られない。限られた支配階層の中で国家を運営するためには、その方法を外部に知られない方が都合がよかったのであろう。

その後、東周代に官僚制が成立し、ようやく文章になった法律（成文法（せいぶんほう））が公表されるようになった。この時代には独裁君主が大きな権力を持つようになっており、また農民が兵士として徴集された。そのため、官僚が君主に背かないようにし、また官僚が徴兵農民に法律を守らせる必要から、成文法を公開したと考えられる。

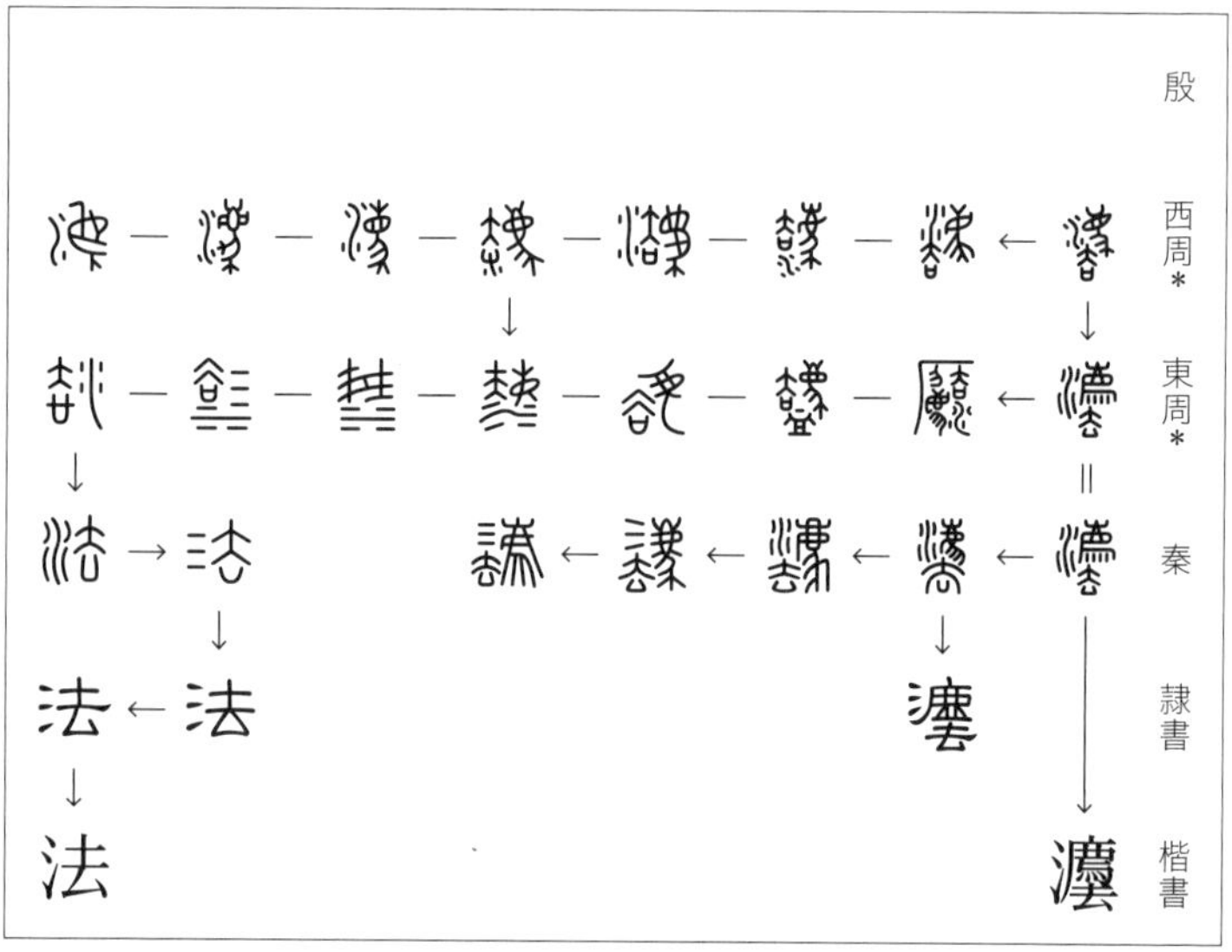

殷 ／ 西周* ／ 東周* ／ 秦 ／ 隷書 ／ 楷書

灋 ／ 法

文字としての「法」については、すでに西周代の金文に現れているが、この段階では「すてる」を意味していた。西周代の「[illegible]」などは、河川の象形の水（氵）（[illegible]）と動物の象形の廌（たい）（[illegible]）、そして去（[illegible]）から成っている。

後代には廌の角が一本で表現されるようになったため、許慎は神判に用いる聖なる一角獣と解釈し、そこから法（灋）の字源を神判と分析する。また、許慎以外にも白川・赤塚・鎌田・阿辻・李学勤・季旭昇が神獣・神判説を採る。しかし、廌は古くは「[illegible]」の形で二本の角が表現されており、一角獣ではない。後に二本を「一対」として表現しただけである。甲骨文字には「東（とう）に黄廌（こうたい）を燎（りょう）せんか」（『甲骨文合集』五六五八。東は東方の神格、燎は祭祀名）などの記述があり、通常の家畜と同じ扱いがされているので、山羊（やぎ）のような実在の動物と推定される。

そのほか、藤堂は去に「ひっこめる」の意味があるとし、動物を閉じ込める様子とするが、殷代や西周代には去にその用法は見られない。谷衍奎は「去」を人の住居の形として字源を分析するが、やはり去にその意味はない。加藤は廌と去の部分について、去と京が音通であるという前提で「麠（けい）」として声符とするが、推定される上古音は去が [kia]、京が [kiang] であり、韻尾が異なる。また、そもそも廌（𢊁）と鹿（𢊁）は別の動物である。

廌 𢊁　鹿 𢊁

西周代の金文では、前述のように「すてる」の意味で使われており、王の言葉として「朕（わ）が令（れい）を灋（す）つる勿（な）かれ」が頻見される。したがって、字形通りに解釈すれば、「家畜を河川に捨て去る」が字源ということになる。ちなみに、殷代には家畜を意図的に河川に沈めて犠牲にする祭祀があり、「𢊁」や「𢊁」の形で表現された（「沈」の初文と推定される）。「𢊁」は牛（𢊁）を沈め、「𢊁」は羊（𢊁）を沈めたのである。

沈 𢊁 𢊁

その後、東周代になると「灋」が「のっとる」の意味で使われるようになり、さらに「法律」の意味になった。「すてる」が逆の「のっとる」の意味になった経緯は不明であるが、仮借または反（はん）訓（くん）かもしれない。反訓とは、文字が逆の意味で使われることであり、例えば本来は「ゆく」を意味した「止」が、全く逆の「とまる」の意味で使われたような経緯がある。

字形について、西周代には「去」を除いた略体の「〓」などが見られる。「去」がなくても「水」だけで「河川に捨てる」の意味を表現できたのであろう。東周代にも異体が多く、水を血（〓）（盟約に用いられる）に変えた「〓」などがある。この時代になると「すてる」の意味で使われなくなったため、字形構造にも変更が試みられたと思われる。また水を略した「〓」や、廌を省いた「〓」なども作られた。後者が継承され、水（氵）と去で楷書の「法」になっている。また初文の構造も楷書に「灋」として残っているが、現在では使われることが少ない。

◇　◇

法によって罰せられることが「罪」である。東周代に初出であり、当初は鼻の象形の自（〓）と刃物の象形の辛（〓）から成る「〓」などの形であった。楷書の「辠（ざい）」にあたる。

この文字の字源について、許慎は罪人が鼻を蹙（しか）めて辛苦することとし、加藤・赤塚は自を声符とする形声文字とし、白川・阿辻は鼻に入れ墨することと解釈する（鎌田は言及していない）。しかし、当時は刑罰として鼻を削ぐことが行われており、藤堂・谷衍奎・季旭昇・李学勤が述べるように、それを表現した文字とするのが妥当である。鼻削ぎの刑罰は「劓（ぎ）」と呼ばれており、またこうした肉体を損壊する刑罰を「肉刑（にくけい）」と総称する。

なお、殷代や西周代にも肉刑は存在したが、それは戦争捕虜を奴隷にする際にも行われており、身分の降下を視覚的に表示する効果があった。当時の刑罰は、法的措置というよりは、社会的制裁と考えた方がよいだろう。その後、東周代や秦代の法律で「罪」の概念が出現したが、肉刑を受けた者は奴隷身分として扱われたので、古い時代の慣習が残っていたようである。そして、前漢代になると社会が安定化し、ようやく肉刑は廃止された。ただし、宦官（かんがん）の供給のために宮刑（きゅうけい）（去勢刑）だけは続けられている。

秦代以降には、「つみ」を意味する文字として「罪」も使われた。網の象形の网（もう）（楷書の部首としては「罒」）（网）と非（非）から成る文字（罪）であり、本来は魚を捕る網を意味していた（非を声符とする形声文字）。

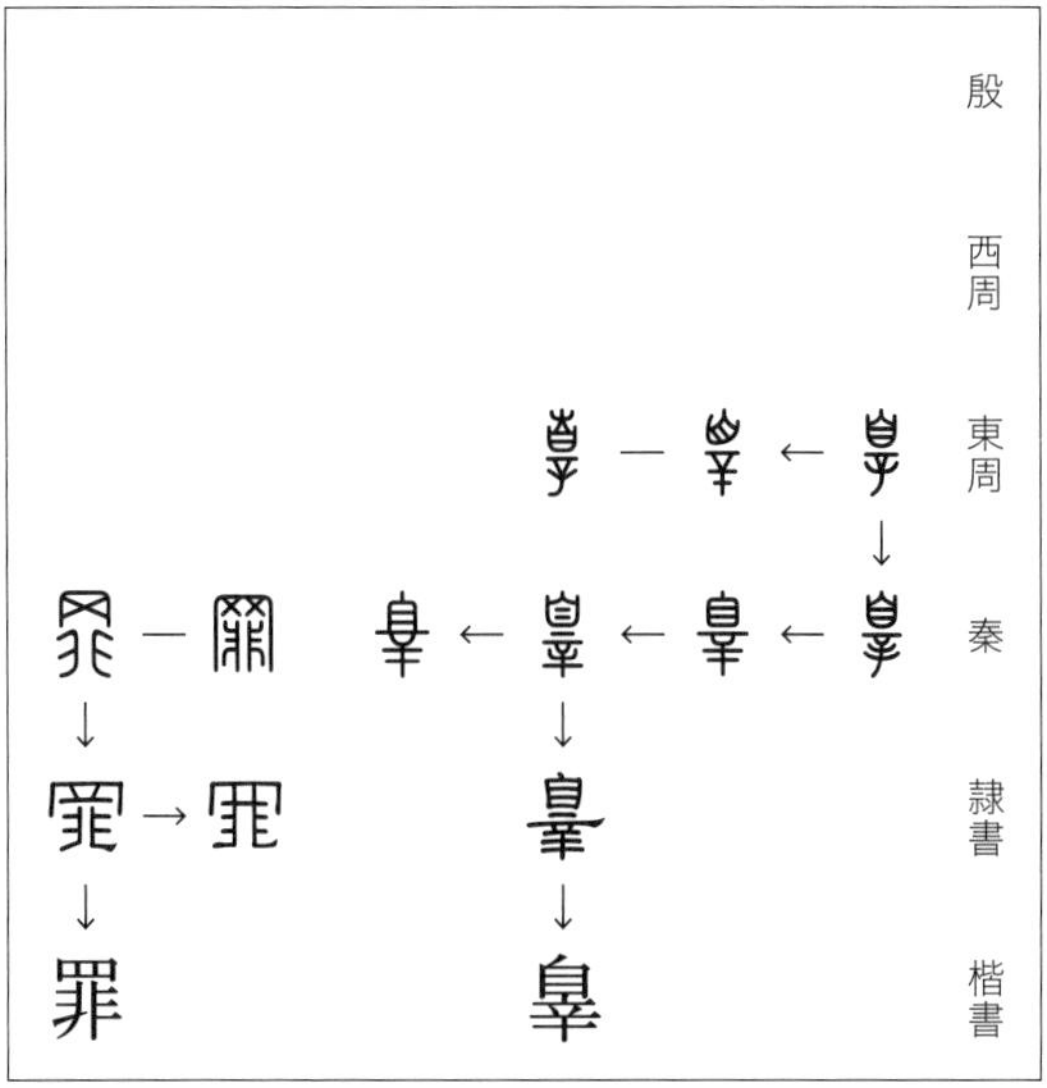

殷	西周	東周	秦	隷書	楷書
	辠	→ 辠	→ 辠	→ 辠	→ 辠
		罪	→ 罪	→ 罪	→ 罪

なぜ「つみ」の意味に「罪」を用いたのかについて、許慎は「辠」と皇帝の「皇」が似ていることから秦の始皇帝が文字を代えさせたとする（赤塚・季旭昇・李学勤もこれを採る）が、実際には始皇帝の時代の出土資料でも「辠」が使われており、その命令があったかは疑わしい。加藤・阿辻・谷衍奎は単に仮借したものとし、藤堂・白川・鎌田は「法の網をかける」という意味も含んでいたとする。いずれも論理的な矛盾はないが、推定される上古音は非が[piuəi]、罪・辠が[dzuəi]であり、韻母は近いが声母は異なる。したがって後者が妥当であり、「网」を使った文字であることが重要で、その中で比

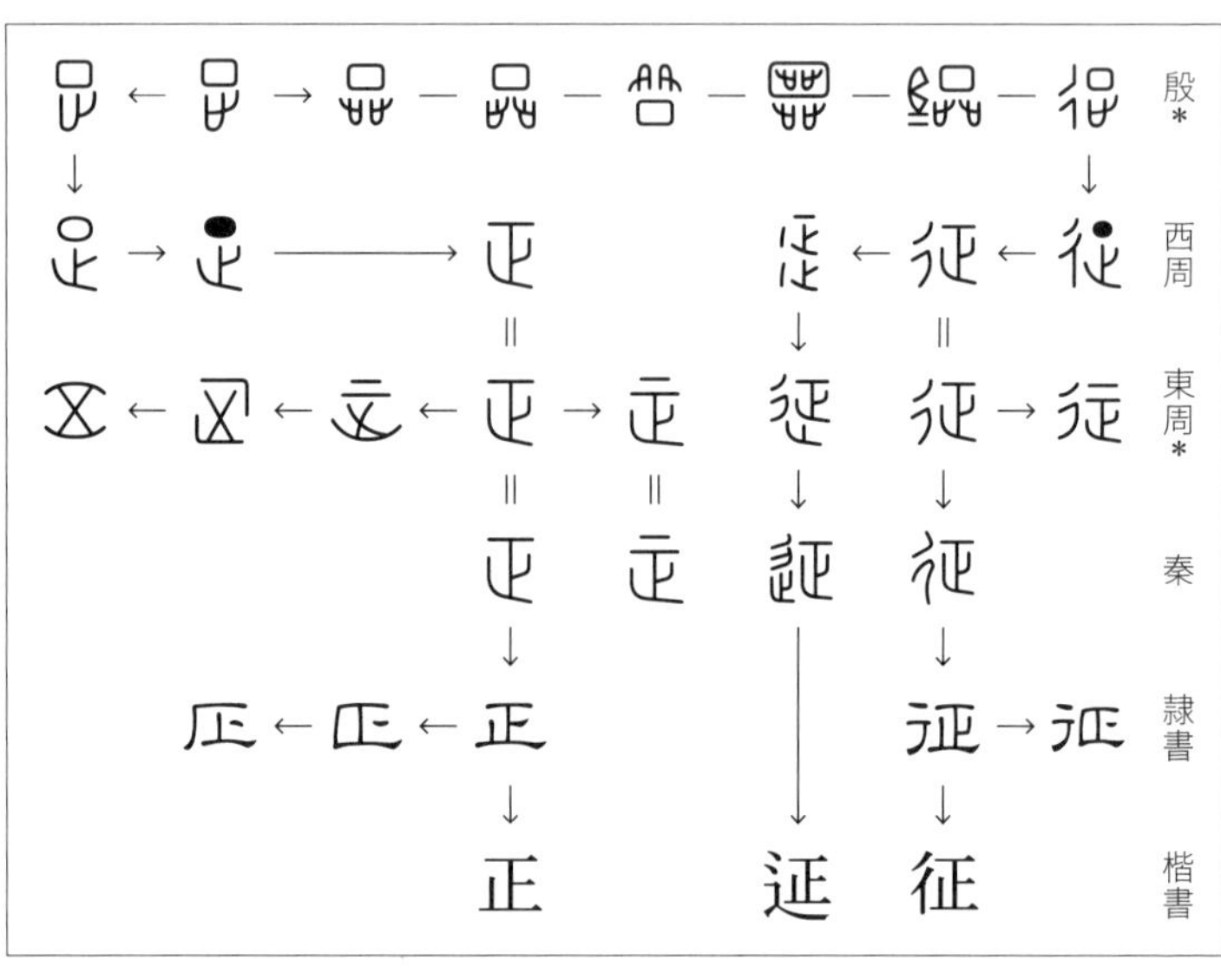

較的発音が近いものを選んだのであろう。

皐・罪ともに字形の変化は少なく、初文の構造が楷書まで残っているが、現在では「皐」はほとんど使われることがない。なお、「つみ」を意味する文字としては「辜(こ)」もあるが、これは古を声符とする形声文字であり、皐・罪とは語彙上のつながりはない。

正と成

ここからは軍事に関連する文字を取り上げる。軍隊を用いた物理的な支配は、古代の王朝では祭祀儀礼による精神的な支配とともに重要であり、それを元にした文字も多い。

まずは「正」であるが、これは本来は都市を攻めることを表した文字であり、「征」の初文にあたる。殷代の基本形である「〓」は、上部にある丁(てい)（口）が都市を表し、そこに足の象形の止（〓）を向けることで、やや抽象的に軍事攻撃を表している。中国では、新石器時代の末期から都市を城壁で囲う方法が広まっており、四角形の「□」はそれを表現している。

図6－2に、殷代に作られた地方の都市を挙げた。上が全体の見取り図であり、下が発掘された城壁の一部である（東と南は崖で現在は一部が崩れている）。城壁は一層ずつ泥を突き固める「版築（はんちく）」という工法によって頑強に作られている。中国では、早くから戦争捕虜が奴隷として扱われており、時には祭祀犠牲に供されていたので、防衛施設の建設に力を入れたのも当然と言えるだろう。

ただし、全ての都市が城壁で囲われていたわけではなく、例えば殷代前期の首都である鄭州商城遺跡は厚みが二十メートルという巨大な城壁で囲まれていたが、殷代後期の首都である殷墟遺跡や二里頭文化の王朝の首都である二里頭遺跡には大規模な城壁が存在しない。城壁を建設するか否かについては、戦争の頻度や王朝支配の安定性、あるいは公共事業の必要性や都市の拡大の見込みなど、様々な要因が推定されている。

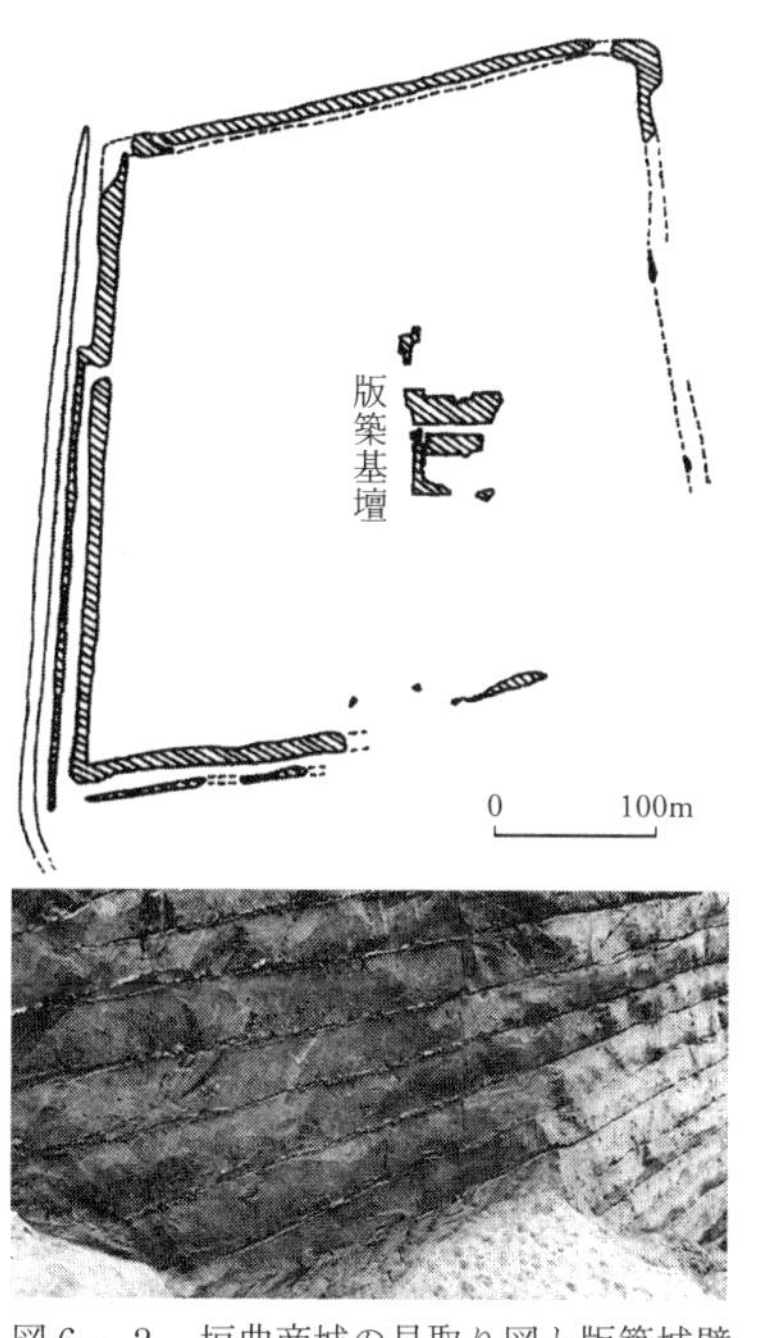

図6－2　垣曲商城の見取り図と版築城壁

字形について、殷代には異体が多いが、状況によって使い分けられており、「〓」から「〓」までは、殷王朝の側が敵対勢力によって攻められる意味で用いられることが多い。「」については軍隊の駐屯を表す「次」の初文（）を加えており、長期戦の表現であろう。ただし、いずれも後代には残っていない。

後代に継承されたのは、初文の「」の系統と、意符として進行を象徴する彳（）を加えた「」の系統である。いずれも西周代に都市を表す四角形が横線に簡略化され、前者が「正」、後者が「征」になった。また用法にも変化があり、殷代に「正」の系統は征伐の成功からの引伸義で「よい」の意味でも使われ、西周代以降に、さらなる引伸義で「ただす」や「ただしい」の意味に用いられるようになった。その代わり、「正」は征伐の意味では使われなくなっており、「征」だけに原義が残っている。

そのほか、西周代以降には、「征」の系統に意符として「止」を増し加えた「」などが作られている。止は彳と同じく進行を象徴する用法があるが、彳と合わせると「辵（辶）」の形になり、これも楷書に異体の「延」として残っている。なお、許慎は「延（）」を原形とするが、字形史とは異なっており、また現在でも「延」はほとんど使われない。

◇　◇

次に取り上げる「成」も、軍事攻撃に関係する文字である。初文の「」は、鉞（まさかり）の象形である戌（じゅつ）（）と都市を表す丁（）でできており、敵対する都市を平定することを表している。

鉞は、古くは武器として使われていたが、殷代には、より進んだ戈（か）（）（二二九〜二三一頁を参照）が主力兵器になっていた。ただし、捕虜や人牲の処刑には鉞も使われており、殷代にも文字上

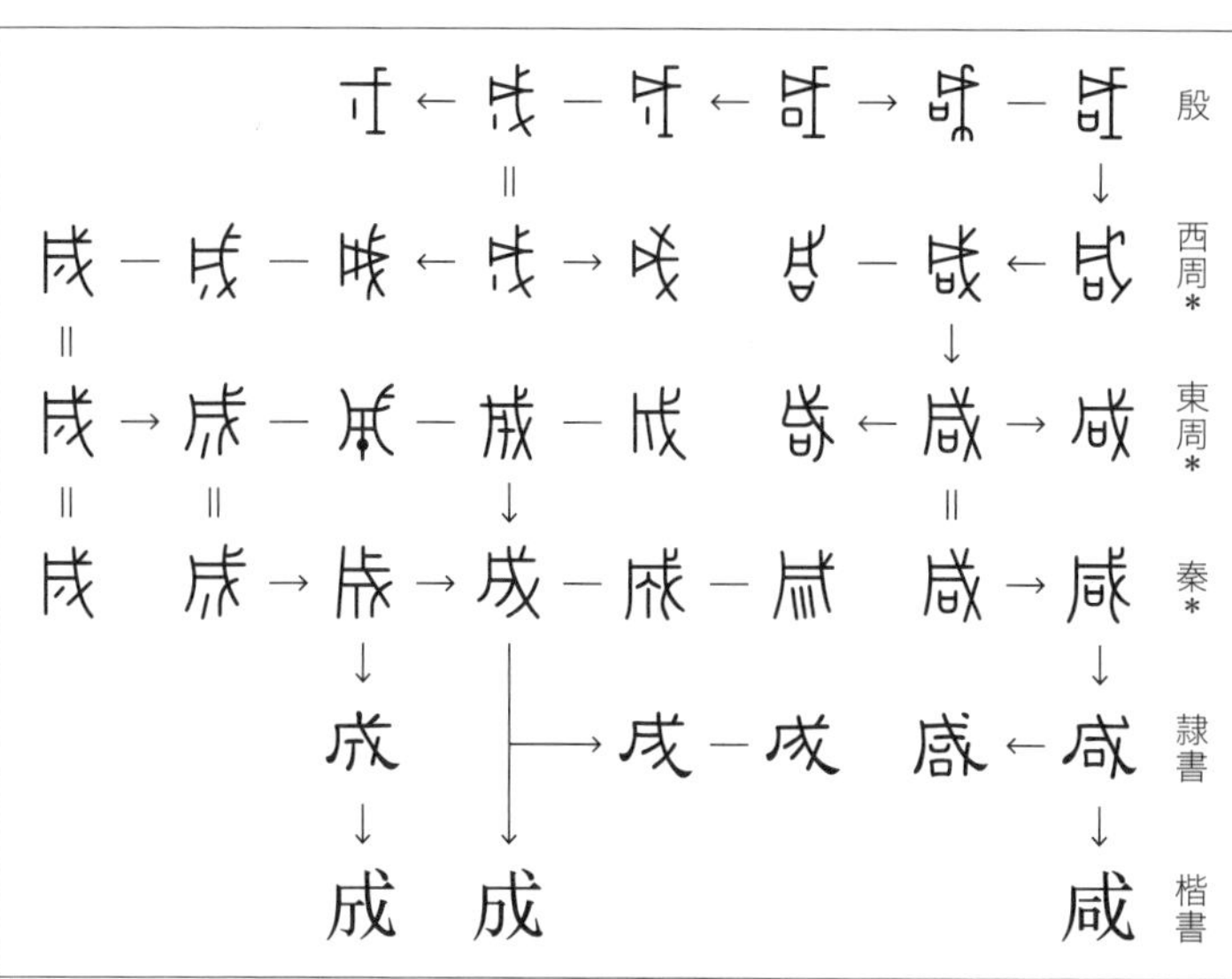

図6－3　青銅製の鉞

では軍事力の象徴となっている。

図6－3に殷代に作られた青銅製の鉞の刃（下が刃先）を挙げた。柄の部分は腐食によって失われているが、本来は長い木の柄にこれを取り付けており、振り回して人の首を切ったのである。図は儀礼用の鉞であり、表面には装飾が施されている。

「成」は、殷代には、建国者である大乙（たいいつ）の別名としても使われており、原義である平定から考えて、「王朝の領域を平定した人物」の意味であろう。また後代には、平定することから転じて「なしとげる」（「成功」など）や「できあがる」（「成立」など）の意味としても使われた。

なお、「成」の字源について、許慎・赤塚・阿辻は、丁の上古音（[teng]と推定）が成の上古音（[zieng]と推定）に近いことから、丁を声符とする形声文字と見なす。しかし、前述のように平定が原義なので、都市を表す丁は会意文字の一部（亦声）と考えるべきであろう。

そのほか、加藤・白川・谷衍奎・季旭昇・李学勤は「〓」を起源として字源を解釈するが、これは殷代末期に出現する略体である。また、藤堂は丁を釘とする説に基づいて字源を解釈するが、後代に釘と解釈されて篆書の「〓」や楷書の「丁」に変わったものであり、殷代には四角形の構造物を表していた。鎌田は「丁」自体に「平定する意味」があるとするが、殷代の資料にその用法は見られない。

字形について、前述のように殷代末期に丁（□）を縦線にした略体（〓など）が出現しており、これが後代に継承された（〓も末期に出現する戉の異体）。西周代～秦代には戉の形や線の向きを様々に変えた異体があるが、最終的には楷書に「〓」の構造が残っており、「戊」と「亅」で旧字の「成」になっている。また、新字とされる「成」についても、秦代の「〓」に起源があり、一定の歴史がある字形である。

なお、初文が「戊」と「丁」を用いた形であったのに対し、楷書は一見すると「戊(ぼ)」と「丁」から成っているように見えるが、偶然の一致であって、「丁」の部分に直接の継承関係はない。

「成」の同源字に「咸(かん)」という文字がある。字形の起源としては、「成（〓）」のうち丁（□）を類似形の口（〓）に変えた俗字の「〓」であり、殷代には「成」との明確な区別がなかった。甲骨文字には、大乙の別称としての「成」を「咸」で表現しているものがしばしば見られる。

その後、「咸」の系統は「みな」や「ことごとく」の意味として使われており、原義の平定から転注されたものであろう。西周代や東周代には異体が多いが、楷書には「〓」の構造が残っており、「戌」と「口」で「咸」となる。

字源について、十書すべてが咸を成と別源の文字としている。例えば許慎は「口」を部首と見なして戌が悉（しつ）（ことごとく）に通じるとし、藤堂は「刃物で強いショックを加えて口を封じること」とし、白川は祝禱を収める器を鉞で守ることと解釈している。ただし、甲骨文字を専門とする研究書には同源字であることを指摘するものが見られ、分野によって傾向に相違がある。

武と衛

「武」は、最初に出現した段階では「〓」の形であり、上部が武器である戈（か）（〓）であり、下部が足の形の止（〓）である。戈は、長い柄の先に鋭い刃物を付けた武器であるが、殷代には主力兵器となっており、文字においても武器の代表として使われることが多い。

「武」の成り立ちについて、後代には「止」が「とまる」や「とめる」の意味で使われたことから、『春秋左氏伝』には「戈を止（とど）めるを武（ぶ）と為（な）す」（宣公十二年）という解釈があり、許慎はこれを採る。しかし、殷代には「止」は「ゆく」の意味であり、進行を象徴して用いられているので、実際には進軍・侵攻を表現した文字である。そのほか、加藤・赤塚は戈を声符とする形声文字とするが、推

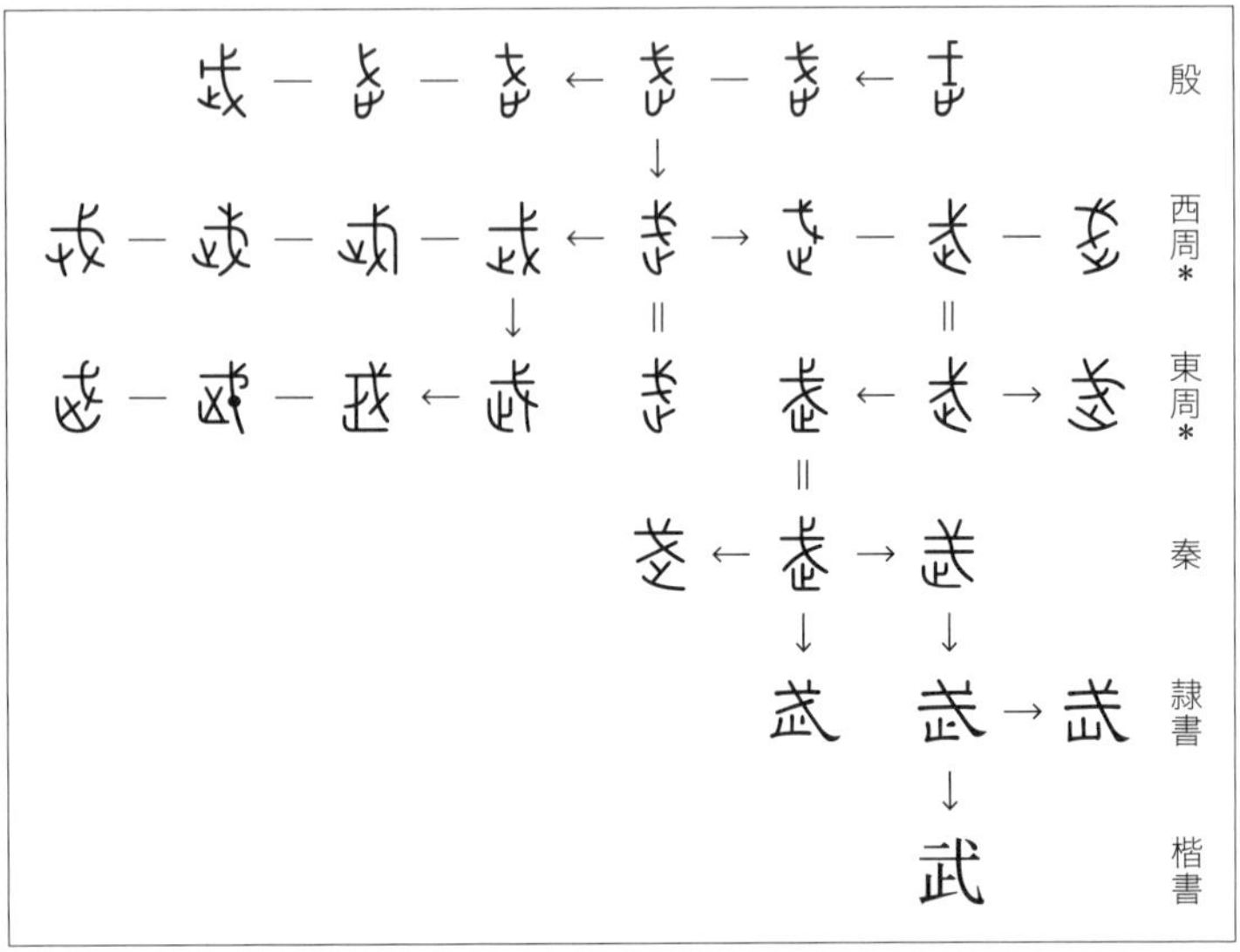

殷　西周＊　東周＊　秦　隷書　楷書

武

定される上古音は武が[miua]であるのに対し戈は[kuai]であり、違いが大きい。

「武」は、進軍から転じて武功を挙げた王侯に対する諡（おくりな）として用いられている。殷代の王に「武丁（ぶてい）」や「武乙（ぶいつ）」などがあり、周の建国者が「武王」である。さらに転じて軍事全体の呼称にもなっており、例えば「文武」は学芸全般と武芸全般を指す。

字形について、殷代の「」は戈に代えて戊（ぼ）（）を使っており、戊も武器の象形である。先に挙げた戌（じゅつ）（・）も武器の象形であり、いずれも長い柄の先に刃物を取り付けたもので、刃先の形状のみが異なっている。

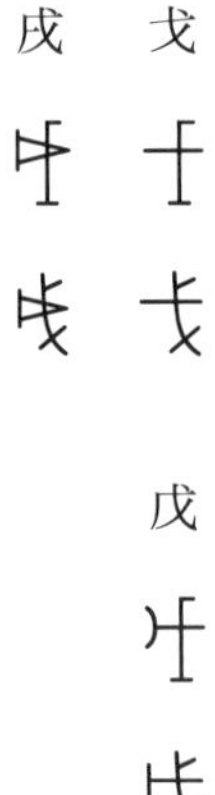

戈

戊

戌

その後、秦代には戈の形を変形した「」

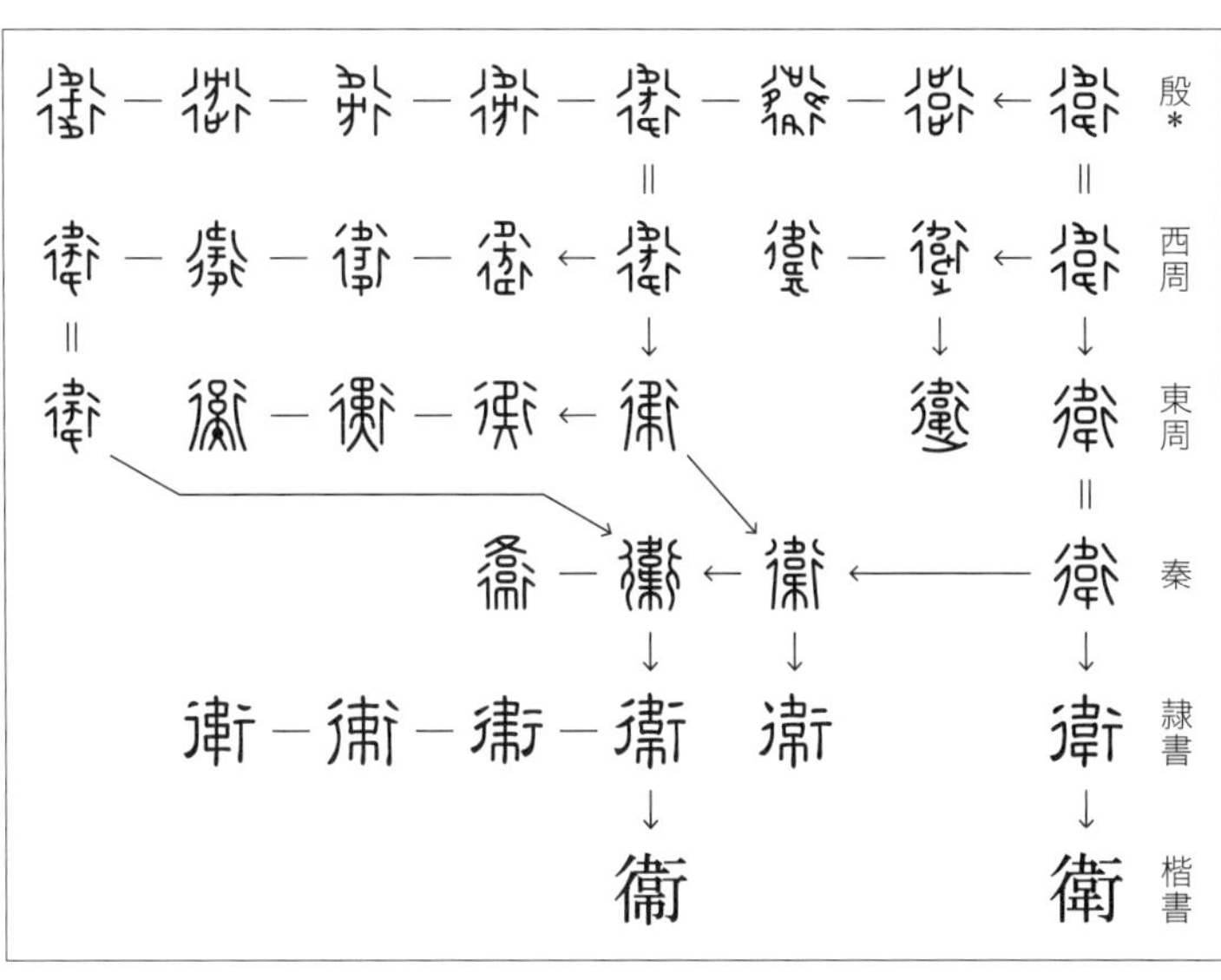

が作られ、隷書の「㦽」を経て楷書の「武」になった。「武」のうち「止」を除いた部分は戈が変形したものである。戈を変形させていない系統も隷書の「㦽」まで使われたが、楷書には残っていない。

◇　◇

「衛」は、成（[illegible]）や武（[illegible]）などとは逆に、都市を防衛する様子を表した文字である。殷代の「[illegible]」は都市を表す丁（口）と、足を表す止（[illegible]）の向きを変えた夂（[illegible]）や㐄（[illegible]）を用いており、兵士が都市の周囲を警備している様子を表している。これに行くことを表す行（[illegible]）を加えたものが衛（[illegible]）であり、「地方に行って都市を防衛すること」が原義である。甲骨文字には「師、往きて衛るに、禍亡きか」（『甲骨文合集』七八八八。師は軍隊を指す）などの例がある。

殷代には異体が非常に多く、足の向きを変えた「〓」や丁を除いて足の形を増した「〓」などがある。また「〓」や「〓」などは丁に代えて「方」を用いており、「地方の守備」を明確に示している。「〓」については丁を武器の「戈」に変えており、軍事行動であることを表示している。

後代に継承されたのは「〓」と「〓」であり、前者が楷書の「衛」になっている。この系統には西周代～東周代に「止」を増し加えた異体の「〓」などがあるが、楷書には残っていない。後者の系統も西周代～東周代に異体が多く、「〓」は方に代えて巡る意味の「帀（ふつ）」を用いている。そのほか、「〓」や「〓」など文字の一部を変形したものが多い。秦代になると、「衛」の系統と折衷した「〓」が作られており、篆書とされた「〓」も衛（〓）の下部に帀を加えている。このうち下部の「〓」を略したものが隷書の「〓」であり、楷書（旧字）の「衞」になっている。このように、「旧字」とされる「衞」の字形構造は隷書に初めて出現したものであり、「新字」とされる「衛」の方が字形構造としては長い歴史を持っているのである。

兵と備

「兵」は楷書を一見すると「丘」を用いた文字に見えるが、実際には斧の象形の「斤（きん）」を構成要素とする。殷代の「〓」は斤（〓）を両手（〓）で持つ形であり、それによって「兵器」の意味を表した。なお、殷代には戈や弓矢が兵器として主に用いられたが、より古くは斧や鉞が兵器として使われたと考えられている。「兵」はそうした古い時代の戦争を反映した文字なのであろう。

甲骨文字には、「兵器」からの引伸義で「兵士」としての用法もすでに見られ、「兵を出（いだ）すに、諾（だく）

さるるか」（『甲骨文合集』七二〇四。諾は神の承諾）や、「兵に令して帰らしむる勿（な）からんか」（『甲骨文合集』九五九四）などの例がある。

殷　西周　東周　秦　隷書　楷書

字形について、各時代に異体が多く、殷代には裂け目を表す卜（ぼく）（〓）を加えた形（〓）があり、実際に斧で切る様子を表している。また、東周代には斤を人（〓）のような形に変えた異体（〓）などが見られる。秦代に篆書とされたのは「〓」の形であるが、簡牘文字の「〓」も隷書に影響を与えた。隷書では両手の形の「廾（きょう）」が「六」に変化しており、「斤」と合わせて「兵」となり、そして楷書の「兵」になった。

◇　◇

「備」も兵器に関係する文字である。殷代の「〓」は、人（〓）が矢（〓）の入れ物である箙（ふく）（えびら）（〓）を背負っている形である。武器を持って敵に備えることを意味する文字であり、甲骨文字には「迺（すなわ）ち辺（へん）に備衛（びえい）するに、𢦏（か）

殷
西周
東周
秦
隷書
楷書

備←備←備

つ有るか」（『甲骨文合集』二八〇五八。辺は辺境か。戈は戦勝の意味）などの例がある。後代に、敵に備えることから転じて道具などを備える意味にも使われるようになった。

図6－4　青銅製の鏃

図6－4に殷代の遺跡から発見された青銅製の鏃（やじり）を挙げた。弓矢は新石器時代から使われていたが、殷代には弓を補強したり鏃を金属製にしたりして殺傷力を増していた。そして、狩猟だけではなく戦争でも弓矢を用いたのである。

「備」の字形のうち、箙の初文（）は楷書では「葡」という形にあたり、推定される上古音は備が[biə]、葡が[biək]で通用する（無韻尾と[k]の韻尾は通用関係）。そのため許慎・加藤・李学勤は純粋な形声文字とするが、武器である矢を入れた「葡」は「備」の字義に関連するので、亦声と見なす説（白川・赤塚・鎌田・阿辻）が妥当である。ただし、殷代の異体の「[illegible]」は旁に稪の初文の「[illegible]」を用いており、これは火を部首とする別字なので、純粋な形声文字にあたる。

そのほか、藤堂は「人」の部分を重視して「控えの人」を原義と見なすが、初出の殷代の用例に合わない。また谷衍奎は備を葡と同源字とするが、甲骨文字では用例が異なり、葡は職名として使われているので、別字と見なすのが妥当である。季旭昇はこの文字に言及していない。

字形については、初文の形がそのまま人（亻）と葡で楷書の「僃」になっている。現代の日本ではほとんど見られないが、現代中国ではこの形が使われることもある。楷書で正字とされるのは葡を変形させた「備」の形であり、秦代〜隷書で作られた「[illegible]」や「[illegible]」などの異体から影響を受けたようである。また払いの位置をやや変えた「備」もあり、中世から使われていた異体である。

そのほか、東周代には葡の部分を崩した異体（[illegible]など）が多いが、いずれも楷書には残っていない。また「[illegible]」は、「人」の部分を類似形の「弓（[illegible]）」に変えており、旁の箙（葡）の字義に合わせた変化であろう。

追と官

「追」も軍事に関係する文字であり、当初は敵の軍隊を追撃する意味で使われていた。殷代には「虎に令して方を追わしめんか」（『甲骨文合集』二〇四六三。虎は人名、方は敵対勢力の汎称）などの例が見られる。

殷　西周　東周　秦　隷書　楷書

追　追

初文の形（　）は、上部が軍隊を象徴する𠂤(し)（　）であり（「師」の初文にあたる）、下部は足の形の止（　）である。両者を合わせて敵の軍隊を追う様子を表している。

ただし、𠂤の成り立ちについては諸説がある。許慎は篆書の𠂤（　）を元に小さな阜(おか)であるとする（篆書の阜は「　」）。そのため、赤塚・鎌田・阿辻・季旭昇も小さな丘や高地の象形とし、藤堂も堆積物の象形とするが、殷代の段階では𠂤（　）と阜（　）は全く異なる形である。また、白川が指摘するように、甲骨文字には両手で𠂤（　）を持つ形の𦥑(けん)（　）があり（「遣」の初文にあたる）、人が手で持てる程度の大きさであると考えられる。

そのほか、加藤は「　」を臀尻(とんこう)の象形とし、篆書の「　」は「　」と無関係とするが、本項の「追」や「官」の字形表から明らかなように継承関係がある。谷衍奎は弓の弦(つる)が緩んだ形とするが、波線を用いた「弓（　・　）」とは形状が異なっている。李学勤は字源を明確にしていない。

白川は𠂤（　）を祭肉（祭祀に用いる犠牲の肉）の象形とするが、甲骨文字の字形構造では、「𡴀(げつ)（　）」という文字で、「　」が足（足首）の象形である止（　）と組み合わせて使われている。したがって、より厳密には「　」は人の足の肉と考えられる。なお、西周代以降には、「止」の部分が草の象形の「中（てつ）」に変えられており、これまでの研究で字源が把握できなかったことの一因であろう。

殷代には、戦争捕虜の逃亡防止のために足首を切断することがあった。甲骨文字ではその行為を「刖（げつ）（〓）」と呼んでいる。初文は人の正面形である大（〓）と鋸（のこぎり）状の刃を持つ刀（〓）から成り、「〓」をよく見ると片方の足が切られて短くなった様子が表現されている。異体には、分かりやすく片方だけに止（〓）を加えたもの（〓）もある。ちなみに、推定される上古音は、刖が[ngiuat]、[止+𠂤]が[ngiat]であり近い。「足首を切断すること」と「切断された足首」は言葉として近かったようである。

また、殷代の祭祀名として「市（〓）」があり、元は足首（〓）を祭祀用の机である示（〓）に載せた様子を表していた。異体の「〓」は出血を表す小点を加えている。このように、殷代には戦争捕虜の足を切っていたため、軍隊の象徴として𠂤（〓）が使われたと考えられる。

[止+𠂤]　〓　　刖　〓　〓　　市　〓　〓

「追」の字形史について、殷代の異体には軍旗の象形（〓）を加えたもの（〓）があり、𠂤が軍隊の意味であることを分かりやすく表現している。また西周代には、進行を象徴する「彳」を増し加えた「〓」が作られている。彳と止を合わせた「辵」は「⻌」にあたり、これが楷書に継承されて「𠂤」と「⻌」で「追（追）」になった。

そのほか、西周代には止を「〓」に変えた異体（〓）がある。これは足の肉を器物に載せた状

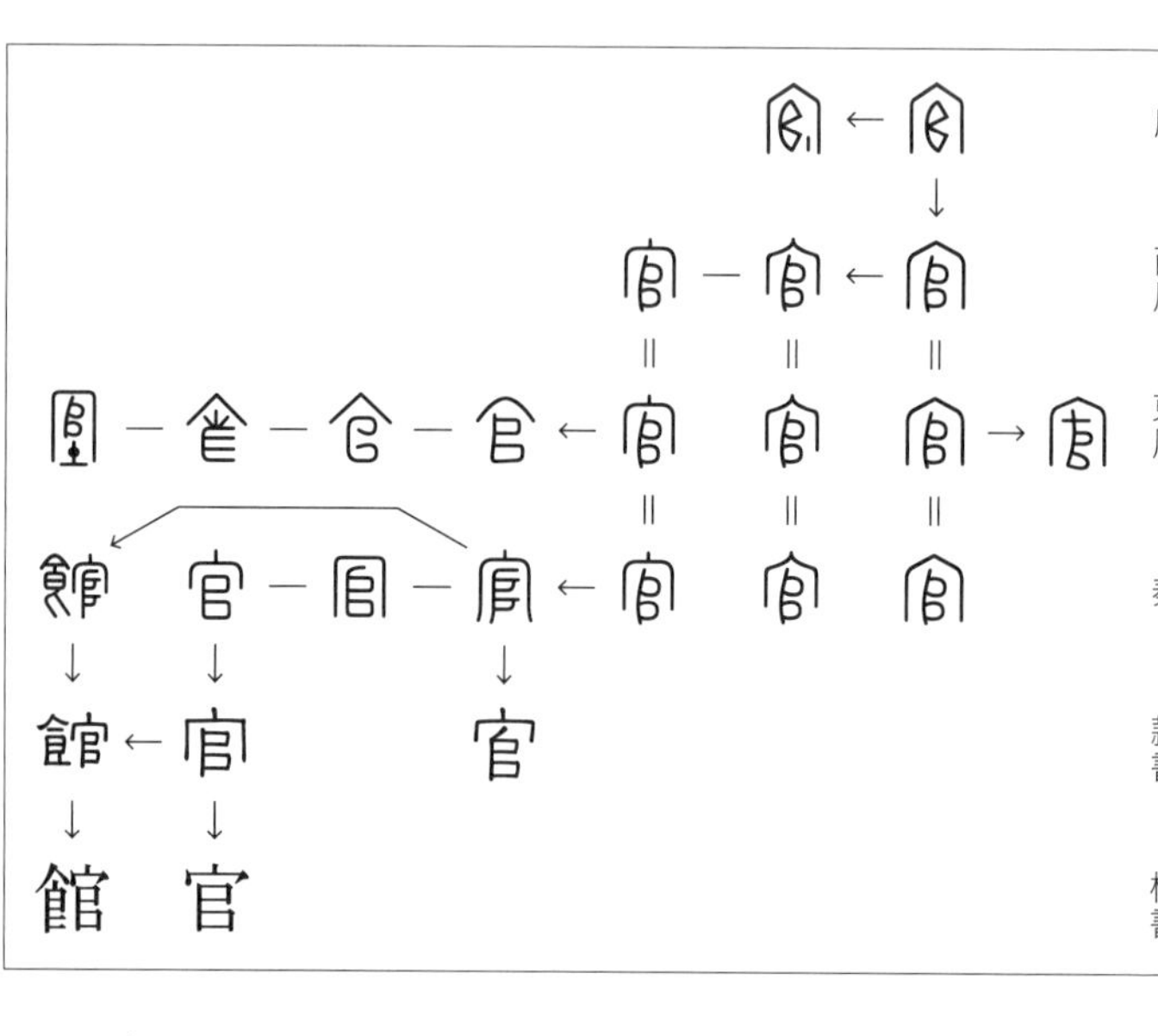

態を表しており、遺の初文の𠳋（　）の異体（　）にも同様の表現が見られる。𠳋は殷代には祭祀名として用いられており、儀礼の様子を視覚的に表している。

𠳋　

また、東周代には𠂤を𡴎に変えたもの（　など）があり、秦代～隷書には𠂤を略体の㠯に変えたもの（　など）もあるが、いずれも楷書には残っていない。

◇　◇

「官」も、元は𠂤を用いた文字であった。殷代の「　」は、家屋の象形の宀（　）と軍隊を象徴する𠂤（　）から成り、軍隊が宿泊する場所を表している。つまり、官は館（館）の初文なのである。甲骨文字には「其れ官（館）を漁の東に作らんか」（『殷墟花園荘東地甲骨』一一三。漁はここでは地名）などの例がある。

異体として、東周代に宀を屋根の形だけの入（[glyph]）にした「[glyph]」などがあるが、後代には残っていない。また、「[glyph]」は下部に「土（[glyph]）」を加えており、おそらく地上にとどまることを表現している。秦代には、𠂤を略体の㠯に変えた「[glyph]」が作られており、これが楷書に継承され、宀と㠯で「官」の字形になった（𠂤を用いた字形も隷書の「[glyph]」まで残っている）。

字義について、東周代には官僚制が普及し、「官」は官僚の呼称として転用された。ただし、その経緯は明らかになっていない。秦代以後には官僚が王朝全体の統治にあたったが、当初は諸侯や大貴族の下部機関として始まったようであり、そのため宿泊所で諸侯や大貴族の世話をする役職をもって呼称したのかもしれない。

一方、原義については秦代の篆書で意符として食（[glyph]）を加えた館（館）（[glyph]）が作られた。「食事を提供するところ」を表しており、現在でも中国ではホテルのことを「飯店」と呼ぶ。

旅と軍

前項で述べたように、殷代には軍隊を師（初文は𠂤）と呼んでいたが、この用法は後代にも残っており、「出師(すいし)」や「師団」などの熟語がある。そのほか、殷代には「族」「戍(じゅ)」や「旅」も軍隊の呼称として使われた。族（[glyph]）は軍事に用いる軍旗（[glyph]）と矢（[glyph]）から成る会意文字であり、戍（[glyph]）は人（[glyph]）が武器の戈(か)（[glyph]）を背負った形である。

族 [glyph]　戍 [glyph]

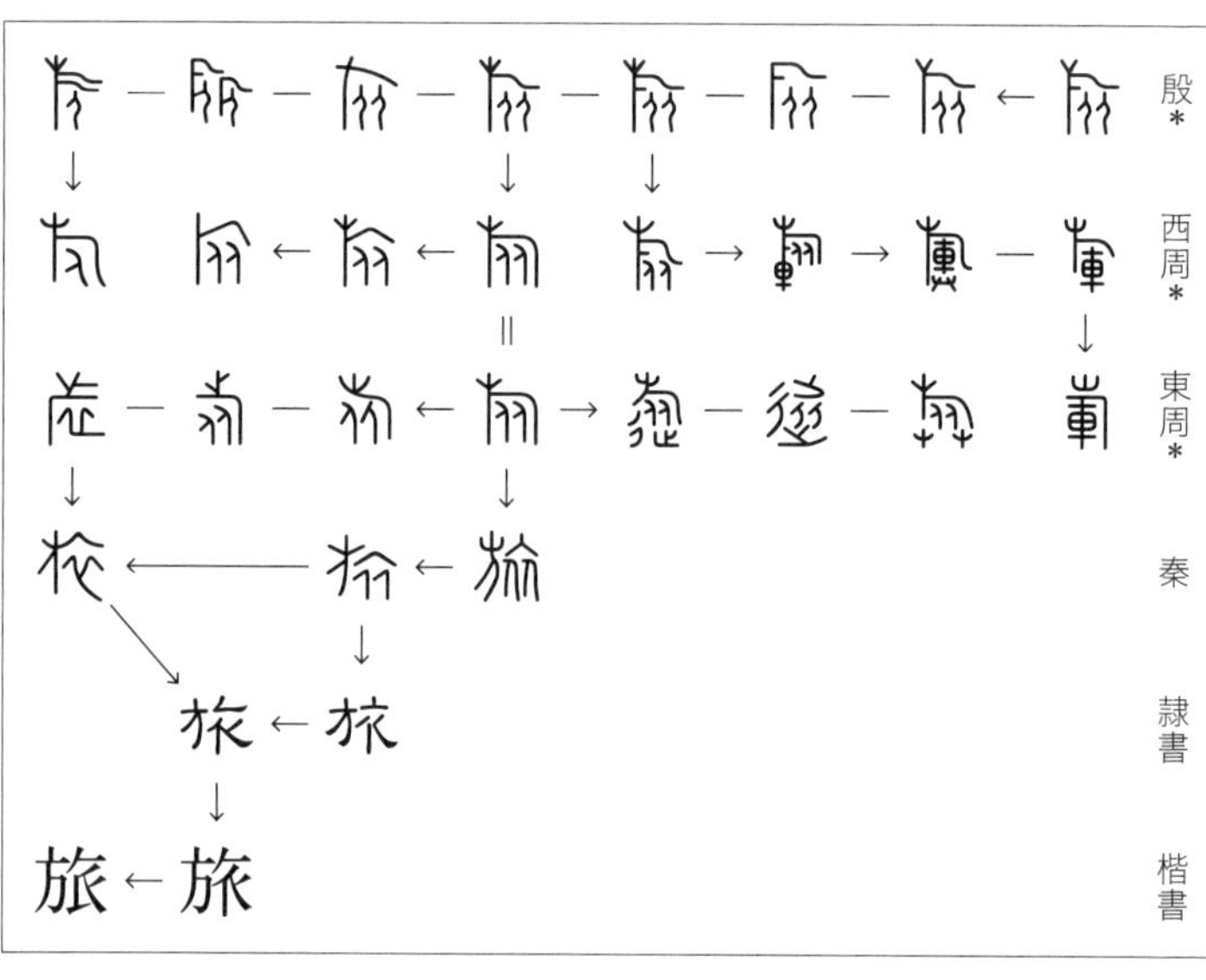

そして、旅（〓）は軍旗（〓）とふたりの人（〓）から成っており、兵士が軍旗の下に集う様子を表している。甲骨文字では「其れ晨に、旅、延べて盂に戋△するに、往来に災い亡きか」（『甲骨文合集』三六四二六。晨は早朝、盂は地名、戋は軍事訓練、往来は往復の意味）のように、遠方で活動する軍隊を指して用いることが多く、そこから後代に「たび」の意味としても使われるようになった。

各時代に異体が多く、殷代〜西周代には人をひとつにした「〓」などがある。また西周代〜東周代には戦車を表す車（〓）を用いた「〓」などがある。東周代には進行を象徴する「辶」を加えた異体（〓など）もあり、遠方に行くことを表示している。

東周代〜秦代には、軍旗の一部と人の部分を衣（〓）のような形に変えた「〓」や「〓」が見られる。「衣」は衣服の象形なので、字源

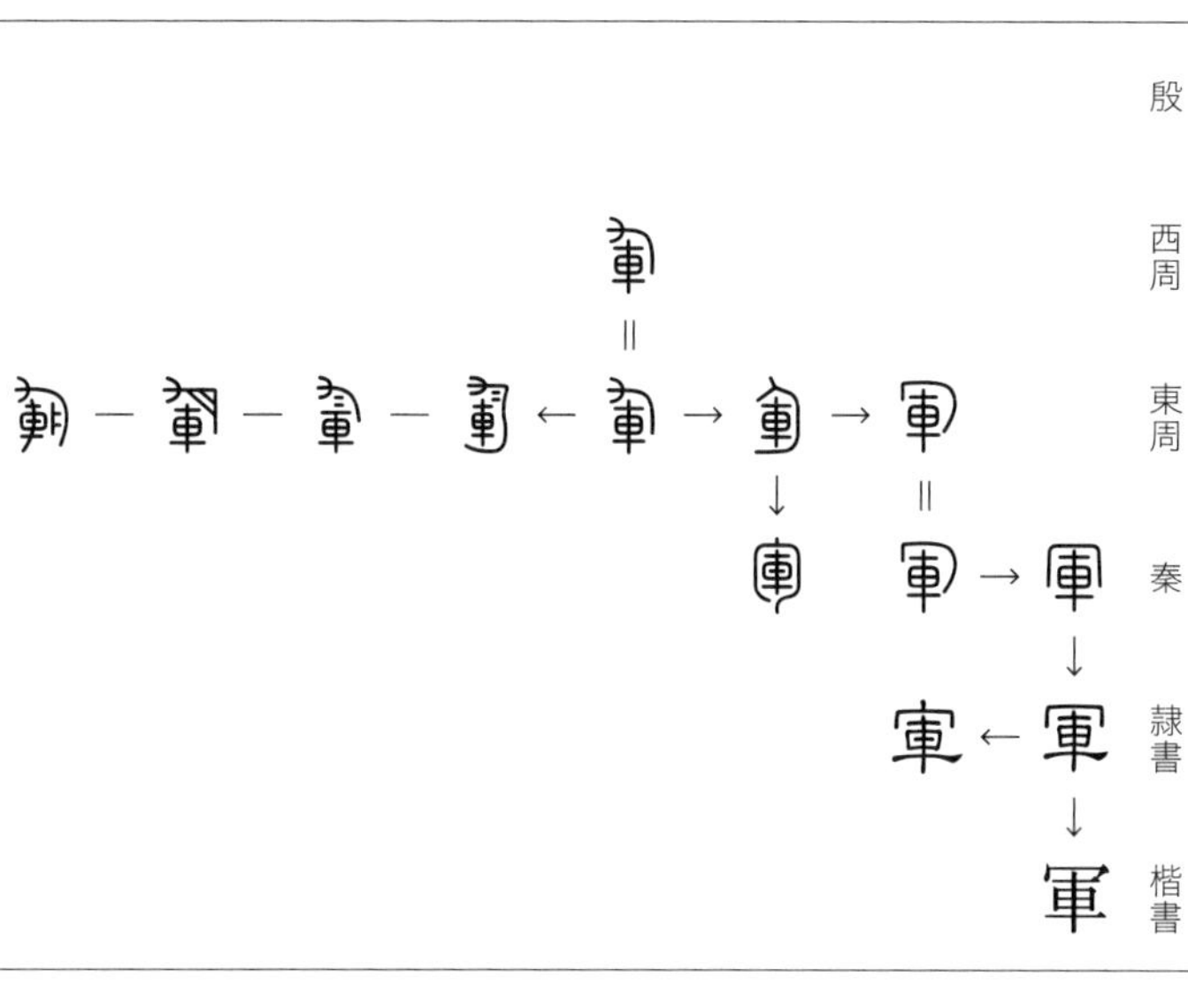

には関係がない俗字であるが、隷書はこれの影響を受けたようで、「旅」などでは「衣」の下部のような形を使っている。これを継承したのが楷書の「旅」であり、軍旗を表す部分（㫃）と「衣」の下部のような形から成っている。さらに、楷書では「派（派）」の一部のような形にした異体（旅）も作られている。清代に作られた『康熙字典』はこちらを正字とするが、実際には近世に出現した新しい形である。

◇　◇

周代に軍隊を意味して新たに作られたのが「軍」である。

初出の西周代の字形（軍）は、上部が旬の初文（勹）であり、下部には戦車を表す車（車）がある。「勹」は腕を丸く曲げた様子を表しており、おそらく腕を丸めた様子から一旬（干支の甲～癸の十日間）の循環を示している。軍（軍）に「勹」が使われている理由につい

図6－5　周代の戦車

ては、後述するように諸説あるが、戦車が円陣を作っている様子の表現とする説が最も妥当である。

図6－5に、発掘された西周代の戦車を挙げた。戦国時代の思想書では、戦車を四頭立て三人乗りとする記述が多く、御者(ぎょしゃ)のほか弓矢をもった射手と矛をもった戦士が乗るものとしている。しかし、実際に出土した周代の戦車は、ほとんどが二頭立て二人乗りのサイズであった。つまり、戦車は遠方から矢を射るだけの兵器だったのである。思想家たちは戦場に赴くことがなかったため、儀礼用の大型戦車を見て戦争の物語を作ったようである。

ただし、それでも戦車は強力な兵器であった。走りながら矢を射ることで、敵を攻撃しつつ、敵からの攻撃を避けることができたためである。そして、そのためには左側に座った射手が常に敵側に向いている必要があり、円陣は有効な戦法であった。

戦車は、殷代から春秋時代まで、約千年にわたって最も強力な兵器として存在し続けた。ただし、殷代には戦車の台数がまだ少なく、甲骨文字に見える「三百射(さんびゃくしゃ)」の記述から、王朝が所有する戦車は三百台程度であったと推定される。西周代になると、戦車の使用が諸侯にまで普及し、各地で馬と戦車の大量生産が始まった。図も王畿内の諸侯である「虢(かく)」で副葬品にされた戦車であり、戦車だけではなく馬も殺されて埋められている。西周代に軍隊を意味する文字として「軍」が作られたことも、こうした戦車の普及に関係しているだろう。

その後、春秋時代にはさらに戦車が増加し、大諸侯は千台程度、中規模の諸侯でも三百台程度を運用するようになった。覇者が率いる同盟軍では、合計して数千台の戦車が動員されている。戦国時代には、徴兵された農民が主力となったため、戦車の増加は抑えられたが、指揮官は戦車を使用しており、春秋時代と同程度の戦車が使われ続けた。そして漢代になり、騎馬の技術が普及したため、戦車が兵器としては使われなくなっていった。

字形について、東周代には旬の初文（「勹」にあたる）を「匀(きん)」に変えた俗字（〓など）が多く見られるが、後代には残っていない。また秦代に篆書とされたのは、旬の初文を類似形の包（〓）の一部に変えた形（〓）であるが、包は妊娠した身体を表す文字（甲骨文字では「〓」）であり、字源は全く異なる。秦代には、旬の初文（勹）を覆いを表す冖（わかんむり）に変えた異体（〓）も作られた。やはり字源には関係しない俗字であるが、これが隷書の「軍」を経て楷書の「軍」になっており、本来の成り立ちを失っている。

軍（〓）の字源について、前述のように戦車の陣形を表すとする説が妥当であり、赤塚・藤堂がこれを採っている。また、加藤・季旭昇は旬の初文を声符とする形声文字としており、推定される上古音は軍が[kiuən]、旬が[ziuən]であり、韻母は一致するが声母が異なる。形声文字としても矛盾はないが、戦車が陣形を組んで戦う兵器であることを考えると、会意文字の亦声とする方が妥当であろう。

そのほか、許慎は篆書（〓）を元に包の一部を使った文字とする（鎌田・阿辻もこれを採る）が、前述のように秦代に出現した俗字であり、字源ではない。また、白川は東周代の異体の「□」や「□」を元に「車上に旗を靡かせている形」とするが、軍旗の象形（□）とは異なっている。谷衍奎・李学勤は、「勻」を用いた形（□など）が初文で勻が声符の形声文字とする（勻の推定上古音は[giuen]で軍にやや近いが主母音が異なる）が、これが出現するのは戦国時代になってからである。なお、勻は腕で銅の地金を持っている形であり、「軍」の字義には関連しない。

報と係

「報」は、元は戦争の捕虜を表す文字であった。殷代の「□」は楷書の「執」にあたる形であり、手枷を表す「□」と、それに捕らえられた人の姿から成っている。これに人を捕らえる手の形（□）を加えたのが楷書の「報」にあたる「□」である。また、異体のうち手枷の形だけにした「□」などは、楷書では「㚔」にあたる。

殷代の段階では、三者に明確な区別はなく、いずれも「とらえる」の意味で使われていた。甲骨文字には「叀れ皋に令して、宰を執らえしめんか」（『甲骨文合集』五七八。皋は人名、宰は奴隷にするための戦争捕虜）と同じように、「其れ美を報らえるか」（『甲骨拼合四集』八五七。美は敵対勢力の首長の名）や「王、其れ𢀛方を㚔らえるか」（『甲骨文合集』六三三二。𢀛方は敵対勢力の名）のような例がある。

三者とも後代に継承されたが、字形に変化があった。「執」の系統については、秦代に㚔を幸に変えた「□」が作られた。さらに、人が手を前に出した形は「丮」にあたるが、隷書で類似形の

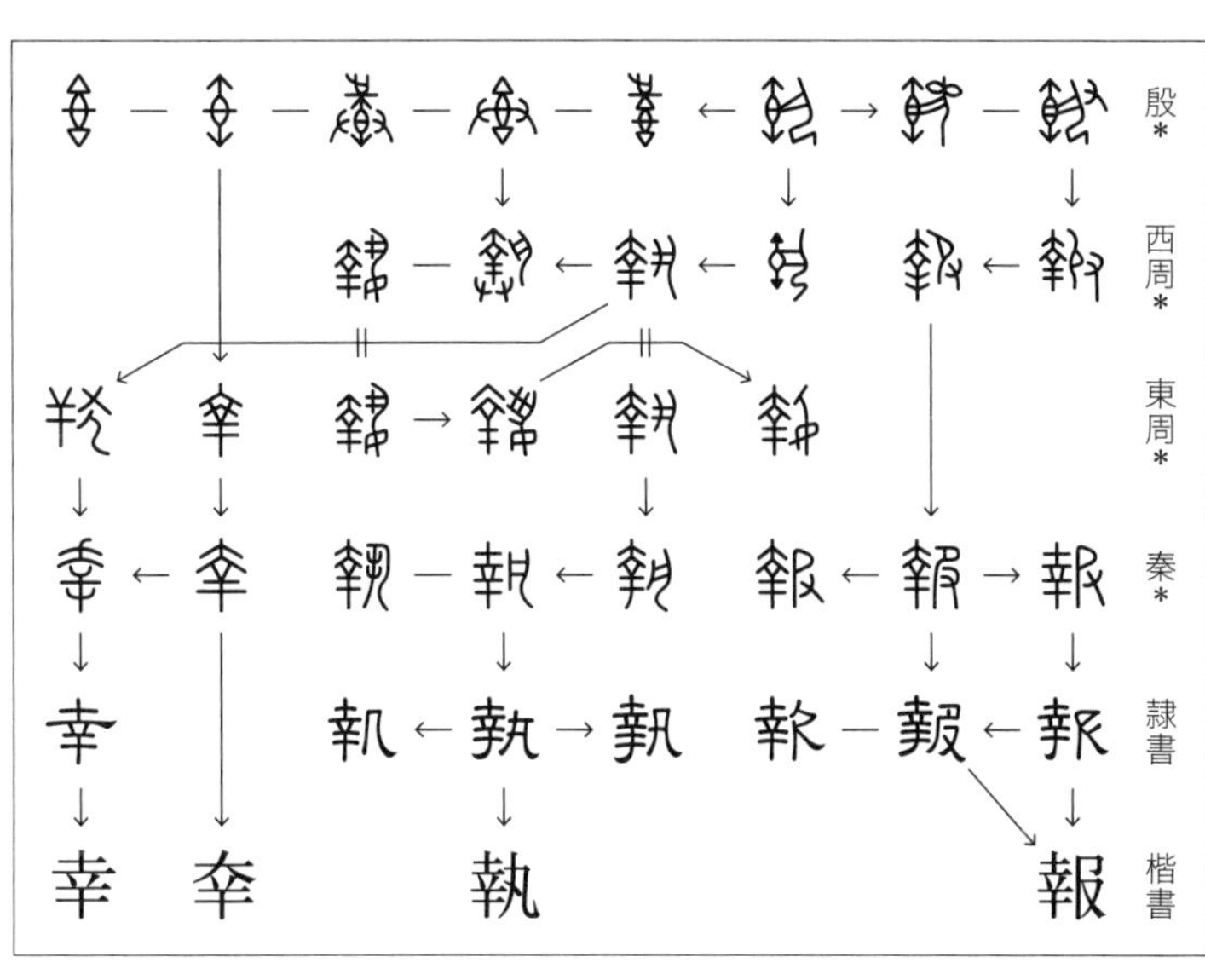

「丸」に変えた形（執）となり、楷書の「執」になった。「報」の系統については、西周代に「卂」を人が座った形の「卩（せつ）」に変えた形（[illegible]など）になり、そして執と同じく秦代に卒を幸に変えた形（報）が作られた。「卩」と手の形の「又」を合わせると「𠬝（ふく）」の部分になり、これに卒が変わった「幸」を加えて楷書の「報」の形になる。卒については形の変化は大きいが構造の変化はない。

　これらの文字のうち、「卒」と「執」の字源については各研究者に意見の相違が少なく、いずれも手枷の象形とそれに捕らえられた人の姿としている。

　一方、「報」の字源については許慎が「卒」と「𠬝」に分解して罪に服させる意味と解釈しており、そのほか加藤・白川・赤塚・鎌田・阿辻・李学勤も「卒」と「𠬝」の組み合わせとして字源を分析している。「𠬝」は、「服」の初文であり降服した戦争捕虜を表すので、字源は近いと言えるものの、殷代の段階から卩（）を用いた「」の形であり、「丮」を用いた報（）とは別字である。実際には、前述のように執と同源字であり、それに「又」が付加されたものが起源である。藤堂・谷衍奎は「執」に罰を与える手の形を加えた会意文字としており、これは原義ではないが、字形構造としては実態にやや近い解釈である。なお季旭昇はこの文字に言及していない。

𠬝（服）

字義についても、三者ともに変化があり、執は「とらえる」から転じて「とる」や「とりおこなう」の意味になった。報は、罪人に罰を与える意味に用いられ、そこから「むくいる」の意味となり、さらに引伸義で「しらせる」の意味にも使われた。㚔は「悪事が止まない」の意味で用いられており、罪人を捕らえる手枷からの連想であろう。

異体について、殷代には両手の形（）と手枷の形（）から成る「」や、足の象形の止（）を用いて足枷を表現した形（）などがあり、前者は西周代の「」に影響を与えたようであるが、いずれも楷書には残っていない。また西周代〜東周代には丮の下部を「女（）」に変えた「」などがあるが、「丮」は両手を前に出した人の形であり、「女」は両手を前でそろえた人の形なので、手の表現が四本になってしまっている。また隷書には、「幸」に字形が近い「羍（たつ）」を用いた俗字（執など）もあるが、幸は「羊」を含む文字（子羊の意味）であり、「㚔」や「幸」とは別字である。

そして、報や卒などに関連すると考えられているのが「幸」である。執や報では卒が幸に変わったことから、藤堂・白川・鎌田は「幸」も手枷の象形とする。「手枷が外れる」という解釈で「幸福」の意味になったとするのである。一方、許慎は篆書の字形（〓）から、上部の「夭」と下部の「屰」に分けて解釈し、夭死（若死）を免れる意味とする（加藤・谷衍奎・李学勤も夭と屰から字源を分析する）。また、赤塚・阿辻は手枷説と許慎説を併記する。

しかし、近年に戦国時代の簡牘文字から「幸」を意味する文字として犬（〓）の異体（〓）を用いた「〓」が発見されており、いずれの説も疑問視されている。中国や台湾では、左側を矢の異体（〓）の上下逆向きとする説が有力視されているが、「〓」の字形を挙げる季旭昇も、それでは「幸」の意味になった経緯が不明であるとする。

字形史から言えば、西周代～東周代に使われた「〓」のうち、「〓」が類似形の「犬」に誤り、また卒（〓）の上部を取り去ることで「手枷からの解放」を示したと考えるのが妥当である（ただし、現状では資料が不足しているため、別源字である可能性も否定はできない）。

その後、秦代の篆書（〓）では犬の異体が類似形の「夭（〓）」に変わって文字の上部に置かれ、卒の下部も類似形の「屰」になった。さらに、隷書で夭と屰が融合して「幸（〓）」となったが、前述のように、「幸」の形は報や執では既に秦代において卒の異体として使われており（〓・〓）、それに同化したと見るべきであろう。

◇　◇

「係」も、元は戦争の捕虜を表す文字であった。初出の殷代には、人（〓）の首に紐の象形の幺

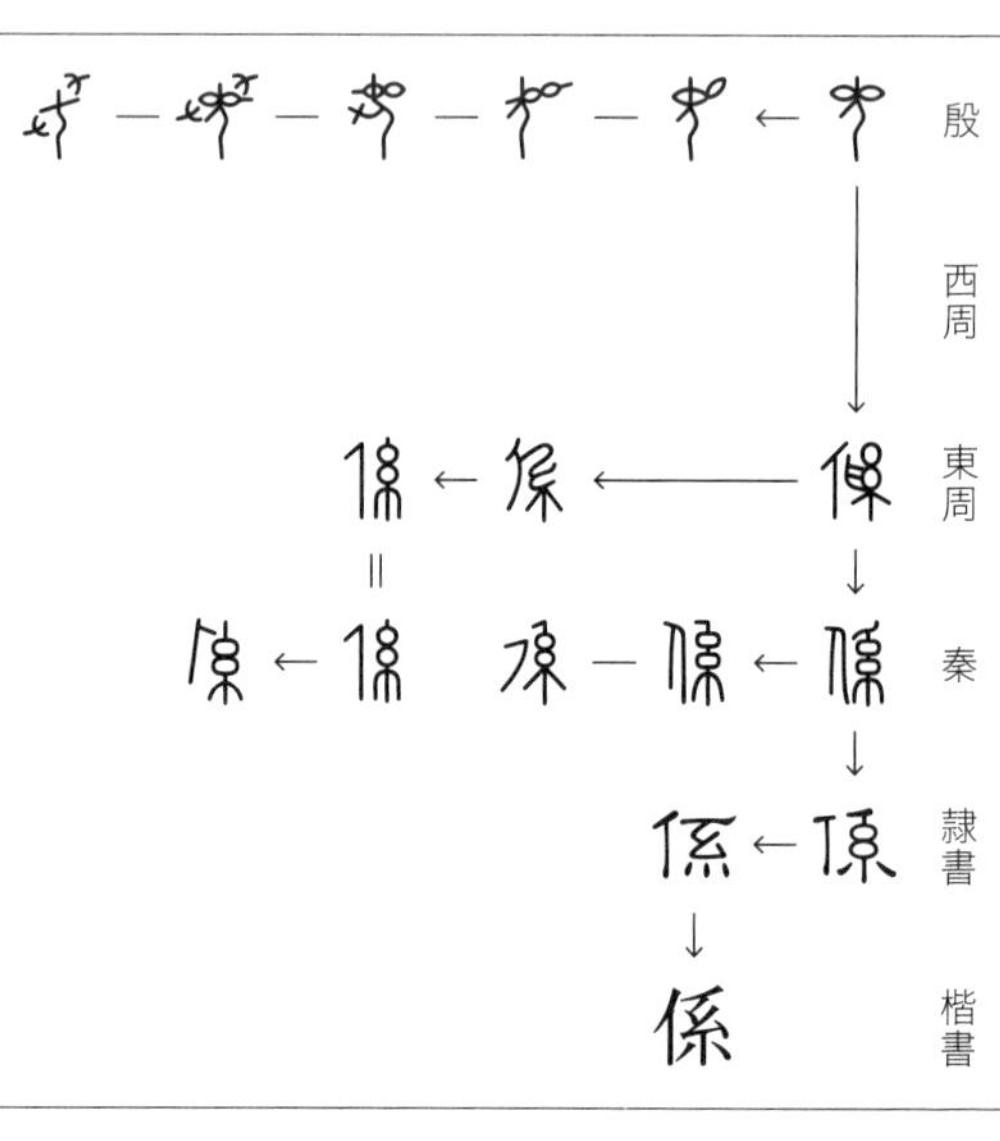

（〓）を組み合わせた「〓」などの形であり、首に縄を付けられた捕虜や、捕虜を係留することが原義である。甲骨文字には「挿△化、王に係を以らすか」（『甲骨文合集』一一〇〇。挿△化は人名、係は捕虜）などの例が見られる。また、殷代には、縄を取り付ける手の形を加えた「〓」などの異体も見られる。

東周代には、「幺」の部分について、字形が近く、かつ「係」の発音を表す「系（〓）」に変えた「〓」の形が作られている。この場合には「系」が発音とともに「つなぐ」の意味を表しており、亦声に該当する。これが楷書に継承され、人（亻）と系で「係」になった。また、東周代～秦代には、さらに「系」を類似形の「糸」に変えた「〓」なども見られる。「糸」は、発音も意味も「係」には関係しないので、この場合には俗字にあたる。

なお、従来の研究は、ほとんどが篆書から字源を分析しており、許慎・加藤・李学勤は系を声符とする形声文字とし、また、赤塚・鎌田・阿辻は「人のつながり」の意味で作られた文字とする。

そのほか藤堂は系の繁文と誤解し、白川は人と呪飾から成る文字と見なす。谷衍奎と季旭昇のみ、甲骨文字の字形を挙げており、人が首に縄を付けられた様子が字源であることを述べている。

印と民

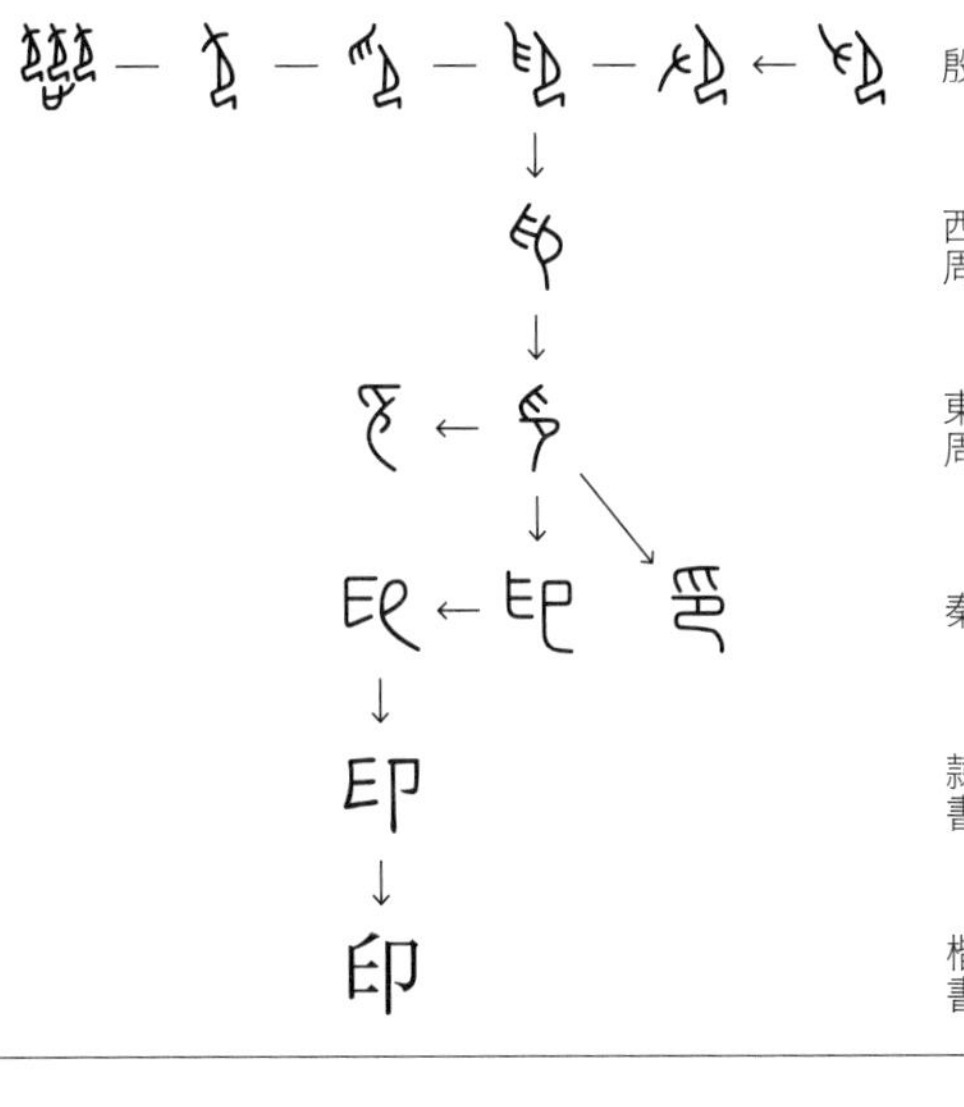

「印」も捕虜に関係している。殷代の「」は、座った人の形の卩（）とそれを捕らえる手の形（）から成り、捕らえた人を跪（ひざまず）かせた様子を表している。𠬝（ふく）（）とは成り立ちも字形構造も似ているが、手の形が人の前にある点が異なっている。後代には、捕虜を押さえつけることからの引伸義で、押しつけて使う印章（印鑑）の意味に使われるようになった。

殷代には、手の形に爪（）を用いた異体（など）があり、これが後代に継承された。秦代には、篆書とされたのは「爪」を上部に置いた「」であるが、簡牘文字では横に置いた「」などが用いられており、これが楷書に継承され、「爪」の向きを変えた「」と

「卩」で「印」の形になった。

ここまでに挙げたように、漢字には捕虜や奴隷に関係する文字が多い。初期の王朝では漢字の担い手が支配階層だったので、彼らの身の回りにいた奴隷が文字になりやすかったのだろう。報・係・印のほか、宰・奴・訊なども捕虜や奴隷に関係する文字である。

図6－6　捕虜の彫像

宰は初文が「[glyph]」であり、宀（[glyph]）と道具を持った人（[glyph]）の姿から成り、家内奴隷を表している。その異体に刃物の形の䇂（けん）（[glyph]）を使ったもの（[glyph]）があり、奴隷の目を潰したり足を切ったりすることを象徴したものであろう。後代には同じく刃物を表す「辛」を用いた字形となり、宀と辛を合わせて楷書の「宰」になった。字義についても変化があり、殷代末期に「家産を取り仕切る役職」となり、さらに後に宰相（首席大臣）の意味になっている。

奴（[glyph]）は、字形通り女（[glyph]）を手（[glyph]）で捕らえる様子である。訊は、初文が「[glyph]」の形であり、「[glyph]」は「女」ではなく後ろ手に縛られた人の姿である。それに訊問して口（[glyph]）で答えさせる様子を表している（後に言を意符、卂（じん）を声符とする形声文字になった）。図6－6に殷代に作られた彫像を挙げたが、後ろ手に縛られた表現がされており、当時の捕虜を模したものであろう。

宰 [glyph] [glyph]

奴 [glyph]

訊 [glyph]

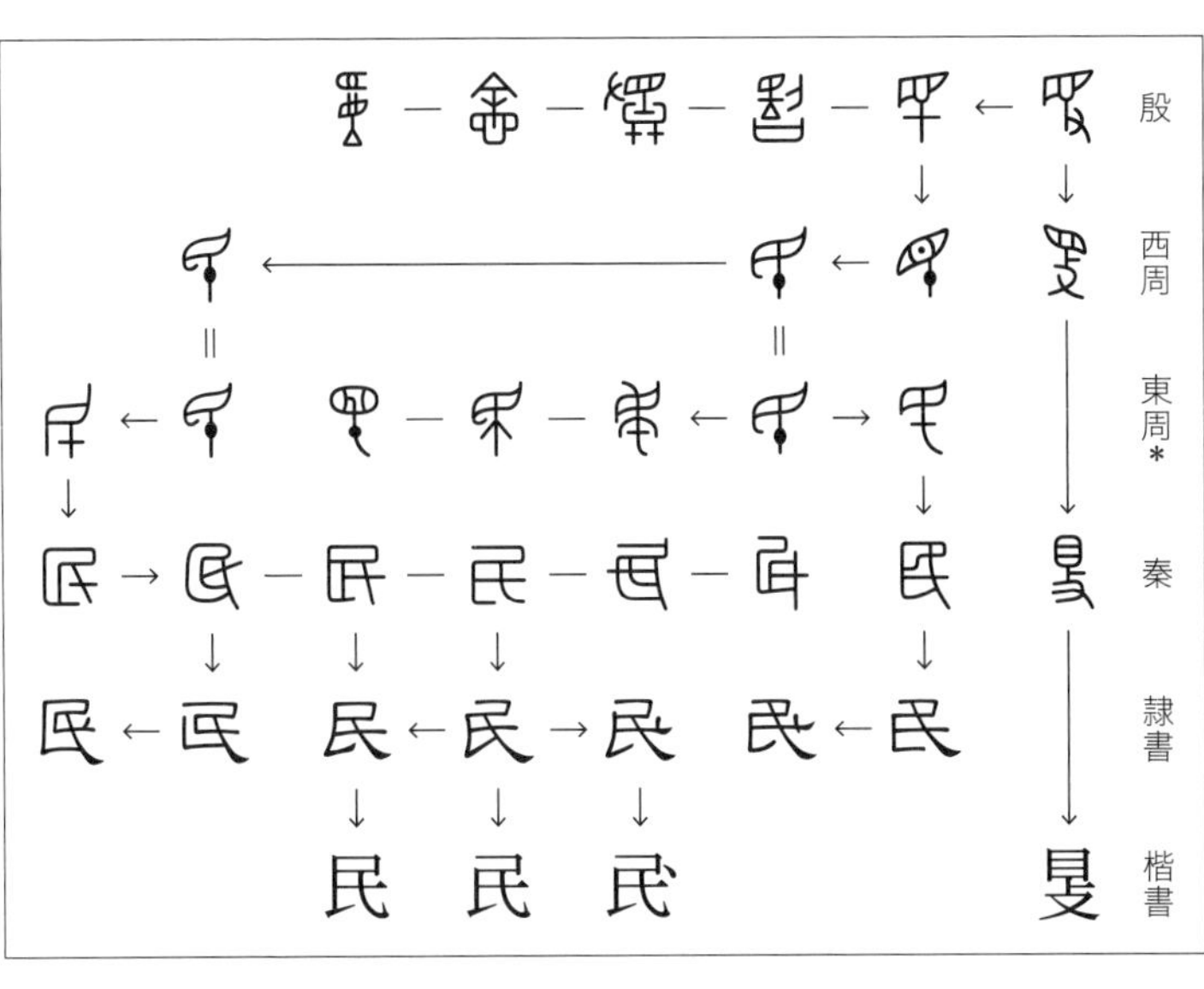

◇　◇

「民」も奴隷に関係する文字である。殷代には奴隷の逃亡防止のために目を潰すことがあり、その様子を表したのが「[illegible]」である。構造としては、目（[illegible]）とそれを潰すための道具を持った手の形（[illegible]）から成る。甲骨文字には「其れ多宰を民せんか」（『小屯南地甲骨』八五七。多宰は多数の奴隷）などの例があり、奴隷の目を潰すことを占っている。

初文の「[illegible]」は、篆書の「[illegible]」などを経て楷書の「[illegible]（けつ）」になっているが、「めくばせ」の意味に転用された。転注の用法であり、音読みも「民」とは異なっている。

一方、殷代には「[illegible]」の部分を略体にした「[illegible]」があり、これが「民」にあたる形である。西周代以降には、奴隷から転じて支配下の人々を指す汎称として用いられた。前述のように、奴隷を意味した「宰」も、後代には大臣などの意味で用いられており、文字が指す身分は時代によって変化が見られる。

そのほか、殷代には「[illegible]」や「[illegible]」などの異体があり、実際に目を潰す様子を表現したものであろう。また、両目ではなく片目だけを潰す場合もあったようで、「[illegible]」はそれを表している。

西周代にも異体があり、「[illegible]」は瞳の部分を線で表現し、「[illegible]」は目を潰したことを示すために空白で表現したものである。両系統が後代に継承され、東周代には「[illegible]」など前者の系統が多いが、秦代になると「[illegible]」など後者の系統が主に用いられた。前者の系統については、篆書とされた「[illegible]」や隷書の「[illegible]」などにも見られるが、楷書には残っていない。

後者の系統について、秦代には下部を「氏（[illegible]）」のような形にした異体（[illegible]）があり、これが楷書に継承された。楷書の「民」のうち、一〜三画目が潰された目の形、四〜五画目が「[illegible]」の略体に由来する。そのほか、隷書〜楷書では、「氏」の異体（[illegible]・氏）を使ったもの（[illegible]・[illegible]）も作られている。なお、楷書では「民」の部首は「氏」とされるが、「氏」は本来はかがんだ人の手を強調した形（殷代には「[illegible]」）であり、「民」とは成り立ちに関連がない。

国と図

ここからは、土地の呼称として使われた文字を取り上げる。殷代には、王朝の東西南北の領域を「土」を付して「東土（[illegible]）」や「南土（[illegible]）」のように呼んでいた。これに対し、西周代になると「[illegible]」や「[illegible]」などが使われており、都市を表す丁(てい)（[illegible]）と杙(くい)の象形の弋(よく)（[illegible]）に、領域の範囲を抽象的に表す単線を二本または四本加えた形である。弋（杙）は領域の境界に標識とし

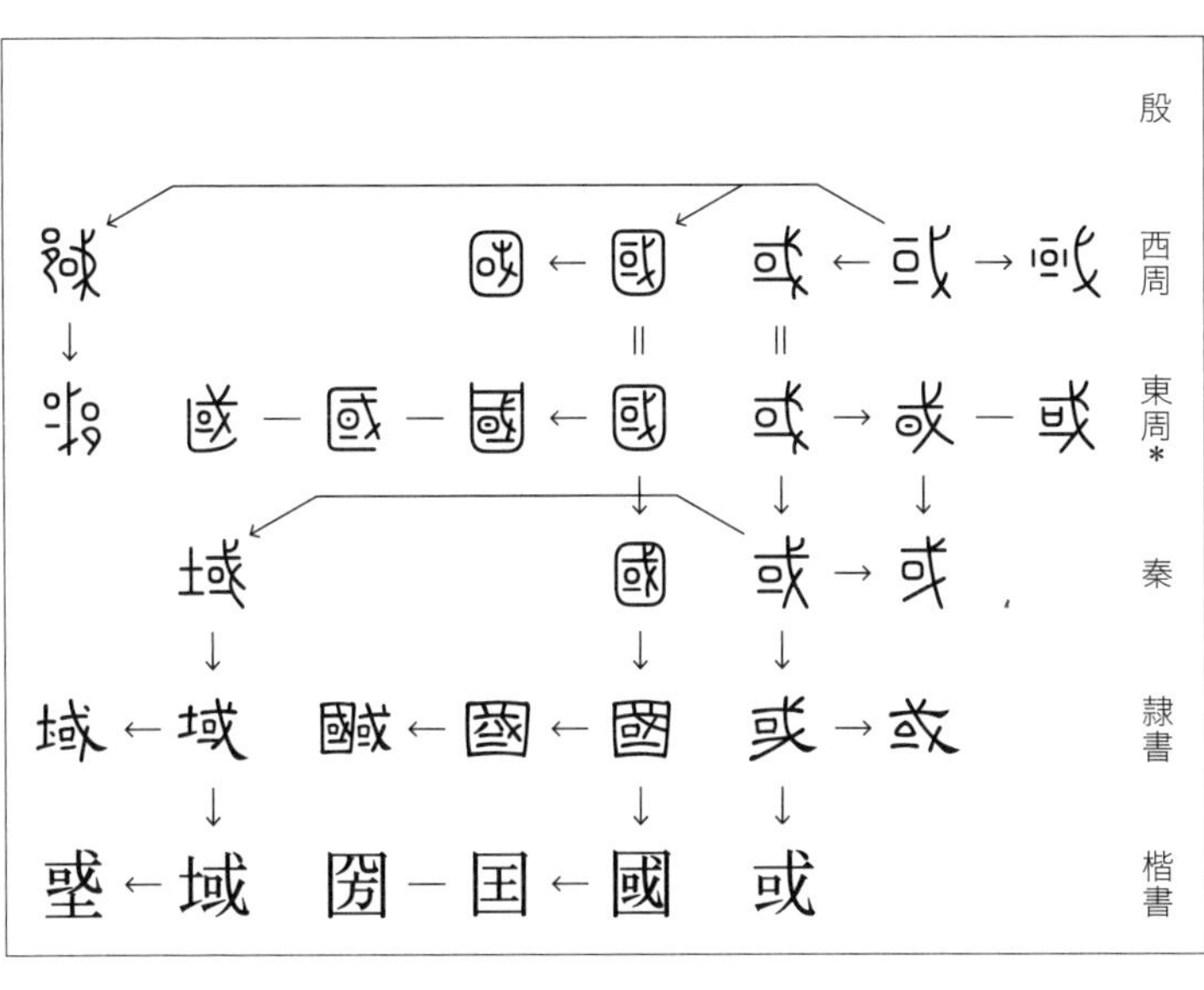

て打ったものであろう。字形としては楷書の「或（わく）」にあたるが、原義は「域」である。西周代の金文には「東或（域）（〓）」や「南或（域）（〓）」などの呼称が見られる。

西周代には、領域を表す囗（くにがまえ）（〓）を増し加えた「〓」なども作られており、字形としては「国（國）」にあたるが、やはり当初は「域」の意味で使われた。西周代の金文には、首都と副都の直轄地、すなわち王畿を「中或（域）（〓）」や「内國（域）（〓）」と呼ぶ例があり、前者は「中国」という概念の最初の例と考えられている。次頁の図6－7に「中或」を記した金文（部分）を挙げた。

字形について、西周代～東周代には、指事記号のうち一本を弋（〓）と接続することで、武器である「戈（〓）」のような形にした異体（〓や〓など）が見られる。この場合には必ずしも誤字ではなく、字形を「武器で守られた地

図６－７　金文に記された「中或」

域」と再解釈したものかもしれない。いずれにせよ、これが楷書に継承されたため、「或」や「國」は「戈」と一本の横線を構成要素とする構造になっている（口は都市を表す丁（口）が残ったもの）。

春秋時代の諸侯では、君主の直轄地（都とその周辺）が「国」と呼ばれている。また当時は都に多くの中小貴族が居住しており、文献資料ではそれを「国人（こくじん）」と呼んでいる。

春秋時代には地方の土地は大貴族が所有することが多かったが、戦国時代になると貴族制が衰退し、君主が派遣した官僚が地方の土地も管理するようになった。こうして、都の周辺以外の地域も君主の管理下に置かれたため、戦国時代の資料には諸侯の領土全体を「国」と呼ぶ例も見られるようになる。

一方、「或」については仮借の用法で「ある」や「あるいは」などの意味で主に使われるようになった。そのため、原義については秦代に意符として「土」を増し加えた「域（[glyph]）」が作られた。楷書の異体には、配列を変えた「[或/土]」もある。

そのほかにも異体は多く、西周代～東周代には意符として都市を表す「邑（ゆう）」を加えたもの（[glyph]など）もあるが、楷書には残っていない。また、東周代の「[glyph]」や「[glyph]」は、口を類似形の匚や匸に変えているが、意味上で関連はないので略体の俗字であろう。

楷書の「国」は、「或」の部分を「王」に変えており、おそらく「王の居所」の意味を表したものである（新字体の「国」はさらに王を玉に変えた形）。また、「八方」を用いて国土を表現した形（圀）については、唐代に則天武后が作ったもので、いわゆる「則天文字」の一つである。

先行研究の字源説について、早い段階で「戈」を使った字形になったため、許慎・藤堂・白川・鎌田・阿辻・谷衍奎はそれを原形と見なしている。そのほか、加藤は弋と畺の略体から成るとするが、「畺」やその構成要素である「田」を使った字形は見られない。季旭昇は「必」を用いた文字とするが、「弋（…）」と「必（…）」は成り立ちが近いものの別字である。李学勤は項目ごとの担当者により見解が分かれている。「弋」を用いたものが起源であることは、十書のうち赤塚のみが指摘している。

◇　◇

「図」は旧字が「圖」である。西周代の「…」は、領域を表す囗（…）の中に都市の城壁を表す丁（…）と穀物倉庫の象形である亩（…）が入った形である。丁（四角形）と亩を合わせた部分は「啚（…）」という文字にあたり、城壁や倉庫がある小都市を表している。それに囗（くにがまえ）を加え、領土の状態を表したのが「図（圖）」である。

なお、啚は後に邑（阝）を増し加えて繁文の「鄙」が作られており、「田舎」の意味で主に用いられる。また、亩は後に意符として穀物の象形である「禾」が加えられて繁文の「稟」となり、さらに大きな家屋の象形である「广」を加えて「廩」になった。稟は支給される穀物の意味にも転用されており、この場合の音読みは「ヒン」である。

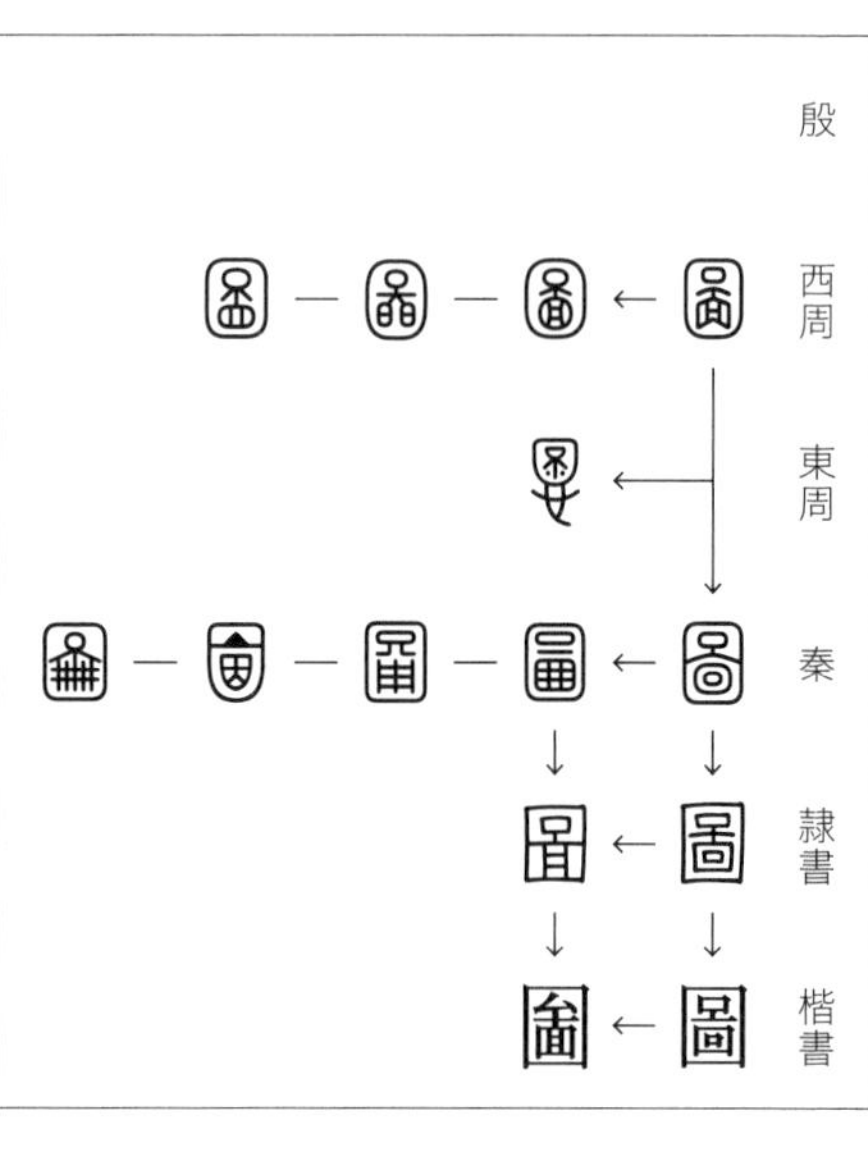

図（圖）（〓）は当初は領土や領域の意味で用いられており、西周代の金文には「珷（武）王・成王の伐てる商の図を省す」（『殷周金文集成』四三二〇。武王は初代、成王は第二代の王。商は殷代後期の都。省は視察の意味）などの記述がある。現在でも使われている言葉では「版図」が原義に近い。

その後、転じて「地図」の意味で使われるようになり、さらに「はかる」の意味にも転用された。なお、許慎は「はかる」が原義とし、加藤・藤堂・白川・阿辻・谷衍奎・李学勤は地図を原義とするが、いずれも後起の引伸義である。また鎌田は「啚」を「米倉」に誤っている。版図（領土）の表現であることを指摘したのは、十書のうち赤塚・季旭昇のみであった。

字形について、各時代に異体があり、西周代の「〓」や秦代の「〓」などは啚の部分を崩している。また、東周代の「〓」は下部に意符として「心（〓）」を加えており、「はかる」の意味を表している。楷書にも異体の「圗」があり、隷書の「〓」に近い表現に、さらに「口」を類似形の「ム」に変えたものである。

県と郷

戦国時代の後期には、西方の大諸侯である秦において「郡県制(ぐんけんせい)」が実施された。国内に行政区画を設置する制度であり、より大きな区分が「郡」、郡の内部に置かれたのが「県（縣）」である。後に、さらに県の下に「郷」や「里」などが設けられた。そして、秦の始皇帝が中国を統一支配したため、郡県制は中国全土で施行された。

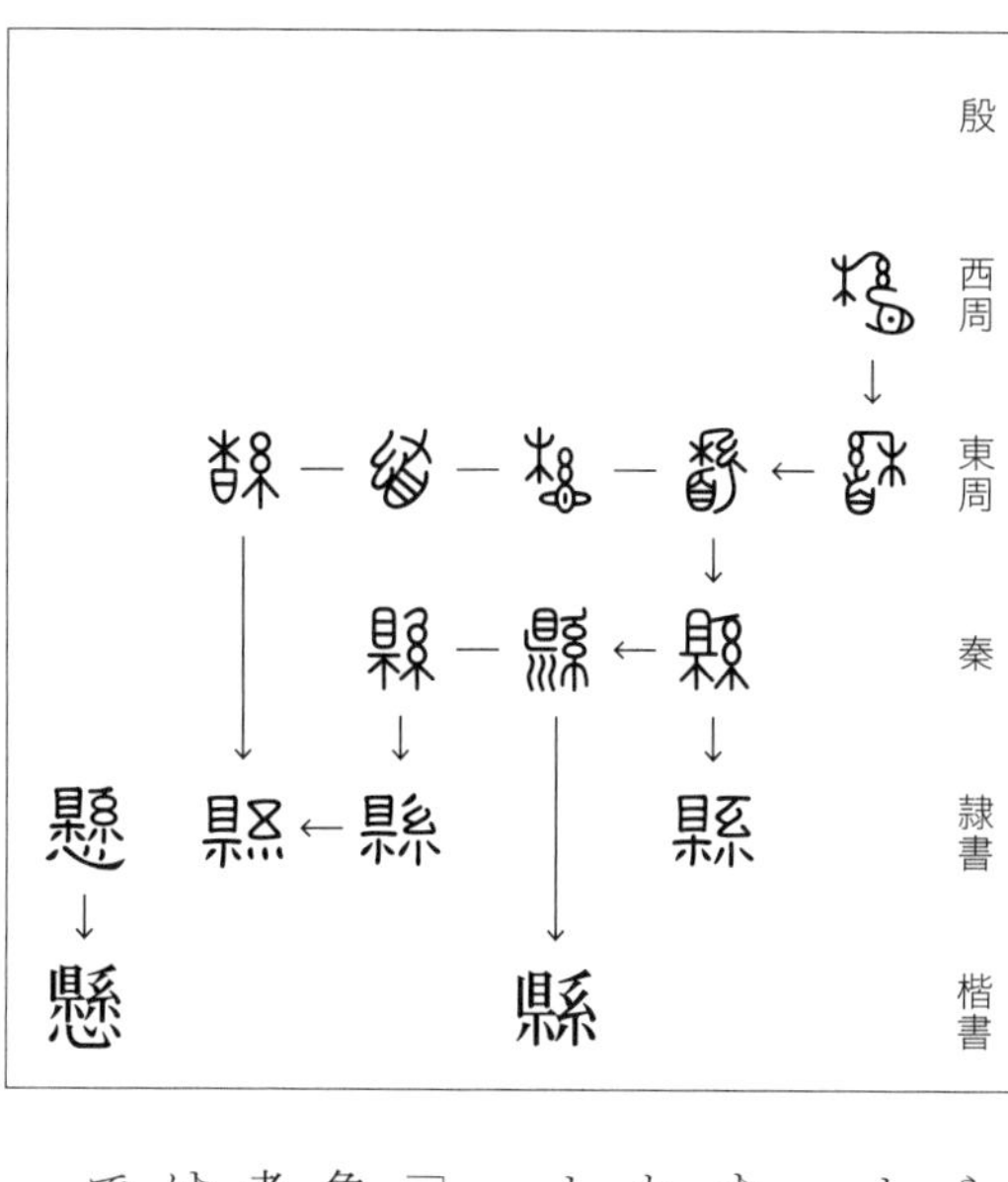

郡・県・郷・里のうち、郡は「君」を声符とする形声文字であり、里は「田」と「土」を合わせて庶人（農民）が住む「さと」の意味を表した会意文字である。

県（縣）については、文字としては西周代の「□」が初出であり、首（□）の略体と紐の象形の幺(よう)（□）、および木（□）から成る。三者を合わせて、討ち取った敵の首を紐で木に懸けた様子を表している。すなわち原義は「懸」である。

その後、東周代に行政区分として用いられるようになったが、その理由については諸説あり、現在でも研究が続けられている。「君主が懸け持つ土地」とする説や、新たに獲得した領地を「懸け持つこと」になぞらえたとする説などがある。

字形について、東周代の「」は、「幺」の部分を糸束を懸け持つ形の「系（）」に変えている。また、「」では木を手の形の又（）に変えており、手で首を懸け持つ形にしている。前者について、秦代には「木」を略し、さらに「首」の部分に、その異体の「𩠐」の上下逆向きである「県（きょう）」を用いた「」や「」などの形になった。これが楷書に継承され、「県」と「系」を合わせて楷書（旧字）の「縣」になった。新字は略体として「県」の部分が用いられている。

原義である「かける」の意味については、隷書で作られた「懸」が主に使われる。これは心を意符、縣を声符（意味を含む亦声）とする形声文字で、本来は「心にかける」を意味する別字であるが、「縣」が行政区画の呼称として用いられたため、懸を借りて「かける」の意味で使われるようになった。

◇　◇

「郷（鄉）」については複雑な経緯によって作られた文字である。原形となったのは殷代の「」であり、座った人（）が向かい合った間に、食物を盛った高坏（たかつき）である皀（きゅう）（）が置かれており、饗宴（きょうえん）の様子を表した文字である。

各時代に異体が多く見られる。殷代の「」などは口を開けた人の形である欠（けん）（）を用いており、飲食の様子であることを分かりやすく表現している。また、西周代～東周代には、皀をそれに蓋をした形の食（）に変えた「」などがある。ただし、いずれも楷書には残っていない。

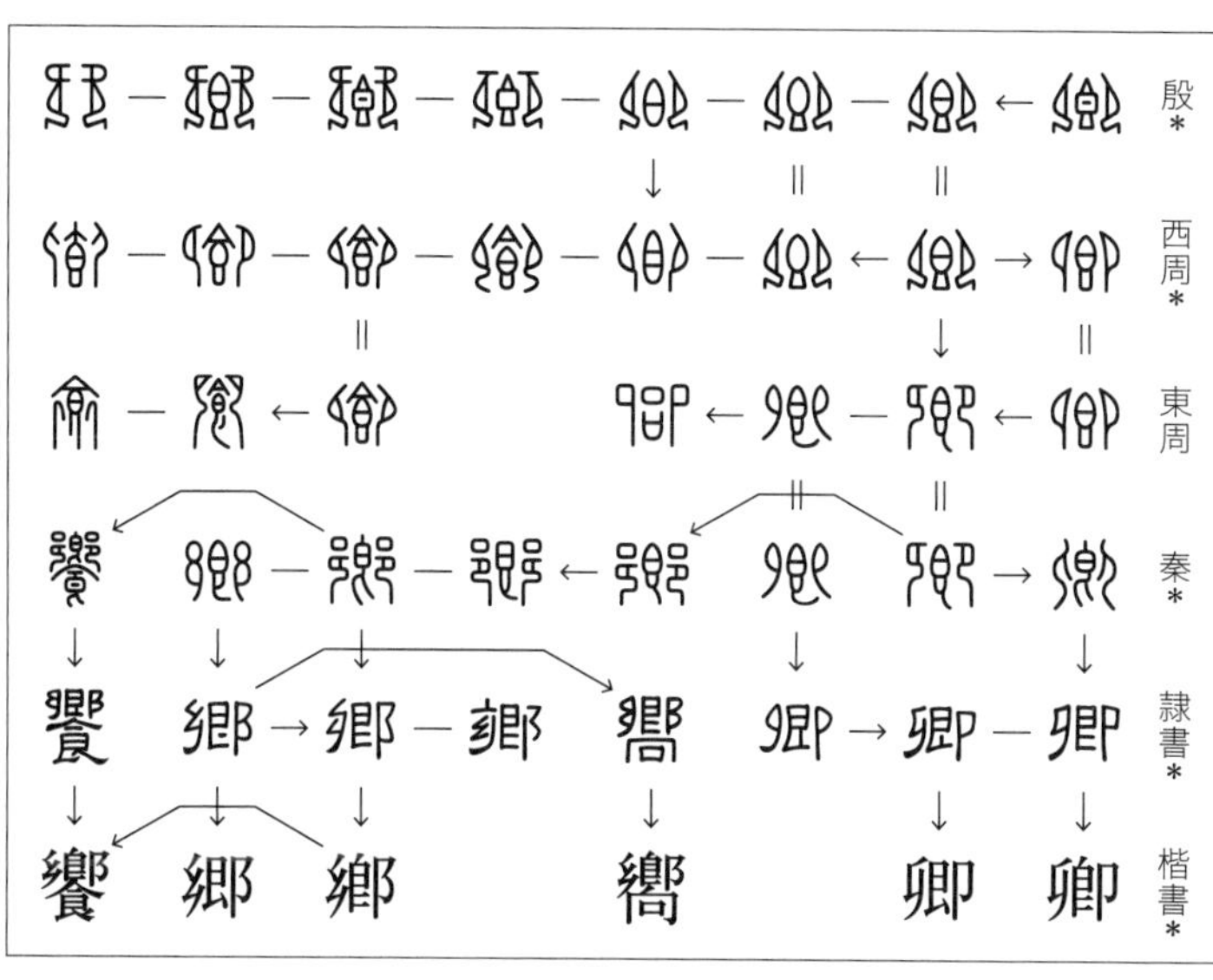

楷書には基本的な形が継承されたが、西周代には上級貴族、すなわち「卿(けい)」の意味でも用いられるようになっており、この用法が後代に残った。「[illegible]」は原義は「饗」だが字形・引伸義としては「卿」にあたる。

また、東周代には「さと」、すなわち「郷」の意味でも使われるようになったが、その経緯は諸説あって明らかではない。加藤・白川は、饗宴の礼を行う地域の意味とし、赤塚・鎌田は、しきられた耕作地である畺(きょう)などに通じて「さと」の意味になったとする。また、藤堂は「たがいに向かいあって、音や煙の通りあう村々」とし、谷衍奎は氏族の共同生活では向かいあって食事するためと解釈し、季旭昇は仮借の用法とする。

いずれも明確な矛盾はないが、現状では資料が少なく、正否は判断しがたい。そのほか阿辻は「心が向かうこと」から「ふるさと」の意味になったとするが、「ふるさと」は、より新しい引伸義である。李学勤は「卩」が「邑」に誤った結果、「さと」の意味に使われたとするが、後述するように出現順が逆である。また許慎は卿・郷が同源字であることを把握していない。

字形として「郷」が出現するのは秦代になってからであり、卿（〓）のうち卩（〓）の上部に四角形を加えて邑（阝）（〓）にすることで郷（〓）が作られた。この経緯について、赤塚・谷衍奎・季旭昇・李学勤は誤字とするが、邑は大小に関わらず都市を表し、「さと」にも意味が近いので、意図的に変化させた可能性もある（そのほかの先行研究は変化の経緯を述べていない）。

楷書（旧字）では「鄕」の形になっており、左右にあるのは邑（阝）とその左右反転形である。また、新字の「郷」は隷書の「鄉」を継承したものであり、皀が変形している。

原義である饗宴の意味については繁文が「饗」であり、初文である「卿」ではなく「郷（鄕）」に意符として「食」を加えて秦代に「〓」が作られた。また、人が向かい合っていることからの引伸義で、殷代から「〓」などが「むかう」の意味でも使われており、その意味では「郷（鄕）」に「向」を加えた「嚮」が隷書で作られている。

第七章　複雑な変化をした文字

葉と円

本章では、歴史上で複雑に変化した文字を取り上げる。前章までは、古代社会における意義から分類したが、本章では字義や用法ではなく、字形構造としての変化の過程が類似している二文字を一組とする。

まず、二重に意符が追加された例として、「葉」を挙げる。殷代の「〓」は木の枝に葉が茂っている様子を表しており、線の部分が枝、楕円形の部分が葉である。字形としては「世」にあたり、西周代～東周代の「〓」や秦代に篆書とされた「〓」などに継承された。また、字義としては仮借の用法で「世代」の意味で使われた。さらにそこからの引伸義で、「世嗣（よつぎ）」や「没世（生涯を終える）」、あるいは「世間」や「世界」などの意味でも使われるようになった。

そして漢代になると、字形の類似から、十（〓）を三つ重ねた「卅」を用いた文字と解釈されるようになった。許慎の『説文解字』も「三十年を一世と為す」としており、「世代」が原義と誤解している。その結果として、隷書では「〓」のほかにも「卅」に近い「〓」が作られた。楷書にも「世」とともに「丗」が残っている。

原義については、西周代に世の略体（〓）に意符として木（〓）を増し加えた「〓」が作られた。これが東周代には「木」の上に「世」を置いた「枼（〓）」の形になっている。「枼」は字形

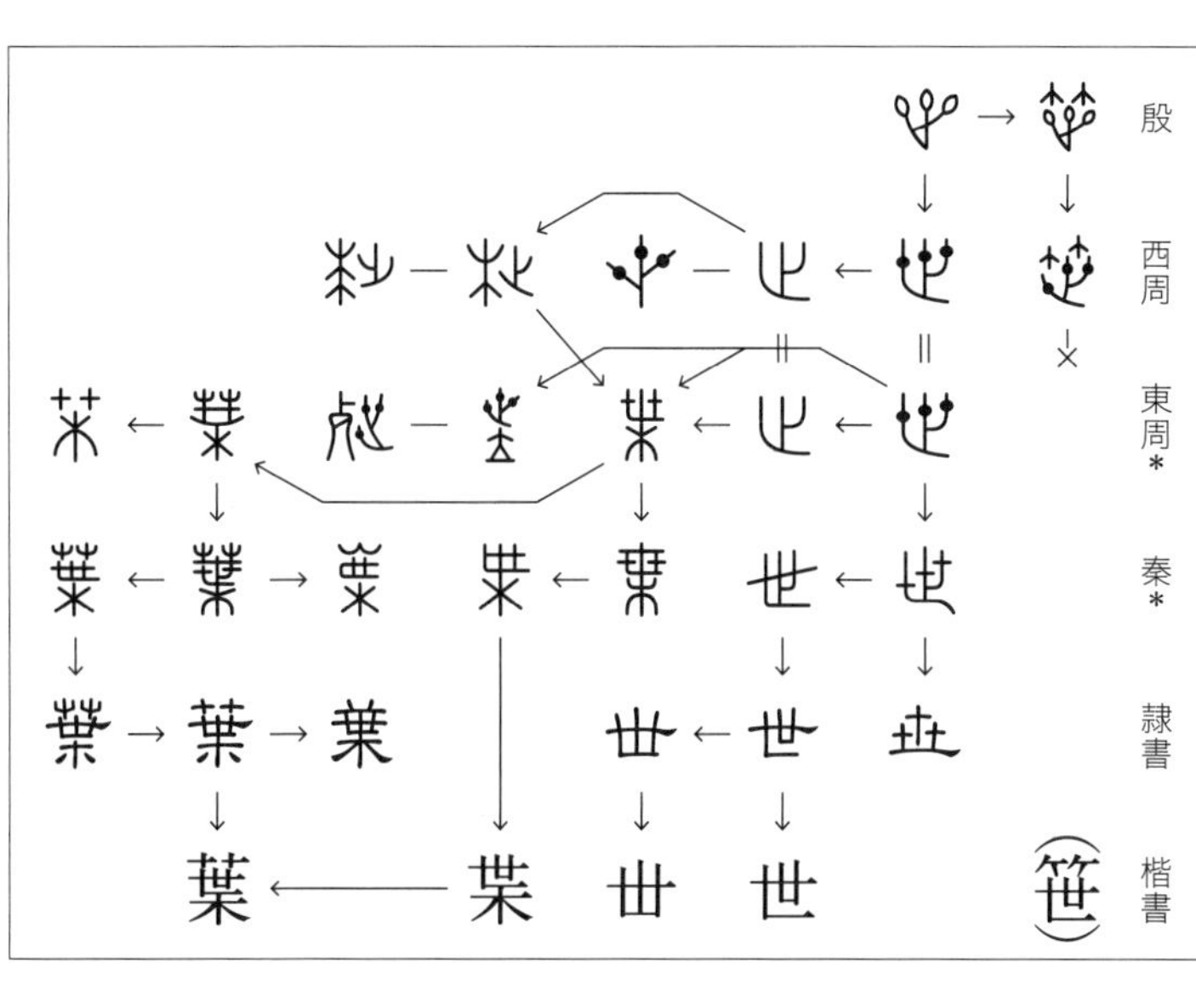

の起源としては「〓」であり、形声文字にあたるが、「世」は木の葉の象形なので、「〓」については「木」の上に「世」を置くことで葉が茂った木を視覚的に表現した可能性もある（この場合には会意文字で世が亦声となる）。これが篆書の「〓」などを経て、楷書の「枼」に継承された。

さらに東周代には、枼に意符として艸（くさかんむり）（〓）を増し加えて「葉」にあたる形（〓）が作られた。こうして初文に意符が二重に加えられることで「葉」が作られたのである。その後、篆書の「〓」などを経て、楷書の「葉（葉）」になっている。

字音について、枼・葉には「ショウ（歴史的仮名遣いではセフ）」の発音があり、この系統の上古音は[siap]で、世[siat]にやや近いものの、韻尾が異なっている。ただし、どの段階で分かれたのかは諸説あって明らかではない。

字形について、各時代に異体が多く、殷代の「〓」は竹（〓）を加えることで「竹の葉」を表している（厳密に言えば殷代の「〓」は「〓」の一部としてのみ使われている）。この系統は西周代の「〓」まで使われたが、その後の時代には残っていない。ところが日本において、「竹」と葉の略体としての「世」を用いた「笹」が国字として作られた。字義も竹の葉をあらわす「ささ」であり、殷代〜西周代の字形構造と同じである。偶然とはいえ、時代も地域も離れたところで同一構造の造字がされたのは面白い。

そのほか、西周代の「〓」は意符に「求」を用いており、求（〓）も植物の象形である。東周代の「〓」は「立」を意符とし、「〓」は死者の骨を表す「歹（がつ）」を意符としている。おそらく、前者は「世」の字義のうち「世嗣」を表し、後者は「生涯」の意味を表している。また、隷書には世の異体の「丗」を使った「〓」などがある。

「世」の字源について、許慎は前述のように十を三つ重ねた形とし、葉についても世を声符とする純粋な形声文字とする（加藤・藤堂・赤塚・鎌田・阿辻・谷衍奎も同様の誤解）。また、季旭昇は甲骨文字の果（〓）を葉の初文と誤解している。李学勤のみ、枝の葉を表す象形であることを指摘している。また白川は、金文の形（〓）を元に木の枝に芽が出ている形としており、これも正解にやや近い。

◇　◇

「円（旧字は圓）」は、指事記号が二重に使用された例である。殷代の最も簡単な形である「〇」は円形で円の意味を表示している。それに器物である鼎（〓）の異体を加えたのが「〓」であり、

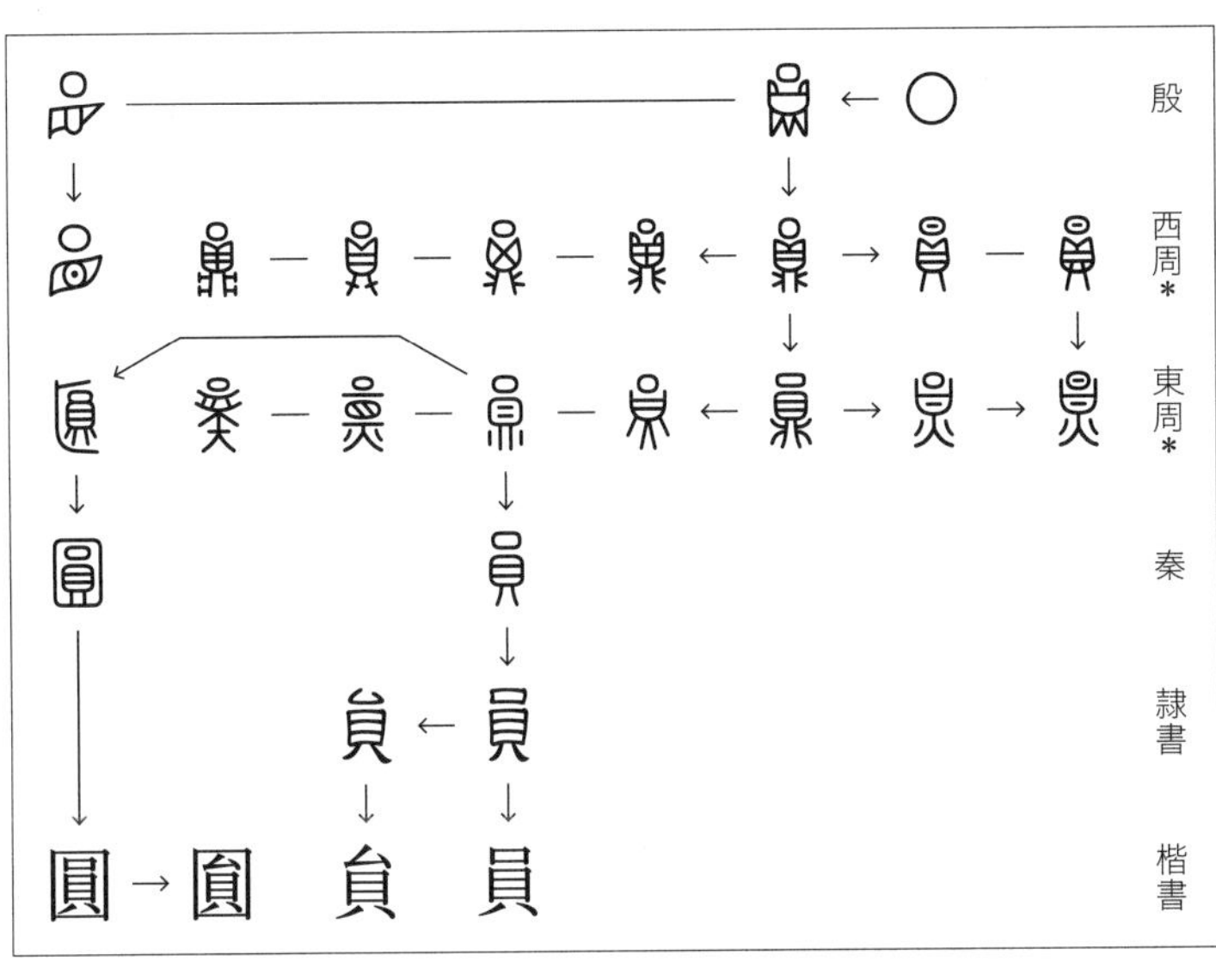

鼎の口が円形であることを表している（鼎の形状については一二〇頁を参照）。字形の構造としては指事記号の円形を使った指事文字であり、楷書の「員」にあたる。

その後、「鼎」が略体となって「貝（〓）」となり、篆書の「〓」などを経て楷書の「員」になった。上部にある四角形は円形記号が変化したものである。ただし、この系統は仮借の用法で「人の数」などの意味に用いられ、原義ではほとんど使われなくなった。

原義については、周囲を取り囲んでいることを表す囗（くにがまえ）を付して表示されており、これが円の旧字の「圓」にあたる。結果として、円形の意味を表す記号が二つ付いており、しかも楷書では円形が使えないため、いずれも四角形になったのである。

そのほかにも各時代に異体が多く見られる。殷代の「〓」は、鼎ではなく目（〓）が用いられており、「瞳（ひとみ）の円形」を表現している。西周代〜東周代には円形の部分を日（〓）に誤った俗字（〓など）がある。あるいは「太陽の円形」を表示したものかもしれないが、下部にある鼎（または貝）との整合性を失っている。

東周代にも異体が多く、鼎の部分を大きく崩した「〓」などがある。また、「〓」は「圓」の構造の初出であるが、囗の略体として「〓」を使っている。隷書〜楷書にも、口を類似形の厶（し）に変えた「〓」などがある。ちなみに新字体の「円」は大幅な略体であり、「員」の部分を縦線にし、さらに冂の最下部にある横線の位置を変えたものである。

このように、員と円（圓）は同源の文字である。字音についても同源であり、員は本来の音読みが「エン」であって、「イン」は「人の数」の意味で分化した発音である。

終と芸

「終」も意符が二重に追加された文字である。初文は「夂（ふゆがしら）」の部分であり、殷代には「〓」などの形であった。

この文字の字源に関連するのが「絶」の初文の「𢇍（ぜつ）（〓・〓）」である。これは、つなげた糸束（〓）（糸（〓）などに使われている）を断ち切る形であり、横線が切断を表している。つまり、「〓」は切られた後の糸束の表現であり、字源としては白川が述べるように「糸の終端」を表した文字である（ほかに鎌田・阿辻・谷衍奎がこの説を採る）。

そのほかの字源説として、加藤・赤塚・李学勤は、誤って「夂」を初文ではなく声符としている。

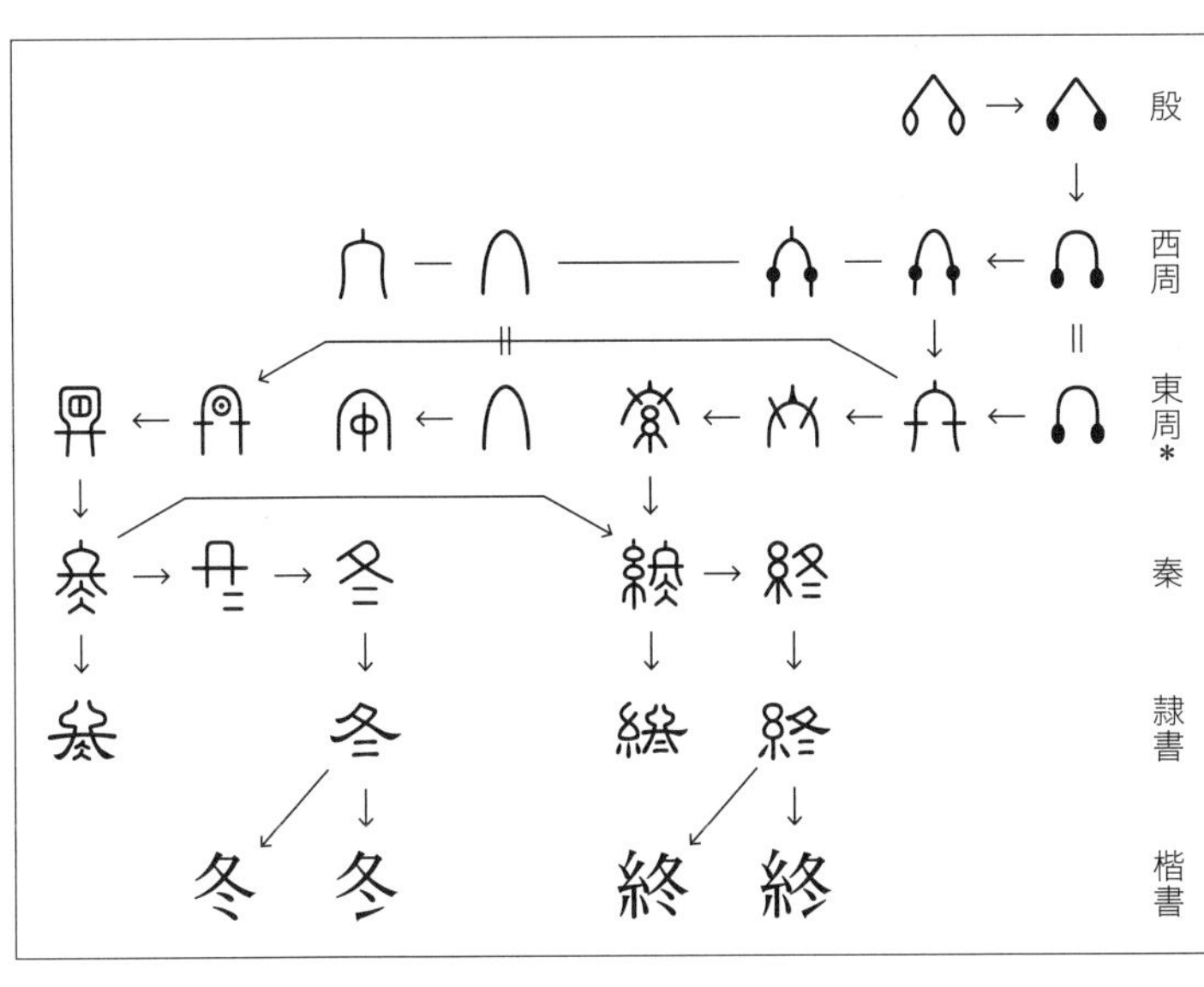

また藤堂は「食物をぶらさげて貯蔵したさま」とするが、これは東周代の「〓」を起源と誤ったものである。許慎は字源について述べておらず、季旭昇は諸説を併記するのみである。

　殷代には、「おわる」や「おえる」のほか、「おわりまで」の意味でも用いられており、甲骨文字には「終日（一日中）」や「終夕（一晩中）」の語が使われている。その後、東周代になると、引伸義で一年の終わりにあたる「冬季」の意味でこの文字が使われるようになったため、意符として日（〓）を加えた「〓」などが作られた。さらに秦代には、意符を氷の初文である仌（〓）に変えた「〓」の形になっている。仌の略体は冫（にすい）であり、初文の「夂」と合わせて楷書（旧字）の「〓」となる。また、新字は冫を変形させた「冬」であるが、これも中世から使われていた歴史のある異体である。

一方、原義については、東周代において初文に意符として「糸（〓）」を加えた「〓」が作られた。「糸の終端」の表現である。そして、秦代には引伸義である冬（〓）（〓）を用いた「〓」の字形になっており、これを継承したのが楷書（旧字）の「終」である。「終」には、初文の「夂」に意符として「糸」と「冫」の二つが加えられているが、それぞれ原義と引伸義に対して用いられたものである。

そのほかの異体として、西周代～東周代には初文を略体にした「〓」が見られる。また、東周代の「〓」（字義は「終」）はそれに中（〓）を加えているが、推定される上古音は、終と中はともに[tiung]であり、声符として追加されたものと考えられる。なお、冬の推定上古音は[tung]であり終に近いが、中古音で舌音と舌面音に分化しており（冬が[tong]、終が[chiung]）、日本の音読みでも「トウ」と「シュウ」で異なっている。

◇　◇

「芸（旧字は藝）」は、殷代の基本的な形は「〓」であり、人が手を前に出した形の丮（〓）と草の象形の屮（〓）から成っている。人が植物を植える様子を表した文字であり、「芸」を用いた熟語では「園芸」が原義に近い。後に「学芸」や「芸術」などの意味にも転用された。

殷代には祭祀名としての用法が多く、「其れ芸し、秋を寧めんか」（『殷墟小屯村中村南甲骨』二五九。秋は原義の害虫であろう）や「翌乙巳、芸し、母庚に宰を侑せんか」（『甲骨文合集』二五四三。乙巳は日付、母庚は女性祖先、宰は祭祀犠牲の豚と羊のセット、侑は祭祀の汎称）などの例がある。おそらく植物を使った祭祀であろう。

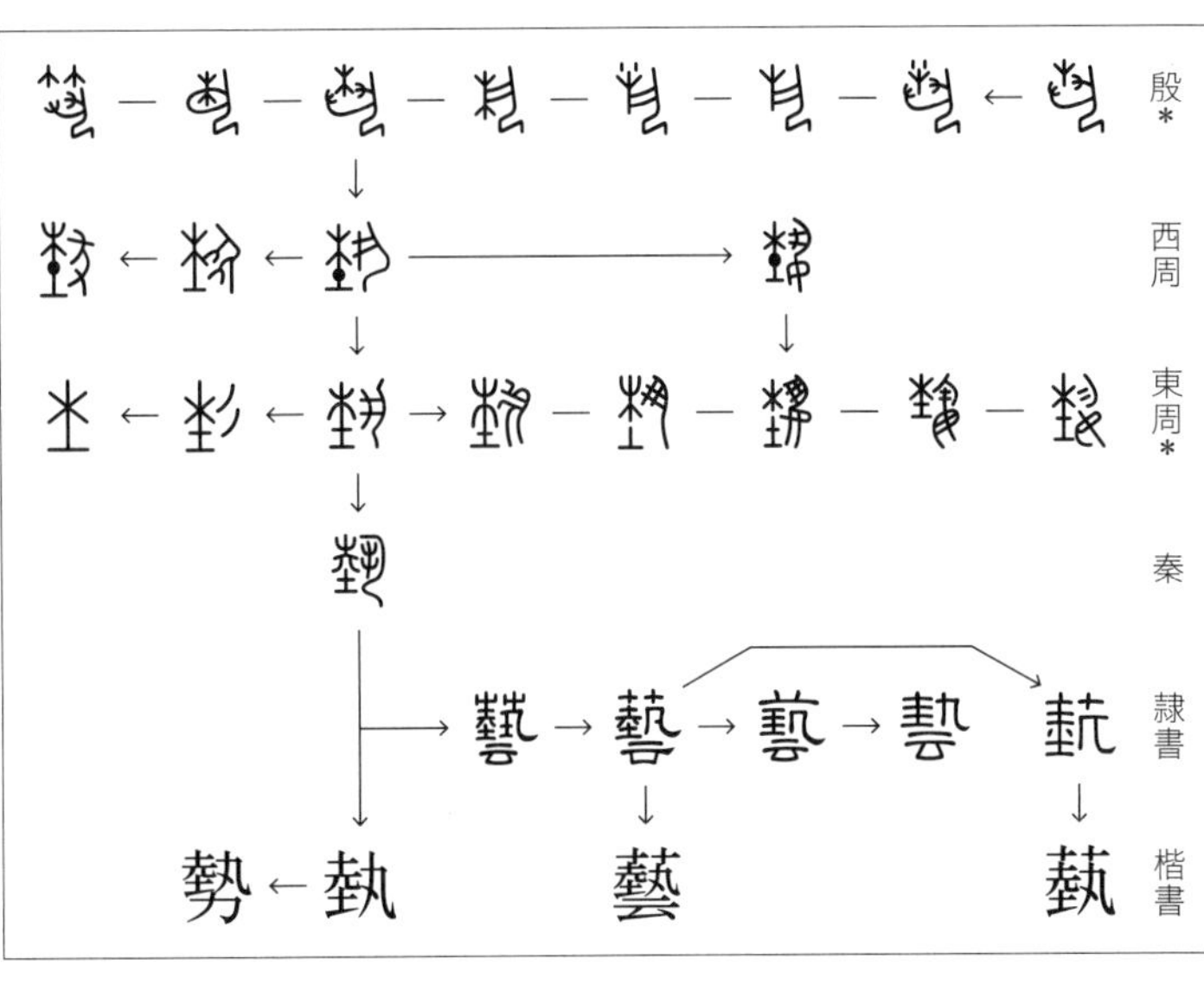

字形について、殷代の異体のうち「〓」や「〓」などは「木（〓）」を用い、「〓」は「竹（〓）」を用いており、やはり植物を使った行為であることを表している。西周代には前者の系統が継承され、さらに「木」の下に「土（〓）」を加えており（〓など）、植物を植える様子であることを分かりやすく表現している。丮・木・土を合わせた形は、秦代には「木」が「圥」となって篆書の「〓」となり、さらに丮が丸に変わって楷書の「埶」になった。

楷書の埶にも植物を植える意味が残っているが、現在ではほとんど使われない。一方、隷書では除草する意味を持つ「芸（芸）」という文字（艹が意符、云が声符）を分割して上下に加えた「〓」や「〓」が作られ、これが楷書（旧字）の「藝」になっている。「藝」のうち、「土」と「芸」が後に加えられた部分である。

さらに、新字は「藝」のうち「埶」を除き、最も新しく加えられた「芸」だけを残した形であり、本来の成り立ちを完全に失っている。

そのほか、殷代以外にも多くの異体が見られる。西周代の「〓」は、丮を犬あるいは豕（し）（豚の象形）のような形に変えている。西周代〜東周代の「〓」などは、丮の下部を「女（〓）」にした俗字である。また東周代の「〓」は丮を略体にし、「〓」では完全に省いている。隷書にも異体があり、「〓」は芸（藝）のうち「艹」を省き、「蓺」は云を省いている。後者は楷書の異体の「蓺」として残っている。

埶については、植物が伸びる勢いから転じて、東周代以降には「いきおい」の意味でも使われた。この意味については、楷書で意符として力を加えた「勢」が作られている。

野と花

次は、変化の過程で声符が入った文字を取り上げる。「野」は初文が「埜」の構造であり、殷代には「〓」や「〓」の形で林（〓）と土（〓・〓）で構成されていた。「原野」を表現した文字である。初文の構造は楷書の「埜」に残っており、現在でも、まれに人名や地名に用いられる。

一方、秦代には、初文に声符として予（〓）の略体を加えた「〓」が作られた。「予」の字源には諸説あるが、機織（はたお）りに使う「杼（ちょ）」（横糸を通す道具）の象形とする説が有力視されている。現在では野と予は音読みが異なるが、推定される上古音はいずれも[ria]で同一である（中古音で[yia]と[yio]に分化した）。

さらに、「〓」では林が「田」に変えられており、「田野」の表現になっている。その配列を変えたものが篆書の「〓」であり、田・土を合わせて「里」にしている。各々の構造が楷書に継承され、それぞれ「壄」「墅」「野」になった。そのほか、秦代には略体の「〓」があり、また予を日に誤った「〓」が見られる。

現在、最も一般的に使われるのは「野」の形であるが、そのうち初文から残っているのは「土」の部分だけであり、「田」は林が置き換わった部分、「予」は秦代に追加された声符である。

殷	西周	東周	秦	隷書	楷書
〓 ← 〓	〓	〓 ← 〓	〓 ← 〓 ← 〓 — 〓 — 〓	〓 〓 〓	埜 壄 墅 野

◇　◇

「〓」は「花・華」の初文であり、植物の花が垂れて咲いている状態を表している。縦線が茎であり、枝分かれした短線が花弁にあたる。殷代の異体には、線の本数を変えた「〓」などのほか、下部に土（〓）の略体を加えた「〓」などがあり、後者は土から生えた植物が花を咲かせた様子を表現している。

西周代には後者の系統が継承されたが、西周代〜東周代には「〓」や「〓」などの形になっており、花の象形が麦の象形である来（來）（〓）のようになり、土の略体は于（う）（〓）の形

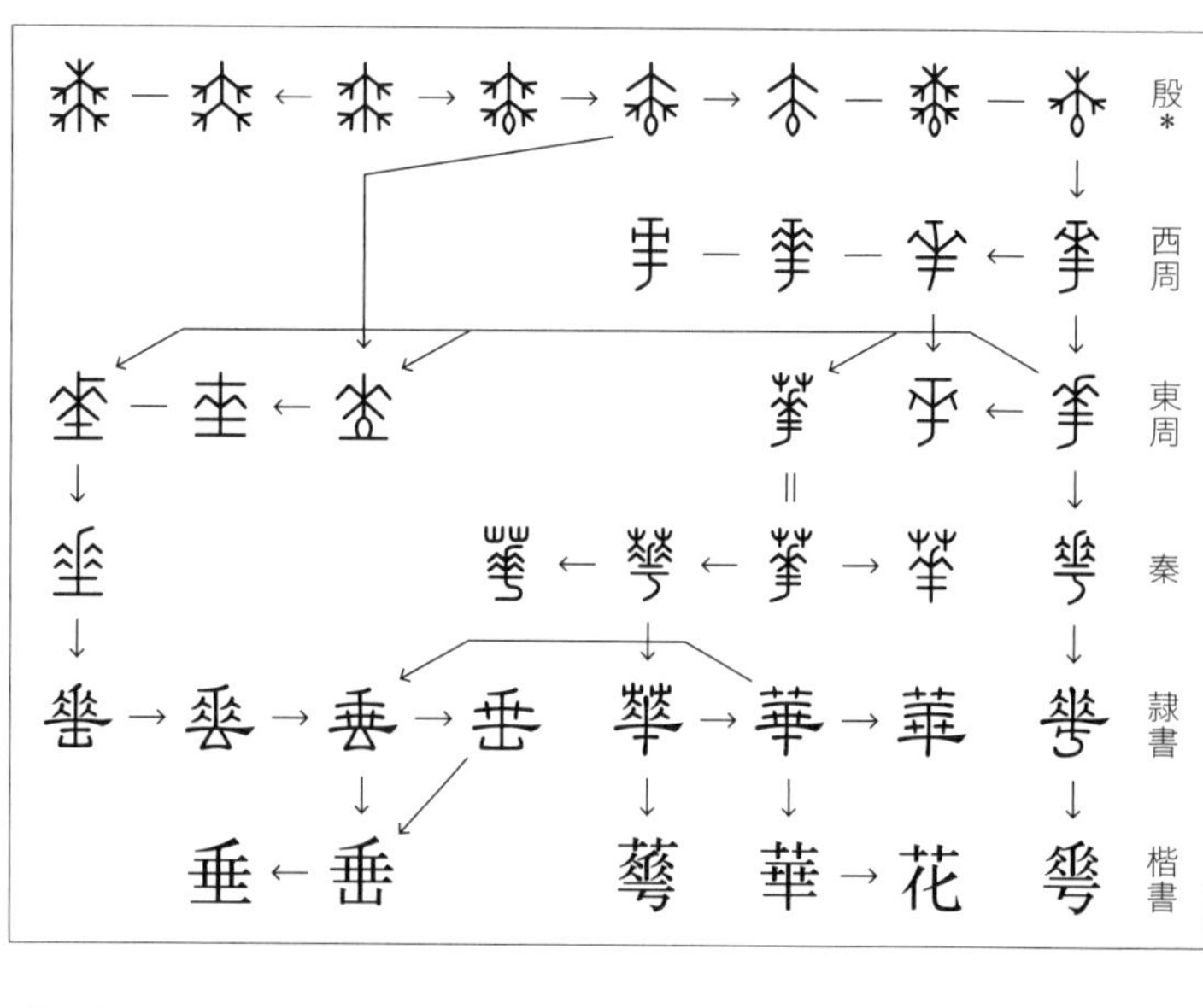

に変化した。于は、上古音が[giua]と推定されており、華[gua]に近いので、声符に置き換えたものであろう。さらに秦代の篆書（𠌶）では花の象形の部分が複雑化し、また于が異体の亏になっている。これを継承したのが楷書の「𠌶」であるが、現在ではほとんど使われていない。

東周代には艸（艹）を増し加えた「荂」が作られており、これを継承したものが楷書の「蕚」であるが、これも使用されることは少ない。隷書で「𠌶」の部分を変形した「華」が作られ、これが楷書で主に使われる「華（華）」となった。そして、「𠂹（𠌶）」の部分を声符の「化（化）」に置き換えたのが「花（花）」であり、中世に作られた字形構造である。本来は同一字であるが、現在では「花」が「はな」の意味、「華」が「はなやか」などの意味に使い分けられている。

また、華・花と同源の文字に「垂」があり、花が垂れ下がった様子から「たれる」の意味に転用された（転注の用法）。東周代には「土（〓）」の形を残した「〓」があり、秦代の篆書では上部が「〓（〓）」と同様の形、下部が土（〓）の「〓」になっている。

その後、隷書では土が変形して「〓」の形になった。また、「〓」は「華（〓）」の影響を受けたようで、上部がそれに近い形になっている。さらに「〓」では下部が「山」になり、楷書で「垂」から略体の「垂」になった。

用法について、殷代には「華」が地名としても使われており、甲骨文字ではその領主が「華侯（かこう）」と呼ばれ、後にその地の山岳が「華山（かざん）」と称されている（一九頁を参照）。殷代には、その地から献上された奴隷も「華」と呼ばれており、甲骨文字には「妣庚（ひこう）に十華（じっか）を侑（ゆう）せんか」（『甲骨文合集』七六八。妣庚は女性祖先、侑は祭祀の汎称）など、祭祀における人牲として記述されている。

「華」の地域は、殷王朝の領域としては西方辺境に位置したが、後に、より西方にあった周が王朝を建てたため、結果として王朝の中心地に近くなった。さらに、春秋時代に「華」の地を治めた晋（しん）の文公が覇者となり、その権勢は戦国時代初期の魏（ぎ）（文侯・武侯）まで断続的に二百年以上にわたったため、「華」は文明の中心地としての意味も持つようになった。「中華」という語句はこうして形成されたのである。

断と望

次は、意味を表す部分が別のものに変わった文字である。「断（旧字は斷）」は、殷代には「〓」

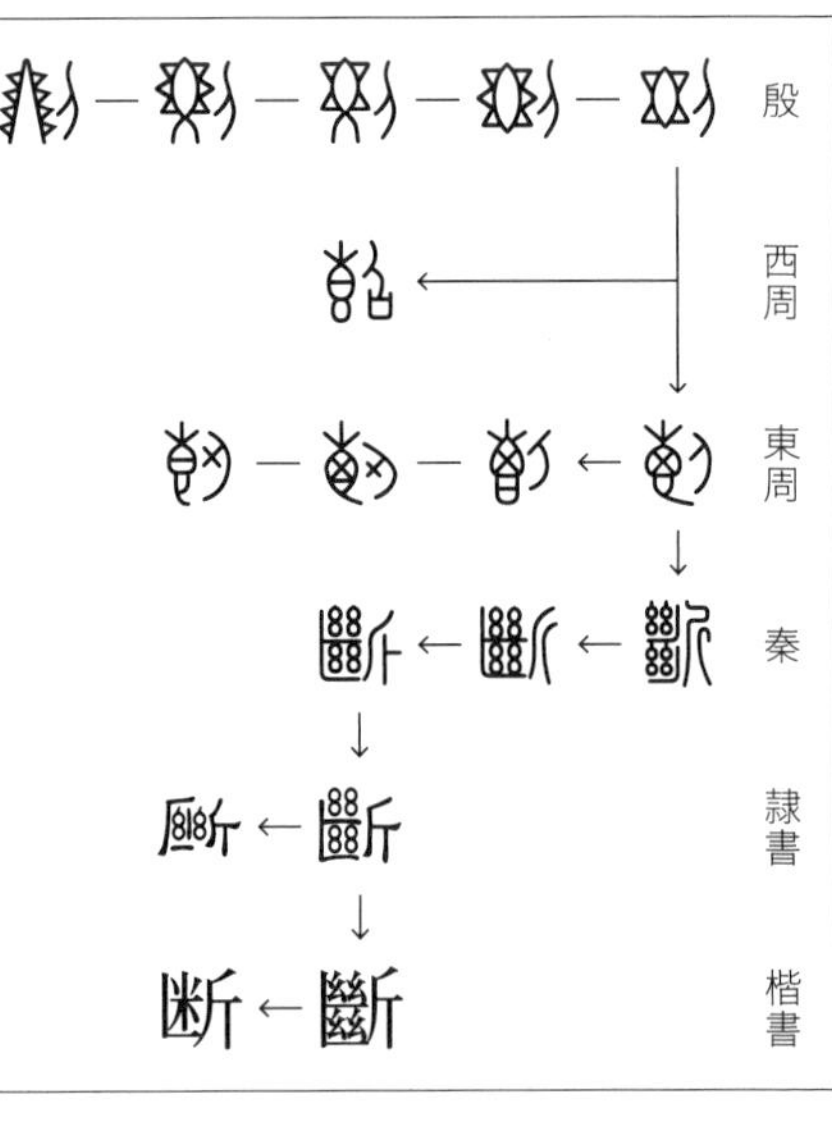

などの形であり、糸束（〓）を縦に切った形（〓）と刀（〓）から成り、刀で糸束を断ち切った様子を表している。

その後、西周代や東周代には、糸束を切った形を叀（けい）（〓）という文字に置き換えた「〓」や「〓」などの形になった。叀は、殷代には「〓」などの形で袋を表していたが、後に「糸巻きの形」と誤解され、下部に巻いた糸を表す部分が付加された。したがって、「〓」などは刀で糸巻きの糸を断ち切ろうとする様子ということになる。

さらに、秦代の篆書では、叀を絶の初文の「𢇍（ぜつ）（〓）」に変え、刀を斧の象形の「斤（きん）（〓）」に変えた「〓」の形になっている。𢇍は糸束を横に切った形であるから、この場合には斧で糸束を断ち切った様子を表している。そして、𢇍を左右反転形の「㡭」に変えたのが「〓」などであり、これを継承して楷書（旧字）は「斷」になっている。

このように、断（斷）は文字の構成要素を変えながら継承されてきた。さらに、新字の「断」は「㡭」の部分を略体にしたものであるが、中世から使われており、これも長い歴史のある字形と言える。

この文字の字源について、許慎は「古文」として「」や「」に近い字形を挙げており、後漢代にも何らかの情報が残っていたようであるが、字形構造には言及していない。また、加藤・藤堂・白川・赤塚は篆書を最古のものとして字源を分析し、阿辻・李学勤・季旭昇は西周代の「」を最古のものとする。鎌田は殷代の「」を挙げながら、字源は篆書から考えている。谷衍奎は、誤って甲骨文字の轡（くつわ）（）を原形としている。

◇　◇

「望」は、殷代の基本的な形が「」であり、臣（）と人（）から成る。臣（）は目（）の向きを変えたものであり、「人」と合わせて「遠くを望み見る人」を表している。甲骨文字には「人を登し、呼びて𢀛方を望ましむる勿からんか」（『甲骨文合集』六一八二。登は徴集、𢀛方は敵対勢力）などの例があり、偵察する意味で使われている。

殷代の異体には、下部に土盛りの象形の土（）を加え、土盛りに乗って遠くを見る人を表したもの（）がある。その略体（）が後代に継承されており、人と土を合わせた形は「壬」にあたる。さらに、西周代には月の象形である月（）や夕（）を加えた形（・など）が作られた。西周代には月の満ち欠け（月相）による日付の記録が行われており、満月を「望」と呼称したためである。

ただし、なぜ「望（）」を満月の意味に用いたのかについては異説があり、許慎・白川は太陽と月が相い望む（正反対にある）状態が満月であるからとし、加藤・赤塚・鎌田・阿辻・李学勤は

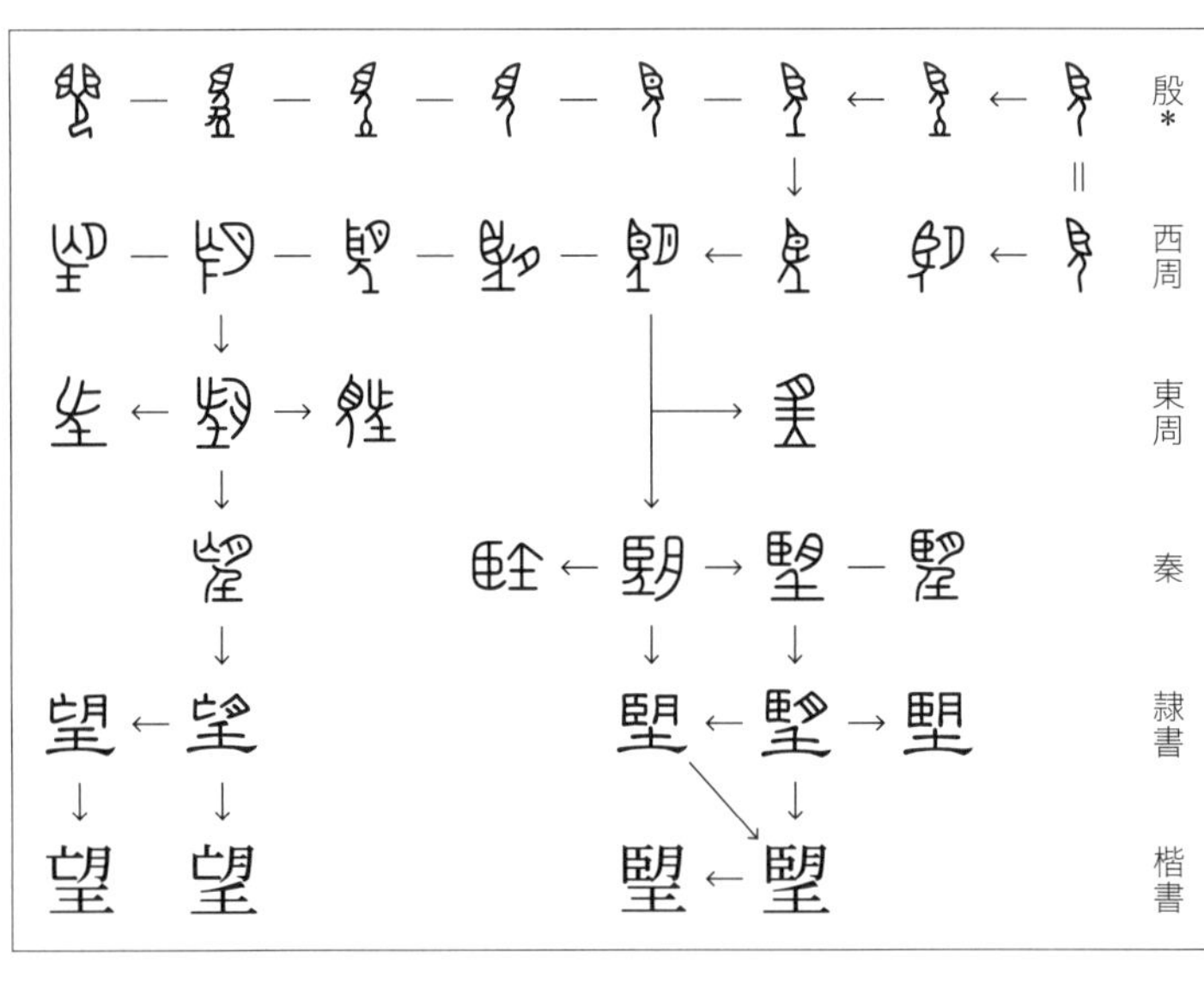

仮借の用法とする。いずれも明確な矛盾はなく、正否は明らかではない。そのほか、藤堂は「待ち望む」が原義と誤解しており、谷衍奎・季旭昇は経緯を述べていない。

臣や月を用いた形を継承したのは、秦代の「朢」や「朢」などであり、臣・月・壬を合わせて楷書の「朢」になるが、現在ではほとんど使われていない。

一方、西周代には、「朢」からさらに「臣」の部分を声符の亡（ぼう）（亡）に変えた「望」が作られており、これが秦代の篆書の「望」などを経て、楷書（旧字）の「望」に継承された。殷代の「𦣠」から見ると、意符として土と月が追加され、そして月が声符の亡に置換されたという経緯である。なお、新字はさらに壬を類似形の王に代替した俗字であり、隷書の異体の「望」から見られる構造である。

そのほかにも各時代に異体が多く、殷代には

「臣」の向きを変えたもの（など）や、臣を二つ用いたもの（）などがある。西周代の「」は、「臣」が誤って「耳（）」のような形になっている。東周代の字形のうち、「」や「」は字形構造の一部を省略したものであり、また「」は「月」を「見」に変えている。秦代の「」は「月」を省いており、隷書の「朢」や「朢」は壬から人（亻）を除いて「土」にしている。複雑な経緯によって作られた文字は、このように異体も多様になることが多い。

次と聞

字形構造が完全に入れ替わった例として、「次」を挙げる。これは、本来は軍隊が駐屯する意味の文字であり、殷代の甲骨文字には「王、往きて淲に次らんか」（『甲骨文合集補編』一八四七。淲は地名）などの例がある。

殷代の字形（）は、軍隊を象徴する𠂤（）（師の初文）と地面を表す横線から成っている。館の初文の「官（）」（二三八～二三九頁を参照）は、軍隊が屋内に宿泊する様子を表した文字であったが、「」は野営を表している。

殷代の異体には、区切りを表す「（）」を加えた「」があり、おそらく駐屯地に一定の範囲があることを表示している。また「」は日（）を用いており、太陽が出る屋外に留まることを表したものであろう。「」では人（）を加えており、これも人が留まることの表現と思われる。さらに「」や「」では人を千（）や壬（）に変えているが、これらは字義上のつながりがないので、類似形を用いた俗字であろう。

殷	〓 ← 〓 — 〓 — 〓 — 〓 — 〓 — 〓
西周	〓 ← 〓 — 〓
東周	〓 ← 〓 — 〓
秦	〓 ← 〓 — 〓 — 〓
隷書	〓 〓
楷書	次 ← 次

その後、西周代には初文の「〓」などが使われなくなっており、それに代わって全く新しい字形構造である「〓」が作られた。これは欠（〓）を意符、二（〓）を声符とする形声文字である。欠は人が口を開けた形であり、「〓」においては休んでいる人を表している。

これが楷書にまで継承され、旧字の「次」になった。また、新字は「二」を類似形の「冫（にすい）」に変えた俗字の「次」であるが、中世から使われていた形である。なお、西周代の段階から冫（〓）と二（〓）はほとんど同じ形であるため、隷書以前の字形にも「冫」として書かれたものがあるかもしれない。

字義について、春秋時代でも「次」は軍隊を率いて駐屯する意味で用いられており、「公、滑に次る」（『春秋』荘公三年。公は魯の荘公。滑は地名）や「斉師・宋師、郎に次る」（『春秋』荘公十年。斉・宋は諸侯名、郎は地名）などの例がある。その後、仮借の用法で「つぎ」や「順序」などの意味で用いられるようになった。

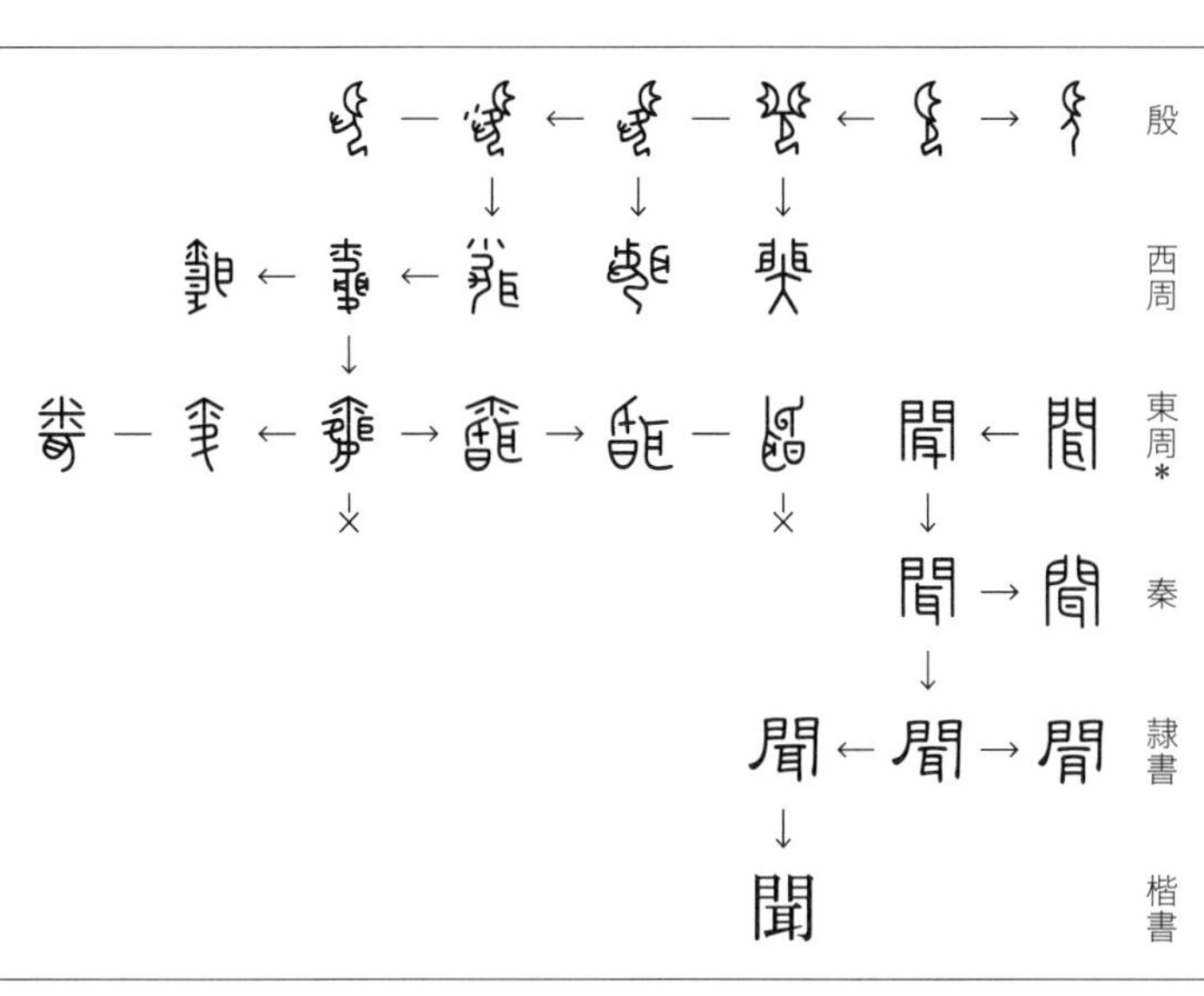

字源について、許慎・加藤・藤堂・赤塚・阿辻・李学勤は欠と二から成る字形を最古のものとし、また白川・鎌田・谷衍奎・季旭昇は誤って涎の初文の次（〓）を次の初文と見なしている。ちなみに次は涎を垂らした人の姿であり、「盗（旧字は盜）」や「羨（うらやむ）」などに使われている。

◇　◇

「聞」も初文の構造が入れ替わった例である。殷代には「〓」が基本的な形で、耳（〓）と座った人の形である卩（〓）から成り、耳で聞いている人を表した文字である。そのほか、異体には卩を人（〓）に変えた「〓」や、耳（〓）を二つ使った「〓」などがある。

殷代には卩を次（〓）のような形に変えた異体（〓）がある。確実には分からないが、小点は涎ではなく声や音の表現であろう。これが後代に継承され、西周代になると「〓」や

「〓」など、小点の部分を強調したり拡大したりした字形になっている。

しかし、東周代には人の形が崩れた「〓」となり、さらに略体の「〓」や「〓」になった。この段階まで来ると、元が人の姿であったことが分からない状態である。そのためか、東周代には文字の一部を声符の昏（こん）（〓）に変えた「〓」が作られた。推定される上古音は聞が[miuən]であるのに対して昏が[huən]であり、韻母は近いが声母が異なっている。おそらく、形が比較的近いものから声符を選んだため、同じ発音の文字が見つからなかったのであろう。

昏を声符とする系統については、さらに上部（小点が強調された部分）を省いた「〓」や「〓」などの形が作られている。しかし、いずれの系統も秦代以降には継承されていない。

一方、東周代には、これらとは別に耳（〓）を意符、門（〓）を声符とする形声文字の「〓」が作られている。この系統が秦代以降に継承され、楷書の「聞」になった。門は推定される上古音が[muən]であり、聞に近い。現在でも、「聴聞」や「前代未聞」などには呉音の「モン」が用いられる。なお、殷代以来の系統とは耳（〓）の部分が共通するので、あるいは、この系統にも継承関係があるかもしれないが、「〓」の系統とは違って字形の類似性がないので、表では継承関係がないものとして構成した。

字形史について、許慎は篆書の聞（〓）とともに「古文」として「〓」に近い字形を挙げているが、「〓」の系統の字形は挙げていない。また、藤堂・赤塚は「聞」の系統しか挙げておらず、加藤・鎌田は西周代の「〓」を最古のものとする。白川・阿辻・谷衍奎・季旭昇・李学勤の五書は、殷代の段階から字形を挙げている。

なお、楷書では東周代の字形（古文）に基づいた異体として、「〓」を模倣した「䎽」や、「〓」を模倣した「〓」も作られているが、ほとんど使われることはない。

熊と夢

次に取り上げるのは、字義が他の文字と入れ替わった例である。動物のクマを表す文字は、殷代には「〓」などであり、頭が大きなクマの特徴を視覚的に表現している。ただし、字形としては楷書の「能」にあたる。殷代の異体のうち、「〓」は上部に羽（〓）が加えられており、おそらくクマの長い毛を表しているが、後代には残っていない（別の動物の象形とする説もある）。

西周代の字形でも、「〓」や「〓」は動物の姿であることが分かりやすく、また鋭い爪のある手足は「爪（〓）」によって表現されている。しかし、東周代には「〓」や「〓」など形が崩れたものが多い。また、「〓」はクマの頭部・胴体・前足・後足を分割しているが、これが篆書の「〓」などを経て、楷書の「能」に継承された。楷書のうち、「月」のような形がクマの頭部、「ム」が胴体、二つの「匕」が前足と後足にあたる。

字義について、「能」は西周代以降に仮借の用法で「よく」や「できる」などの意味で使われるようになった。そのため、動物のクマの意味については、「熊」が用いられるようになったが、これは本来は別の文字である。

「熊」は、「能」の下部に火（灬）を加えたものであり、篆書（〓）に初出である。本来は「火」が部首の形声文字であり、火が盛んに燃える様子を表していた。しかし、前述のように、「能」が

時代	字形
殷	〓→〓―〓
西周	〓→〓―〓―〓―〓
東周	〓→〓→〓―〓―〓―〓
秦	〓→能→能〓〓
隷書	能←能→能　能　熊　熊
楷書	能　能　熊

仮借の用法で別の意味で使われるようになったため、その代わりに「熊」を動物のクマとして使うようになったのであり、仮借の連鎖が発生したのである。

なお、推定される上古音は能が[nəng]であるのに対して、熊は[giuəng]であり、韻母は近いが声母が異なっている。字義の交代が起こった原因は、あるいはクマを表す言葉の発音が変わったためであるかもしれない。

◇　◇

字義が交代した例として、次に「夢」を取り上げる。殷代の「〓」は、寝台の象形である爿（しょう）（〓）と、人（〓）の目と眉を強調した苜（ぼう）（〓）から成っており、両者を合わせて、夢に驚いて目を覚ました人を表した会意文字である。苜は発音も表す亦声にあたる（夢は呉音がム、漢音がボウ）。

殷代には異体が多く、苜に変えて見（〓）を用いたもの（〓）や、夢に驚いて声を上げる人の様子を表したもの（〓）などがある。殷代には夢占いが行われており、甲骨文字には用例が多い。

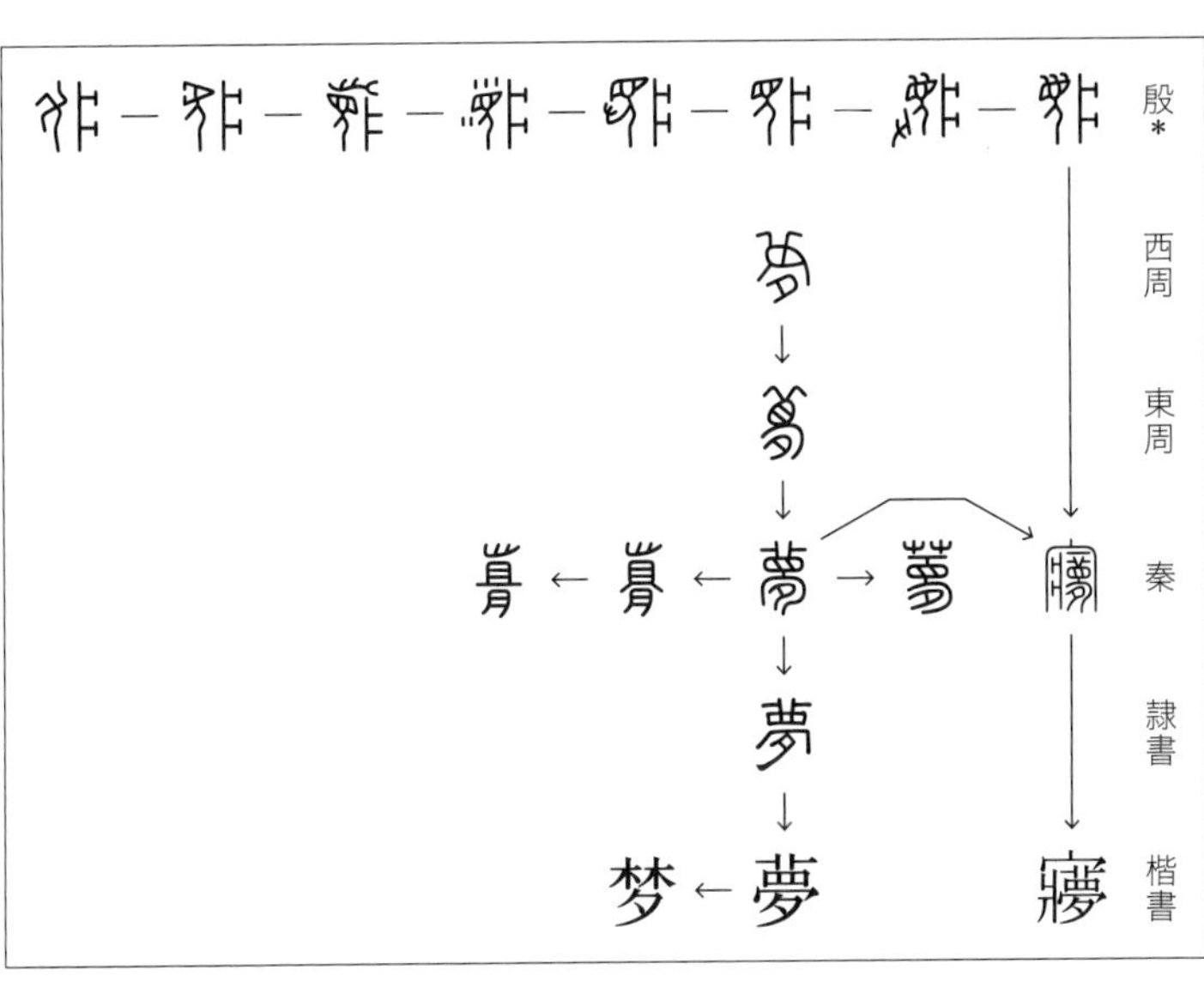

夢の内容も具体的に記述されており、「王、白牛を夢みるに、惟れ禍あるか」（『甲骨文合集』一七三九三）や「鬼夢有るに、禍亡きか」（『殷墟花園荘東地甲骨』一一三。鬼夢は死者が出てくる夢）などの例がある。後者のようなことから、「夢」の字形も「驚いて目を覚ました人」などの表現がされたのであろう。

その後、西周代には「夢（夢）」にあたる形の「〓」があり、上部が「𦭝」、下部が夜間を意味する「夕」である（𦭝が亦声）。ただし、この段階では「暗くて見えない」を意味する文字であった。一方、西周代〜東周代の出土資料には「ゆめ」を意味する文字が見られない。この時代になると夢占いが資料に記されなくなるので、どのような字形を用いていたのかは不明である。

そして、秦代には「ゆめ」を意味する文字として「〓」が篆書とされている。これは、爿を類似形の疒（やまいだれ）（）に変え、また𦭝を類似形の夢（）に変えたものであり、さらに屋内での睡眠時であることを表すために家屋の形の宀（）を加えている。

しかし、「」が複雑すぎたためか、文字としては定着しなかった。秦代から「夢（）」を「ゆめ」の意味で用いるようになっており（用法としては仮借に該当する）、現在でも同様である。なお、楷書にも「」の系統として「㝱」が残っており、疒を爿に戻した形であるが、ほとんど使われることはない。また中世には、𦭝を「林」に変えた俗字の「梦」が作られており、現代の中国ではこれを主に使用している。

無と翌

次に取り上げるのは、同一起源の字形が複数の文字に分かれた同源字（分化字）のうち、より複雑な経緯をたどったものである。

殷代の「」などは、舞踊をする人を表現しており、人の正面形である大（）の腕の部分に飾りが垂れ下がっている様子である。異体には、飾りを多くした「」や、腕と飾りを一体化した「」などがある。また、「」は踊る人の足を強調して表示している。

殷代には、雨乞いの儀礼として舞踊が行われることが多く、甲骨文字には「今夕、奏・舞するに、従雨有るか」（『甲骨文合集』一二八二〇。今夕は今夜の意味。奏は音楽の演奏。従雨は神が雨をもたらすこと）などの例がある。そのため、雨（）の略体を加えた「」などの異体も見られる。

その後、西周代には「」が継承されたが、仮借の用法で「ない（無）」の意味で主に使われる

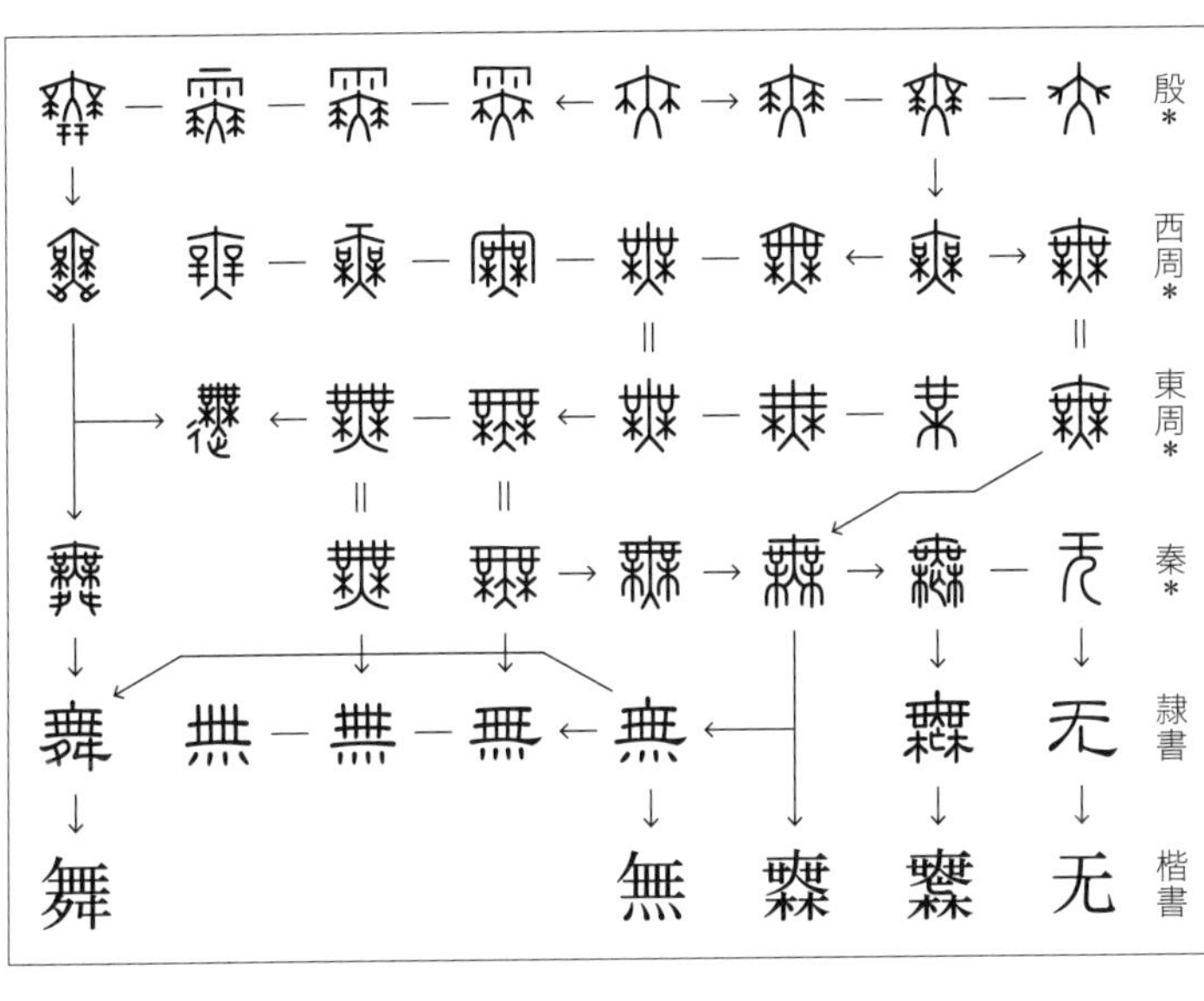

ようになった。各時代に異体が多く見られるが、西周代の「〓」や秦代の「〓」などの形を最もよく残しているのは、楷書のうち「〓」であり、「大」が人の形、それ以外が飾りにあたる。ただし、現在ではほとんど使われない。一方、その略体にあたるのが現在でも使われている「無」であり、隷書の「無」に原形がある。

また、「ない」の意味を表すため、秦代には意符として「亡（〓）」を加えた異体（〓）があり、これを継承したのが楷書の「〓」である。秦代には、極端な略体である「〓」も作られており、これも隷書の「无」を経て、楷書にも「无」として残っている（現代の中国ではこれを使用している）。

原義である舞踊については、足を強調した「〓」の系統がその意味で使われており、西周代の「〓」や篆書の「〓」などを経て、楷書の「舞」になっている。上部は「無」と同じになったが、下部は異なっており、「舛」は強調した足の形に由来する。また、「舞」の意味で用いられた異体として、東周代の「〓」があり、意符として「辵（辶）」を加えている。辵は進行を象徴して用いられるので、舞いながら動く人の表現であろう。

◇　◇

「翌」は殷代から翌日の意味で使われていたが、字形としては「〓」などの形であった。藤堂・白川・赤塚が指摘するように、鳥の翼の象形であり、原義が「翼」、仮借の用法が「翌」である。なお、鎌田・阿辻・谷衍奎・季旭昇・李学勤は「〓」を「羽」とするが、甲骨文字の羽は「〓」の形であり、翼ではなく羽根の象形である。「翌」の意味で「〓」が使われたり、「羽」の意味で「〓」が使われる例はない。そのほか、許慎は東周代以前の字形を挙げておらず、加藤はこの文字に言及していない。

殷代には、「〓」や「〓」など異体が多い。そして、「〓」や「〓」は声符として「立（〓）」を増し加えている。推定される上古音は翌が[riap]、立が[liap]であり近い。ちなみに、立は本来の音読みが「リュウ（歴史的仮名遣いではリフ）」である。

西周代には立を用いた系統が継承され、さらに、日付に関係して用いられたことから意符として日（〓）を加えた形（〓など）になっている。この段階まで来ると、原義の「翼」からは字形の表現として完全に分かれている。

そのため、東周代には、あらためて「つばさ」を意味する文字として、羽（羽）（〓）を意符、異（異）（〓）を声符とする形声文字の翼（翼）（〓）が作られた。字義だけではなく、発音も分化

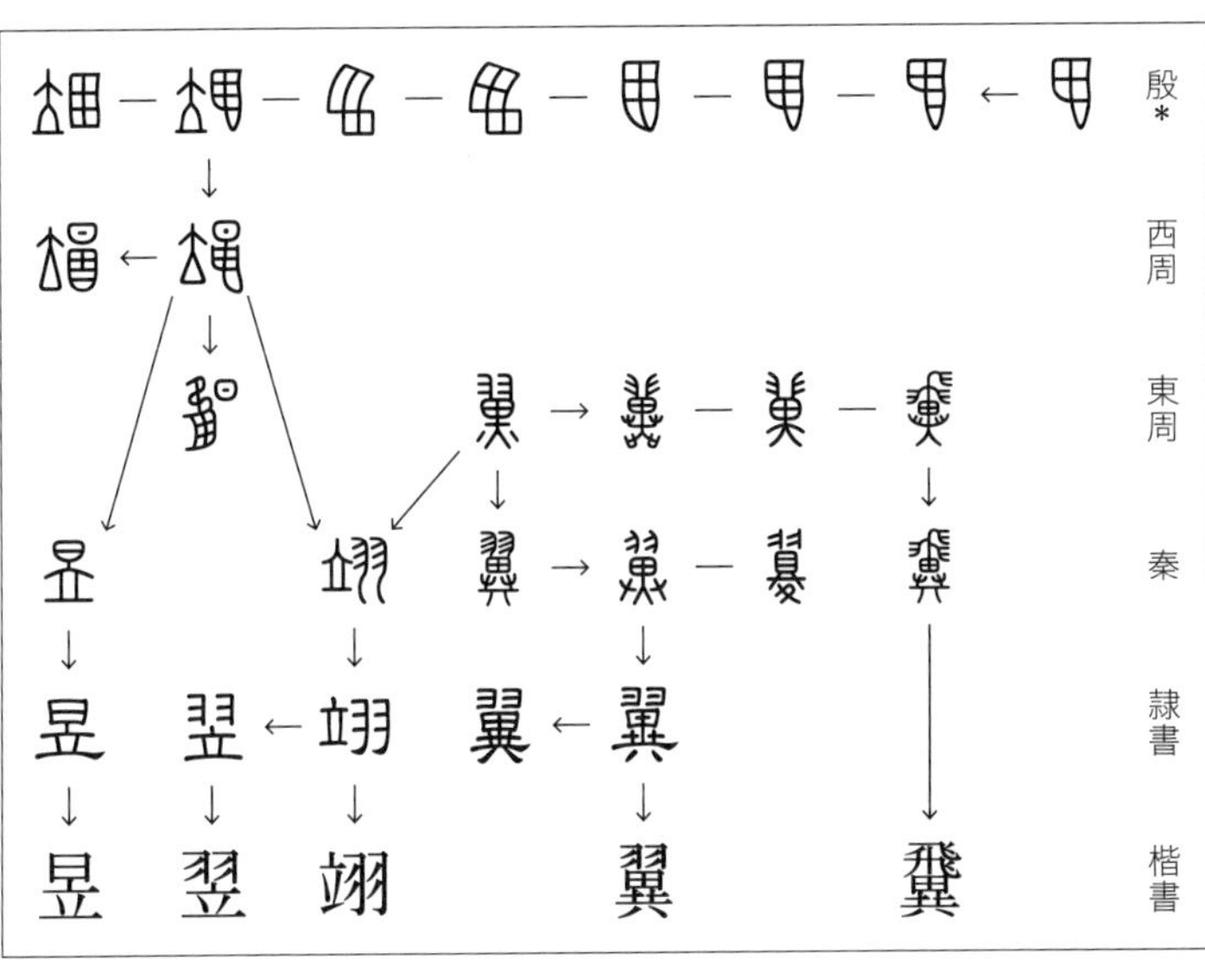

していたようで、推定される上古音は翼（および異）は[riak]であり、翌とは韻尾が異なっている。ただし、その後、発音は再び合流しており、中古音では翌・翼はともに[yiak]になっている。

このように、翌・翼は同源から分化したものであるが、秦代になると、「翌」の意味について両者を折衷した「翊」の字形が作られた。これは羽（羽）を意符、立を声符とする形声文字である。そして、隷書で配列を変えて上下に並べた「翌」が作られ、楷書の翌（翌）になった。また楷書には「翊」も残っている。

そのほか、秦代には「〓」のうち初文の部分を除いた「昱」も作られており、楷書の「昱」にあたる。この場合には、日を意符、立を声符とする構造である。その後、昱は「日が輝く様子」の意味に転用された（音読みは「イク」）。

「翼」の系統にも異体が多く、東周代の「〓」などは羽（〓）の向きを一部変えている。また、「〓」は意符として飛ぶ鳥の象形である飛（〓）を用いている。後者の系統については、楷書の異体の「𩙺」に残っている。

永と従

次は、左右反転形が分化した例である。殷代には文字の左右に厳密な区別がなく、例えば「翌」であれば「〓」でも「〓」でも意味上の違いはなかった。しかし、殷代末期ごろから左右の区別が強く意識されるようになり、東周代には左右反転形がほとんど使われなくなっている。

その過程で、派生した字義について、敢えて左右反転形を使って意味上の区別をすることがある。泳の初文の「永」と派の初文の「𠂢」も、そうした例のひとつである。

殷代には「〓」が基本的な形であり、人（〓）と水滴を表す小点、および進行を象徴する彳（〓）から成っている。三者を合わせて人が水中を泳ぐ様子を表した文字であり、字形は「永」、原義は「泳」にあたる。

「永」は、殷代の段階から、仮借や転注の用法で「神が安寧を与える」や「支配下の小都市」などの意味で用いられている。前者の用法については、さらに西周代に「安寧が永く続く」の意味で用いられるようになり、そこから一般に「ながい」の意味になった。後者の用法は、後に「川の支流」の意味になっており、永（〓）の左右反転形（〓）によって表示された。正確な経緯は不明であるが、「〓」の形が川の流れを表す「水（〓）」に似ていたためであろう。字形は「𠂢」、字

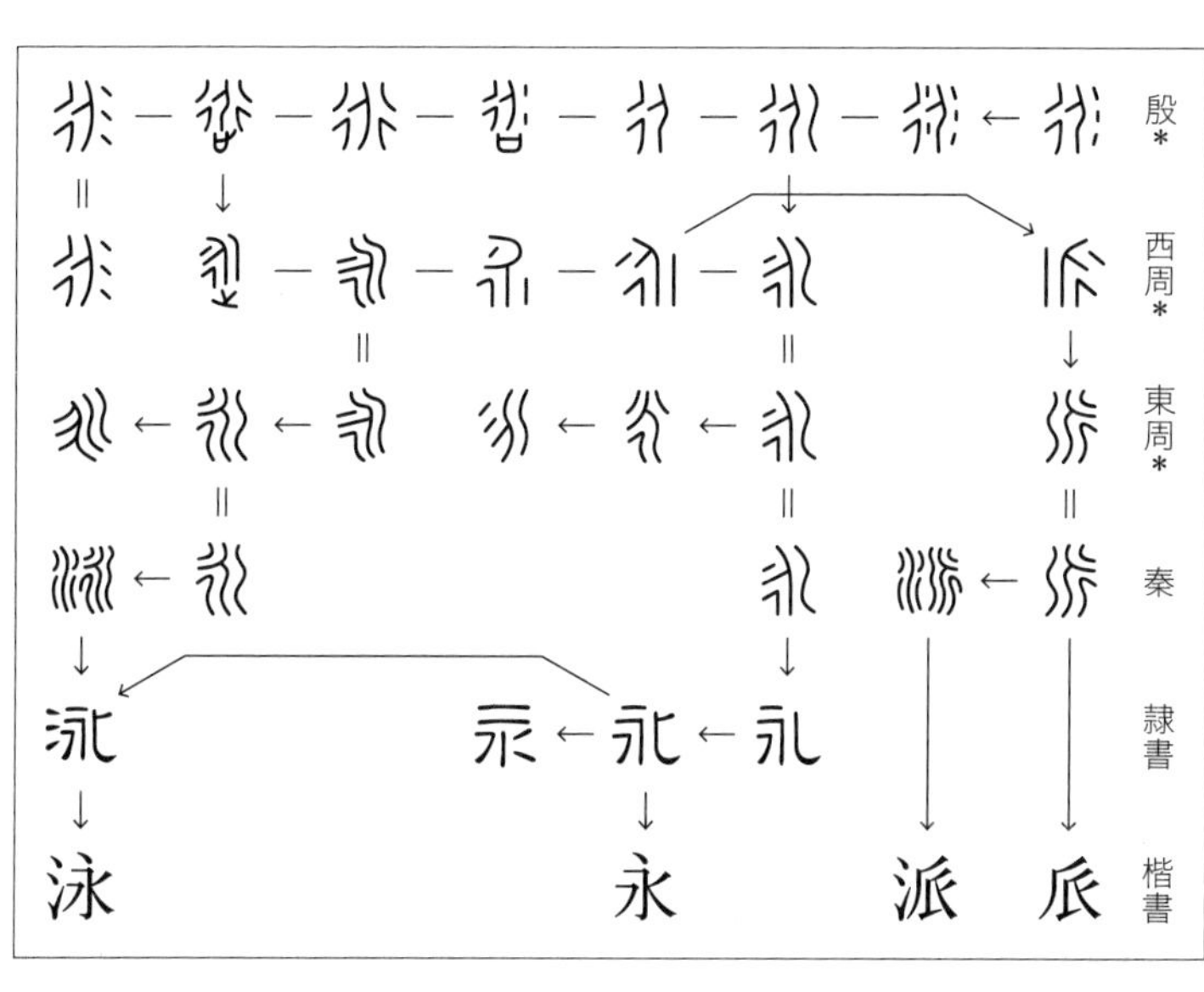

義は「派」にあたる。

「永」の系統について、殷代の異体には水滴を省いたもの（〓）や水（〓）の略体に変えたもの（〓）などがある。後者が後代に継承され、最終的に楷書の「永」になった。一・三画目が「亻」、二画目が「人」が変わったものであり、四〜五画目が水の略体にあたる。

そのほか殷代の「〓」は「行（ぎょうがまえ）（〓）」を用いており、「〓」はさらに進行を象徴する「止（〓）」を加えている。後者は西周代の「〓」に影響を与えたようである。

原義については、篆書で水（〓）を意符として加えた「〓」が作られており、水（氵）と永で楷書の「泳」になっている。

「𠂢」の系統についても、秦代の篆書でやはり水（〓）を加えた「〓」が作られており、水（氵）と𠂢で繁文の「派（派）」となる。字義も変化しており、支流の意味から、一般に分かれたものを指して使われ、「派生」や「派閥」などの熟語になっている。

字源について、許慎は「永」と「𠂢」が同源の左右反転形であることに気づいているが、支流が原義と誤っている（加藤・藤堂・白川・赤塚・鎌田・阿辻・季旭昇も同様の誤解）。字源が人の泳ぐ様子であることを把握できたのは、十書のうち谷衍奎・李学勤のみであった。

　◇

「従」と「比」も左右反転形が分化した文字である。殷代には人（〓）を二つ用いた形（〓）であり、人の後ろに人が従うことから「したがう」の字義を表した。
殷代の異体には、匕(ひ)（〓）を用いたもの（〓など）がある。匕は女性祖先を表す文字（繁文は妣(ひ)）であるが、字形が近いことから殷代には人と通用して使われた。さらに、前述のように殷代には左右反転形が多用されており、「〓」「〓」「〓」「〓」はすべて「したがう」の意味で用いられていた。
その後、西周代になると「〓」の系統と「〓」の系統の使い分けが始まった。「〓」は「人」を使った形であり、楷書の「从」にあたる。「〓」は左右反転形の「匕」を使ったもので、楷書の「比」にあたる。なお、匕についても最終的に人とは逆の向きが定着した。字義としては、「比」は人が並んでいる字形から、転注の用法で「ならぶ」（「比肩」など）や「くらべる」（「比較」など）の意味で使われるようになった。
「从」の系統について、初文を反映したのが秦代の篆書の「〓」や楷書の「从」である。「从」は日本ではほとんど使われないが、現代中国ではこれを主に用いている。ちなみに、許慎の『説文解

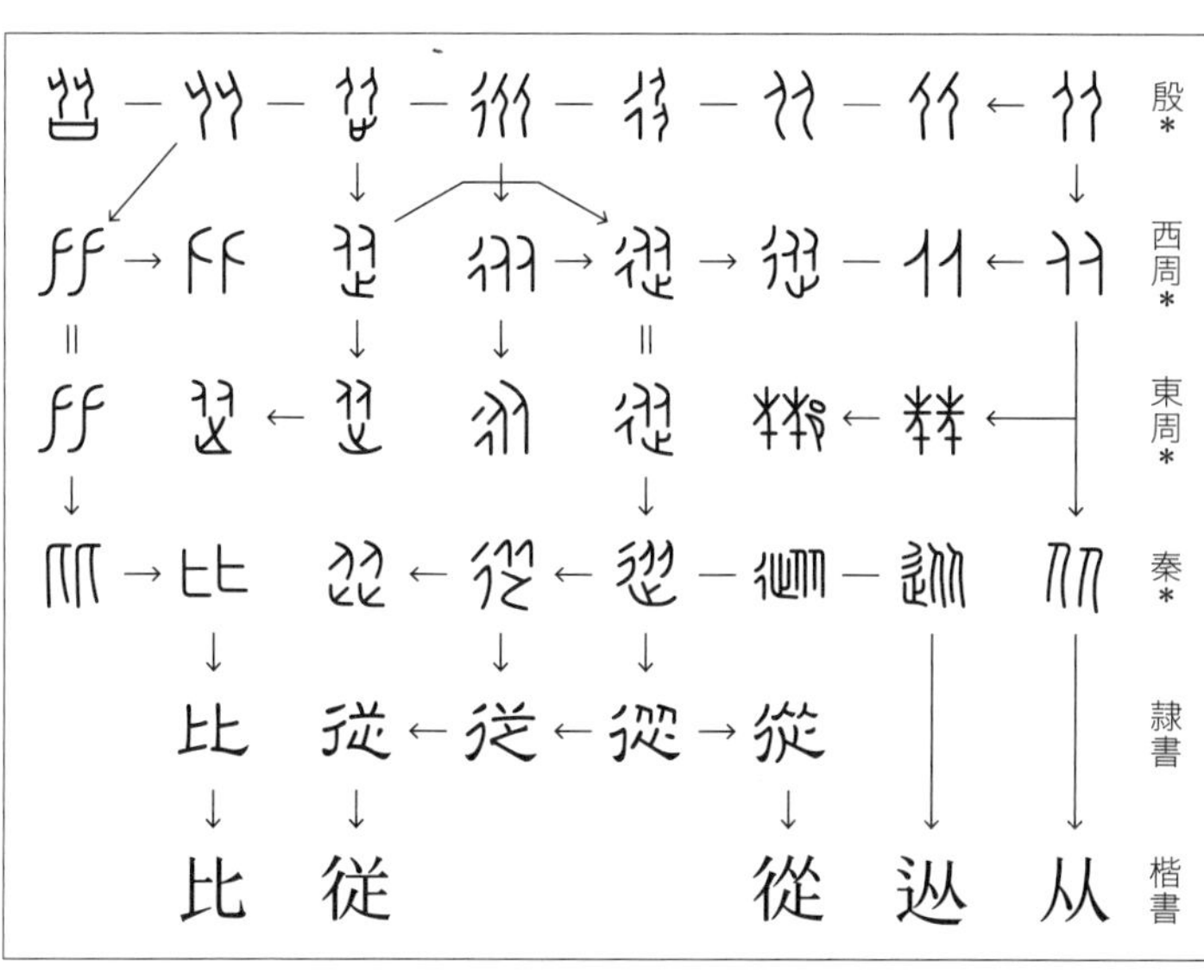

字』は会意文字の構成要素を説明するときに「从う」という表現を用いており、また形声文字の説明では「从AB声」（A（意符）に从い、B（声符）の声）という表現をしている。

そのほか、東周代には人の髪を強調した異体の「〓」があり、さらに「〓」は「邑」を加えている。ただし、いずれも固有名詞（人名）であり、意図するところは明らかではない。

繁文として、殷代には進行を象徴する彳（〓）や止（〓）を加えた異体（〓・〓など）がある。西周代には両者を用いた字形（〓など）が作られており、これが楷書に継承されて旧字の「從」になった（「止」が隷書でやや変形している）。また新字は略体の「従」であるが、隷書の「〓」に起源があり、これも長い歴史のある字形である。そのほか、彳と止は合わせると辵（辶）になり、篆書（〓）はこれを用いている。

家と明

「家」に該当する字形は、殷代に二系統が見られる。ひとつは「〓」などで、家屋の象形である宀（〓）と雄豚の象形（〓）から成っている。雄豚は、後代には「豭」と表記されており、「家（〓）」においては声符として使われている。字義は宗廟施設であり、甲骨文字には「其れ上甲の家に匚するに、其れ……あるか」（『甲骨文合集』一三五八一。上甲は神話上の始祖、匚は祭祀名、……は甲骨の欠損部分）などの例がある。

もうひとつは「〓」などで、宀（〓）と豚の象形の豕（〓）から成る。こちらは会意文字であり、字義は家畜の豚、あるいは家畜として飼うために捕らえた豚である。甲骨文字には「其れ宜するに、叀れ大家もちいんか」（『殷墟花園荘東地甲骨』一三九。宜は祭祀名）などの例がある。殷代の異体のうち、豕の数を増した「〓」などもこの系統である。

いずれの系統が楷書の「家」の起源かについて見解が分かれており、前者とするのが許慎・加藤・赤塚であり、後者とするのは藤堂・白川・鎌田・阿辻・谷衍奎・李学勤である（季旭昇は両者が字義として異なることを考慮していない）。

実際には、西周代の「〓」など、雄豚の象形を用いた系統が継承されており、字源説としては前者が正解である。しかし、西周代から東周代にかけて、文字として雄豚の象形が使われなくなっていった。前述のように、最終的に「豭」になっており、豚の象形の豕を意符、叚を声符とする形声文字である。そのため、「家」についても「〓」や「〓」など、「豕」を使った字形構造になっ

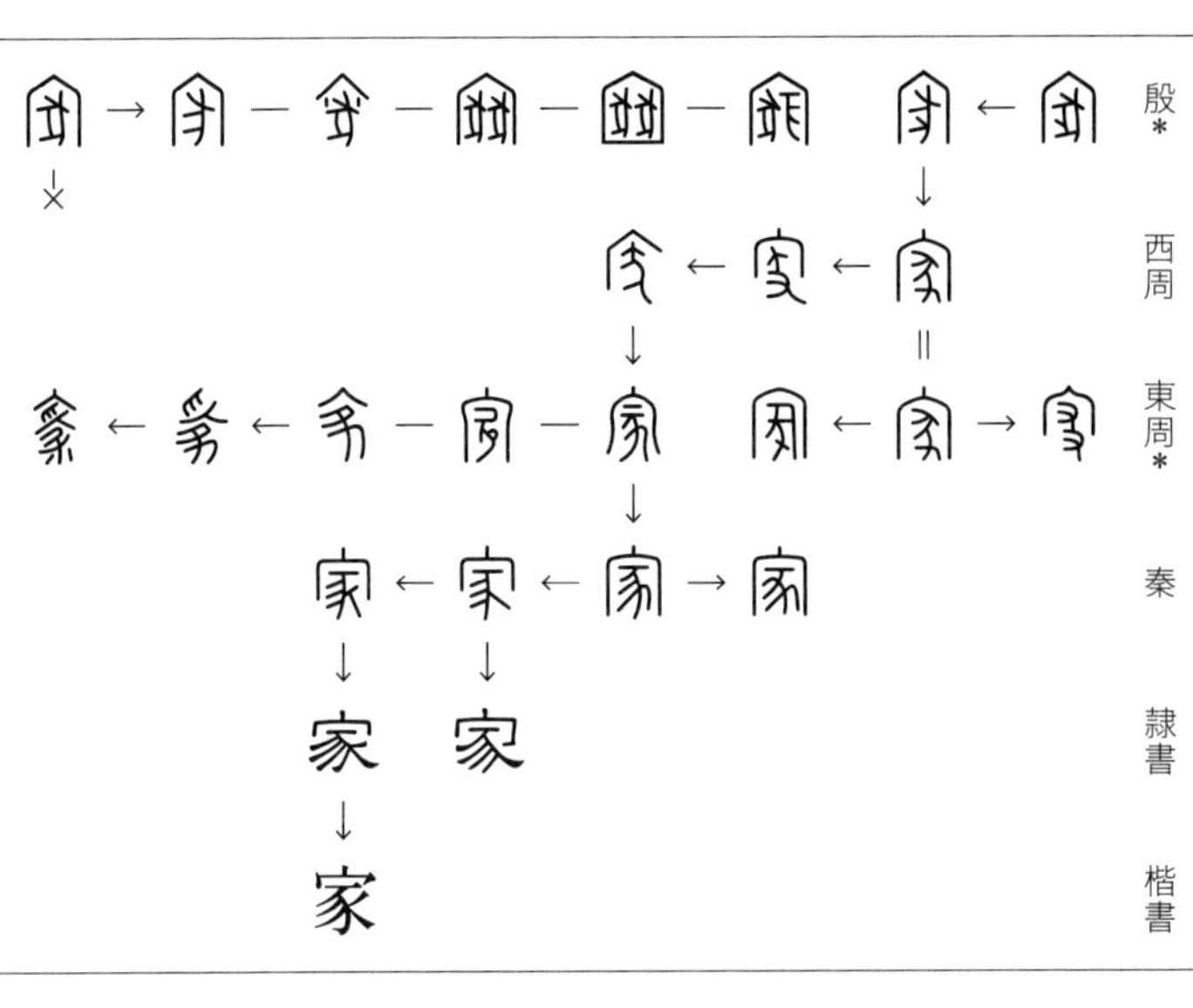

た。許慎が「宀に从（したが）い豭の省声（しょうせい）」とするのが最も正確である。

このように、「家」は「□」の系統を起源としつつ、字形としては「□」の系統に近くなったという、特殊な歴史を持った文字である。

字義にも変化があった。西周代の金文では「家」が家産（所有する領土・財産・農業奴隷など）の意味で使われるようになっており、王の家産は「王家」と呼ばれている。また、金文では農民や農業奴隷の家族を数える助数詞としても使われており、「三家」や「十家」のように数えられている。いずれも宗廟からの引伸義である。

◇　◇

「明」も殷代に二系統があった文字である。「□」などは、冏（けい）（囧）（□）と月の象形である月（□）または夕（□）から成り、楷書の「朙」にあたる。冏は許慎が窓枠の象形として

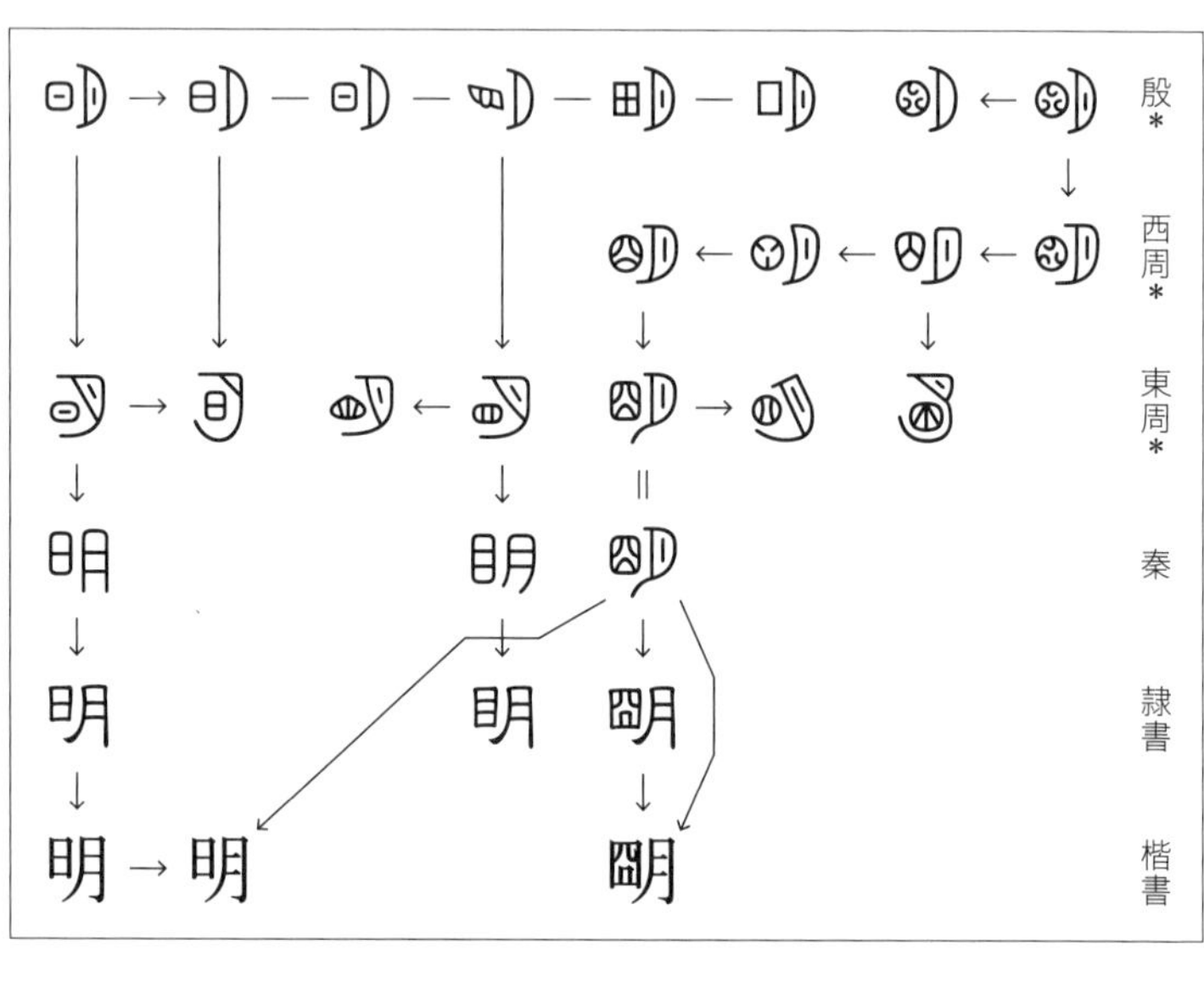

おり、従来はその解釈が支持されていた。しかし、考古学の研究により、青銅器では神聖な文様として囧（〓）が使われていることが判明しているので、星の光と考えるのが妥当である。つまり、「〓」は「星月夜」を表した文字である。そこからの引伸義で、後代には「あかるい」の意味となり、さらに「あきらか」などの意味でも用いられるようになった。

一方、「〓」などは日（〓）と月（〓）または夕（〓）から成り、楷書の「明」にあたる。日が昇り、かつ月がまだ見えている時間帯、すなわち「明け方」を表した文字である。

「朙」と「明」については、前述の「家」とは違い、両系統の字形が後代に継承された。ただし、字義については使い分けがなくなり、両系統が「あかるい」と「明け方」の両方で使われるようになっている。

異体について、殷代には「明」の系統に、目

（〓）を用いた「〓」があり、この場合には「月を見ている様子」となる。そのほか、田（〓）や丁（〓）を用いた異体（〓・〓）もあるが、これらは字義上の関連がないので、略体か俗字であろう。

西周代には、金文で「〓」の系統のみが用いられており、字形表に入らないため省いたが、これ以外にも多数の異体がある。一方、東周代になると「明」の系統が多く使われるようになっており、逆にこちらが表に入らないほど異体が多い。

秦代には、篆書とされたのは「〓」にあたる「〓」であるが、日を用いた「〓」や目を用いた「〓」も併用されていた。いずれも隷書に継承されたが、目を用いた系統は楷書に残っていない。また、現在では「〓」もほとんど使われていない。

舌と以

「舌」は、比較的簡単な字形であるが、字形史上の異体が字源に異説をもたらした例である。殷代には「〓」などの形であり、口（〓）から舌を出した形（〓）に唾液を表す小点を加えたものであった。異体には舌の形を変えたもの（〓など）や、小点を省いたもの（〓）などがある。

また、小点を省き、かつ舌の形も変えた「〓」があり、この場合には上部が干（甲骨文字では「〓」）と同形になる。これが後代に継承され、秦代の「〓」や「〓」を経て、楷書の「舌」、そして「舌」になった。そのため、従来の研究には「干」を用いた形を起源と見なすものがあり、許慎・加藤・藤堂がこれに該当する。

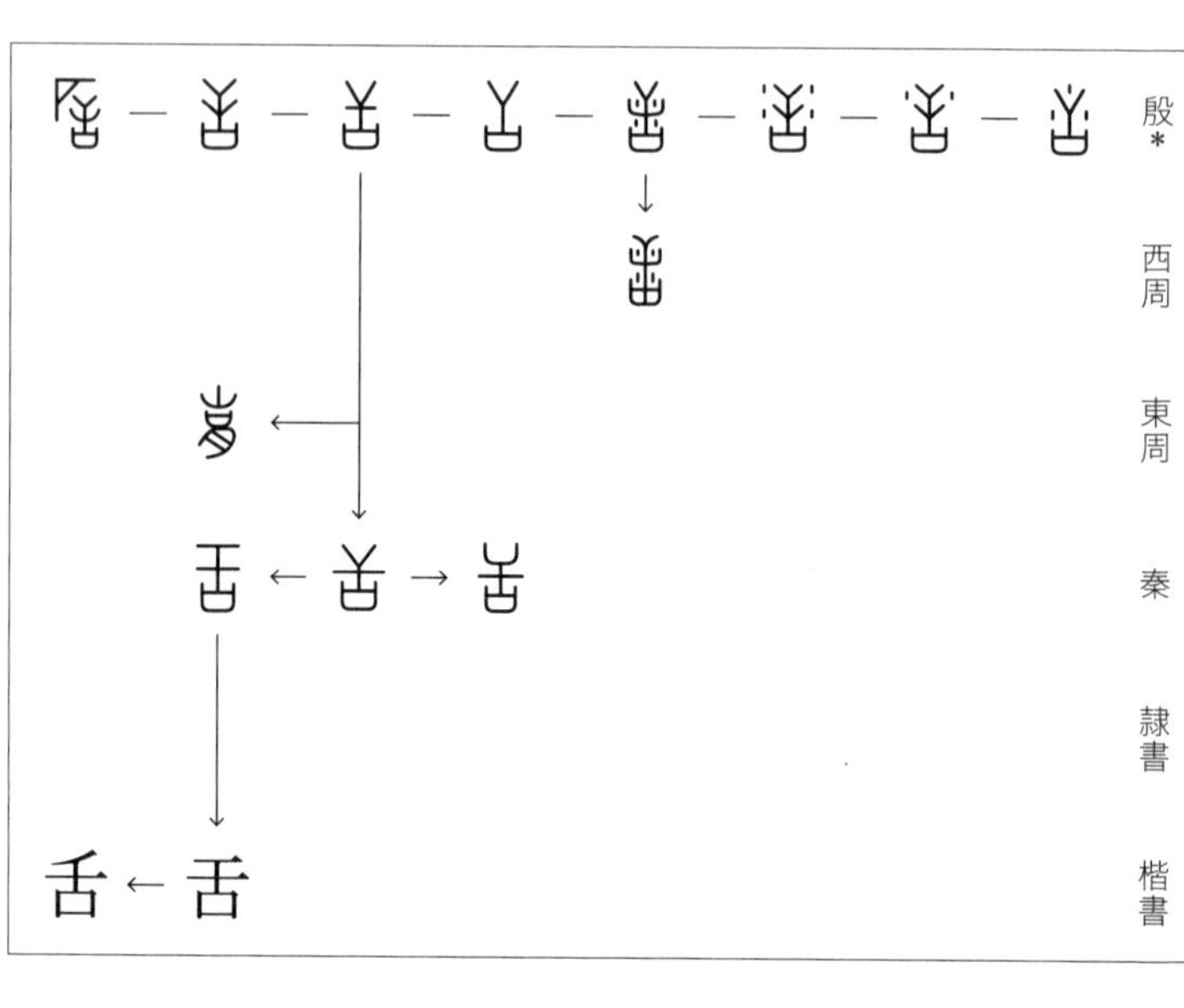

舌の字源が誤解された原因として、人の舌は蛇のように枝分かれしておらず、「　」などの形と合致しないということもある。しかし、甲骨文字では飲の初文（　・　）や次（せん）（　）の異体（　・　）でも人の口と舌として「　」や「　」の形が用いられており、少なくとも殷代には人の舌の表現として一般的だったことが分かる。漢字は、時にこうした強調表現がされることもある。

飲　　次

そのほかの異体として、殷代に石の初文の厂（　）を加えたもの（　）があるが、その意味は不明である（あるいは声符としての追加かもしれない）。東周代の「　」は、下部に意符として肉（　）を加えている。秦代に篆書とされたのは「　」であり、これは篆書の干（　）を用いた形である。

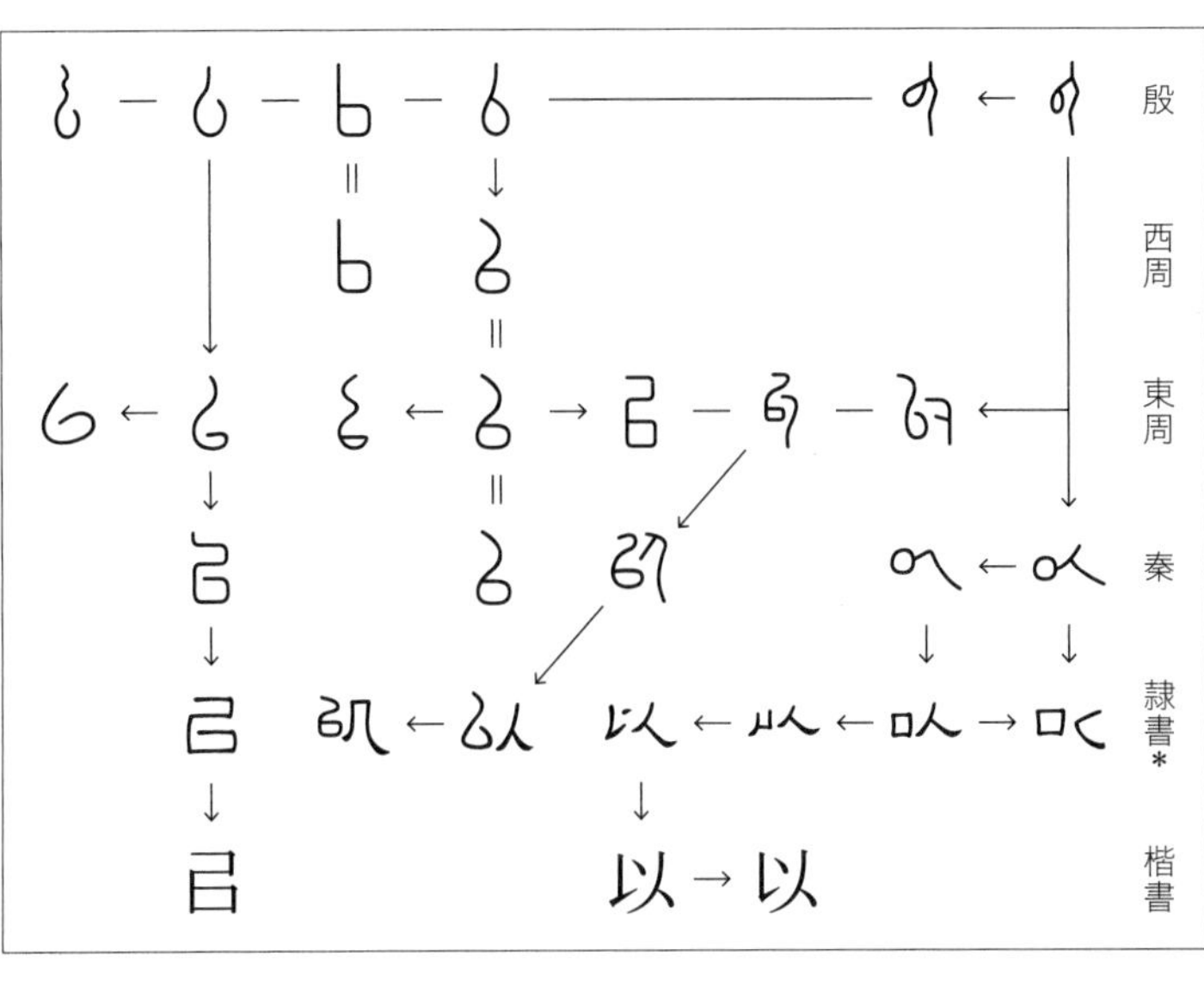

◇　◇

「以」も、単純な字形ながら見解が分かれている文字である。殷代の「〓」は、人（〓）が物を持っている様子を表しており、持っている物は抽象的に楕円形で表示されている。そして「〓」などは、腕と持っている物だけを残し、そのほかを省いた略体である。

「〓」と「〓」のうち、いずれの系統が楷書の「以」の原形であるのかについて異説がある。前者とするのが加藤・藤堂・赤塚であり、後者とするのが白川・鎌田・阿辻・谷衍奎である（そのほか許慎は篆書とされた「㠯」のみを挙げ、また、季旭昇・李学勤は両者を単一の系統と誤っている）。

字形史から見れば、「以」は「〓」を継承したものと考えるのが妥当であり、秦代の簡牘文字に見られる「〓」や隷書の「〓」などを経て、楷書の「以」になっている。一〜三画目が

「〓」の部分、四・五画目が「人」である。なお、後者の系統についても、楷書に「㠯」として残っているが、現在ではほとんど使われない。また、東周代〜隷書には両系統を折衷した「〓」や「〓」なども見られる。

「以」は、原義が「もたらす」であり、より厳密には、「〓」の字源は「人が物を持ってくる様子」である。甲骨文字には「阜は牛を以らすか」（『甲骨文合集』八九七五。阜は人名）や「箕に在りて、発は馬を以らすか」（『殷墟花園荘東地甲骨』四九八。箕は地名、発は人名）などの例がある。また、そこからの引伸義で「ひきいる」や「もって」などの意味でも使われるようになった。

身と石

「身」も、従来の研究では字源が誤解されていた文字であるが、他字との比較によって正確な分析が可能になる。

初出の殷代には、「〓」など人（〓）の腹部を示した形であった。しかし、周代には妊娠の意味で用いられ、さらに身体の意味に転用されたため、多くの研究者がそれらを原義と見なしている。

殷代には疾病に関して身体の部位を表示して用いられており、甲骨文字には「身を疾むに、惟れ壱り有らざるか」（『甲骨文合集』七〇九。壱は神の祟り）や「王、身を疾むは、惟れ妣己の壱るか」（『甲骨文合集』八二二。妣己は女性の祖先）などの例がある。甲骨文字では、疾病は「疾目」や「疾歯」など部位ごとに占われており、「身」が身体（人体の全体）の意味でないことは明らかである。また、後者の例では主語が「王」であるから、妊娠でないことも容易に判明する。

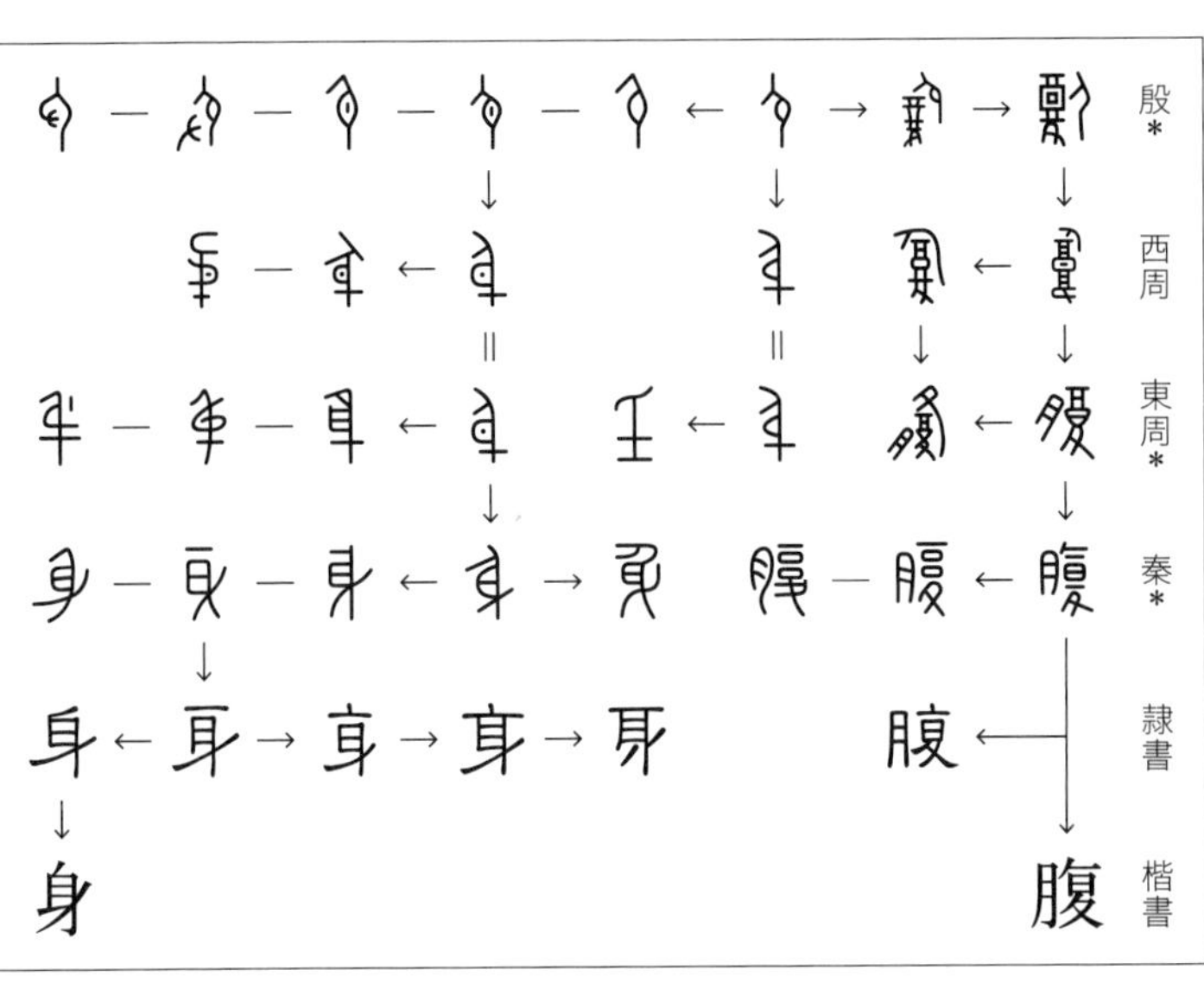

それでは、具体的にどの部位を指すのかと言えば、「〓」の字形が腹部に指事記号の丸印を加えていることから、「腹部」が原義と考えられる。そして、これを証明するのが「腹」の字形構造である。殷代には、「腹」は身（〓）に声符として復の初文の复（ふく）（〓）を増し加えた形（〓）であった。甲骨文字には「王の腹、安らかならざること、延（の）べる亡（な）きか」（『甲骨文合集』五三七三。病気が長引くかどうかを占っている）の例があり、「〓」が使われている。

このように、「身」の原義は「腹部」であった。しかし、許慎と李学勤は身体を原義とし、加藤・藤堂・白川・赤塚・鎌田・阿辻・谷衍奎は妊娠を原義と誤っており、これまでの研究では古代の文字資料における用例が考慮できていなかったことを如実に示している。季旭昇のみ、「人体のうち頭部と四肢を除く部分」としており、これだけは正解にやや近い（白川は甲骨文字の用法に気づいて「卜辞（ぼくじ）に疾病を示すものに、腹部の膨張するものがある」とするが字源を妊娠とすることは変えていない）。

ところで、なぜ「腹部」を表す文字が「妊娠」の意味で使われたのかと言えば、「〓」の字形が「妊娠して腹部が膨らんだ人」に見えたからであろう。周は殷を滅ぼして新しい王朝を建てたが、殷王朝が持っていた情報の全てを継承できたわけではなかった。文字についても、一部の字義や用法が変化している。ちなみに、殷代には妊娠を表す文字として「〓」や「〓」が使われており、楷書の孕（よう）（および同源字の包）にあたる。「〓」は人（〓）の腹中に子（〓）がある様子を表しており、「〓」は女（〓）が妊娠した様子である。

孕　〓　〓

字形について、殷代には腹部を強調する指事記号として点を増し加えたもの（〓など）もある。また「〓」などの異体は腹部を手で押さえている様子を表している。後代には「〓」と「〓」が継承され、前者の系統は東周代の「〓」などまで使われたが、秦代以降には残っていない。後者の系統は西周代の「〓」や秦代の「〓」などになっており、隷書の「〓」までは増し加えられた点が明確に残っていた。楷書の「身」については隷書から一画増しているため、字形構造が曖昧になった。

「腹」の系統については、殷代に「身」を人（〓）に変えた異体（〓）があり、これが後代に継承された。さらに、東周代には意符を人から肉（〓）に変えた「〓」が作られており、これが楷書に継承されて月（にくづき）と复で「腹」の字形になった。

◇　◇

「石」に使われている「厂（がんだれ）」も、用法の変化があった文字である。周代以降には、「厂」は「がけ」の意味で使われたため、許慎は「山石の厓巌（がけ）、人の居るべし」とし、崖に

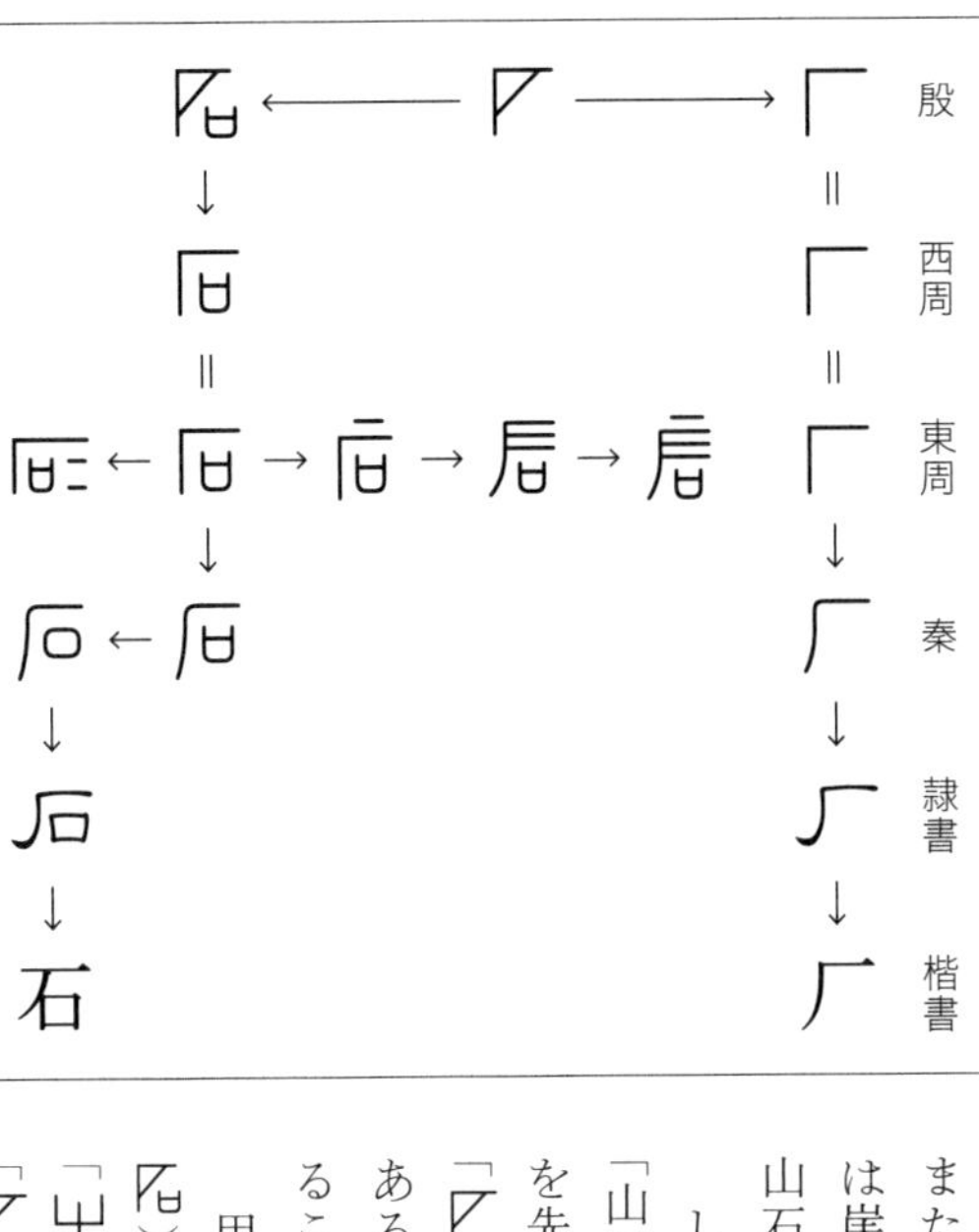

作られた住居と解釈する（加藤もこれを採る）。また、藤堂・白川・赤塚・鎌田・阿辻・谷衍奎は崖そのものの象形とする。季旭昇・李学勤は山石（山の石）の象形とする。

　しかし、殷代には「厂（〓）」を「がけ」や「山石」の意味で用いた例が見られない。結論を先に言えば、「〓」は「〓」の略体であり、「〓」は石（〓）の初文で石磬の象形なのである。「厂」についても、複数の字形を比較することで字源を明らかにできる文字である。

　甲骨文字には吉祥を意味する「有石（〓〓）」という占卜用語があるが、同じ意味で「〓〓」が使われることもある。ここから、「〓」が石（〓）の初文であることが判明す

る。そして、一八四〜一八六頁で取り上げた声（聲）には、「◸」の部分が「厂」に置き換わった異体（〓など）があり、ここから「厂」が「◸」の略体であることが分かる。さらに、「声（〓）」の部分は楽器である石磬を吊り下げた様子であるから、「◸」や「厂」が石磬の象形であることも自明である（石磬の形状は一八五頁を参照）。

声（聲）　〓　〓　〓　〓

実のところ、声（〓）が石磬を吊り下げた様子であることは、初期の甲骨文字研究で明らかにされていた。しかし、従来の研究は「◸」と「厂」の関連に気づいていなかったのであり、これまで字形の比較分析が進んでいなかったことの証拠と言える。そのほか、甲骨文字の反（〓・〓）などでも「◸」と「厂」の通用が見られる。

反　〓　〓

「厂」が「がけ」の意味に使われた理由については、単純に崖の象形のように見えたからであろう。さらに言えば、甲骨文字には「がけ」を意味する文字が見られない。殷王朝は都を黄河の近くに置いており、崖が少ない地域である。一方、周は西方の山岳地帯を本拠としており、崖の多い地域である。そのため「がけ」を意味する文字を必要とし、字形の連想によって「厂」を転用したのであろう。字音についても、厂は本来は石と同じだったのだが、転用の結果、崖を意味する「厈（かん）」と同じになっている（より正確には厈は厂（かん）に声符として干を増し加えたものである）。

ちなみに、「庶」は殷代には「厂（せき）（）」を声符として使った「」や「」などの形であり、推定される上古音も庶が[sia]、石が[ziak]であり近い（無韻尾と[k]韻尾は通用関係）。後に「厂」が石の異体の「𠩺」に変えられた。

庶

なお、「石（）」には「口（）」が加えられているが、おそらく器物の象形としての用法である。「」は、具体的な器物のほか、祭祀を象徴する意符としても使われており、石磬が祭祀儀礼において用いられたことを表現したものであろう。

字形について、「厂」は大きな変化がなく楷書に継承されている。「石」についても、隷書までは「厂」の形が残っていたが、楷書で若干の変形をしている。「石」の系統には東周代に異体が多く、「」や「」などがあるが、後代には残っていない。

童と危

「童」は字形の変化が用法の変化をもたらした例である。殷代には「」の形であり、冠（）をかぶった人（）が土盛り（）に乗って遠くを見ている様子を表している。異体には冠を省いたもの（）もあり、構造が望（）によく似ている。

しかし、西周代になると、冠の形（）が一律に刃物の象形である辛（）に同化した。この現象は、一四一〜一四三頁で取り上げた商（→）や一七八〜一八〇頁で取り上げた競（→

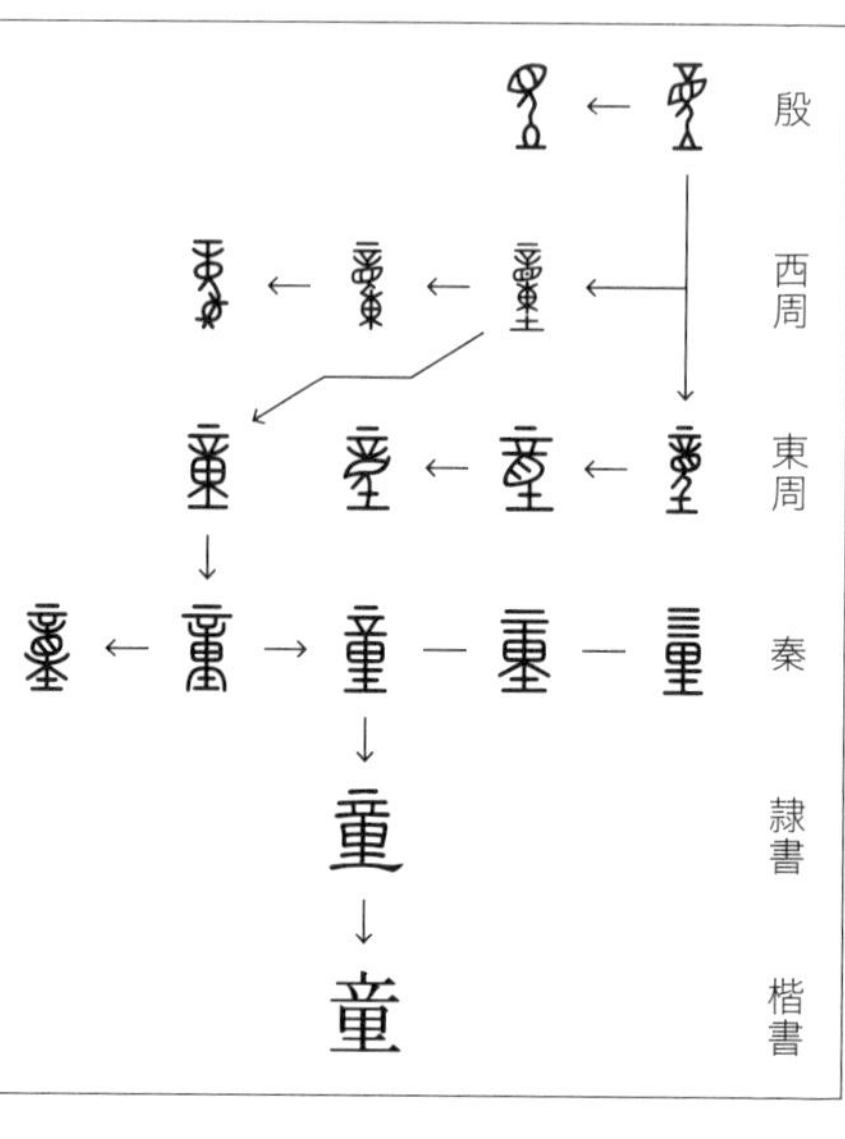

〓）などにも見られる。そして、西周代には「童」は「奴隷」の意味で使われている。

資料が少ないので正確な経緯は明らかではないが、「刃物で目を潰された奴隷」あるいは「刃物で入れ墨をされた奴隷」と解釈されたのであろう。また、字形としては「〓」など袋の象形である東（〓）が加えられており、「荷物を持った奴隷」の構造になっている。推定される上古音は童が[dɔŋg]、東が[tɔŋg]であり近いので、東は亦声にあたる。西周代の異体には「土」を省いた「〓」などもある。

その後、東周代には、「東」を加えていない「〓」なども見られるが、後代には残っていない。東周代には、西周代の「〓」から「目」を省いた「〓」が作られており、これが後代に継承された。秦代～隷書にも変化があり、楷書の「童」のうち、「里」は東・土を合わせたものであり、冠の形が辛に変わったものはさらに「立」に変わっている。

字義について、「児童」の意味は、当初は人（亻）を意符、童を声符とする形声文字の「僮」が用いられたが、その後、「童」が使われるようになった。

字源について、許慎・加藤・藤堂・白川・赤塚・鎌田・阿辻・谷衍奎は、西周代以降の字形から解釈している。季旭昇・李学勤は殷代の字形を挙げるが、やはり上部を「刑具で目を刺された人」と解釈する。「」が冠（）ではなく、その略体を使用しているため、判断を誤ったのであろう。なお、殷代の異体の「」からも、字源が目を潰された奴隷でないことは明らかである。

◇　◇

「危」は逆に、用法によって字形が変化した文字である。しかも、初出の殷代には固有名詞（地名）としてのみ使われ、また比較可能な文字も僅かであり、分析がきわめて難しい。

初文は危（危）のうち「厃（き）」の部分にあたる。字源について、許慎は篆書（）を元に崖の上に人がいる様子としており、多くの研究者がこれに従うが、殷代には「」などの形であり、全く異なる字形構造である。

殷代には、後代には残っていないが「」という文字があり、両手（）で「」を持っている様子である。したがって、「」は手で持てる程度の大きさであり、「がけ」とは無関係であることが明らかである。

甲骨文字では、「」に最も近い字形は杙（くい）の象形の弋（よく）（）であり、その異体に「」や「」がある。「」は杙を地面に突き刺した様子であり（横線が地面）、「」などは、おそらく尖った杙の先端を強調表示したものであろう。したがって、厃（）は「杙（）の柄が曲がった様子」が字源と考えられる。ただし、「あぶない」の意味に用いられたのが仮借か引伸義かは不明である。

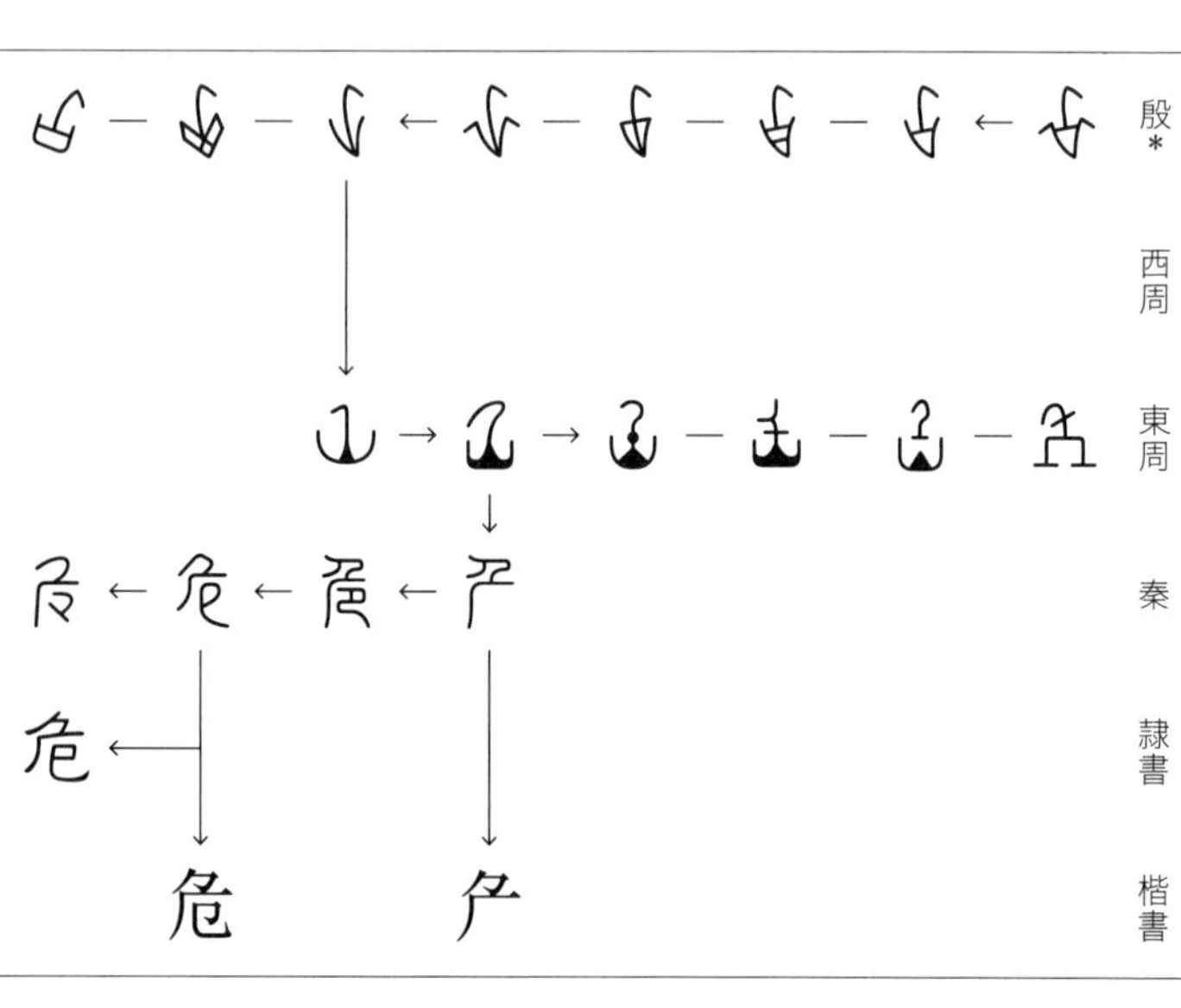

[illegible]△

その後、西周代には出土資料に見られず、東周代には「」や「」など、山（）の上に人（）がいるような形になっている。東周代の人々も「」の意味が分からなかったため、字形を再解釈したのであろう。

さらに秦代には「」の形になっており、上部が人（）、下部が厂（）である。厂は本来は石の初文にあたるが、すでに述べたように、西周代以降には「がけ」の意味に転用されており、「」の字形は「崖の上に人がいる様子」を表現している。秦代に字形が再々解釈されたのである。

なお、字源について、崖の上に人がいる様子とするのは許慎のほか加藤・藤堂・白川・赤塚・阿辻・谷衍奎であり、季旭昇・李学勤は東周代の字形構造（山上に人がいる様子）を併記するが、いずれも後代の解釈によって変化したものである。そのほか、鎌田は人を意符、厄（やく）を声符とする形声文字とするが、字形史に合わない。

秦代には、厃（厃）に意符として卩（せつ）（卩）を増し加えた繁文（危）も作られている。卩は座った人の象形であり、「危険を恐れて座り込んだ人」の意味で用いられたと考えられている。これが継承されて「危（危）」になっており、楷書では卩が「㔾」に変形している。

あとがき

本書は漢字の成り立ちと字形の構造を解説し、また、その背景となった古代中国の社会や文化を紹介した。第三章では原始的な社会に関係する文字、第四章では古代文明に関係する文字を取り上げ、第五章と第六章では祭祀儀礼や制度・軍事を元にした文字について述べた。

漢字は古代社会の発展とともに成長したのであり、漢字の成り立ちは古代における人間社会の成り立ちを反映している。そうであるから、科学技術の発達など輝かしい側面もあれば、戦争や人牲（じんせい）などの悲惨な側面も持っている。

例えば、第四章で取り上げた具（）や康（）は、現在でも再現が困難なほど高度な技術によって作られた青銅器を反映している。一方、第五章で述べた祭（）や真（）は、家畜や奴隷（戦争捕虜）を殺して神に捧げる儀礼を表している。漢字も社会も、こうした清濁の両面によって形成されてきたのである。

ところで、かつて日本ではこんな話があったという。婦（）という文字は女（）が帚（ほうき）（）を持って掃除をしている様子であり、女性蔑視であるから使うべきではないと主張されたのである。

男尊女卑に限らず、軍事制度や階層差別など、負の側面も含めて社会は形成されてきた。そして、文字はその歴史の中で作られたのであり、字形構造はそれ自体が人間社会の記録なのである。歴史から「悪いもの」を無くすことができないように、文字も「悪い成り立ち」を無くすことなどできるはずがない。現実的な問題としても、それを実践しようとすれば、祭や真のほか、第六章で取り上げた印（[illegible]）や民（[illegible]）など多くの文字が使えなくなってしまう。

さらに、現代の社会ですら、多くの「必要悪」が存在している。「良いもの」だけを残して「悪いもの」を全て捨て去ろうというのは、健全な思想とは言えない（科学的に言えば「良い」「悪い」ですら主観である）。文字の成り立ちを知ることは、歴史の清濁を知ることでもあり、そして人間社会の複雑さや多様性を理解することにもなるはずである。

二〇二〇年五月

落合淳思

用語解説

【あ行】

赤塚忠　甲骨文字や金文などの研究者。『新字源』の親字を担当した。

阿辻哲次　『新字源』の改訂新版について、字源を担当した。

異体字（異体）　同一字（同じ意味の文字）でありながら、異なる字形で表示されるもの。点画の相違から構造自体の変化まで、様々である。

意符　形声文字の意味（おおまかな分類）を表す部分。

殷（殷王朝）　中国で二番目の王朝。紀元前十六～前十一世紀。前期は考古学的には二里岡文化と呼ばれ、鄭州商城遺跡が都であったと推定されている。後期は殷墟文化と呼ばれ、殷墟遺跡が都であったと推定されている。後期には大量の甲骨文字が作られた。

引伸義　派生して出現した意味。字形が直接的に表すもの（原義）ではないが、結果としてその文字の意味として使われるようになったもの。

韻尾　韻母のうち、末尾の部分。上古音では[i], [k], [t], [p], [ng], [n], [m]および無韻尾の八種があり、[i]と[t]、無韻尾と[k]が通用する。

韻母　漢字の字音のうち冒頭の子音（声母）を除いた部分。韻母はさらに、介音（声母と主母音をつなぐ部分）、主母音（中心となる母音）、韻尾（末尾の部分）に分けられる。

亦声　会意文字の一部が意味だけではなく発音も表

す場合、その部分を亦声と呼ぶ。また、形声文字の声符が発音だけでなく意味も表す場合も亦声として扱われる。

【か行】

会意（**会意文字**）　象形文字や指事文字を組み合わせて、動作や様子などを表した文字。古代の社会や文化を保存していることが多い。

介音　韻母のうち、声母と主母音をつなぐ冒頭部分。大きく分けて[i]と[u]の二系統がある。[i]については有無によらず通用することが多い。

楷書　現在も使われている漢字の書体。製紙技術の改良後に発達し、中世に形成された。

牙音　声母のうち喉に近い部分で発音するもの（本書の表記は[k], [g], [ng], [h]）。

仮借　同じか近い発音の別の文字を借りて表現する用字法。字音による当て字。

加藤常賢　発音（漢音）を中心に文字の成り立ちを分析し、多くの文字を形声文字として解釈した。代表作は『漢字の起原』（一九七〇年）。

鎌田正　『新漢語林』の著者の一人。日本最大の漢和辞典である『大漢和辞典』の修訂も手がけた。

漢音　遣唐使などを通してもたらされた漢字の発音体系。中古音のうち、やや新しい北方方言を元にして、日本語に合わせて簡略化したもの。

簡体字　現代の中国（中華人民共和国）で採用された字体であり、簡略化が進んでいる。歴史上で使われていた略体と現代に新しく作られたものがある。

簡牘文字　竹簡（竹の札）や木牘（木の板）に記された文字。非常に古くからあったと推定されるが、現存するのは戦国時代以降のもの。

慣用音　中古音に基づく本来の音読みから日本で変化したもの。

季旭昇　『説文新証』の著者。伝統的な『説文解字』の研究に近年の字源研究を加味している。

旧字（**旧字体**）　楷書の古い形。『康熙字典』に記載された字形が最も正式な「正字」とされる。ただし、字形史的には必ずしも古くからある構造とは限らない。

許慎　後漢代に中国最古の字源字典である『説文解字』を著した。甲骨文字の発見までは文字学の権威として存在し続けたが、甲骨文字の発見後、誤りが多くあることが判明した。

近世　諸説あるが、本書では唐滅亡後、清代までを近世と呼称する。

金文　青銅器に鋳込まれた文字。殷代後期に始まり、西周代に隆盛した。西周代の金文は、主に当時の儀礼が記されている。東周代にも作られている。

形声（形声文字）　意味を表す部分（意符）と発音を表す部分（声符）を組み合わせた文字。当初は少数であったが、最も機能的な造字方法であり、後代に作られた文字はほとんどが形声文字である。

原義　最初に文字が作られた段階で表した意味。その字形が直接的に表すもの。

『康熙字典』　十八世紀に康熙帝の勅命で編纂された字典。四万字以上を集録しており、現在も「正字」の基準とされている。また部首分類の方法も現代の漢和辞典などに継承されている。

甲骨占卜　甲羅や骨の薄い部分に熱を加え、出現したひび割れで将来を占うもの。殷代には、甲骨が事前に加工されており、政治的に利用されていた。

甲骨文字　亀の腹甲や牛の肩甲骨に刻まれた文字であり、現存最古の漢字資料。主に殷代後期に作られ、甲骨占卜の内容が記されている。

呉音　漢音よりも早く日本に入った漢字の発音体系であり、主に仏典の読み方として流入した。中古音のうち、やや古い南方方言を元にしているが、個別に学ばれたため、元の発音体系から乖離している場合もある。

後漢（後漢王朝）　王莽が前漢王朝を簒奪した後、前漢皇室傍系の劉秀が建国した。二五〜二二〇年。隷書が正式な書体となった。また許慎が『説文解字』を著したのも後漢代である。

谷衍奎　『漢字源流字典』の著者。字形を重視して字源研究を行っている。

古代　諸説あるが、本書は後漢代以前を古代と呼称する。

古文　狭義には『説文解字』が挙げた戦国時代の東方諸侯が用いた字形。広義には戦国時代に使われた文字全般を指すこともある。

【さ行】

左右反転形　殷代には左右が逆になった形が多用されており、一種の異体である。特殊な例を除き、意味上の変化はない。

歯音　声母のうち歯の部分で発音するもの（本書の表記は[s], [z], [sh], [zh], [ts], [dz]）。

字音　漢字の要素のうち、文字の発音を指す。

字義　漢字の要素のうち、文字の意味を指す。

字形　漢字の要素のうち、文字の形を指す。

字形史　本書は、個々の文字における字形の歴史を字形史と呼称する。本書では表（字形表）を用いて解説している。

字源　漢字の成り立ち（字形の起源）を指す。言葉（字音と字義）の成り立ちについては「語源」と呼称する。

指事（指事文字）　象形文字に点や線などの記号（指事記号）を加えて部位や状態などを表した文字。指事記号だけで構成された文字もある。

周（周王朝）　殷を滅ぼして建国した。前半の西周王朝と後半の東周王朝に分けられる。

主母音　韻母のうち、中心となる母音を指す。分類上で重要な存在。

春秋時代　周王室の権力が衰えたため、諸侯が独自の外交を展開し、広域を同盟下に置いた覇者も出現した。紀元前八～前五世紀。西周代以来の貴族制が残っていた。

象形（象形文字）　物体の形に象った文字。絵文字を元にしているが、簡略化や強調がされることもある。

上古音　古代（後漢代以前）の発音または発音体系。現状では押韻（韻を踏むこと）がある東周代以降の発音しか復元ができない。殷代については若干の相違があったと推定される。本書では近似のアルファベット表記を用いる。

省声　略体が形声文字の声符として使われたもの。

初文　後代に字形構造が変化した場合、変化する前の字形構造を初文と呼ぶ。

白川静　中国古代の文化に注目し、多くの文字について会意文字として解釈した。代表作は『字統』（一九八四年）。

秦（秦王朝）　始皇帝により初めて中国全土を統一的に支配した王朝。紀元前二二一～前二〇六年（統一期）。万里の長城を整備し、また長さや体積などの単位を統一した。篆書（小篆）を制定したのも始皇帝と言われる。字形としては戦国時代と連続したものが多く、本書では字形表の「秦」に戦国時代末期の秦の文字を含めている。

唇音　声母のうち唇を使って発音するもの（本書の表記は[p], [b], [m]）。

新字（新字体）　現代日本の学校教育で導入された字形。俗字や省略形などを元にして、暗記や筆書が容易な字形が採用されているため、伝統的な漢字の構造を崩していることが多い。ただし、「旧字」よりも長い歴史を持つ場合もある。

新石器時代　中国では紀元前七千～前六千年ごろに新石器時代が始まった。黄河中流域には磁山・裴李崗文化（紀元前六千～前五千年ごろ）、仰韶文化（紀元前五千～前二千五百年ごろ）、中原竜山文化（紀元前二千五百～前二千年ごろ）があり、時代が降ると集落の大規模化や土器技術の発達などが見られる。

正字　楷書のうち最も正式な字形とされるものであり、一般に『康熙字典』に記載された字形が正字と見なされる。本書では「旧字（旧字体）」と同様の意味で使用している。

西周（西周王朝）　周王朝の前半。紀元前十一～前八世紀。封建制度や冊命儀礼などにより、殷よりも安定した支配体制を構築した。また金文が盛んに作られた。

声符　形声文字の発音を表す部分。漢字の発音は時代によって変化しており、形声文字とその声符は音読みが一致しないこともある。

声母　漢字の字音のうち、冒頭の子音を指す。

舌音　声母のうち舌を使って発音するもの（本書の表記は[t], [d], [n]）。

舌面音　声母のうち舌の上で発音するもの（日本語にはないが、本書は便宜上[ch], [j]で表記する。また[s]で表記するものにも舌面音があり、ヒャ行とシャ行の間の発音である)。

『説文解字』 後漢代に許慎が著した現存最古の字源字典。篆書を元に分析しており、一部に戦国時代の字形(古文・籀文)を挙げている。象形・指事・会意・形声や仮借・亦声などの概念も提示した。現在では、近世初期に徐鉉・徐鍇が注釈を付したものが残っており、前者(大徐本)が普及している(本書もこれを使用)。

前漢(前漢王朝) 劉邦が建国。紀元前二〇二~後八年。秦の始皇帝の制度について大部分を継承している。また後期には儒家思想(儒学・儒教)が国家政策として正式採用された。

戦国時代 東周代の後半であり、覇者の権力も失われた時代。紀元前五~前三世紀。貴族制から君主の独裁制へと移行し、官僚制や徴兵制などが整備された。文字資料としては近年に簡牘文字が多く発見されている。

俗字 異体字のうち、成り立ち(字源)を崩したもの。まれに俗字が正字として定着することもある。

【た行】

代替 本書では、近い字形の別の文字を借りて表現する用字法を代替と呼称している。

中古音 中世(後漢滅亡後、唐代まで)の発音または発音体系。唐代初期を典型とする。本書では近似のアルファベット表記を用いる。

中世 諸説あるが、本書は後漢滅亡後、唐代までを中世と呼称する。

籀文 『説文解字』が挙げた字形であり、許慎は西周代までさかのぼると考えたが、実際には主に戦国時代に西方諸侯で使われていた字形である。

篆書 広義には秦代以前の文字全般を指すこともあるが、一般には秦の始皇帝が定めた公式書体(小篆)の意味で用いられる。東周代に地域ごとに分かれていた字形を統一したものであり、主に戦国時代の秦の文字を元にしているが、新出の字形も若干見られる。

転注 許慎が提示した用字法だが、詳細は記されていない。本書では、近い意味の別の文字を借りて表現する方法を転注と呼称する。字義による当て字。

同化 古くは異なる形だった文字やその一部が、後代に同じ形になったもの。類似形が誤用によって同化することが多い。

同源字 古くは同じ文字だったが、後代に異なる文字として分かれたもの。字義や用法を区別するために分化することが多い。「分化字」とも言う。

東周（東周王朝） 周王朝の後半であり、周王室の分家が東方で再興した。紀元前八～前三世紀。春秋戦国時代とも呼ばれ、前半の春秋時代と後半の戦国時代に分けられる。分裂時代であり、文字の形も地方ごとに変化した。

藤堂明保 上古音の復元とグループ化を行い、それに基づいて字源を分析した。代表作は『学研漢和大字典』（一九七八年）。

【な行】

二里頭文化 中国最古の青銅器文化であり、また最初の王朝が起こった。紀元前二千～前千六百年ごろ。二里頭遺跡が当時の都であったと推定されており、宮殿や青銅器工房などが発見されている。なお文献資料に記された「夏王朝」とは想定される年代が近いが、文献の記述と考古学的な発見とは相違点が大きく、一種の神話と考えられる。

【は行】

繁文 後代に字形構造が変化した場合、変化した後の字形構造を繁文と呼ぶ。

分化字 古くは同じ文字だったが、後代に異なる文字として分かれたもの。字義や用法を区別するために分化することが多い。「同源字」とも言う。

亡失字 古代には存在したが後代に使われなくなった文字。楷書には残っていないが、各部分を楷書の形にすることで擬似的に楷書のように表現することができる。本書では文字の右横に「△」を付して示している。

【ら行】

李学勤 『字源』の主編者。現状では最も大部の字源字典であるが、文字ごとに担当者が異なっており、玉石混淆の状態である。

略体（**略体字・略字**）　異体字のうち、省略形を指す。点画を減じたものや部首を省いたものなど多様である。

隷書　漢代の官吏が主に使用していたものであり、篆書よりも簡略化されている。戦国時代の簡牘文字を継承したものも見られる。本書では字形が整えられた八分隷書のみを取り上げている。

第五章

第六章

図版出典

第一章

図1－1　『漢字三千年』29頁
図1－2　『世界の大遺跡9　古代中国の遺産』42頁
図1－3　『早商文化研究』を元に筆者が作成
図1－4　『殷墟甲骨輯佚』1
図1－5　『殷周金文集成』2632
図1－6　『中国歴史地図集』一、および『睡虎地秦墓竹簡』を元に筆者が作成
図1－7　『清華大学蔵戦国竹簡書法選編　第六輯』8頁
図1－8　書道博物館蔵　泰山刻石拓本（頒布印刷物）
図1－9　『漢字三千年』68頁
図1－10　文化十四年官版書籍刊『干禄字書』

第二章

図2－1　『説文解字』大徐本（中華書局版）190頁
図2－2　『説文解字注』（芸文印書館版）442頁

第三章

図3－1　『洛陽王湾』図版26
図3－2　『第71回 正倉院展』93頁
図3－3　『世界四大文明　中国文明展』66頁
図3－4　『殷周金文集成』4240
図3－5　『中国国宝展』32頁
図3－6　『甲骨文合集』24225
図3－7　『中国考古学大辞典』彩版14、『殷虚婦好墓』48頁
図3－8　『殷周金文集成』4140
図3－9　『1500号大墓』図版3

第四章

図4－1　『中国考古学　夏商巻』214頁
図4－2　『中国考古学大辞典』346頁
図4－3　『吉金耀采』32頁
図4－4　『曽侯乙墓』114頁

李学勤・斉文心・艾蘭『英国所蔵甲骨集』中華書局、1985～91年
李鍾淑・葛英会『北京大学珍蔵甲骨文字』上海古籍出版社、2008年
李済／国分直一訳『安陽発掘』新日本教育図書、1982年
李珍華・周長楫『漢字古今音表』中華書局、1993年（修訂本、1999年）
劉雨・盧岩『近出殷周金文集録』中華書局、2002年
劉雨・厳志斌『近出殷周金文集録　二編』中華書局、2010年
梁思永・高去尋『1500号大墓』（侯家荘・河南安陽侯家荘殷代墓地七）中央研究院歴史語言研究所、1974年

中国社会科学院考古研究所『中国考古学　夏商巻』中国社会科学出版社、2003年
中国社会科学院考古研究所『安陽小屯』世界図書出版公司、2004年
中国社会科学院考古研究所『安陽殷墟出土玉器』科学出版社、2005年
中国社会科学院考古研究所『中国考古学　新石器時代巻』中国社会科学出版社、2010年
中国社会科学院考古研究所『殷墟小屯村中村南甲骨』雲南人民出版社、2012年
中国歴史博物館考古部・山西省考古研究所・垣曲県博物館『垣曲商城』科学出版社、1996年
張桂光主編『商周金文辞類纂』中華書局、2014年
滕壬生『楚系簡帛文字編（増訂本）』湖北教育出版社、2008年
湯餘恵主編『戦国文字編（修訂本）』福建人民出版社、2015年
董蓮池『新金文編』作家出版社、2011年
東京国立博物館『曽侯乙墓』日本経済新聞社、1992年
東京国立博物館・朝日新聞社『中国国宝展』朝日新聞社、2000年
東京国立博物館・読売新聞社『誕生！　中国文明』読売新聞社、2010年
東京国立博物館ほか『中国　王朝の至宝』毎日新聞社、2012年
藤堂明保『漢字語源辞典』学燈社、1965年
藤堂明保『学研 漢和大字典』学習研究社、1978年
奈良国立博物館『第71回 正倉院展』仏教美術協会、2019年
馬承源主編『商周青銅器銘文選』三、文物出版社、1988年
馬承源主編『商周青銅器銘文選』四、文物出版社、1990年
林巳奈夫『中国古代の生活史』吉川弘文館、1992年（新版、2009年）
林巳奈夫『中国古代の神がみ』吉川弘文館、2002年
樋口隆康編『泉屋博古』泉屋博古館、1980年
樋口隆康編『世界の大遺跡９　古代中国の遺産』講談社、1988年
樋口隆康・徐苹芳監修『中国王朝の誕生』読売新聞社、1993年
北京大学考古文博学院『洛陽王湾』北京大学出版社、2002年
彭邦炯・謝済・馬季凡『甲骨文合集補編』語文出版社、1999年
松丸道雄・高嶋謙一編『甲骨文字字釈綜覧』東京大学出版会、1994年
游国慶主編『吉金耀采』国立故宮博物院、2015年
姚孝遂主編『殷墟甲骨刻辞類纂』中華書局、1989年
吉本道雅『中国先秦史の研究』京都大学学術出版会、2005年
李学勤主編『字源』天津古籍出版社、2012年
李学勤主編『清華大学蔵戦国竹簡書法選編　第六輯』文物出版社、2016年

集』2013年、同『四集』2016年）
黄徳寛主編『戦国文字字形表』上海古籍出版社、2017年
高明・涂白奎編『古文字類編（縮印増訂本）』上海古籍出版社、2014年
谷衍奎『漢字源流字典』語文出版社、2008年
蔡哲茂『甲骨綴合集』楽学書局、1999年
蔡哲茂『甲骨綴合続集』文津出版社、2004年
佐藤信弥『西周期における祭祀儀礼の研究』朋友書店、2014年
佐藤信弥『周』中央公論新社（中公新書）、2016年
島邦男『殷墟卜辞研究』弘前大学文理学部中国研究会、1958年
徐無聞主編『甲金篆隷大字典』四川辞書出版社、1991年（新版、2010年）
鍾柏生・陳昭容・黄銘崇・袁国華『新収殷周青銅器銘文暨器影彙編』芸文印書館、2006年
白川静『金文通釈』白鶴美術館、1964〜1984年（『白川静著作集』別巻収録、平凡社、2004〜2006年）
白川静『字統』平凡社、1984年（新訂版、2004年）
沈道栄編『隷書辨異字典』文物出版社、2008年
睡虎地秦墓竹簡整理小組『睡虎地秦墓竹簡』文物出版社、1990年
宋鎮豪・趙鵬・馬季凡『中国社会科学院歴史研究所蔵甲骨集』上海古籍出版社、2011年
臧克和・典郭瑞主編『中国異体字大系・隷書編』上海書画出版社、2010年
戴家祥主編『金文大字典』学林出版社、1995年
譚其驤主編『中国歴史地図集』一、地図出版社、1982年
段玉裁（清）『説文解字注』嘉慶十三年刊本（附標点・索引等、芸文印書館、2007年）
段振美・焦智勤・党相魁・党寧『殷墟甲骨輯佚』文物出版社、2008年
中国社会科学院考古研究所『小屯南地甲骨』中華書局、1980年
中国社会科学院考古研究所『殷虚婦好墓』文物出版社、1980年
中国社会科学院考古研究所『殷周金文集成』中華書局、1984〜1994年（修訂増補本、2007年）
中国社会科学院考古研究所『安陽殷墟郭家荘商代墓葬』中国大百科全書出版社、1998年
中国社会科学院考古研究所『張家坡西周墓地』中国大百科全書出版社、1999年
中国社会科学院考古研究所『20世紀中国　考古大発現』四川大学出版社、2000年
中国社会科学院考古研究所『殷墟花園荘東地甲骨』雲南人民出版社、2003年

主要参考文献（著者の姓の五十音順）

阿辻哲次『漢字文化の源流』丸善、2009年

阿辻哲次監修『漢字三千年』黄山美術社、2016年

殷傑・殷誠凱『中国殷墟骨文化』上海大学出版社、2009年

梅棹忠夫総合監修／鶴間和幸監修『世界四大文明　中国文明展』NHK・NHKプロモーション、2000年

王輝主編『秦文字編』中華書局、2015年

王巍総主編『中国考古学大辞典』上海辞書出版社、2014年

王文耀『簡明金文詞典』上海辞書出版社、1998年

王平主編『中国異体字大系・楷書編』上海書画出版社、2008年

王立新『早商文化研究』高等教育出版社、1998年

大島正二『中国言語学史　増訂版』汲古書院、1998年

岡崎敬／春成秀爾編『古代中国の考古学』第一書房、2002年

岡村秀典『中国文明　農業と礼制の考古学』京都大学学術出版会、2008年

小川環樹・西田太一郎・赤塚忠編『角川 新字源』角川書店、1968年（改訂版、1994年。阿辻哲次・釜谷武志・木津祐子編、改訂新版、2017年）

落合淳思『殷代史研究』朋友書店、2012年

落合淳思『漢字の成り立ち』筑摩書房（筑摩選書）、2014年

落合淳思『殷』中央公論新社（中公新書）、2015年

落合淳思『甲骨文字辞典』朋友書店、2016年（第２版、2018年）

落合淳思『漢字の字形』中央公論新社（中公新書）、2019年

落合淳思『漢字字形史小字典』東方書店、2019年

何琳儀『戦国古文字典』中華書局、1998年

郭錫良『漢字古音手冊』北京大学出版社、1986年（増訂本、商務印書館、2010年）

郭沫若主編『甲骨文合集』中華書局、1978～1982年

加藤常賢『漢字の起原』角川書店、1970年

鎌田正・米山寅太郎『新漢語林』大修館書店、2004年（第二版、2011年）

季旭昇『説文新証』芸文印書館、2002年（新版、2014年）

許宏『先秦城市考古学研究』北京燕山出版社、2000年

許慎（後漢）『説文解字』同治十二年刊本（附索引、中華書局、1963年）

許進雄『中国古代社会』台湾商務印書館、1988年

黄展岳『古代中国的人牲人殉』文物出版社、1990年

黄天樹主編『甲骨拼合集』学苑出版社、2010年（同『続集』2011年、同『三

字形表索引

本書が字形表として示した文字の索引である。一般的な音読みで配列しており、読みが同じ場合は画数順、両者が同じ場合は本書の掲載順とした。新字体のみを表示し、旧字体や異体字は省いた。「*」を付した文字は、見出し文字ではないが字形表に含まれる同源字である。

落合淳思

1974年愛知県生まれ。立命館大学大学院文学研究科史学専攻修了。博士（文学）。現在、立命館大学白川静記念東洋文字文化研究所客員研究員。著書に『漢字字形史小字典』（東方書店）、『小学校一年生の漢字』〜『小学校六年生の漢字』『部首から知る漢字のなりたち』（監修、いずれも理論社）、『甲骨文字辞典』『殷代史研究』（ともに朋友書店）、『漢字の字形——甲骨文字から篆書、楷書へ』『殷——中国史最古の王朝』（ともに中公新書）、『漢字の成り立ち』（筑摩選書）、『甲骨文字に歴史をよむ』（ちくま新書）、『古代中国の虚像と実像』『甲骨文字の読み方』（ともに講談社現代新書）などがある。

漢字(かんじ)の構造(こうぞう)
——古代中国(こだいちゅうごく)の社会(しゃかい)と文化(ぶんか)

〈中公選書 108〉

著　者　落合淳思(おちあいあつし)

2020年7月10日　初版発行

発行者　松田陽三

発行所　中央公論新社
〒100-8152　東京都千代田区大手町1-7-1
電話　03-5299-1730（販売）
03-5299-1740（編集）
URL　http://www.chuko.co.jp/

DTP　市川真樹子

印刷・製本　大日本印刷

Published by CHUOKORON-SHINSHA, INC.
Printed in Japan　ISBN978-4-12-110108-2 C1380
定価はカバーに表示してあります。
落丁本・乱丁本はお手数ですが小社販売部宛にお送り下さい。
送料小社負担にてお取り替えいたします。

中公選書　新装刊

102
建国神話の社会史
――史実と虚偽の境界
古川隆久著

天照大神の孫が地上に降りて日本を統治し始めた――。『古事記』『日本書紀』の記述が「歴史的事実」とされた時、普通の人々は科学や民主主義との矛盾をどう乗り越えようとしたのか。

103
新版　戦時下の経済学者
――経済学と総力戦
牧野邦昭著

二つの世界大戦という総力戦の時代、経済学者たちの主張や行動はどのような役割を果たし、戦後体制へどんな影響を与えたか。第32回石橋湛山賞受賞作に最新の研究成果を加筆。

105
〈嘘〉の政治史
――生真面目な社会の不真面目な政治
五百旗頭　薫著

政治に嘘がつきものなのはなぜか。絶対の権力というものがあるとすれば、嘘はいらない。世界中に嘘が横行する今、近現代日本の経験は嘘を減らし、嘘を生き延びるための教訓となる。

106
神道の中世
――伊勢神宮・吉田神道・中世日本紀
伊藤　聡著

神道は神仏習合や密教、禅や老荘思想など、さまざまな信仰や文化を取り込んで自らを形作ってきた。豊穣な中世文化を担った、知られざる神道の姿を最新の研究から描き出す。